고급 면접 및 논술용 교재

# 결단의 순간을 위한 권성 전 헌법재판관의 판결읽기

# Readings for Time to Judge

권 성 신정현

우리는 항상 판단을 통한 결단 앞에 서 있다.
그러나 어려운 문제에 있어서는 많은 경우에 회피한다.
하지만 판사는 법에 의해 결단을 내릴 의무를 진
판단 전문가들이고, 그 공식 기록이 판례이다

도서출판 청람

## ■ 서 문

이 책의 공동 저자인 신정현 변호사에게 먼저 고마움을 표하여야 하겠다. 나는 이 책이 다루고 있는 과거의 판결을 쓴 당시의 재판장 또는 주심 재판관이었을 뿐인데도 신 변호사는 이런 나를 스승에 대한 예우의 차원에서 책의 공동 저자로까지 내세워 주었다. 고마울 따름이다.

내가 인하대학교 로스쿨의 초대 원장일 때 제1회로 입학한 신 변호사가 나의 조교로 임명되고 그 뒤 내 물권법 강의를 수강하면서 우리의 인연은 시작되었다. 내가 재판장 또는 주심 재판관으로서 한 판결이나 결정의 일부를 법조인이 아닌 일반 시민이나 학생들이 읽어볼 수 있도록 책을 만들어 보자고 신 변호사가 제안하였을 때 나는 망설임 없이 흔쾌히 이를 수락하였다. 그의 능력과 성실을 그동안 이미 십분 확인한 뒤였기 때문이다.

신 변호사가 학생과 일반인을 위한 논리교재로 책을 내야 한다고 처음에 말하면서 이 판례들은 판사 개인의 것이 아닌 국민 모두의 것이라고 강조하였을 때 사실 큰 감명을 받았던 기억이 새롭다. 아마도 이런 감명이 이 책의 저술에 선뜻 동의하게 만들었는지도 모르겠다. 처음에 신 변호사는 보다 쉽게 작성해서 모든 계층의 국민들에게 읽히고 싶어 했으나 이런 기획은 첫 시도로서는 너무 어려운 과제라서 뒤로 미루고 일단은 논술과 면접이 필요한 학생들을 대상으로 하기로 마음을 바꾸었다.

이 책의 판례들은 나의 조언을 참고하면서 신 변호사가 선정한 것이고 그에 대한 해설도 신 변호사가 수고하였다. 내가 간간히 조언을 하는 과정에서 신 변호사는 직접 판결을 한 당시의 내 입장을 최대한 이해하려고 노력하면서도 제3자로서의 객관적 시각을 유지하려고 애쓰는 모습을 시종 볼 수 있었다. 고마움과 경의를 함께 느꼈던 것을 밝히는 바이다. 또 지면이 너무 길어지게 되어서 수록을 포기한 판례들도 있었다고 들었다. 이런 판례는 이 책이 독자들에게 도움이 되었다는 판단이 선다면 신 변호사는 틀림없이 제2판으로 그 출간을 시도하게 될 것이다.

또 한 가지, 신 변호사에게 미안함을 표하면서 독자 여러분의 양해를 바라는 점이 있다. 이 책이 다루고 있는 판결들 가운데는 판결문 속에 충분히 언급되지 않았거나 아예 논점으로 제시되지도 않은 이런 저런 여러 가지 문제들이 있었는데, 애초에는 이런 것들을 신 변호사에게 설명해 드리고 이를 집필에 참고하도록 계획했었는데 그렇게 하지 못했다는 점이다. 그 이유는, 이 책의 집필이 시작된 직후인 2012년 3월 2일 한 새벽에 내가 잠을 자다가 갑자기 뇌출혈을 일으켜 병원에 입원을 하면서 좌반신 불수의 병치레를 하게 되었기 때문이었다. 이제는 의료진의 덕분으로 천천히 걷는 정도로 회복은 되었지만 이로 인하여 이 책의 집필과 출간에 상당한 혼선과 차질이 생길 수밖에 없었다. 신 변호사에게 미안하기 짝이 없고 독자들에게도 미안하게 되었다. 양해를 빈다.

법조에만 국한되어 있는 저자들의 시각을 벗어날 수 있도록 책의 방향을 잡는데 신 변호사를 도와주신 분들이 많았다. 먼저 서울대학교 경영학과 임종원 교수님은 이 책의 방향과 목차를 잡아 주셨고, 한국외국어대학교의 전종근 교수님과 상명대학교의 홍성태 교수님은 이 책의 제목에 도움을 주셨다(원래 책의 가제는 「판단의 해부」였다). 그리고 건국대학교의 신종칠 교수님은 책의 초기 기획부분에 도움을 주셨다. 또 한성대학교의 강명수 교수님은 이 책의 방향과 걸맞는 출판전략을 잡아주셨다. 깊은 감사를 드린다.

그리고 많은 분들이 일반인으로서 책을 쓰는 동안 교정을 보아주시면서 도움을 주셨음을 알고 있다. 법조인이 아닌 일반인들이 읽을 수 있어야 하는 책이기에 판례 독해의 난해함을 이기고 지루한 원고를 읽고 조언해 주신 신 변호사의 부친, 윤문을 도와주신 시인 장원상 님, 교정을 도와주신 언론중재위원회의 이수종 팀장님 그리고 진심학원의 김주원 원장을 비롯하여 서강대학교 경영학과의 백희진 학생, 숙명여고의 권은희 학생, 한영외고 오수찬 학생에게도 감사를 드린다.

마지막으로 졸저의 출판을 결심해 주신 도서출판 청람의 이수영 대표님께 감사를 표한다. 처음의 시도이기 때문에 책의 판매가 어려울 수 있음에도 불구하고 이 책의 취지에 순수하게 찬동하여 어려운 출판을 결심해 주셨다. 이 모든 분들께 다시 한번 감사를 드린다.

부디 이 책이 독자들에게 조금이나마 판단능력을 길러서 항상 올바른 결단을 내리는 데 도움이 되기를 바란다. 독자 여러분들의 건승을 빈다.

2013년 2월 하순 광화문 집무실에서

공동저자 豊余堂 權誠

# ■ 차 례

# 들어가기 전에

## 권성 전 헌법재판관

필자는 헌법재판관을 역임하신 권성 인하대 로스쿨 원장님을 1년 반 동안 원장조교 및 스승으로 모시는 기회를 가졌었다. 권 원장님은 근 40년[1]간 판사 및 헌법재판관의 길을 걸어오셨으며 격변했던 우리 사회에서 크게 이슈가 되었던 판결을 하셨던 분으로 유명하다. 권 원장님께서 내린 판결 중 아마도 가장 유명한 것은 12·12와 5·18에 대한 전두환, 노태우 두 전직대통령에 대한 고등법원 판결일 것이다. 그 외에도 친일파의 토지소유권에 대한 판결, 박종철 유족에 대한 신원권[2]에 대한 판결, 헌법재판소의 호주제 위헌 결정, 노무현 대통령 탄핵 결정, 수도 서울 이전 위헌 결정 등 중요한 결정과 판결을 남겼다. 가끔 판결문에 한자성어나 한시를 인용하여 판결의 설득력을 높이는 것으로 언론에 회자되기도 하였다.

언론에 비친 권 원장님은 소신 있는 법관으로 나타나기도 한다. 그 이유는 헌법재판관으로 재직 당시 소수의견을 낸 적이 많았기 때문이다. 예를 들면 2001년과 2002년 간통죄의 위헌제청 신청 사건에 대해 8 대 1, 7 대 2로 합헌결정이 내려졌을 때 위헌 의견을 내면서 간통은 윤리적 비난의 대상일 뿐이고, 형법상의 죄는 아니라는 주장을 했다. 호주제에 대해 헌법 불합치 결정이 내려졌을 때도 합헌 쪽에 섰으며, 신행정수도법에 대한 위헌 결정에서 8 대 1로 위헌 결정이 내려졌을 때에는 다

1) ▲1941년 충남 전동(全東) 출생 ▲경기고·서울대 법대 ▲8회 사법시험 합격(1967년) ▲부산지법 판사(1969년)·서울고법 부장판사(1991년)·서울행정법원장(1999년)·헌법재판소 재판관(2000~2006년)

2) 신원권(伸冤權) : 가족 중 한 사람이 억울한 일을 당했을 때 나머지 가족 구성원이 그 진상을 밝혀내고 본인의 원한을 풀어줄 수 있는 권리. [출처] 네이버 백과사전. 하지만 고등법원 판결에서 주장하였으나 대법원에서 신원권이 그대로 인정되지는 않았다.

수 의견과 같이 위헌의견을 냈고, 헌재가 1년 뒤에 행정도시특별법 헌법 소원에 대해 7 대 2로 각하결정을 내리면서 사실상 합헌의견을 냈을 때도 위헌 소신을 굽히지 않았다.[3)]

이런 분을 조교로서 보필한다는 것에 처음에는 큰 부담을 느꼈으나 우려와는 달리 아랫사람을 매우 인자하게 대해 주셨으며, 까마득한 조교에게도 항상 존댓말을 써 주시던 모습이 인상적이었다. 하지만 시키시는 업무는 매우 난해하였다. 한 번은 병자호란 때 청나라로 끌려간 우리나라 여성의 숫자에 대한 조사를 시키신 적이 있는데 이 문제에 답하기 위해 국립중앙도서관 자료를 하루 종일 뒤진 적도 있었다. 자료들을 찾아보니 그 당시의 우리나라 인구가 몇 명이었는지에 대한 논의조차 국사학계에서는 여러 의견으로 나누어져 있는 사실을 알게 되었고 우여곡절 끝에 간신히 보고서를 전달해 드릴 수가 있었다.

스승으로서의 원장님은 매우 엄격하셨다. 원장님의 수업을 듣기 위해서는 학점에 영향을 미칠 수 있다는 이유 때문에 조교직을 사임해야만 가능했다. 수업은 총 9명의 학생들이 들었는데 미리 예고된 부분을 학습해 오는 것으로 시작했다. 그리고 매 시간마다 수업 전에 쪽지 시험을 봤고 그 채점결과는 다음 주에 발표하셨다. 또한 매주 숙제가 두 개씩 있었는데, 하나는 수업과 관련된 판례 하나를 읽어서 판례분석서를 만들어 제출하는 것이고, 다른 하나는 수업과 관련된 질문 하나를 서면질의서 형태로 제출하는 것이었다. 제출된 판례분석서와 서면질의서는 그 다음 주에 새빨간 첨삭과 질의에 대한 답변 그리고 점수와 함께 돌아왔다. 주말만 다가오면 숙제에 대한 걱정뿐이었다. 그리고 수업시간에는 예고 없이 한두 학생을 지목하여 답을 할 수 없을 때까지 질문을 하셨다. 그리고 중간고사까지의 합산 성적은 원장실 앞에 공지하셨다. 모든 학생들에게 공포의 대상인 수업이었다.

3) "38회 한국법률문화상 수상자 선정 권성 前헌법재판소 재판관", 서울신문 2007. 8. 2.

## 이 책의 기획

필자가 조교를 할 때 원장님께서 당신의 법관생활 결과물인 판례들을 정리하여 출판하는 것에 대해 의견을 물으신 적이 있다. 필자는 법적인 경험이 전혀 없다가 로스쿨에 와서 법을 공부하면서 실제 사안을 판단한 판례가 일반인이나 학생들에게 좋은 생각거리를 주는 자료라고 생각한 바가 있어서 다음과 같은 제안을 드린 바가 있다.

"원장님 판결문만 모은 책이 나오면 법조인들만 읽을 것 아닙니까? 제가 생각하기에 판결문을 조금만 쉽게 설명하면 일반인들이나 심지어 고등학생들에게도 사고를 연습하는 좋은 사례들로 활용할 수 있을 것 같습니다. 허락하시면 제가 변호사가 된 후 한번 정리해 보고 싶습니다."

원장님께서는 그 대답으로,

"판례들을 일반인과 학생들에게 사고를 정리할 수 있는 교재로 제공한다는 것은 아주 좋은 아이디어 같네. 그렇게 해 보게나"라고 말씀하셨다.

어려운 결정을 그 자리에서 쉽게 내려 주셨다. 특히 그 대상 판결들이 12·12, 5·18판결, 친일파 후손에 대한 토지소유권 인정 등 사회적인 영향력이 지대했던 것들임에도 일반대중과 학생들을 위해 흔쾌히 허락해 주셨다. 과연 12·12, 5·18판결 이후 그런 국민의 관심이 높은 재판은 TV 생중계를 해서 국민들에게 재판에 대한 의혹을 없애야 한다고 주장하셨던 것처럼 자신감 있는 모습이셨다.

## 고민

지금까지 권성 원장님이 재판장 또는 헌법재판관으로 관여한 판결문과 결정문은 법원의 판결이 640여 개, 헌법재판소의 결정이 280여 개 정도이다. 고등법원과 행정법원 그리고 헌법재판소에서만 판결하신 것이 이 정도이니 판사의 업무량이 엄청나다는 것에 적지 않게 놀랐다. 하지만 그 많은 판결 중에서 어떤 판결들을 분석의 대상으로 삼아야 하는지가 문제였다. 또 골라낸 판결과 결정들을 어떻게 분류하고 어떤 방식으로 소개해야 하는지도 걱정이었다.

고민 끝에 몇 가지 원칙을 정했다. 첫째, 지면관계상 판결 중에서 어떤 법관이 판단하여도 비슷한 결과가 나올만한 전형적인 판결은 제외한다. 둘째, 사회적으로 의미가 있었던 판결들은 가급적 포함시킨다. 왜냐하면 이러한 판결문들에는 당사자를 승복시키고 국민을 설득시키는 판단의 고민이 묻어 있기 때문이다. 셋째, 법률가들에게만 의미 있는 판결은 제외한다. 이는 법리적으로 매우 복잡할 수 있으며, 전문가의 영역일 뿐 교육용이라는 목적을 가진 이 책의 목적에 부합하지 않기 때문이다. 마지막으로 법원의 판결은 재판장으로서의 판결, 헌법재판소의 결정은 소수의견이나 별개의견을 위주로 선별한다. 이 부분이 재판관 개인으로서의 판단의 논리를 가장 잘 볼 수 있기 때문이다.

그러나 고민은 스승의 판단을 제자가 해부해야 한다는 것에 대한 부담감이었다. 특히 분석대상 판결들은 정답이 존재할 수 없는 문제들과 정치적, 사회적으로 민감한 문제가 많아서 아무리 판단의 논리적인 부분에 초점을 두어 기술한다고 하여도 그 과정에서 혹시 스승에게 누가 되지 않을까 하는 걱정이었다. 하지만 이 부분은 이 책의 목적이 일반인과 학생들에게 판단력을 연습할 수 있는 자료로 제공하는 것에 있으므로 과감해지기로 했다. 그래서 그 판단 결론에 대한 당부는 독자에게 맡기고 필자는 충실하게 분석하고 필요할 때에는 원 판단자에게 묻기로 하였고, 당신께서도 거리낌없이 동의하셨다.

또 다른 고민은 일반인에게 판례를 소개하는 것에 대한 어려움 때문이었다. 판례를 제대로 읽는 것은 로스쿨 학생에게도 어려운 일이다. 고도의 법리가 섞여 있기 때문이기도 하지만, 판결문의 서술이 판사의 논리전개 과정을 담고 있으므로 문장이 긴 편이다. 또한 서술의 방식에서 간략한 서술을 위하여 생략과 전제가 많고, 문어적 어투와 예스러운 문체를 쓴 경우가 많다. 일반인들이 읽기가 난해한 경우 이런 부분들은 판례의 의미를 훼손하지 않는 선에서 수정을 가할 수도 있으며 이 경우에는 원 판단자의 감수를 받기로 하였다. 따라서 원 판단자에게 문의할 수 있는 재판장으로서 담당했던 판결 외의 판례들은 색과 글자체를 바꾸고 띄어쓰기를 수정하는 정도 외에는 원문을 훼손하지 않았다. 그리고 법적인 논의에 대해서는 전문가가 아니어도 알 수 있도록 가급적 쉽게 설명하도록 하겠다.

PART 01

# 시작하며

1. 어려운 문제
2. 왜 판례인가?

## 1 어려운 문제

우리는 매일 많은 판단과 결심을 하지만 어떤 문제에 대해서는 어렵다고 표현한다. 무엇이 어렵다는 것인지 생각해 보면 아마 답을 내리기 어렵다는 의미일 것이다. 즉, 결단을 내리기 어렵다는 것인데 이런 문제는 크게 두 가지로 나누어진다.

그 하나는 복잡한 문제이다. 복잡한 문제는 문제를 푸는 데 필요한 절차와 정보가 엉켜 있는 경우를 말한다. 이런 문제는 진정으로  어려운 문제는 아니다. 복잡한 것은 분석(分析)에 의해 해결될 수 있기 때문이다. 분석이란 한자의 뜻 그대로 나누고 쪼갠다는 것인데 이해할 수 있을 때까지 문제를 나눈 후 문제에서 요구하는 절차에 따라 정리하고 각 분석된 내용에 답을 한 후 다시 정리하면 답을 도출할 수 있게 된다. 진정으로 어려운 문제는 답이 없는 문제다. 창조적인 문제에 대해 어떤 것이 더 창조적인가에 대한 판단이나, 가치관에 따라 다르게 평가할 수 있는 문제에는 정답이 없다. 그래서 복잡한 문제를 어렵다고 표현하는 것은 지양해야 한다고 생각한다. 왜냐하면 두뇌는 어려운 문제란 답이 없는 문제라고 판단하여 어떤 문제를 분석도 해 보기 전에 어렵다고 판단한다면 어려운 문제의 범주는 점점 더 늘어날 것이기 때문이다. 아마 독자들 중에서도 어떤 학문은 어렵다고 정의를 내리면 그 학문은 이해할 수 있는 부분이 분명히 있음에도 더 이상 쳐다볼 생각도 하지 않고 그냥 어려운 학문으로 남은 경험을 가진 분들이 있으리라. 필자에게는 학창시절에 물리, 화학이 그 경우였는데 지금은 내가 왜 그 과목들을 어렵다고 규정했을까 하는 후회가 들기도 한다. 물론 복잡하고 어려운 문제가 가장 어려운 문제임은 말할 나위가 없다.

이런 복잡하고 어려운 문제를 시간 내에 해결해야 하는 대표적인 결단의 순간이 아마 논술시험, 면접시험, 촉박한 기안 등일 것이다. 독자가 입시를 위한 논술 출제위원이나 면접관이라면 어떤 문제를 낼 것인가 생각해보라. 평범한 문제를 내서 비슷한 답들을 보고 누구를 뽑을지 고민할 것인가 아니면 복잡하고 어려운 문제를 해결할 수 있는 인재를 쉽게 선별하는 것을 원할 것인가. 논술이나 면접에서 경쟁률이 치열할수록 출제자 입장에서의 변별의 편의성을 위해 문제는 복잡하고 어려울 가능성은 높아진다. 그리고 이런 이유로 우리는 시험장에서 그렇게 진땀나는 문제들을 만날 수밖에 없는 것이다.

## 2 왜 판례인가?

"호랑이는 죽어서 가죽을 남기고 사람은 이름을 남긴다"는 속담이 있다. 판사는 이름을 남길 수밖에 없다. 헌법재판소법 제36조, 민사소송법 제208조, 형사소송법 제41조에는 재판관 또는 법관이 서명, 날인하여야 한다고 규정되어 있다. 판사는 법에 의해 각 판결마다 이름을 남길 의무를 지닌 사람들이다. 그리고 모든 판결에는 그 이유를 밝히도록 규정하고 있다. 즉, 판사는 매일 몇 개의 결단을 해야만 하는 우리나라 최고의 판단전문가 집단이다. 그들이 밝힌 판결과 판결이유의 공식적인 기록이 판결문이고 판결문은 소송 당사자를 승복시키기 위해 또 국민들을 설득하기 위해 작성된다. 따라서 이 판례는 개인적인 신상부분은 제외하고 모든 국민에게 공개되어 있고, 저작권도 없다. 하지만 이 판례를 실제 이용하는 일반 국민은 많지 않고 법조인들의 전유물처럼 여겨지는 경향이 있다. 앞서 말한 바와 같이 아마도 어렵다고 느끼기 때문일 것이다. 하지만 사실 많은 부분은 복잡할 뿐이고 일반인이 잘 모르는 법적인 지식이 필요하기 때문에 어렵게 느껴지는 것이지 그 내용을 조금만 풀어서 본다면 진정으로 어려운 부분은 판사에게 판단 및 결단의 재량이 맡겨져 있는 부분이다.

그리고 판례를 읽어보는 것이 결단을 위한 판단력을 기르는 훈련에 좋은 또 다른 이유는 대부분의 판례는 복잡하고 어려운 문제를 포함하고 있기 때문이다. 특히 사회적으로도 논란이 되거나 대법원까지 가서 확정이 되는 사안은 대부분 그러하다. 그렇지 않은 뻔한 문제는 이미 그 전에 사적으로 해결되었을 가능성이 더 크기 때문이다. 마지막 이유는 판례의 구체성에 있다. 판례는 실제 사건을 기반으로 하기 때문에 대부분의 논리학 습서가 비교적 추상적인 사안들을 사례로 사용하는 것에 비하여 실제 적응성이 높고 분석하는 과정이 흥미로울 수 있다.

이 책에서 분석하는 모든 판례는 권성 전 헌법재판관의 헌법 제103조 및 헌법재판소법 제4조에 따른 법률과 양심에 의거한 결단이다. 특히 국민적으로 관심이 지대한 사건의 판단에서는 노련한 판사도 극심한 긴장과 외로움을 느낀다고 한다. 로스쿨 학생들을 상대로 한 특강에서 12・12, 5・18 관련 재판에서 피고인들의 별(장군계급)의 합계가 50개가 넘고 전직 대통령 세 명을 법정에 출두시켰을 때 기자들에게 5분간 법정을 촬영하도록 허용하기로 약속하였는데 1분 만에 시간이 모두 지난 것으로 착각하여 기자들을 법정 밖으로 내보낸 일화를 소개한 적이 있다. 아마 그 1분이 담당 재판장에게는 하루보다 길게 느껴졌을 수도 있다. 그만큼 판결에는 판사의 고뇌가 담겨 있는 것이다. 이 책의 목적은 그의 판결에 담긴 진정 어려운 문제를 해결하는 논리를 탐구하는 데 있다. 그리고 그 탐구가 독자 여러분의 결단을 위한 판단력을 기르는 논리적인 틀을 만드는 데 조금이라도 공헌할 수 있다면 그 목적은 충족되는 것이다.

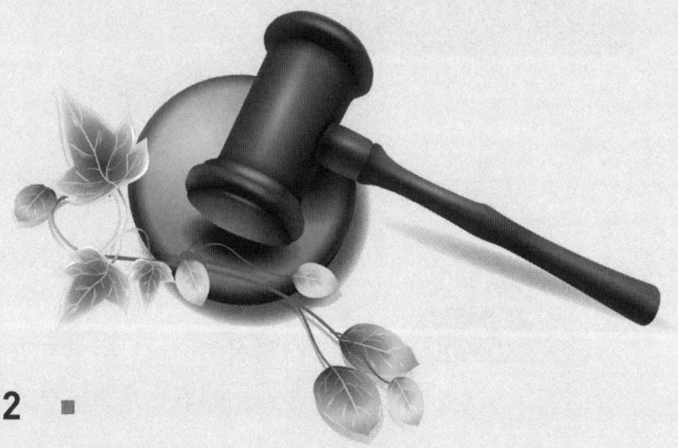

■ PART 02 ■

# 개인과 관련된 문제들

1. 도둑놈과 사기꾼 중 누구를 보호해야 하는가?
2. 사기와 상술의 경계는 어디까지인가?
3. 형식과 실질 중 무엇이 본질인가?
4. 중의적인 문언의 해석방법은 어떻게 해결해야 하는가?
5. 국가와 국민은 대등한 관계인가?
6. 처벌의 형평성은 어떻게 해결해야 하는가?

사례
친일파 후손의
토지 소유권 사건

# 1 도둑놈과 사기꾼 중 누구를 보호해야 하는가?

## 가. 문제 상황

절도범이 훔친 물건을 사기꾼이 빼앗아 간다면 우리는 절도범을 보호해야 하는 것인가? 아니면 그 물건은 어차피 장물이기 때문에 사기꾼이 가지도록 놓아두어야 하는 것인가? 반대로 사기꾼이 사기로 취득한 물건을 도둑놈이 훔쳤을 때에는 누구를 보호해야 하는가? 매우 어려운 문제가 아닐 수 없다.

이러한 어려운 문제를 정면으로 다룬 것이 다음에 소개하는 97.7.25. 선고 서울고등법원 92나23638 판례이다. 이 판례의 원고는 위 질문의 도둑놈(그의 후손)에 대응한다. 그리고 피고는 사기꾼에 대응한다. 판례의 결론부터 거꾸로 읽어 나간다면 별로 어렵지 않게 이해가 될 것이다.

## 나. 판례의 결론

원고는 친일파 이완용의 후손이고 피고는 현 소유권등기 명의자인 사건에서 여러분이 친일파 후손의 토지 소유권을 인정해야 하는가라는 질문을 받았다고 가정해보자. 이 문제를 매우 세분화하여 답할 생각을 하지 않은 사람들 중에 "예"라고 대답할 사람은 거의 없을 것이다. 그런데도 이 판결은 결론에서 친일파 후손의 소유권을 인정하고 있다. 그래서 이 판결 이후 친일파 후손의 땅 찾기가 본격화되었다고 사회적으로 상당한 비난을 받았다. 왜 이런 판결을 내렸는지에 대한 것은 대다수 언론과 국민의 주요 관심사가 아니고 그 결론만이 중요했던 탓일 것이다. 당시 신문기사[1]에 따르면 이 판결이 있은 후 많은 국민들이 울분을 토했고 이에 대한 성토대회까지 열었다고 한다. 그리고 아직까지도 많은 사람들이 이 사건의 재판장이 왜 이런 결론을 내게 되었는지 의아하게 생각하는 부분이 있다.

## 다. 판결의 이유

이 사건에서 사건 당시 토지의 등기명의자였던 피고는 이완용의 후손인 원고의 재산회복을 허용하는 것은 우리 민족의 정의관념에 어긋나므로 민법상의 선량한 풍속 기타 1.사회질서에 위반되는 것이라고 주장했다.

여기에 대해 재판장은 다음과 같은 이유를 들어서 피고의 주장을 받아들이지 않았다.

『살피건대, 일본정부와 통모하여 한일합병에 적극 협력한 자, 한국의 주권을 침해하는 조약 또는 문서에 조인한 자와 모의한 자 그리고 일본정부로부터 작위을 받은 자 이른바 반민족행위자를 처벌하고 그 재산을 몰수하는 등의 조치를 규정한 반민족행위처벌법은 1948년 9월 22일 법률 제3호로 공포시행되다가 1951년 2월 14일 법률 제176호로 폐지되었다. 그리고 이 법률이 시행되는 동안 이완용이나 그 습작자의 재산을 몰수하는 판결이 있었음을 인정할 증거는 없다. 또한 이 법률이 폐지된 뒤 현재까지 반세기에 가까운 46년 이상이 경과하도록 반민족행위자를 처벌하고 그 재산권을 박탈 내지 제한하는 법률을 국회가 제정한 일도 없다.

반민족행위자나 그의 후손이라고 하여 법률에 의하지 아니

1) "김구묘역 울린 [이완용 재산 몰수] 함성", 한겨레 1997. 8. 14.

하고 그 재산권을 제한, 박탈하거나 그 재산에 대한 법의 보호를 거부하는 것은 법치국가에서 있을 수 없는 일이다. 법률이 정한 재산권의 보호를 일반인과 똑같이 평등하게 부여하는 것이 비록 정의관념에 비추어 선뜻 내키지 않는 경우라고 하여도 그러한 정의관념에 합당한 법률을 장구한 세월이 흐르도록 국회가 제정하지 않았다면 지금에 와서 소급하여 과거의 일을 정의관념만을 내세워 문제삼는 것이 오히려 2. 사회질서에 어긋날 수 있다. 따라서 피고의 주장은 받아들일 수 없다.』

이 판결은 사안의 사회적 중요성에 비해 매우 짧고 함축적이다. 이유를 자세히 살펴보면 피고는 1. 사회질서 위반을 내세워 재산회복을 허용치 않을 것을 주장하고 있다. 하지만 판례는 오히려 2. 사회질서 위반 때문에 피고의 주장을 받아들일 수 없다고 이야기하고 있다. 그렇다면 사회질서 1과 2는 같은 사회질서인가 하는 것에 의문이 든다. 문맥을 파악하면 1의 사회질서는 우리 민족감정상의 사회질서를 의미하는 것으로 보인다. 하지만 2의 사회질서는 법치국가의 사회질서를 의미하는 것임이 분명하다. 그러면 이 판례에서 왜 원고인 친일파 후손의 소유권을 인정하지 않는 것이 법치국가의 사회질서에 어긋나는 일이라고 판단했는지 검토해 보자.

판결에 따르면 과거에 반민족행위처벌법이 제정되었으나 이 사건의 땅을 몰수하지는 않은 상태에서 법률은 폐지되었다. 따라서 이 토지는 국가의 소유가 아니다. 그리고 국회가 이 판결 당시까지 그들의 재산권을 박탈하는 법을 제정하지도 않았다. 따라서 지금 판결로 국가가 몰수할 수 있는 법적 근거도 없다. 또 법률을 입법하는 것은 국회가 해야 하는 것이다. 더 나아가 국회의원을 선출하는 것은 국민이다.

특히 이 판결에서 의미심장한 문구는 "비록 정의관념에 비추어 선뜻 내키지 않는 경우라고 하여도" 부분이라고 생각한다. 이 문장의 주어는 생략되어 있다. 그 주어가 국민인지, 법관인지는 분명치 않지만 판단의 고민이 함축적으로 묻어 있다고 생각한다. 김소월 시인의 시 '먼 후일'(먼 후일 당신이 찾으시면/그 때에 내 말이 "잊었노라"//당신이 속으로 나무라면/"무척 그리다가 잊었노라"//그래도 당신이 나무라면/"믿기지 않아서 잊었노라"//오늘도 어제도 아니 잊고/먼 후일 그 때에 "잊었노라")이 시의 마지막 구절은 절대로 잊지 않겠다는 것을 미래에 잊었다는 역설로써 표현하고 있다. 이 판결의 판단의 순간에 재판장은 자유롭게 언어를 구사할 수 있는 시인이 부러웠을 것으로 보인다. 이 판결도 사회질서를 이유로 내세운 주장을 역설적으로 사회질서를 이유로 부정하고 있으며 선뜻 내키지 않는 결정을 하고 있다.

그러면 이 판결이 함축하고 있는 것은 무엇인가 생각해 보자. 우선 이런 문제가 법원에까지 오게 된 것에 대한 국회와 국민의 책임을 묻고 있다고 보인다. 반세기 넘도록 그런 입법을 하지 않은 것을 사법부의 법관에게 책임을 돌릴 수는 없지 않은가? 또 법관의 법 적용의 한계를 이야기하고 있다. 법관이 법을 마음대로 적용하여 이 사건에서 피고의 손을 들어 준다면 입법부의 역할은 무엇인가? 또한 반민족 행위자의 재산을 몰수할 수 있는 법이 있었다면 이 토지는 누구의 소유가 되어야 하는가? 토지의 거래가 무효라면 국가의 것이어야 하고 거래가 유효하다면 피고(현 소유자)의 것이어야 한다. 즉, 친일파 후손의 토지소유권을 인정해야 하는가 하는 물음에 대한 답은 "아니요"에서 그쳐서는 안 되는 것이며 국가가 법에 의해 몰수해야 한다는 결론까지 나가야 할 것이다. 그런 결론을 내리지 못한다면 혹시 그 친일파의 땅이라는 사실을 모르고(법률에서는 이를 선의라 한다) 매수한 사람이 있다면 그래도 몰수할 것인가에 대한 답은 어떻게 할 것인가? 이 문제는 매우 어렵다. 법관이 적용해야 하는 현재 우리 민법의 규정은 무효의 종류에 따라 제3자 보호규정을 두는 경우도 있고 그렇지 않은 경우도 있기 때문이다. 그리고 관점에 따라서 국가회수 원칙을 강조하면 선의의 제3자에게 지나치게 가혹하게 보일 수도 있고, 반대의 관점에서 본다면 선의의 제3자와의 거래를 이유로 국가회수 원칙을 훼손시킬 수도 있다. 결국 이 문제는 이 판결이 있은 수년이 지난 후 국회에서 제정한 친일반민족행위자 재산의 국가귀속에 관한 특별법에 의하여 다음과 같이 정리되었다.

**제3조 【친일재산의 국가귀속 등】** ① 친일재산(국제협약 또는 협정 등에 의하여 외국 대사관이나 군대가 사용·점유 또는 관리하고 있는 친일재산 및 친일재산 중 국가가 사용하거나 점유 또는 관리하고 있는 재산도 포함한다)은 그 취득·증여 등 원인행위시에 이를 국가의 소유로 한다. 그러나 제3자가 선의로 취득하거나 정당한 대가를 지급하고 취득한 권리를 해하지 못한다.

이 판결의 이유를 알고 난 후 이를 고려하여 다음의 두 신문기사의 일부분을 읽고 기사의 두 주장을 비교해 보자.

### 비교용 기사 두 가지

**기사 – 1**

먼저 지난달 27일 이완용재산 30억 원에 대한 소유권 소송에서 이씨의 증손자가 승소한 사건에 대한 성토가 집중적으로 이루어졌다. 신용하(서울대)는 "매국노 이완용·송병준·이용구 등의 재산은 조국을 일본에 팔아넘긴 대가로 조성한 매국의 장물"이라며 "이러한 재산을 국가가 몰수하지 않고서야 어찌 제2, 제3의 이완용의 출현을 막을 수 있겠는가"라고 목소리를 높였다.

– "김구묘역 울린 [이완용 재산 몰수] 함성", 한겨레 1997. 8. 14.

**기사 – 2**

친일매국노들이 남긴 재산처리 문제가 국민적 의지결여와 관계법 미비 등으로 표류, 국민정서와 어긋난 판결이 계속되고 있음은 안타깝고 유감스런 일이다. 서울고법 민사2부가 지난 27일 이완용의 증손자가 낸 증조할아버지 땅 소유권 이전등기 청구 소송에서 어쩔 수 없이 원고승소 판결을 내린 것도 지난 92년 이래 거듭되어 온 대책부재의 한심스런 결과 중 하나인 것이다. 이 사건의 판결이유를 보면 담당재판부의 고뇌를 한눈에 볼 수 있게 되어 있다.(중략)

이제 와서 상기되는 건 끈질기지 못한 우리 사회의 반짝성과 건망증이다. 반공과 함께 반일을 국가정책으로 내세웠던 제1공화국은 어쩌자고 애써 만들었던 특별법을 그처럼 분별없이 폐지했던 것부터 문제였다.(중략) 한때 애국시민단체는 물론 국회에서 전개되었던 제2의 특별법 제정열기가 지금은 어디로 갔느냐는 탄식도 절로 나오지 않을 수 없는 것이다.(중략)

역사의 교훈을 쉽사리 잊는 민족은 언젠가 그 역사를 되풀이 당한다고 한다. 결론은 분명하다. 친일매국노들이 나라를 팔아 모은 재산을 기어코 나라의 것으로 되돌려야 겠다는 것이다. 국회는 이제라도 특별법 제정에 분명한 의지를 보여야 한다. – 사설, [매국노 땅] 무대책 언제까지, 한국일보, 1997. 7. 29.

비교하라는 문제를 접근하는 기본은 우선 공통점이 무엇인지 차이점이 무엇인지를 찾아내는 것이다. 두 기사의 공통점은 이 판결에 대해 분노하고 있으며 모두 친일매국노의 재산은 국가에서 몰수해야 한다는 점에는 동일하다.

하지만 몇 가지 차이점을 보인다. 우선 주장의 방식이다. 기사 1은 대중집회에서 한 연설이기 때문에 용어의 사용이 포괄적이고 선동적인 면이 있는 만큼 차분하고 분석적인 기사 2와 비교하기에는 적절하지 못한 면이 있다. 하지만 넓게 비교하자면 먼저 비판의 대상이 기사 1에서는 판결을 포함하며[2] 사건이 특정되어 있지 않다. 반면 기사 2에서는 위 판결은 당시 법체계

2) (아침을 열며) '매국의 장물' 회수 마땅, 신용하 서울대 교수, 한국일보, 1997. 8. 5를 참조하면 그는 위 판결이 사회정의와 질서를 파괴하는 무지한 판결이라고 비판하고 있다.

상 어쩔 수 없는 판결이며 이런 결과의 비판 대상이 국회와 국민에게 맞추어져 있다.

다음으로는 몰수의 방식이다. 기사 1은 친일매국노의 재산은 장물이니 국가가 몰수해야 한다는 논리이다.[3] 그러나 판결을 보면 아쉽게도 이완용이나 그 후손의 땅을 몰수하지 못한 채 반민족행위처벌 특별법은 국회에 의해 폐지되었다. 또한 민사소송은 원고와 피고의 주장의 당부를 결정하는 것이기에 위 판결에서 국가몰수의 판결을 내릴 수는 없고 국가가 위 소송에 참가하든지 또는 다른 소송으로 국가로의 귀속을 주장해야 한다. 특별법을 제정하여 국가로 귀속시키기 위해서도 무효의 방법으로 등기한 피고를 보호하는 것보다는 원고에게 등기를 남겨두는 것이 유리할 수도 있다. 왜냐하면 추후 제정된 친일반민족행위자 재산의 국가귀속에 관한 특별법에 따르면 제3자가 모르고(선의) 샀거나 정당한 대가를 지급했다면 그 권리를 보호해야 하는 것으로 되어 있기 때문이다. 반면, 기사 2는 법을 제정하여 몰수해야 한다는 주장이다. 그리고 이런 한심한 결과가 나올 수밖에 없는 상황에 대한 책임을 국회와 국민에게 묻고 있다.

결국, 판결과 기사 1, 기사 2는 모두 이런 결론이 부당함을 말하고 있다. 판결과 기사 2가 이런 판결이 어쩔 수밖에 없는 것을 인식하고 기사 2는 그 대책을 수립하는 데 초점을 맞추고 있다면, 기사 1은 우국충정의 비통함이 강조되어 민사소송의 범위를 넘어 초법적 주장을 하고 있다. 기사 1과 같은 주장이 본 판결 중에 제기되어 그 사이 국회가 특별법을 제정하고[4]

---

3) 위 기사를 참조하면 이완용의 원래 재산은 없었고 매국의 대가로 받은 일제의 은사금으로 구입한 땅이며, 반민족행위처벌법에 의해 마땅히 몰수되어야 할 대상이었다는 주장이다.

4) 본 판결은 1990년도에 1심에 제기되었고 그 7년 후인 1997년에 확정되었다.

국가가 이 소송에 참여했다면 위 판결은 결론은 분명히 변경되었을 것이다.

## 라. 사실관계에 숨겨진 이유들

위 판결에는 피고가 주장한 사회질서 위반에 대한 판단만이 드러나 있고 나머지는 원심인 1심 92.3.19. 선고 서울지방법원 90가합10100 판결을 그대로 인용하고 있다. 재미있는 것이 원심에서는 전혀 친일재산 여부가 쟁점화되어 있지 않다는 것이며, 피고는 항소심인 위의 재판에서 친일재산 여부를 주장했다는 것이다.

사실관계를 조금 더 파헤쳐 보면(필요한 부분만 간략화하였다) 사건의 원고인 친일파의 후손 A는 오랫동안 해외에 거주하였고 그의 부친이 사망하여 상속권이 생겼으나 등기를 하지 않고 방치하고 있었다. 그런데 A의 동생 B가 권한 없이 매매 위임장을 위조하여 피고 C에게 매도하였고, 피고 C는 원고 A가 모르는 상태에서 법원을 속이는 재판을 진행하여 소유권 이전 등기를 하였다. 그리고 피고 C는 원고의 동생 B가 A의 적법한 대리인이었으므로 이 계약은 유효하다고 주장하였으나 1심 법원은 위조한 위임장만 있었을 뿐 다른 필요한 확인서(원고가 해외에 살았으므로 필요했던 영사관의 공증 등)들이 없었으므로 법규에 정해진 대리인으로 믿은 데 정당한 이유가 없다는 이유로 피고 패소 판결을 내렸다. 1심 법원은 위 판결과 같은 친일파 재산과 같은 문제는 피고가 문제삼지 않았으므로 이를 고려할 필요 없이 판결의 편취(속임수 판결) 문제와 대리계약의 효력만을 판단하면 되었던 것이다.

## 마. 문제의 확장

원심의 사실관계를 안 상태에서는 이 문제가 친일파 재산을 인정하는 문제보다는 조금 더 복잡하게 된다. 아직 특별법이 없는 상태라고 생각해 보자. 그리고 다음 문제에 답해 보자. 모두 답이 없는 어려운 문제들이며 훌륭한 논술이나 면접의 주제가 될 만한 것들이다.

첫째, 친일 이전부터 가졌던 재산과 친일로 생긴 재산을 다르게 처리할 것인가?[5]

둘째, 친일재산의 후손끼리 소유권 분쟁이 난 경우에는 어떻게 판단해야 할 것인가?

셋째, 친일재산을 누군가 사기로 가져갔다면 그 사기꾼을 국민정서의 이유로 보호해야 하는 것인가?

넷째, 법원이 권리남용 등의 새로운 판례 법리를 개발하여 이 사건에서 피고의 주장을 받아들이는 것과 국회가 법을 제정하는 것의 장, 단점은 무엇일까?

마지막으로, 이 판결에 대해 국회의 입법을 촉구했다는 호평이 있을 수도 있지만 국민감정에는 어긋난다는 비판이 있을 수 있다. 각 입장을 평가해 보라.

---

5) 친일반민족행위자 재산의 국가귀속에 관한 특별법은 다음과 같이 해결하고 있다.
제2조【정의】 이 법에서 사용하는 용어의 정의는 다음과 같다. 〈개정 2006.9.22, 2011.5.19〉
2. "친일반민족행위자의 재산(이하 "친일재산"이라 한다)"이라 함은 친일반민족행위자가 국권침탈이 시작된 러·일전쟁 개전시부터 1945년 8월 15일까지 일본제국주의에 협력한 대가로 취득하거나 이를 상속받은 재산 또는 친일재산임을 알면서 유증·증여를 받은 재산을 말한다. 이 경우 러·일전쟁 개전시부터 1945년 8월 15일까지 친일반민족행위자가 취득한 재산은 친일행위의 대가로 취득한 재산으로 추정한다.

## 2 사기와 상술의 경계는 어디까지인가?

사례 백화점 변칙세일 사건

### 가. 문제 상황

만약 백화점에서 100만 원 정가의 제품을 80만 원에 팔면서 정가를 160만 원으로 조작하여 50%세일이라고 광고한 것을 믿고 구매하였다면 이는 사기인가? 백화점이 아닌 시장 상인이 과일의 정가를 속여서 할인율을 크게 표시하여 적정가보다 낮게 팔았다면 이는 사기인가? 과연 상인의 상술은 어디까지 허용되는 것이고 그것이 사기가 되는 기준은 무엇인가? 또 사기라면 소비자는 지출한 물건 값을 반환받는 이외에 정신적 피해보상을 받을 수 있을까? 쉬운 문제처럼 보이지만 법적으로 보면 꽤 풀기 난해할 수 있다.

우리 형법에 사기[6]란 사람을 속여서 재물의 교부를 받거나 재산상의 이익을 취득해야 성립하는 범죄이기 때문이다. 분명히 판매한 백화점이나 상인은 속인 것은 맞지만 정가 이하로 팔았으므로 이는 정상적인 매매이고 재산상의 이익을 취한 것도 아니라고 할 것이며 이는 흔히 통용되는 판매기법이라고 주장할 것이다. 그리고 혹시 사기의 위법성이 인정된다고 하더라도 그 재산적 손해만 배상하면 되는 것이지 고객에게 정신적인 피해[7]가 있었다는 것은 인정할 수 없다고 항변할 것이다. 이런 문제에 대해 생각거리를 제공하고 있는 것이 이 서울고등법원

6) 형법 제347조【사기】 ① 사람을 기망하여 재물의 교부를 받거나 재산상의 이익을 취득한 자는 10년 이하의 징역 또는 2천만 원 이하의 벌금에 처한다.〈개정 1995.12.29〉
② 전항의 방법으로 제삼자로 하여금 재물의 교부를 받게 하거나 재산상의 이익을 취득하게 한 때에도 전항의 형과 같다.

7) 제751조【재산 이외의 손해의 배상】 ① 타인의 신체, 자유 또는 명예를 해하거나 기타 정신상고통을 가한 자는 재산 이외의 손해에 대하여도 배상할 책임이 있다.

92.10.30.선고 92나23102 판례이다. 이 판례의 결론부터 이야기하면 백화점의 사기세일로 인하여 피해를 입은 소비자는 손해배상을 요구할 수 있고, 정신적 위자료도 인정받을 수 있다는 것이다. 그 이유는 아래의 내용을 읽어가면서 따져보기로 하자. 그리고 특히 이 사건에서 다루고 있는 민법상 불법행위에 의한 손해배상의 법리는 법을 모르는 사람도 이해하기 어렵지 않기 때문에 필요한 부분에서는 이 또한 가급적 자세하게 설명하도록 하겠다.

## 나. 사건의 사실관계의 정리

먼저 우리는 흔히 백화점에서 물건을 사면 백화점에서 직접 구매한 것으로 생각하기 쉽지만 많은 경우는 백화점에 입점한 입점업체로부터 구매하는 경우가 많다. 이 판결은 그 부분을 명확하게 밝히고 있다. 입점업체는 고객에게 물건을 팔고 정해진 수수료를 백화점에 제공한다.

『이 사건의 원고는 백화점에서 물건을 구매한 고객들이며 피고는 백화점이다. 피고들은 각 백화점의 매장을 운영함에 있어서는 이른바 입점업체에게 백화점 내의 일정 구역을 매장으로 할애하여 각 입점업체로 하여금 자기의 브랜드를 부착한 자기의 상품을 자기의 책임하에 자기의 판매사원으로 하여금 판매하도록 하고 백화점 측에 대하여 매장 사용에 대한 대가로 판매액의 일정비율에 해당하는 수수료(매장 임대료)를 지불하도록 하고 있다.』

그리고 이 부분은 고객과 입점업체와의 관계에서 수수료를 받는 외에 백화점의 역할을 밝히고 있는 부분이다. 백화점은 물품의 타당성과 이상유무를 확인하고 매출금을 수금하여 추후에 정산하고 있는 구조임을 알 수 있다.

『다만 피고 백화점은 담당 구매관을 통하여 입점업체가 백화점에 반입하는 물품의 타당성을 확인한 후 상급관리자들의 결재를 받은 다음 검품과에서 물품의 이상 유무를 확인한 후 백화점의 태그(tag, 물품표)를 붙여 해당 매장에 보내어 판매하도록 하는 등 물품의 반입과정에서도 관여할 뿐만 아니라 그 수수료의 관리를 위하여 각 매장별로 경리직원 1명씩을 파견하여 매출액을 수금 집계한 후 월별로 약정된 수수료를 공제한 매출대금을 입점업체에 지급하였다.』

이어서 변칙세일이 왜 일어나게 되었는지에 대한 시장적 배경을 설명하면서 그러한 방식이 일종의 상술인 판매기법으로 나타나게 되었다는 점을 설명하고 있다.

『한편, 1980년대 후반부터 의류업체가 난립하면서 각 업체들 사이에 판매경쟁이 본격화되자 특히 브랜드의 지명도가 상대적으로 낮은 영세업체와 하이패션계통의 여성의류 제조업체들이 중심이 되어 가격경쟁을 통한 자구노력의 일환으로 이른바 변칙세일이 성행하게 되었다. 그들은 고객들이 저가품보다는 고가품을, 정상판매보다는 할인판매를 선호하는 경향이 뚜렷하다는 점에 착안하여, 이미 시중에 출하된 상품의 경우에는 종전 판매가격을 실제보다 높게 표시하여 할인판매를 가장한 정상판매를 기도하거나 할인율을 속이고, 새로이 출하하는 신상품의 경우에도 당초 제품을 출하할 때부터 상품의 가격표에 제조업체에서 실제로 판매를 희망하는 가격을 일단 할인판매가격으로 표시하고 여기에 제조업체가 임의로 책정한 할인율을 감안하여 거꾸로 도출된 가격을 위 할인판매가격과 나란히 표시함으로써 마치 도출된 가격이 종전 판매가격 내지 정상판매가격인 것 같은 모양을 갖춘 후에 백화점 등 각 매장에 진열하고 매장의 광고대에 위 두 가격을 비교한 할인판매율을 표시하여, 그 상품들이 종전에는 높은 가격으로 판매되던 것인데 할인특매기간에 한하여 특별히 대폭 할인된 가격으로 판매하는 것처럼 광고를 하는 변칙적인 방법을 일종의 판매기법으로 동원하였다.』

그리고 그 변칙적인 판매기법에 이 사건에서 피고인 백화점이 어떻게 개입했는지를 밝히고 있다. 즉, 그러한 변칙세일을 백화점 직원들과 입점업체와 협의하고 적극적으로 광고하였다는 것이다.

『피고 경영의 백화점 측은 담당구매관(바이어)을 통하여 각 입점업체와 어떤 상품을 얼마씩에 매장에 진열할 것인가, 그 판매가격에서 백화점이 취득하는 수수료율은 얼마로 할 것인가 등에 관하여 협의를 하여 왔으며, 그 수수료의 증대를 위한 매장관리의 일환으로 백화점 명의로 일간지나 광고전단 등을 통하여 소비자들에게 할인특매행사에 관한 광고를 하고 통일된 가격표를 작성해 줌과 아울러 매장 내에는 어떤 내용으로 할인판매를 하고 있다는 내용을 적은 소위 매장내 광고대(p.o.p)를 작성하여 게시하였다. 또한 백화점의 영업부장을 비롯한 직원들은 각 백화점의 매장에 위와 같이 이른바 변칙세일이 행해지고 있다는 사실을 직접 업무처리상 결재과정에서 또는 간접적으로 들어서 알고 있었고 이러한 변칙세일은 유통질서를 어지럽히고 소비자들을 유혹하여 충동

구매를 자극하는 등 합리적인 소비생활을 저해할 우려가 있는 부당한 판매방법으로서 시정되어야만 하는 것임을 인식하고서도 소비자들이 세일을 선호하여 정상적인 가격으로만 판매하는 경우 백화점이나 당해 입점업체의 매출액이 크게 떨어지기 때문에 매출액을 늘려 수수료를 늘리기 위하여 위와 같은 변칙세일을 승인하고 이에 따른 광고를 하였다.』

하지만 대형 백화점의 고객들인 원고들은 백화점의 정찰제와 품질보증제를 신뢰하고 할인율을 오인하여 이 사건의 상품들을 구매했다는 것이다.

『위와 같은 과정에서 원고들은 피고가 대형유통업체로서 고도의 신용을 바탕으로 정찰제와 품질보증제를 시행하고 있는 것으로 알고 그들이 표시한 금액이 그 각 상품에 대한 종전가격 내지 정상가격인데 특별히 세일기간에 한하여 같은 별지의 할인율란 기재의 각 할인율과 같이 할인되어 가격이 낮게 책정된 것으로 오인하고 각 상품을 구입하였다.』

## 다. 이 사건의 쟁점

이 사건의 첫 번째 쟁점은 백화점의 위와 같은 입점업체들의 변칙세일을 용인한 행위가 민법상의 불법행위가 되는가이다. 이는 민법 제750조[8]의 적용이 문제가 되는데 법에 따르면 고의 또는 과실로 인한 위법행위로 타인에게 손해를 가한 것이 인정되어야 하므로 여기서는 위법성이 문제가 된다. 또 다음의 쟁

8) 제750조【불법행위의 내용】 고의 또는 과실로 인한 위법행위로 타인에게 손해를 가한 자는 그 손해를 배상할 책임이 있다.

점은 원고가 백화점에 대해 정신상의 고통에 대한 위자료를 청구했으므로 위법행위가 인정되어도 손해배상의 범위가 재산상의 손해뿐인지 민법 제751조[9]의 정신상 고통이 인정되는지가 문제가 된다.

원고의 입장에서는 그 잘못된 표시 때문에 하지도 않아야 할 소비를 했다고 주장할 수 있다. 현대의 산업화된 국가의 시장에서는 판매자인 기업이 판매촉진을 위해 상품과 서비스의 가치나 용도를 왜곡하는 일이 심심치 않게 벌어진다. 즉, 구매한 상품과 서비스는 구매자가 필요로 하지 않았거나 원치 않는 것일 수 있기 때문이다. 심리학자들에 따르면 상인들은 소비자를 설득하고 현혹시켜야 하며 소비자는 공급자가 펼치는 판매전략에 이끌려 심지어는 환각과 비슷한 상태에 빠지기도 한다고 한다.[10] 이에 따르면 소비자는 필요 없는 물건을 구매하고 '환각'에서 깨어났을 때 정신적 충격을 받았다고 할 수 있지 않겠는가.

반대로 판매자의 입장에서는 어차피 정상가 이하로 팔았고, 특히 백화점은 자신들이 직접 판 것이 아니라 입점업체가 팔았으므로 책임이 없다고 주장할 수도 있다. 또한 위와 같은 표시행위는 일종의 상술이며, 구매결정은 소비자들이 하였으므로 자신들의 책임은 없다고 할 것이다. 설사 위법성이 있어 불법행위 책임이 있다고 하여도 정신상의 고통에 대해서만큼은 인정할 수 없다고 할 것이다.

9) 제751조【재산 이외의 손해의 배상】 ① 타인의 신체, 자유 또는 명예를 해하거나 기타 정신상고통을 가한 자는 재산 이외의 손해에 대하여도 배상할 책임이 있다.

10) 마인하르트 미켈, 성장의 종말, 에코리브루, 2006.

## 라. 판단

### 1) 불법행위에 해당하는가? - 상술인가? 사기인가?

이 판결은 우선 일반적인 상술로서 어느 정도의 과장과 허위까지는 상술로서 사기성을 인정하지 않고 있다. 하지만 그 정도를 넘어서서 상품의 가격과 같이 거래에서 중요한 구체적 사실을 사회적 신뢰(신의성실)를 넘어서서 비난받을 정도로 속였다면 이는 사기죄의 속임수에 해당한다고 판단했다.

『일반적으로 상품의 선전, 광고에 있어 다소의 과장, 허위가 수반되는 것은 그것이 일반상거래의 관행과 신의칙에 비추어 시인될 수 있는 한 기망(속임수)성이 결여된다고 하겠으나 거래에 있어서 중요한 사항에 관하여 구체적 사실을 신의성실의 의무에 비추어 비난받을 정도의 방법으로 허위로 고지한 경우에는 사기죄의 기망행위에 해당한다고 할 것이다.』

그리고 현대사회에서는 소비자들이 가격정보 등을 피고인 유통업체의 광고를 통해 얻을 수밖에 없고 이런 사정이 있는 이상 원고인 소비자들이 가격을 비교하여 결정한 것이라는 주장이나 허영심 때문에 구매하였으니 원고의 책임이라는 주장이 인정되지 않는다는 것을 분명하게 밝히고 있다.

『한편 현대산업화 사회에 있어 소비자가 갖는 상품의 품질, 가격에 대한 정보는 대부분 생산자 및 유통업자의 광고에 의존할 수밖에 없고 이 사건 백화점들과 같은 대형유통업체에 대한 소비자들의 신뢰(정당한 품질, 정당한 가격)는 백화점들 스스로의 대대적인 광고에 의하여 창출된 것으로서 이에 대한 소비자들의 신뢰와 기대는 특히 크고 이는 보호되어야 할 것인바 이 사건에서 문제가 되고 있는 위와 같은 변칙세일은 진실규명이 가능한 구체적 사실인 가격조건에 관하여 기망이 이루어진 경우로서 그 사술의 정도가 사회적으로 용인될 수 있는 상술의 정도를 넘은 것이어서 위법성이 있다 할 것이며, 위와 같은 변칙세일이 소비자들의 그릇된 소비심리에 편승한 것이라거나 소비자들도 나름대로 가격을 비교하여 물품을 구매하였을 것이라는 점은 기망행위의 성립에 아무런 영향이 없다 할 것이다.』

그리고 가격 조작이 백화점이 아닌 입점업체들의 책임이라는 항변에 대해서는 백화점의 직원들이 알고 있으면서도 적극 가담하였으므로 백화점의 사용자책임이 인정된다고 판단했다.

『또한 위 인정사실에 의하면 비록 이 사건에서와 같이 특정매장의 경우 할인판매 여부 및 할인판매가격과 할인율을 입점업체가 주로 결정한다 하더라도 피고들 백화점으로서도 할인판매가격 및 할인율에 따라 취득하는 수수료가 달라지므로 담당구매관을 통해 이를 협의하고 있으며 각 매장의 관리책임자인 위 소외 1, 2, 3 등도 위와 같은 변칙세일의 내용을 직접 결재과정을 통해 또는 간접적으로 들어서 알고 있음에도 그 구매력을 높이기 위하여 백화점이 직접 백화점 명의로 일간 신문이나 전단 또는 매장 내 광고대를 통하여 광고를 할 뿐만 아니라 상품의 반입에도 관여하고 있음을 알 수 있다.

따라서 위 성명불상 담당구매관 내지 매장관리인인 소외 1, 2, 3 등이 이 사건 변칙세일에 검품, 구매협의, 할인판매의 내용에 관한 결재, 광고 등을 통하여 가공한 행위는 각 입점업체와 공동으로 불법행위를 한 것에 해당한다 할 것이고 피고들은 위

담당구매관 내지 소외인들의 사용자로서 그들이 직무집행 중[11] 저지른 위와 같은 불법행위로 인하여 원고들이 입은 손해를 배상할 책임이 있다 할 것이다.』

### 2) 위자료

원고들이 주장한 정신적 피해 부분에 대해서는 백화점은 정찰제를 시행하는 등 고도의 사회적 신뢰를 바탕으로 세일을 하여야 하고 이 신뢰를 어긴 경우 고객은 백화점에서 구매했다는 안정감과 만족감 그리고 고급 백화점 고객으로서의 약간은 자랑스러워하는 마음에 인격적 상처를 입었고 피고들이 그 사실을 알 수 있었으므로(그 손해가 일상적 손해이든 특별한 손해이든 간에[12]) 정신적 피해를 입었다고 판단하고 있다. 다음의 대화에서 A의 두 번째 대답이 백화점이 아니고 노점상이었다면 A가 느끼는 심리적인 만족감에서 큰 차이가 있을 것이다.

B : "옷 이쁜데 얼마야?"
A : "이 옷 50만 원이야. 50% 할인해서 25만 원에 샀지."
B : "정말! 진짜 그 가격이야?"
A : "그럼 X백화점 할인에서 샀는걸…"

『일반적으로 타인의 불법행위로 인하여 재산권이 침해된 경우에는 그 재산적 손해의 배상에 의하여 정신적 고통도 회복된다고 보아야 할 것이다. 그러나 대형백화점의 세일과 같이 고

11) 피고의 사용자 책임을 인정한 것이다.
민법 第756條【사용자의 배상책임】 ① 타인을 사용하여 어느 사무에 종사하게 한 자는 피용자가 그 사무집행에 관하여 제삼자에게 가한 손해를 배상할 책임이 있다.

12) 우리 손해배상법의 법리는 통상의 경우에는 당연히 배상해야 하고 특별한 경우에는 가해자가 알았거나 알 수 있었을 경우에 배상하도록 되어 있다.

도의 사회적 신뢰에 기하여 이루어지는 거래에 있어서 그 거래의 내용이 사회적 신뢰에 어긋나는 것일 때에는 거래의 상대방은 재산적 이익을 침해당하는 손해 이외에 그와 같은 고도의 신뢰를 침해당한 데에 따른 별도의 정신적 고통을 받게 된다 할 것인바 이러한 고도의 사회적 신뢰를 공유함으로써 그 사회의 구성원인 개인들이 누리는 안정감과 만족감 그리고 약간은 자랑스러워하는 마음 등은 법이 마땅히 보호하여야 할 인격적 법익에 해당한다 할 것이다. 따라서 이러한 인격적 법익을 침해한 불법행위자는 이로 인한 정신적 고통에 대한 손해도 따로 배상하여야 할 것이다.

이 사건에서 보면 원고들은 평소 피고 등 백화점이 고도의 사회적 신뢰를 바탕으로 정찰제와 품질보증제를 시행하고 있는 것으로 알고 피고들의 할인특매에 관한 광고를 전적으로 믿고 거래하였는데 피고들이 표시한 가격이 실제보다 높여서 표시된 것으로 자기들이 구입한 상품이 자기들이 믿었던 가치보다 못하다는 사실을 알게 됨으로 인하여 백화점과의 거래에서 누리게 되는 안정감과 만족감 그리고 자랑스러워하는 마음 등이 무참히 훼손되었다 할 것이므로 이는 단순히 재산권의 침해에만 해당되지 아니하고 인격적 법익[13]의 침해도 된다고 보아야 할 것이어서 이로 인하여 상당한 정신적 고통을 받았을 것임은 경험칙상 명백하다 할 것이다(설사 사기로 인한 피해법익이 재산적 법익에 지나지 아니하여 원고들의 정신적 고통에 대한 위자료가 특별손해에 해당한다 하더라도 앞에서 든 증거들에 변론의 전취지를 종합하면 원고들은 피고들의 위와 같은 변칙사기 세일로 인하여 백화점과의 거래에서 누리게 되는 안정감 등이 훼손되어 정신적 고통을 받았고 피고들 또한 이를 예상할 수 있었던 사실을 인정할 수 있다[14]). 따라서 피고들은

13) 재산 이외의 신체 또는 정신상손해가 인정되어야 민법 제751조의 위자료 배상을 명할 수 있다.

14) 민법은 통상손해와 특별손해를 구분하여 특별손해의 경우에는 상대방이 알 수

원고들의 위 정신적 고통을 금전지급으로나마 위자할 의무가 있다 할 것인바, 그 액수에 관하여 보건대 원고들이 위 각 상품을 구입한 가격, 할인율과 원고들의 직업, 신분관계 등이 사건 변론에 나타난 여러 사정을 참작하면, 피고들은 그 위자료로서 원고들에게 별지 구매내역 및 위자료표의 위자료란 기재의 각 금액을 지급함이 상당하다 할 것이다.』

## 마. 문제의 확장

이 판결의 결론을 아는 상태에서 생각해 보자. 정상 가격을 위와 같이 속인 주체가 백화점이 아닌 노점상이라면 과연 그 노점상에게 위법성이 인정되겠는가?

판례에서는 대형백화점의 세일이라는 사회적 신뢰성 위반을 위법의 근거로 들고 있으므로 길거리 상인의 행위는 그저 통용되는 상술이라고 인정할 수 있는가? 아니면 가격이라는 것은 거래에서 중요한 요소이기 때문에 길거리 상인의 행위도 위법행위가 되는가? 위법행위가 되지 않더라도 거래를 취소하고 환불을 받을 수 있는가?

또 한 가지 이 판결은 백화점에 유리한 판결인가 아니면 불리한 판결인가 생각해 보자. 유리하다는 입장은 법원이 백화점 세일의 고도의 신뢰성을 인정했으므로 백화점 고객은 이 판결 이후에는 더 백화점을 믿고 소비할 수 있을 것이다. 이 판결은 오히려 백화점에 대한 광고의 역할을 했다고 볼 수 있다. 반대로 백화점에게 불리하다는 입장은 백화점에는 수많은 입점업

---

있었거나, 알았을 경우에만 배상을 인정하고 있기 때문에 본 판결에서는 가정적으로 특별손해라 하더라도 피고가 알았으므로 배상해야 한다고 판단하고 있다.

체가 있고 이들의 영업활동을 감시해야 하는 백화점의 주의의무가 너무 크다고 할 수 있다. 그래서 앞으로도 이와 같은 손해배상이 늘 것이고 백화점은 관리비용 때문에 물건 값이 더 비싸질 수도 있다고 볼 수 있다. 독자들은 어떻게 생각하는가?

한 가지 더 추가하여 이 판결의 판단은 비판할 점이 없는지 생각해 보자. 우선 물품의 판매가격은 상인 마음대로(영업의 자유) 정할 수 있지 않는가 하는 의문이 든다. 즉 정찰가라는 것이 존재하는가라는 의문이다. 결국 소비자에게 중요한 것은 판매가이지 그 제품의 권장소비자가가 아니지 않을까? 그렇다면 가격만 높여놓고 세일을 하지 않은 상태에서 구매한 소비자는 보호해야 하는가?

다음으로 소비자가 백화점에서 비싼 물건을 샀다고 약간 자랑스러워하는 마음이란 어찌보면 허영심인데 이것을 법적으로 보호할 필요가 있을까라는 비판도 성립할 수 있다고 본다. 그리고 같은 제품이 백화점에서만 이렇게 판 것이 아니라 대리점 등에서도 이렇게 팔았다면 대리점에서 이런 속임수에 속아서 구매한 고객들에게도 동일하게 손해배상과 위자료를 인정해야 하는지, 백화점 고객들만 지나치게 특수한 보호를 받는 것은 아닌지에 대한 의문을 제기할 수 있다. 또한 판결에서는 자세하게 판단하지 않았지만 이런 구매결정을 한 고객들에게는 책임이 없는 것인지도 짚어보아야 할 것이다.

다음의 신문기사를 읽고 원가에 비해 판매가가 지나치게 높은 이런 경우에는 백화점이나 제조사의 불법행위책임을 물릴 수 있는지 그리고 제조사가 외국 업체일 경우와 국내 업체일 경우에는 어떤 차이가 있을 지 생각해 보자.

### 이낙연 의원실 수입화장품 통관금액 조사 결과…
**백화점 판매가와 최고 24배 차이**

에스티로더, 랑콤, 시슬리 등 수입화장품의 원가 논란이 재점화됐다. 수입원가는 싼데 실제 판매가격은 이보다 최고 수십 배 비싸다는 주장이 잇따라 제기되고 있다.

특히 인기 수입화장품인 에스티로더의 '갈색병 에센스'(나이트 리페어 리커버리 콤플렉스) 50ml의 통관금액은 6,300원(5.58달러)에 불과한 것으로 나타나 파장이 일고 있다.

랑콤의 아이크림(제니피끄 아이 컨센트레이트) 15ml와 크리스찬디올의 파운데이션(스킨 포에버 플루이드 파운데이션) 30ml 등도 통관금액이 10달러 안팎인 것으로 확인됐다.

27일 국회 보건복지위원회 이낙연 의원실이 '2010년 수입화장품 표준통관예정보고 실적'을 조사한 결과에 따르면 인기 수입화장품 대부분이 통관 가격 대비 최저 2배에서 최고 20배 이상 높은 값에 판매되고 있다.(중략)

에스티로더 갈색병 50ml의 경우 6,300원에 들여와 백화점 매장에서 15만 원 이상 가격에 판매했다. 통관금액과 판매가격 차이는 24배로 가장 컸다. 랑콤의 제니피끄 아이크림의 통관가격은 우리 돈 8,800원(7.77달러)지만 국내 판매가는 9만 8,000원에 달했다. 19만 원대에 판매되는 시슬리 아이크림의 통관금액은 약 3만원(27.18달러)에 불과했다.

이에 대해 수입화장품 업계는 통관금액과 수입원가는 다르다는 입장이다. 에스티로더 관계자는 "통관가격은 제품가격과 운임료, 보험료 등을 기초로 정해지며 업체마다 기준이 다르다"며 "브랜드 로열티 등 상표권과 기술지원비 등이 포함돼 있지 않아 수입원가와는 차이가 있다"고 말했다. 그는 이어 "희귀 원료를 첨가하거나 임상실험을 강화하는 등 제품 차별화에 필요한 비용도 빠져 있다"고 덧붙였다.

국산 화장품과의 가격 차이가 크지 않다는 의견도 있다. 또 다른 한 수입화장품 업계 관계자는 "한국은 광고모델료 등이 높게 형성돼 있기 때문에 한국 프리미엄 화장품 브랜드와 비교해도 가격이 높은 편이 아니다"라고 말했다.

"에스티로더 갈색병 에센스 6,300원에 들여와…" 머니투데이 2012. 2. 27

그리고 마지막으로 아직도 이러한 변칙세일은 이런 법원의 판결이 있음에도 아직 근절되지 않은 것 같다. 다음은 휴대폰 가격에 대한 기사이다. 이 기사를 읽어보고 이 판결의 사건과 차이점과 공통점이 무엇인지를 비교해 보라.

## 삼성 등, 휴대폰 가격 부풀려 소비자 속여와…

### 할인판매인 척 소비자 기만한 업체에 과징금

휴대폰 가격을 부풀린 후 소비자에게 보조금을 지급해 고가 휴대폰을 할인판매하는 것처럼 소비자를 기만한 이동통신사와 휴대폰 제조사에 과징금 453억 원이 부과됐다.

15일 공정거래위원회는 SK텔레콤, KT, LG유플러스 등 통신 3사와 삼성전자, LG전자, 팬택 등 휴대폰 제조 3사가 2008년부터 2010년까지 보조금을 감안해 출고가와 공급가를 부풀리는 방식으로 소비자를 기만했다며 시정명령과 과징금 부과 결정을 내렸다고 밝혔다.

사업자별 과징금은 SKT 202억 5,000만원, KT 51억 4,000만원, LG유플러스 29억 8,000만 원, 삼성전자 142억 8,000만 원, LG전자 21억 8,000만 원, 팬택 5억 원 등이다.

공정위는 보조금이 많은 휴대폰이 소비자 유인효과가 크다는 점을 감안해 휴대폰 가격을 높게 설정하고 이렇게 마련한 보조금을 대리점을 통해 소비자에게 지급했다고 설명했다.

가격 부풀리기는 통신사가 주도한 출고가 부풀리기와 제조사가 주도한 공급가 부풀리기 형태로 이루어졌다.

통신사는 제조사와 협의해 2008년~2010년 기간 동안 총 44개 휴대폰 모델에 향후 지급할 보조금을 감안해 공급가에 비해 출고가를 현저히 높게 책정하고 출고가와 공급가 차이에 해당하는 금액을 보조금 지급에 활용했다. 또 제조사는 통신사와 협의해 2008년~2010년 기간 동안 향후 지급할 보조금을 감안해 총 209개 휴대폰 모델의 공급가를 높게 책정하고 공급가를 부풀렸다.

공정위는 이는 보조급제도가 휴대폰 구입비용 부담을 덜어주는 실질적 할인제도라고 인식하는 소비자 신뢰를 악용한 착시마케팅에 해당된다고 밝혔다.

공정위는 또 휴대폰 제조사가 대리점에 휴대폰을 직접 유통하는 것을 방해한 SKT의 경쟁제한행위에 대해서도 시정명령과 과징금 4억 4,000만 원을 부과했다. SKT는 2010년 2월 삼성전자가 SKT 이통서비스용으로 생산한 휴대폰 중 SKT를 거치지 않고 유통망에 직접 공급하는 휴대폰 비율을 20%로 제한하고 초과물량은 등록 거부했다고 공정위는 설명했다.

통신사는 공정위 결정에 이같은 영업방식은 정상적 마케팅 활동이라고 반발했다.

SK텔레콤은 "판촉활동의 일환으로 보조금을 활용하는 것은 휴대폰뿐만 아니라 모든 제품의 유통과정에서 공통적으로 나타나는 정상적 마케팅활동"이라며 "시장경쟁을 활성화하고 소비자에게 실질적 혜택을 제공하고 있다는 점을 고려하지 않은 것"이라고 밝혔다. SK텔레콤은 이의신청, 행정소송 등으로 법률집행과 제재 부당성을 소명할 것이라고 덧붙였다.

"삼성 등, 휴대폰 가격 부풀려 소비자 속여와…", 전자신문 2012. 3. 15

## 3 형식과 실질 중 무엇이 본질인가?

사례 도난자동차에 대한 세금부과 사건

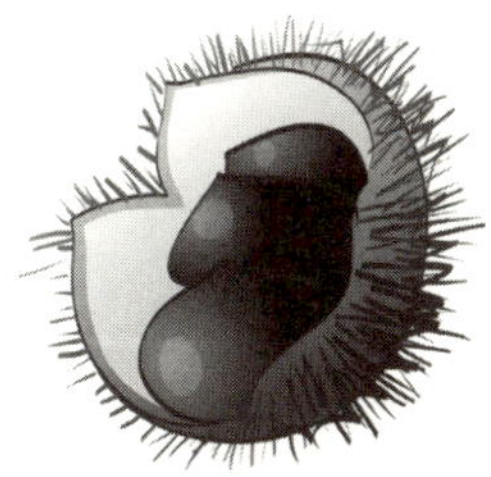

### 가. 형식인가? 실질인가?

이 사건은 자동차를 도난당한 원고가 피고인 국가를 상대로 자동차가 도난당한 기간에 부과된 자동차세의 무효 또는 취소[15]를 주장한 사건이다. 사실관계를 조금 더 들여다보면, 원고는 승용차를 도난당하자 그날 중으로 곧바로 관할 강동경찰서에 도난신고를 하였다. 그러나 원고가 위와 같이 도난신고를 한 후에도 계속 위 자동차에 대한 자동차세와 방위세, 교육세가 부과되자, 원고는 조카를 시켜 구청 세무과에 찾아가 차량 도난신고를 다시 하게 하였으나, 구청 담당자가 도난신고는 자동차등록사업소에 가서 하라고 안내하였다. 원고는 그 금액이 크지는 않아 한참 후에 자동차등록사업소에 가서 자동차등록 말소신청을 하였으나, 등록사무소에서는 위 자동차에 대하여는 자동차세가 체납되어 압류등록이 되어 있는 상태이므로 이를 해제하기 전에는 말소등록을 받아 줄 수 없다고 하여 말소신청을 접수시키지 못했다. 피고인 구청은 원고에 대하여 승용차의 도난사실증명서를 접수시킨 이후에도 위 승용차의 등록이 말소되기 이전까지 자동차세 등을 부과, 고지하였다. 이에 원고는 이 부과처분이 위법하다고 주장한 사건이다.

여러분은 어떻게 생각하는가? 자동차세를 부과하는 목적이 자동차를 사용할 수 있는 데 대한 것이라고 본다면 원고의 주장이 옳을 것이고, 반대로 자동차세가 자동차 등록증이라는 서류를 기준으로 부과되는 것이라면 피고의 주장이 옳을 것이다.

15) 무효사유인지 취소사유인지는 행정소송에서 매우 중요한 법리이지만 이를 고려하는 것은 이 책의 목적범위를 벗어나므로 상술하지는 않는다.

그리고 이 서울고등법원 94.11.15. 선고 94구2888 판결에서는 판단의 기준이 되는 선(先) 판례를 인용하고 있는데 다음과 같다.

『지방세법 제170조에 의하여 준용되는 같은 법 제196조의 3의 규정에 의하면 서울특별시내에서 자동차를 소유하는 자는 자동차세를 납부할 의무를 지도록 되어 있으므로 자동차세는 자동차의 소유사실을 과세요건으로 하여 부과되는 재산세적인 성질의 조세라 할 것인바, 자동차의 소유자가 이를 도난당하였다고 하더라도 자동차등록원부상 말소등록절차를 거치지 아니한 경우에는 여전히 그 소유권을 보유하고 있는 것이므로 자동차세의 납부의무를 면하지 못한다고 할 것이다(대법원 1991.6.25. 선고 91누1554 판결 참조)』

위 선 판례를 보면 원고의 주장은 분명 받아들이기 어렵다. 하지만 본 판결은 위의 선 판례가 있음에도 원고의 주장을 일부 인정하고 있다. 그 논리는 무엇인지 살펴보자.

## 나. 판결의 이유

이 판결에서는 우선 자동차세의 근거를 자동차에 대한 소유권을 행사할 수 있는 경우라고 정의하고 있다. 우리가 토지나 건물에 대한 세금을 내는 것도 마찬가지로 재산세에 대한 성격 때문이 아니던가? 그리고 위의 선 판례에서도 자동차세는 제산세의 성격을 지닌 것이라는 점은 밝히고 있다.

『자동차의 소유에 대하여 자동차세를 부과하는 것을 정당한 것으로 용인할 수 있는 근거는 소유자가 그 자동차에 대한 소유권을 행사할 수 있는 상황, 즉 운행지배와 운행이익의 향수가 가능한 상황이 조성되어 있기 때문이다. 만일 그와 같은 상황이 존재하지 않는다면 자동차 소유에 대한 과세는 그 법적 정당성의 근거를 상실한다고 보아야 할 것이다. 예컨대, 자동차가 물리적으로 멸실된 경우에는 자동차등록의 말소 여부에 관계없이 자동차세를 부과할 수 없다고 하여야 할 것이며, 이러한 이치는 자동차를 분실한 경우에도 일정한 요건하에 마찬가지로 적용되어야 할 것이다.』

그리고 선 판례에도 불구하고 분실 상황에서는 다음과 같이 특수한 때에는 자동차 소유권을 행사하지 못하는 경우라고 밝히고 있다. 정리하면 객관적으로 분실이 확실하고 주관적으로 소유를 포기한 경우라고 보고 있다. 그리고 이런 기준에 이 사건이 적용된다고 판단하고 있다. 따라서 원고에게 부과된 자동차세는 정당하지 못하다는 것이다.

『첫째로, 자동차를 분실한 뒤 이를 찾기 위한 노력을 하였음에도 불구하고 상당한 시간이 경과하도록 찾지 못하여 자동차의 사용불능 및 회수곤란의 사정이 어느 정도 객관화되고,

둘째, 이러한 상황을 소유자가 받아들여 자동차의 소유를 포기하는 의사를 외부적으로 명백히 표시한 사정하에서는 분실자동차의 소유자에 대하여 자동차세를 부과할 수 없다고 할 것이다.

이 사건의 경우를 살펴보면, 원고는 그 소유 자동차를 도난당한 뒤 경찰서에 도난신고를 하고 이를 찾기 위하여 노력하였으나 상당한 시일이 경과하도록 이를 찾지 못하게 되자 원고 자신이나 경찰에서도 더 이상 이를 찾는 것을 단념한 상태가

되었으므로 원고가 위 자동차를 회수하는 것은 사실상 불가능한 상태에 이르렀고, 또한 원고는 위 자동차를 도난당한 후 이를 찾는 것이 불가능한 상태에 이르게 되자 자동차등록사무소에 그 말소등록을 신청하려 한 사실이 인정된다. 따라서 원고의 경우에는 분실한 자동차에 대한 소유권의 행사가 불가능한 상태를 넘어서서 그 소유권이 실질적으로 상실된 것과 마찬가지의 상태가 객관적으로 형성된 상황에 이르렀다. 또한, 원고도 그와 같은 상태를 받아들여 그에 대한 소유권을 포기하려는 의사를 외부에 명백히 나타냄으로써 위 자동차에 대한 소유권은 그 소유자에 의하여 주관적으로도 포기된 상황에 이르렀다 할 것이다. 그러므로 이와 같은 상황하에서는 원고는 적어도 자동차 관리청에 대한 관계에서는 위 자동차에 대한 소유자로서의 지위를 실질적으로 상실하였다고 보아야 할 것이다.

그 자동차에 대하여 압류등록이 되어 있는 등의 법령상 장애사유로 인하여 실제로 그 말소등록이 이루어지지 못한 것은 그 압류채권자의 권리를 보호하는 등의 별도의 필요에 의하여 그 등록을 일시 유지해 두고 있는 것에 불과한 것으로 보아야 할 것이므로 위 자동차에 대한 원고의 소유자 등록이 말소되지 않고 있다는 이유만으로 계속하여 원고에 대하여 자동차세를 부과하는 것은 그 과세의 정당성을 상실한 조치라 할 것이다.』

### 다. 대법원의 반대 판결(대법원 1995.3.10. 선고 94누15448)

하지만 이 판결은 피고가 대법원에 상고하였고 대법원에서는 위의 선판결과 유사한 다른 선판결(대법원 1991.6.25. 선고 90누9704 판결)을 들어 위의 판결을 파기하였다. 우선 그 다른 선판결을 살펴 보자.

『자동차세에 관한 지방세법 제196조의 3 "시 · 군 내에서 자동차를 소유한 자는 자동차세를 납부할 의무를 진다"라는 규정에 비추어 볼 때, 자동차세는 자동차의 소유사실을 과세요건으로 하여 부과되는 재산세의 성질을 가진 조세임이 분명하나, 같은 법 제196조의 2가 "이 절에서 자동차라 함은 자동차관리법의 규정에 의하여 등록 또는 신고된 차량과 대통령령으로 정한 차량을 말한다"라고 규정하고 있고, 자동차관리법 제5조가 "자동차의 소유권의 득실변경은 등록하여야 그 효력이 생긴다"라고 규정하여 자동차의 소유 여부는 자동차등록원부상의 등록 여부로 결정되는 것이므로, 자동차의 소유자가 이를 도난당하여 그 운행이익을 향유하지 못하고 있다고 하더라도 자동차등록원부상 말소등록 절차를 거치지 아니한 이상 의연 그 소유권을 보유하고 있다고 보아야 할 것이므로 이러한 사정만으로는 자동차세의 납부의무를 면하지 못한다고 할 것이다(대법원 1991.6.25. 선고 90누9704 판결 참조).』

위의 대법원 선판결에 따라 적용한 결론은 위 판결이 들고 있는 사정만으로는 자동차 등록원부상의 명의를 말소하지 않았다면 자동차세를 납부해야 한다는 것이다.

『그럼에도 불구하고 원심이 원고가 자동차를 도난당한 뒤에 이를 찾기 위하여 노력하다가 여의치 못하자 자동차등록사업소에 말소등록을 신청하려 하였으나 기왕에 부과, 고지된 자동차세의 체납으로 인하여 압류등록이 되어 있어 신청이 접수되지 아니한 것이라는 사정만을 들어 원고가 비록 이 사건 자동차의 등록원부상의 소유자이기는 하나 그 판시와 같은 이유로 자동차세를 납부할 의무가 없다고 판단한 것은 자동차세의 과세요건에 관한 법리를 오해함으로써 판결에 영향을 미친 위법을 저질렀다고 아니할 수 없다.』

## 라. 두 판결의 비교

우선, 원판결과 대법원의 판결 모두 각각의 선 판례를 들어 자동차세는 자동차의 소유사실을 요건으로 부과되는 세금이라는 점에서는 동의한다. 하지만 원판결에서는 소유사실은 사실, 즉 소유권을 행사할 수 있는 상황으로 파악하고 있으나, 대법원의 판결은 소유권은 자동차등록원부상의 등록 여부로 결정된다고 보고 있는 것이 결정적인 차이이다. 즉 원판결은 실질적인 소유를 대법원의 판결은 형식적인 소유를 인정하고 있는 것이다.

따라서 원판결도 등록 여부를 기준으로 판단해야 하지만 객관적으로 분실이 인정되고 주관적으로 소유의사를 포기한 상황에서 자동차세의 부과는 불합리하다는 입장이다. 반면 대법원의 판결은 법문의 규정대로 자동차 등록원부만을 기준으로 소유권을 인정한다는 입장이다.

어떤 판결이 옳은가 하는 것은 각각의 판단이 장·단점이 있으므로 말하기 어렵다. 일반인의 실질적인 관점에서는 원판결의 결론이 더 합리적으로 보인다. 만약 누군가 자동차를 도난당하여서 사용할 수도 없는데 세금까지 부과된다면, 그리고 그 부과된 세금 때문에 압류가 되어 있고 압류를 해제할 돈도 없는 경우에는 계속해서 부과되는 세금을 막을 수도 없을 것이다. 하지만 국가 행정서비스를 제공하는 입장에서는 자동차를 도난당하고 압류도 해제할 수 없는 이례적인 상황까지 고려하여 일일이 대응하기 힘들 것이다. 또 그런 제도를 만들어 놓으면 일부 악덕 납세의무자에게 악용의 소지도 있을 것이며, 공무원이 법조문에 쓰여 있는 대로 처리하지 않으면 재량을 남용할 여지도 있을 것이다.

마지막으로 두 판결에서 재미있는 것은 각각 들고 있는 선 판결이 같은 날(1991.6.25.) 선고된 판결이라는 점이 이채롭다. 왜 원판결과 대법원판결은 자신들의 주장을 펴기 위해서 각기 다른 선 판결을 인용했을까 생각해 보자. 과연 원 판결은 대법원이 들고 있는 선 판결은 고려하지 않았을까?

## 마. 문제의 확장

"실질이 중요한가? 형식이 중요한가?"라는 물음은 비단 위와 같은 법학의 문제만이 아니라 우리가 접하는 모든 판단에서 제기되는 물음이다. 미술에서도 추상화의 문제에서 논의되며, 음악에서도 감동만 전하면 되는지, 음정, 박자까지 완벽해야 하는지가 매번 논의된다. 즉, 이 문제는 철학적 물음인 것이다. 하지만 필자는 위의 물음 자체가 조금 수정되어 "형식도 중요한가?"라는 물음이 되어야 한다고 본다. 왜냐하면 실질은 언제나 중요하기 때문이다. 만약 우리가 신(神)이라면 세상의 옳고 그름, 선과 악, 미와 추 등을 모두 알 것이므로 형식과 절차는 전혀 중요치 않을 것이다. 하지만 누구나 인간인 이상 실질을 파악하지 못하는 채로 판단에 최선을 다해야 하기 때문에 형식도 중요하다고 생각한다.

법에서도 특히 형사사건은 실체적 정의도 중요하지만 절차적 정의도 그만큼 중요하다. 국가가 형벌권을 행사하는 만큼 그 정당성을 확보하기 위해 법에 규정되어 있는 그대로만 처벌

(죄형 법정주의)할 수 있으며, 절차를 위반했을 경우에는 그 증거(위법한 수집증거)가 유력한 증거임에도 유죄의 증거로 사용할 수 없다. 즉, 신이 아닌 인간이 하는 판단이기에 국민의 대표인 국회가 제정한 법에 따른 절차를 준수함으로써 판결의 정당성을 가지게 하는 것이다. 아주 쉽게 우리의 경험을 생각해 보면 누구나 일상에서 "최선을 다하겠습니다", "최선을 다했습니다"는 표현을 쓰고 있다. 이것이 바로 인간이 가지는 한계 때문에 하는 말이 아닌가. 시험을 보는 학생이라고 할 때 시험 결과가 좋으면 모두 행복하겠지만 안 좋았을 경우, 시험 준비를 평소에 최선을 다하는 모습을 보였다면 대부분 부모에게 위로를 받겠지만 그 반대라면 심하게 혼났을 것이다.

원 판결은 자동차세가 실질적 소유를 바탕으로 한다는 점을 인정하고 있다. 하지만 그 실질적 소유가 상실된 것을 인정하기 위하여 세부적인 요건을 요구하고 있다. 첫 번째는 객관적인 분실 및 회수불능상황, 두 번째는 소유권 포기의 의사인데 이 두 요건으로 원고의 소유권이 실질적으로 상실되었다고 볼 수 있는지 판단해 보라.

대법원 판결은 법조문에 충실한 해석인데 만약 이 사건처럼 자동차의 도난이 아니고 자동차가 완파된 상태이고 차주가 자동차에 압류된 금액을 내지 못해서 당장 자동차등록원부의 말소가 불가능한 상황이라고 가정하고 이 경우에도 자동차세의 부과는 정당한지 판단해 보라.

## 4 중의적인 문언의 해석방법은 어떻게 해결해야 하는가?

사례 선거법상 자수사건

### 가. 문제의 제기

쌍둥이 아들을 둔 아버지가 아이들이 오토바이를 너무 위험하게 타고 다니는 것 같아서 아이들의 안전교육을 결심하고 "지금부터 오토바이 100m 경주를 하여 늦게 골인하는 오토바이 주인에게 10만 원을 주마"라고 선언했다고 하자. 아이들은 머리를 쓴 끝에 오토바이를 바꿔 타고 전력질주하여 그 중 먼저 들어온 아들이 "늦게 들어온 오토바이의 주인은 저이니 제게 상금을 주세요"라고 했다면 아버지는 전력질주하여 승리한 아들에게 상금을 주어야 하는가? 아마 문언대로 해석해야 하는 대학수학능력 시험의 언어 문제라면 아버지가 "늦게 골인하는 오토바이 주인"이라고 선언했으므로 승리한 아들의 주장이 맞을 것이다. 하지만 아버지의 본래 의도는 그런 것이 아니고 아들들에게 안전교육을 시키고자 한 것이며, 두 아들도 이런 사실을 알 수 있었다면 문언과 다르게 해석할 여지는 없겠는가? 이 서울고법 96.4.25 선고 96노464 판결은 선거법상의 자수를 대상으로 하여 문헌과 해석문제를 연구하기에 좋은 자료이다.

여러분은 자수가 무엇이라고 생각하는가? 자신이 저지른 사건의 전말이 밝혀지기 전에 먼저 밝히는 것인가? 아니면 붙잡히기 전에 경찰에 출두 또는 투항하는 것인가? 영화에서 흔히 볼 수 있는 장면을 떠올리면 학교에서 절도 사건이 일어났을 때 선생님이 학생들의 눈을 감기고 자수하면 용서해 주겠다는 것은 전자의 경우일 것이고, 인질범이 인질을 잡고 있을 때 경찰이 포위한 상태에서 범인의 어머니 등이 자수를 종용하는 것은 후자의 경우일 것이다.

우리 형법은 이 두 가지를 잘 구분하고 있어서 형법 제52조에서는 죄를 범한 후 수사책임이 있는 관서에 자수한 때에는 그 형을 감경 또는 면제할 수 있다고 규정되어 있다. 즉 시기에 관계없이 자수하면 법관의 판단에 따라 그 형을 감경해 주거나 면제(임의적 감면)해 줄 수 있도록 되어 있다. 이와 대비하여 제120조 폭발물에 관한 죄 등에서는 그 목적한 죄의 실행에 이르기 전에 자수한 때에는 그 형을 감경 또는 면제한다고 규정되어 있다. 이 경우에는 법관이 무조건 형을 감경 또는 면제(필요적 감면)해야 하는 것이다. 전자는 범인의 반성과 수사의 불필요성 때문에 임의적 감면을 하는 것이고, 후자는 피해의 위험을 방지하고자 하는 것이 그 이유일 것이다.

그런데 이 사건에서는 당시 공직선거 및 선거부정방지법이 자수자에 대한 특례를 두어 자수하면 무조건 필요적으로 면제(필요적 면제)하는 것으로 규정[16]되어 있어서 문제가 되었다. 그리고 이 판결은 대법원 전원합의체까지 가서도 다수의견과 소수의견이 나뉘는 복잡한 법적 논의가 벌어졌으며 이 판결 이후에는 결국 필요적 감경 또는 면제로 조문이 개정되어 문제가 해결되었다.[17] 법원에 제기된 사건을 대법원에서 판단한다는 것은 그 문제해결이 쉽지 않다는 것이며, 더구나 대법관 전원

16) 제262조【자수자에 대한 특례】 제230조【매목 및 이해유도죄】 제1항 · 제231조【재산상의 이익목적의 매수 및 이해유도죄】 제1항 및 제257조【기부행위의 금지제한등 위반죄】 제2항의 규정에 위반한 자중 금전 · 물품 기타 이익등을 받거나 받기로 승낙한 자(후보자와 그 가족 · 선거사무장 · 선거연락소장 · 선거사무원 · 회계책임자 · 연설원 · 참관인 · 정당의 간부 또는 사위의 방법으로 이익 등을 받거나 받기로 승낙한 자를 제외한다)가 자수한 때에는 그 형을 면제한다. 〈개정 1995. 4. 1〉

17) 공직선거법 제262조【자수자에 대한 특례】 ① 다음 각 호의 어느 하나에 해당하는 사람이 자수한 때에는 그 형을 감경 또는 면제한다. 〈개정 2012.1.17〉

이 재판에 관여하여 다수의견과 소수의견이 갈렸다는 것은 이 문제해결이 매우 어려웠다는 것을 말해준다.

## 나. 사실관계와 판결의 이유

이 사건의 문제의 해결은 어려웠으나 사건은 의외로 간단하다. 피고인[18]이 선거와 관련하여 2차례에 걸쳐 후보자로부터 금품을 받고, 그 사실이 발각되어 도주하였다가 지명수배가 내려진 후에 경찰서로 출두한 것으로서 1심에서는 그 당시 법률(공직선거 및 선거부정방지법)의 자수자에 대한 특례에 따라 그 출두를 자수로 보고 유죄이나 형면제의 판결을 선고하였고 검찰이 항소한 사건이다.

이 판결은 1심을 파기하고 있는데 그 이유는 우선 이 사건에 적용되는 법률에서는 자수에 대해서 반드시 형을 면제하는 판결을 하도록 규정하고 있는데 그 이유는 발견하기 어려운 선거범죄를 발견하여 근절하기 위한 데 있다는 것이다.

『우리 형법 등이 자수에 관하여 임의적이든 필요적이든 형의 감경 또는 면제의 사유로 삼는 이유는, 자수가 피고인이 개전의 정을 나타내는 징표가 된다는 측면과 다른 한편으로 자수가 범죄행위 및 범인의 발견과 처벌에 결정적으로 유용하다는 측면에 있는 것이다. 따라서 공직선거법 제262조가 형법 제52조와는 달리 형의 필요적 면제사유로 규정하고 그 적용대상을 금품을 단지 받거나 받기로 한 자에 대하여만 차별적으로 형면제의 혜택을 주도록 법률로 규정한 취지는 금품제공행위 발견에 기여한 수령자에게 형면제라는 일종의 포상까지

18) 형사사건에서는 범죄행위에 의해 재판받는 사람(흔히 범인)을 피고인이라고 한다. 한편, 민사사건에서는 소를 제기한 사람을 원고, 제기당한 사람을 피고라고 한다.

주어서라도 금품제공행위를 근절하려는 데 있는 것이다. 따라서 그 자수의 한계는 선거법위반행위의 발견에 유용한지 여부에 의하여 결정하여야 할 것이다.』

그런데 이 사건의 경우에는 이미 발견된 후라는 것을 설명하고 있다. 즉, 자수와 자진출두를 나누어 보고 있다.

『그런데 최소한 이 사건에 있어서와 같이 피고인 및 관련 범죄자의 범죄사실이 모두 발견되었고 피고인에 대한 조사를 제외하고는 관련자에 대한 수사가 완료되었으며 피고인에 대한 구속영장까지 발부된 이후라고 한다면 자수가 범죄의 발견에 유용하다고 할 수 없으므로 이러한 자진 출두행위는 공직선거법상의 자수에 해당하지 아니한다.』

이 법에서 피고인에게 필요적 형 면제의 특별한 혜택을 부여하는 것은 금품제공을 막아서 공정선거라는 공익을 위해서라는 이유를 다시 한 번 자세히 밝히고 있다.

『또한 공직선거법 제262조는 모든 공직선거법 위반자에 대하여 적용되는 것이 아니라 금품 등을 받거나 받기로 한 자에 대하여만 적용되기 때문에 이러한 자만을 차별하여 대우하는 결과가 된다. 그런데 그러한 차별의 합리적 근거는, 선거와 관련한 금품 등 수수의 경우 이를 받은 자가 말하지 않으면 거의 발견되지 아니하므로 금품 등을 받은 자가 자진하여 수사관서에 그 사실을 신고하면 그에 대하여는 형을 면제하여 자진신고를 유도하고 이에 의하여 금품 등을 준 자를 수사, 처벌함으로써 금품 등의 수수라는 선거와 관련한 대표적 부정행위를 방지하고 민주정치의 발전에 기여할 수 있다는 데 있는 것이므로, 선거부정의 발견에 아무런 도움이 되지 아니하는 경우까지 자수에 따른 차별을 적용하는 것은 헌법과 관련하여 문제[19]가 있다.』

그리고 마지막으로 논리상 위와 같이 해석하지 않으면 돈을 받고 그 사실이 발각된 이후에 자수하면 벌을 받지 않게 된다는 점을 들고 있다.

『공직선거법 제262조의 자수를 위와 같이 축소해석하지 아니하면 다른 경로에 의하여 범죄사실이 전부 발견되었고 피고인 자신은 수사기관의 지명수배를 받아 피고인에 대한 구속영장까지 발부되었음에도 상당기간 도피하였다가 뒤늦게 수사기관에 자진 출두한 경우에도 피고인의 형을 무조건 면제하여야 하는 명백히 부당한 결과가 빚어지는바, 이는 공직선거법이 그 위반행위 중 몇 가지 특수한 경우에 대한 제재규정에서 자수라고 하는 일반 개념을 제한 없이 사용함으로써 야기된 법률의 흠결(빈틈)이라고 할 것이므로 법원이 선거법상 자수에 내재되어 있는 본질적 한계인 국가적 유용성의 한계에 따라 그 자수의 범위를 목적론적으로 축소해석할 수 있다.』

이 판결을 다시 한 번 정리하면 먼저 자수에 대해서 형법 등에서는 임의적 감면을 규정하고 특별한 경우에만 필요적 감면을 규정하는데 공직선거법에 규정된 형의 필요적 면제는 범죄인에게 매우 이례적인 혜택이므로 이는 발견하기 어려운 범죄를 알려준 일종의 포상으로 보아야 한다고 주장한다. 따라서 이 규정에서의 자수는 범죄 발각 전까지라고 그 범위를 축소하

19) 헌법에 규정된 평등권 위반의 문제가 있을 수 있다.

여 해석하는 것이 옳다는 것이다. 이는 매우 타당하다. 왜냐하면 이렇게 해석하지 않으면 선거와 관련된 금품은 받아도 발각되면 언제나 자수하면 형이 면제되기 때문에 매수된 유권자로서는 항상 위험이 없는 명백하게 부당한 결과가 되기 때문이다. 이렇게 당연해 보이는 판결의 결과가 대법원에서 다수의견과 소수의견으로 나누어진 끝에 파기되고 만다. 그 이유는 무엇이었을까.

## 다. 대법원 판결이유(대법원 1997.3.20. 선고 96도1167 전원합의체 판결)

대법원에서도 이 판결을 지지하여 이 경우는 자수의 개념을 좁혀서 본 것이 합리적인 목적론적 축소해석이라는 소수의견[20]이 있었다. 또한 다수 의견도 아래와 같이 이 판결의 문제

20) "공직선거및선거부정방지법 제262조의 자수를 선거법위반행위의 발견 전에 행하여진 것에 한정된다고 해석하지 아니하고 그 시기에 있어서 제한 없이 체포 전에만 하면 이에 해당하여 형이 필요적으로 면제된다고 해석하게 되면, 첫째 범행발견에 아무런 기여를 한 바가 없음에도 불구하고 같은 법 제262조의 특혜를 주는 것이 되어 같은 법 제262조가 자수에 대하여 형의 필요적 면제를 규정한 입법 취지에 반하고, 둘째 범죄와 형벌의 균형에 관한 국민 일반의 법감정에 맞지 않아 정의와 형평에도 현저히 반하며, 셋째 형법 제52조에 의하여 형이 임의적으로 감경되는 다른 범죄의 자수자, 특히 공직선거및선거부정방지법 제230조 제1항 등 3개 죄의 금품 등의 제공범행을 한 후 자수한 자와는 달리 위 3개 범죄의 범행을 하고 범행발각 후에 자수한 자만 아무런 합리적 이유도 없이 필요적 형면제라는 차별적 특혜를 받게 되어 헌법 제11조 제1항의 평등위반이라는 위헌의 소지도 있게 된다. 그러므로 공직선거및선거부정방지법 제262조의 자수를 그 입법 취지와 목적에 비추어 위 규정과 형의 필요적 면제의 대상이 되지 아니하는 같은 법상의 다른 처벌규정 등을 전체적, 종합적으로 헌법에 합치되게 해석하려면 '범행발각 전에 수사기간에 자진출두하여 자백한 경우'만을 의미하는 것으로 해석하여야 되는 것이다. 그리고 유추해석이란 법률에 규정이 없는 사항에 대하여 그것과 유사한 성질을 가지는 사항에 관한 법률을 적용하는 것을 뜻하는 것인 바, 공직선거및선거부정방지법 제262조의 자수를 위와 같이 '범행발각 전의 자수'로 축소해석하는 것은 같은 법 제262조의 자수가 형법 제90조 제1항 단서나 제101조 제1항 단서의 자수와 유사하다고 하여 공직선거및선거부정방지법상의 자수에 위 형법 각 조항을 적용 또는 준용하려는 것이 아니라, 공직선거및선거부

제기에 대해서는 옳다는 데 의견을 같이 한다.

『그런데 공직선거법 제262조가 제230조(매수 및 이해유도죄) 제1항 등 금품이나 이익 등의 수수에 의한 선거부정관련 범죄에 대하여 자수한 경우에 필요적 형면제를 규정한 주된 입법 취지는, 이러한 범죄유형은 당사자 사이에 은밀히 이루어져 그 범행발견이 어렵다는 점을 고려하여 금품 등을 제공받은 사람으로 하여금 사실상 신고를 하도록 유도함으로써 금품 등의 제공자를 효과적으로 처벌하려는 데 있다고 할 것이므로, 이러한 입법 취지를 충분히 살리려면 그 범죄의 발각 전에 스스로 자수한 경우에 한하여 형면제의 혜택을 주는 것이 바람직한 입법이라고 생각되지만』

하지만 두 가지 이유로 이 판결을 파기하고 있다. 그 첫 번째는 자수에 대한 규정은 입법정책상의 문제이며, 현행 법에서 별다른 제한 없이 자수라고 규정하였으면 체포 전에 단속관서에 출두한 것은 법 문언상 자수라고 보아야 한다는 것이다.

『자수에 관하여 형벌법규에서 위와 같이 특별한 취급을 하는 이유는, 첫째 범죄를 스스로 뉘우치고 개전의 정을 표시하는 것으로 보아 비난가능성이 약하다는 점, 둘째 자수를 하면 수사를 하는 데 용이할 뿐만 아니라 국가기관이 형벌권을 정확하

정방지법 제262조의 '자수'라는 문언에 포함될 수 있는 여러 경우(즉 '범행발각 전의 자진출두', '범행발각 후의 자진출두' 등) 중에서 같은 법 제262조가 그 조항의 입법 취지와 목적, 다른 처벌규정과의 체계적 관련성에 의하여 내재적으로 한계지워져 있는 것을 풀이함으로써 '범행발각 전의 자진출두'로 제한한 것에 불과하여 이는 다수의견이 주장하는 것처럼 제한적 유추해석이 아니라 목적론적 축소해석에 불과하므로 죄형법정주의의 파생원칙인 유추해석금지의 원칙에 위반되지 아니하는 것이다." – 대법원 1997.3.20 선고 96도1167의 소수의견

게 행사할 수 있고, 따라서 죄 없는 자에 대한 처벌을 방지할 수 있다는 점에 있다.

그런데 위에서 본 바와 같이 우리의 형법이나 국가보안법 등이 자수에 대하여 형을 감면하는 정도를 그 입법 취지에 따라 달리 정하고 자수의 요건인 자수시기에 관하여도 각각 달리 정하고 있는 점으로 미루어 보면, 어느 죄에 관한 자수의 요건과 효과가 어떠한가 하는 문제는 논리필연적으로 도출되는 문제가 아니라, 그 입법 취지가 자수의 위 두 가지 측면 중 어느 한 쪽을 얼마만큼 중시하는지 또는 양자를 모두 동등하게 고려하는지에 따라 입법정책적으로 결정되는 것임을 알 수 있는 것이다.

즉 발각 전의 자수와 발각 후의 자수를 같이 취급할 것인지 달리 취급할 것인지도 역시 범죄에 따라 논리필연적으로 정하여지는 것이 아니라 입법정책적인 문제임을 알 수 있는 것이다. 그러므로 형법 제90조 제1항 단서 등의 경우와 같이 법률에 자수시기에 관하여 명시적 제한을 두지 아니하면 일응 체포 전에만 스스로 수사기관에 출두하여 범죄사실을 진술하면 자수에 해당한다고 보아야 할 것이다.』

『자수의 시기의 제한문제 역시 입법정책의 문제이지 논리필연적인 문제는 아니므로, 위 조항에 형법 제90조 제1항 단서와 같은 자수시기의 제한에 관한 문구를 삽입하지 아니한 취지는 국가보안법 제16조의 경우와 같이 자수가 범행의 발각을 용이하게 한다는 점 외에 스스로 범행을 뉘우쳐 개전의 정을 보이는 것이라는 점도 중요하게 고려한 입법이라고 해석하는 것이 타당하고, 이를 가리켜 단정적으로 법률의 흠결이라고까지 말할 수는 없다.』

두 번째 이유는 목적론적으로 축소해석을 하는 것은 유추해석에 해당하여 형법의 중대 원칙인 죄형법정주의에 위배된다는 것이다. 죄형법정주의란 국가가 형벌권을 행사함에 있어 유죄의 인정과 형은 법에 정해진 바대로 행사해야 한다는 원칙이며 이는 국가의 자의적인 형벌권을 방지하는 것이다. 유추해석이란 두 개의 사물이 여러 면에서 비슷하다는 것을 근거로 다른 속성도 유사할 것이라고 추론하는 것인데 유추해석이 인정되면 죄형법정주의에 위배된다. 죄형법정주의는 예를 들면 형법에 "개를 때리면 죄에 처한다"고 규정되었을 때 고양이를 때린 사람을 처벌할 수 없다는 것이다. 또 한 가지 고려해야 하는 것이 유추해석과 목적론적 축소해석의 차이이다. 목적론적 축소해석은 예를 들면 "동물을 학대하면 처벌한다"라는 법이 있을 때 우리에게 해로운 쥐를 때려잡은 것도 학대에 해당하는가 하는 문제이다. 입법취지를 고려하면 쥐는 법에서 보호하는 동물로 보기 어렵다. 대법원 판례에서는 축소해석을 인정하지 않았고 유추해석에 해당한다고 판단하였다.

『공직선거법 제262조가 자수의 시기에 관하여 제한을 규정하지 아니한 것이 원심의 판단과 같이 비록 법률의 흠결은 아니라고 하더라도 바람직한 입법이 아님은 분명하다고 할 것인바, 그러면 법원이 법률해석을 통하여 이러한 제한을 도출할 수 있을 것인가?

형벌법규의 해석에 있어서 법규정 문언의 가능한 의미를 벗어나는 경우에는 유추해석으로서 죄형법정주의에 위반하게 된다(당원 1994.12.20.자 94모32 전원합의체 결정 참조).

그리고 유추해석금지의 원칙은 모든 형벌법규의 구성요건과 가벌성에 관한 규정에 준용되는데(당원 1992.10.13. 선고 92도

1428 전원합의체 판결 참조), 위법성 및 책임의 조각사유나 소추조건에 관하여 그 범위를 제한적으로 유추적용하게 되면 행위자의 가벌성의 범위는 확대되어 행위자에게 불리하게 되는바, 이는 가능한 문언의 의미를 넘어 범죄구성요건을 유추적용하는 것과 같은 결과가 초래되므로 죄형법정주의의 파생원칙인 유추해석금지의 원칙에 위반하여 허용될 수 없다고 할 것이다.』

대법원의 판례를 정리하면 자수의 요건과 시기를 정하는 것은 논리필연적인 것이 아닌 입법재량이며, 이 사건에서의 자수에는 시기에 대한 제한이 없으므로 자수란 체포 이전으로 보아야 한다는 것이다. 그리고 원심에서 주장한 목적론적 축소해석은 인정할 수 없다는 것이다. 여기서 이 사건의 해결이 이처럼 대법원 전원합의체까지 열리게 된 것은 목적론적 축소해석의 허용 여부일 것이다.

형법에서는 죄형법정주의의 원칙상 법 문언의 범위를 넘는 유추해석은 금지된다. 하지만 일반적으로 목적론적 축소해석은 인정된다. 그 이유는 축소해석을 하는 것이 대부분은 행위자에게 유리하기 때문이다. 예를 들어 형법 제136조 공무집행방해죄에서는 "직무를 집행하는 공무원에 대하여"라고 규정되어 있는데 이때 직무는 적법한 직무를 의미한다라고 해석하고 있다. 따라서 적법한 절차를 지키지 않고 직무를 집행하는 경우에 그에게 폭행을 했더라도 공무집행방해죄가 인정되지는 않는다. 하지만 이 사건처럼 자수와 같이 행위자의 형을 감하여 주는 규정의 경우에는 오히려 축소해석이 아닌 확대해석을 해 주는 것이 유리한 것이다. 죄형법정주의라는 원칙이 피고인의 이익을 위해 있다고 본다면 대법원의 결론과 같이 가벌성을 높이는 축소해석의 경우에는 인정하지 않는 것이 이해가 간다.

하지만 원판결의 해석이 문언의 범위를 넘었다고 판단한 것에는 여전히 의문이 남는다.

## 라. 문제의 확장

첫째, 원 판결은 법의 규정목적을 파악한 것이고, 대법원의 판결은 피고인의 가벌성을 고려하여 법에 규정되어 있는 그대로 처벌한다는 죄형법정주의 원칙을 고수한 것이다. 국가가 형벌권을 행사함에 있어서 위의 두 가치 중 어떤 것이 더 중요한 것인지 생각해 보자.

둘째, 이 판결 이후에 이 법은 "자수한 때에는 그 형을 감경 또는 면제한다"로, 즉 필요적 면제에서 필요적 감경 또는 면제로 변경되었다. 이 변경은 옳은 것인가? 또 그 전에 규정이 이러하였으면 원 판결은 어떤 결론을 내렸겠는지 생각해보자. 그리고 문제가 되었던 법 규정이 과연 입법재량이었는지 법률의 흠결(입법과정의 오류)이었는지 생각해 보자.

셋째, 법도 인간이 만드는 것이므로 항상 완벽하다고 보장할 수는 없다. 그 법을 근거로 판단하여야하는 판사가 법의 명백한 오류를 발견하였을 때 법대로 해야 하는가? 아니면 합리적인 범위에서 문언과 다른 해석을 하여도 되는가?

마지막으로 다음은 원심을 지지했던 대법원판결(대법원 1997.3.20. 선고 96도1167 전원합의체 판결)의 박만호 대법관의 소수의견이다. 이를 읽고 원심의 해석이 과연 유추해석인지 목적론적 축소해석인지를 판단해 보라.

『다수의견은 입법정책론으로서는 공직선거법 제262조의 자수를 범행 발각 전의 자수로 제한하는 것이 바람직하다고 하면서도 현행법의 규정을 위와 같이 해석하는 것은 유추해석으로서 죄형법정주의의 파생원칙인 유추해석금지의 원칙에 위반되어 불가능하다고 한다.

유추해석이란 법률에 규정이 없는 사항에 대하여 그것과 유사한 성질을 가지는 사항에 관한 법률을 적용하는 것을 뜻하는 것인바, 공직선거법 제262조의 자수를 '범행 발각 전의 자수'로 축소해석하는 것은 공직선거법 제262조의 자수가 형법 제90조 제1항 단서나 제101조 제1항 단서의 자수와 유사하다고 하여 공직선거법상의 자수에 위 형법 각 조항을 적용 또는 준용하려는 것이 아니라, 공직선거법 제262조의 "자수"라는 문언에 포함될 수 있는 여러 경우(즉 '범행 발각 전의 자진출두', '범행발각 후의 자진출두' 등) 중에서 앞에서 본 바와 같이 공직선거법 제262조가 그 조항의 입법 취지와 목적, 다른 처벌규정과의 체계적 관련성에 의하여 내재적으로 한계지워져 있는 것을 풀이함으로써 '범행 발각 전의 자진출두'로 제한한 것에 불과하여 이는 다수의견이 주장하는 것처럼 제한적 유추해석이 아니라 목적론적 축소해석에 불과하므로 죄형법정주의의 파생원칙인 유추해석금지의 원칙에 위반되지 아니하는 것이다.』

사례
국가의 소멸시효 주장 사건

## 5 국가와 국민은 대등한 관계인가?

### 가. 문제의 제기

범죄자가 범죄를 저지른 후 오랜 시간이 흐르면 죄는 있으나 처벌할 수 없다는 것은 상식이며 이를 공소시효라고 한다. 민법에도 이와 유사한 제도가 있다. 채권자가 법에 정한 기간 동안 권리를 행사하지 않으면 채무자는 소멸시효를 주장하여 채무를 갚는 것을 면할 수 있다. 이 제도는 법적 사회질서의 안정, 입증곤란의 구제 및 권리행사 태만에 대한 제재 등을 그 존재이유로 한다. 따라서 채권자가 권리를 행사함으로써 소멸시효를 중단시킬 수 있으며 그 중단사유와 효력의 범위는 민법에 정해져 있다.[21] 법 규정에 따르면 채권자는 소멸시효를 중단시키기 위해 권리를 행사해야만 하고 중단의 효력은 당사자와 승계인에게만 미친다는 것이다. 그러면 채무가 있고 그 채무에 대한 보증채무가 있는 경우에는 어떻게 될까? 규정에 따르면 채무자와 보증인 각각에게 권리를 행사하여야만 중단의 효과가 생기는 것으로 볼 수 있다. 하지만 민법에서는 제440조에 주채무자에 대한 시효의 중단은 보증인에 대하여 그 효력이 있다는 규정을 두어서 채권자의 권리를 보호하고 있다. 하지만 채권자가 보증인에 대하여 한 소멸시효 중단을 위한 권리행사의 효력은 주채무자에게 미치지 않는다. 이는 주채무가 없었으면 보증채무는 당연히 성립되지 않았을 것이므로 강물의 상류를 막으면 하류에 물이 마르는 것처럼 자연스럽고 당연하게 느껴진다. 이 서울고등법원 93.5.7 선고 92나154판결은 소멸시효 중단의 효력을 다루고 있는데 이 판결과 대법원의 판결은 그 결론이 다르다. 또 한 가지 이 판결에서 생각해 볼 점은 사인도 아닌 국가가 국가의 실수나 위법한 처분으로 얻은 부당이득에

21) 제168조【소멸시효의 중단사유】 소멸시효는 다음 각 호의 사유로 인하여 중단된다.
1. 청구
2. 압류 또는 가압류, 가처분
3. 승인
제169조【시효중단의 효력】 시효의 중단은 당사자 및 그 승계인간에만 효력이 있다.

대해서 이 소멸시효의 주장을 하는 것은 할 수는 있지만 민법 제2조에 규정된 권리남용[22]이 아닌가 하는 것이다.

## 나. 사실관계

이 사건의 사실관계는 길고 복잡하다. 하지만 우리가 그 사실관계를 전부 검토할 필요는 없고 간략히 소개하면 다음과 같다.

원고는 A주식회사의 주주이자 임원이다. 그런데 회사에 대한 세무조사에서 소득을 탈루하여 주주에게 배당한 것으로 드러났다. 국가(세무서)는 회사에 대해서는 법인세를 부과하고 원고에게는 1억여 원의 종합소득세를 부과하였다. 하지만 A주식회사는 소득을 누락시킨 바 없다며 행정소송을 제기하여 승소하였고 납부했던 법인세를 돌려받았다. 따라서 국가의 원고에 대한 종합소득세 부과도 무효가 되어서 원고가 납부한 종합소득세 중 8천여 만원은 국가의 원고에 대한 부당이득이 된다. 이에 원고는 국가에 대해 부당이득 반환소송을 제기하였고 국가는 부당이득에 대한 소멸시효를 주장하였다.

## 다. 대법원의 판단 - 국가의 소멸시효 주장을 인정(대법원 1994.12.9. 선고 93다27604 판결)

대법원은 원 판결과 달리 A회사의 소멸시효 중단의 효과가 주주인 원고에게 미치지 않았으므로 국가는 소멸시효를 주장할 수 있다고 판단하였으며 국가의 소멸시효 주장이 몇 가지 특수한 사유가 있는 경우에는 권리남용이 될 수 있으나 이 경

22) 제2조【신의성실】 ② 권리는 남용하지 못한다.

우에는 권리남용이 아니라고 판단하고 있다.

먼저, A회사의 소멸시효 중단의 효과가 주주인 원고에게 미치지 않는다고 본 이유는 국가에 대한 회사의 부당이득 반환채권과 주주의 그것은 다르다는 것이다. 권리의 동일성을 따지는 기준은 원고, 피고가 동일한지, 다투는 권리(소송물)가 동일한지이므로, 법적으로는 수긍이 가는 당연한 판단이라고 할 수 있다.

『소멸시효제도는 일정 기간 계속된 사회질서를 유지하고 시간의 경과로 인하여 곤란하게 되는 증거보전으로부터 구제하고 자기의 권리를 행사하지 아니하고 권리 위에 잠자는 자를 법적 보호에서 제외하기 위하여 채무자에게 인정된 제도이나, 채무자의 이에 기한 항변권의 행사는 우리 민법의 대원칙인 신의성실의 원칙과 권리남용금지의 원칙의 지배를 받아야 함이 당연한 것이라고 할 것이지만, 법인이 납부한 법인세와 그 법인의 주주가 납부한 종합소득세는 전혀 별개의 것으로서 비록 종합소득세의 증가분이 법인의 소득 중 일부 누락분의 배당 또는 증여간주에 기인한 것이라고 하더라도 법인이 법인에 대한 법인세부과처분이 당연무효라는 이유로 그 취소를 구하는 청구와 주주가 자신에 대한 종합소득세부과처분이 당연무효라는 이유로 납부한 세금의 반환을 구하는 청구는 그 주체(원고)나 대상(소송물)이 전혀 별개의 것이므로 법인이 국가를 상대로 법인세부과처분의 취소를 구하는 소를 제기하였다고 하여 주주의 종합소득세 과오납을 이유로 한 부당이득반환청구권의 소멸시효가 진행되는데 지장을 줄 리가 없고,』

다음으로는 국가가 고의 또는 과실로 세금을 부과한 경우 그 원인되는 부과결정이 무효가 되었음에도 소멸시효를 주장하는 것이 국가의 권리남용에 해당하는지에 대해서는 먼저, 국가가 소멸시효를 주장할 수 있는지를 판단하고 다음으로, 지금까지 판례가 인정한 권리남용에 해당하는 특수한 경우를 들고 있다.

『소멸시효기간이 완성된 후에 뒤늦게 주주가 국가를 상대로 세금의 반환을 구하는 부당이득반환청구의 소를 제기한 경우에는 원칙적으로 국가는 시효의 항변을 할 수 있다고 할 것이나, 다만 채무자인 국가가 시효완성 전에 채권자인 주주의 권리행사나 시효중단을 불가능 또는 현저히 곤란하게 하거나 그러한 조치가 불필요하다고 믿게 하는 행동을 하였거나, 객관적으로 채권자인 원고가 권리를 행사할 수 없는 장애사유가 있었거나, 또는 일단 시효완성 후에 채무자인 국가가 시효를 원용하지 아니할 것 같은 태도를 보여 권리자인 원고로 하여금 그와 같이 신뢰하게 하였거나, 채권자보호의 필요성이 크고 같은 조건의 다른 채권자가 채무의 변제를 수령하는 등의 사정이 있어 채무이행의 거절을 인정함이 현저히 부당하거나 불공평하게 되는 등의 특별한 사정이 있는 경우에 한하여 채무자인 국가가 소멸시효의 완성을 주장하는 것이 신의성실의 원칙에 반하여 권리남용으로서 허용될 수 없다고 할 수 있을 것이다.』

그런데 이 사건의 경우에는 위의 권리남용에 해당하는 사실에 해당되지 않고 주주인 원고가 소송기술 등을 이용하여 시효중단을 할 수 있었으므로 국가의 소멸시효 주장이 권리남용에 해당하지 않음으로 국가는 원고에게 부과한 세금을 돌려줄 필요가 없다는 것이다. 결국 원고의 귀책으로 소멸시효가 완성되었고 국가는 그 소멸시효 주장을 할 수 있다는 것이다.

『그런데 원심이 인정한 사실관계에 비추어 보면, 피고는 소외 회사가 제기한 위 법인세등부과처분취소 소송의 응소과정에서나 별도로 원고에 대하여서나 위 회사의 법인세등부과처분취소 소송에서 피고가 패소할 경우 주주인 원고가 납부한 세금에 관하여 소송절차 없이 반환하겠다거나 소멸시효항변을 포기하겠다는 의사를 표시한 바는 없고, 원고의 소제기를 저지, 방해하는 등의 행동을 한 바도 없을 뿐만 아니라, 객관적으로도 채권자인 원고가 권리를 행사할 수 없는 장애사유가 있었던 것도 아니며, 시효완성 후에도 채무자인 피고가 시효를 원용하지 아니할 것 같은 태도를 보인 바도 없고, 일반적인 국세의 과오납으로 인한 반환청구의 채권자들과는 달리 이 사건 원고에 관하여만 특별히 보호의 필요성이 크다고 보아야 할 사정도 없고 같은 조건의 다른 주주들이 오납국세를 변제 받았다는 사정도 보이지 아니하여 소멸시효완성을 이유로 채무이행의 거절을 인정함이 현저히 부당하거나 불공평하게 되는 등의 특별한 사정이 있다고도 할 수 없으며, 다만 원고 스스로 소외 회사가 피고를 상대로 제기한 법인세등부과처분취소 소송에서 승소하면 원고는 별도의 소송절차 없이 오납소득세를 반환받을 수 있으리라고 신뢰하였다는 것이나 원고가 그러한 신뢰를 형성함에 있어 피고가 특별히 기여한 바가 없는 이상 채무자인 피고 국가가 소멸시효의 완성을 주장하는 것이 신의성실의 원칙에 반하여 권리남용에 해당한다고 할 수 없을 것이다. 또한, 소외 회사가 법인세등부과처분취소 소송에서 승소확정되었음에도 불구하고 원고와 같은 지위에 있는 주주들이 각자 과오납국세의 환급을 청구하지 아니하면 소멸시효가 중단되지 아니한다는데 번거로움이 없지 아니하지만 이는 선정당사자 제도의 활용 등 소송기술적으로 해결할 문제이지 이 점이 소멸시효항변이 권리남용에 해당한다는 논거가 될 수는 없다고 할 것이다.』

대법원의 이 판결은 법 규정과 그간의 판례가 정리해 온 국가의 소멸시효주장의 권리남용의 요건을 매우 엄격하게 적용한 결과이고 대부분의 법조인은 이 판결과 같은 식으로 법리를 적용하는 것이 보통이다. 그러면 이 대법원 판결의 원판결은 어떠한 논리로 원고인 주주의 소멸시효 중단을 인정했으며, 소멸시효 중단이 인정되지 않는다 하더라도 국가의 권리남용을 인정했는지가 궁금해진다.

## 라. 판결의 이유

이 판결 역시 특별한 사정이 없는 경우에는 소멸시효가 완성된다고 보는 점에서는 대법원의 판단과 동일하다.

『과세처분이 당연무효인 경우에 납세의무자가 납부하거나 징수당한 오납금은 처음부터 법률상 원인 없이 납부 또는 징수된 것이어서 납세의무자의 이에 대한 부당이득반환청구권은 그 납부 또는 징수시에 발생하여 확정되고 그때부터 그 소멸시효가 진행한다 할 것이다. 따라서 원고가 이 사건 세금을 납부한 일자로 앞에서 인정한 1981년 12월 7일로부터 예산회계법 제96조 제2항 소정의 소멸시효기간 5년이 경과한 뒤인 1990년 11월 15일에 원고가 이 사건 소를 제기하였음이 기록상 명백한 이상 원고의 피고에 대한 위 부당이득반환청구권은 특별한 사정이 없는 한 일응 그 시효가 완성되었다 할 것이다.』

하지만 이 판결은 우선 권리의 동일성을 판단하는 기준을 전제와 결과로 확장하여 보고 있으며 이를 기초적 법률관계가 동일하다고 판단하고 있다. 따라서 회사의 소멸시효 중단의 효과가 원고인 주주에게 미친다고 보고 있다.

『위 A주식회사가 원고에 대한 이 사건 부과처분의 전제가 되었던 회사에 대한 부과처분에 관하여 1979년도에 취소소송을 제기함으로써 그 소멸시효중단의 효력이 기초적 법률관계가 동일한 원고의 위 국세환급금채권에도 미친다고 봄이 상당하므로 그 소멸시효의 진행이 중단되었다가 최종적으로 위 OOOO주식회사에 대한 부과처분에 관한 취소판결이 확정된 1989년 5월 23일부터 새로이 진행한다 할 것이고, 따라서 위 1989년 5월 23일로부터 5년 이내임이 역수상 명백한 1990년 11월 15일에 이 사건 소가 제기되었으므로 시효기간이 도과되지 아니하였다.』

또한 이 사건은 회사에 부과된 법인세의 원인인 탈세행위가 주주에게 부과된 종합소득세의 전제이기 때문에 회사의 소멸시효 중단행위가 주주인 원고에게 소멸시효의 중단의 효력이 인정되어야 하는 특수한 경우라고 판단하고 있다.

『그런데 이 사건의 경우와 같이 법인의 탈루소득이 그대로 사외로 유출되어 주주나 임원에게 배당 또는 상여로 지급된 것으로 인정된 경우에 법인의 소득과 주주 등의 소득의 관계는 동일한 소득이 아무런 부가 없이 그대로 소재를 이동한 것에 불과하여 양자는 원천과 계류의 관계에 있으므로 원천을 봉쇄하면 계류가 막히듯이 법인소득의 탈루가 부정되면 위 법인소득으로부터 비롯된 주주 등의 소득도 당연히 부정될 수밖에 없다.

따라서 법인의 소득탈루를 부정하는 소송이 법인에 의하여 제기되고 그와 같은 소송에 소멸시효의 흐름을 차단하는 효과가 있다면 이것은 마치 원천의 흐름을 차단한 것과 같아서 원천이 막히면 계류도 당연히 막히는 것과 같이 주주 등이 스스로 그 시효의 흐름을 차단하는 조치를 취하지 않아도 법인에 의한 시효중단의 효과가 주주 등에게도 당연히 미친다고 일반 국민이 생각하게 되는데 이것은 지극히 자연스럽고도 당연한 법의식이라 할 것이다.』

그리고 대법원의 판결에서는 같은 조건(아마도 소멸시효가 완성된 경우만으로 한정한 것으로 보인다)의 다른 주주들이 오납국세를 변제받았다는 사정도 없다는, 즉 평등권의 침해가 없다는 이유로 국가의 권리남용을 부정하였으나 이 판결은 같은 조건을 조금 더 넓게 인정하고 있다.

『과세관청이 법인에 대하여 탈루소득이 있음을 이유로 법인세를 부과함과 아울러 위 탈루소득이 사외로 유출되어 임원이나 주주에게 귀속되었다 하여 종합소득세를 부과한 경우에 법인에 대한 부과처분이 그 불복절차를 통하여 취소되면 그 임원이나 주주들에 대한 종합소득세부과처분에 대해서는 별다른 불복절차를 밟지 않아도 과세관청 스스로 종래 이를 취소하여 왔으므로 이 사건의 경우에도 당연히 그러리라 믿고, 또 원천을 막으면 계류도 자연히 막히는 것처럼 이미 위 A주식회사가 법인세 등 부과처분취소소송을 제기하여 계속중인데 그 소송에 의한 시효중단의 효력은 원고에게 미치는 것이 당연하다고 생각한, 원고가 위 A주식회사가 제기한 행정소송의 결과에 따라 국세환급신청 여부를 결정하려고 환급신청을 하지 아니하고 있던 중 최종적으로 1989.5.23. 대법원에서 위에서 본 바와 같은 판결이 선고됨에 따라 1990.4.19. 피고에게 국세환급신청을 하기에 이르게 된 사실 및 1989.5.23.자 대법원의 위 판결에 의하여 위 A주식회사에 대한 새로운 부과처분이 취소로 확정되자 마포세무서장이 서대문세무서장에게 기왕에 통보하였던 원고에 관한 탈루소득의 원천징수자료에 관하여 이를 취소하는 취지의 통보까지 한 사실 등이 인정된다.』

따라서 이와 같이 특수한 경우(아래에 고딕체로 처리한 부분)에 국가가 소멸시효의 완성을 주장하는 것은 권리 남용에 해당한다는 결론을 내고 있다.

『그렇다면 위에서 본 바와 같이 법인의 탈루소득이 다시 주주 등에게 배당 또는 상여의 형태로 유출되었다 하여 법인에 대하여는 법인세를 부과하고 다시 주주 등에 대하여는 종합소득세를 부과한 경우 법인이 그 부과처분을 무효라고 다투는 소송을 제기한 결과 법인의 국세환급금청구채권에 대한 소멸시효의 진행이 중단되는 때에는 그 소제기에 따르는 시효중단의 효력이 당연히 주주 등의 국세환급금청구채권에도 미친다고 생각하는 법의식에 지배되어, 별도의 불복 절차를 취하지 아니한 주주나 임원들에 대한 종합소득세 부과처분도 과세관청이 종래와 같이 당연히 이를 취소하여 과오납금을 환급하리라 믿고, 위 A주식회사의 법인세부과처분취소소송의 결과를 기다려 온 원고에 대하여 종래와는 달리 이 사건 부과처분을 취소하지 아니하고 그 환급금청구에 불응하는 것은, 앞에서 본 바와 같이 법률상 보호되어야 할 가치가 있는 국민의 법의식을 무시함으로써 한편으로는 국민의 법의식과 법집행 사이에 중대한 괴리를 발생케 하여 법에 대한 신뢰를 깨뜨리고 다른 한편으로는 조세징수의 형평을 사실상 해치게 되고 더 나아가서는 국가 스스로 소송절차의 남용을 유도하는 폐단을 초래한다는 점에서 국가의 조세징수권 남용이라 하지 않을 수 없고 남용된 조세징수권행사의 결과를 유지하기 위하여 소송에서 소멸시효의 항변을 제출하는 것은 국가의 권리의 남용에 해당하여 허용되지 않는다고 할 것이다.』

하지만 이 판결은 위에서 보았듯이 대법원에서 법인의 소멸시효 중단과 주주의 그것은 동일성이 없다는 이유와 이 경우 역시 국가의 소멸시효가 권리남용에 해당하는 특수한 경우는 아니라는 이유로 파기되었다.

## 마. 문제의 확장

이 원 판결이 일반인의 법 감정과 가까운 판결이라면 대법원의 판단은 공익, 즉 국가의 이익에 중점을 둔 판결이라고 할 수 있다. 언뜻 생각하면 우월한 입장에 있는 국가가 국민에게 진 빚에 대해 소멸시효를 주장하는 것은 국가의 권위에 걸맞지 않는 것처럼 보일 수 있다. 그러면 국가의 소멸시효 주장이 인정되는 이유는 무엇일까? 심지어는 다음의 헌법재판소의 결정처럼 민법보다 단기의 소멸시효를 인정하기도 한다.

『국가의 재정은 사업계획이나 세입·세출계획인 예산을 통하여 이루어지고 이는 회계연도단위로 편성되어 시행된다. 그런데 약 2,300만 명의 환급청구권자들에 대하여 약 3,300만 건에 달하는 기간미경과분담금에 대하여 환급청구권자가 오랜 세월이 지난 뒤에도 언제든지 환급청구권을 행사할 수 있다고 한다면, 기간미경과분담금을 둘러싼 법률관계가 상당한 기간 확정되지 못하게 되어 재정운영의 예측가능성이 감소되어 공단의 재정 나아가 국가의 재정도 안정적이고 효율적으로 운용되기가 어려워지게 될 것이므로, 공단에 대한 환급청구권에 대하여 단기의 소멸시효를 두는 것은 공법상 법인인 공단과 환급청구권자 사이에 존재하는 금전채권·채무관계를 조기에 확정하고 예산 수립의 불안정성을 제거하여 공단 재정을 합리적으로 운용하기 위한 것(헌재 2009.10.29. 2008헌바45 결정)』

위의 헌법재판소의 결정을 보면 국가예산의 편성을 잘못하여 과거에 거두었던 세금을 한꺼번에 반환해야 하는 사태가 온다면 국가운영에 차질이 올 수도 있다는 공익적 이유가 있는 것이다. 그래서 이 판결에서도 이 사건처럼 매우 한정된 경우에는 권리남용의 경우로 보자고 주장한 것으로 보인다. 그렇다면 물론 답은 없는 어려운 문제이기는 하지만 공익과 개인의 사익 중 어느 것이 우선되어야 하는가?

## 6 처벌의 형평성은 어떻게 해결해야 하는가?

사례 선거법상 불평등 기소사건

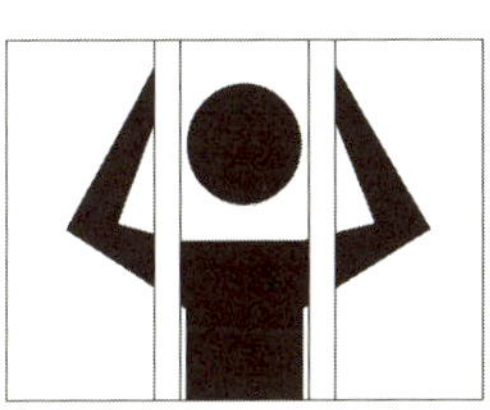

### 가. 문제의 제기

처벌에도 평등권이 유지되어야 하는가? 예를 들어 교통위반으로 단속이 되었다고 가정해 보자. 그런데 다른 운전자들도 위반을 하는데 유독 자신만 단속을 당했다고 생각하면 잘못한 것은 맞지만 경찰의 처사가 평등하지 않다고 느낄 것이다. 하지만 경찰이 모든 다른 위반자를 적발한 후에 해당 위반자에게 위반 스티커를 발부한다면, 경찰은 모든 위반자를 적발하지 않는 이상 결국 아무도 단속할 수 없을 것이다. 또한 다른 운전자가 위반한 것이 자신의 위반 이유가 될 수 없으므로 경찰이 교통위반 스티커를 발부하는 것은 타당한 일이다.

사례를 하나 더 들어보자. 동생이 형에게 가벼운 욕을 하였고 격분한 형은 동생에게 입에 담기 어려운 심한 욕을 하였다. 그래서 동생은 울면서 어머니에게 형이 심한 욕을 한 것을 일러 바쳤다. 당신이 어머니라면 어떻게 할 것인가? 심한 욕설을 한 형을 꾸짖는 것은 당연한 판단이다. 그러면 형의 욕설을 유발한 동생에 대해서는 어떻게 할 것인가? 아마도 현명한 어머니라면 둘 다에게 주의를 줄 것이다.

하지만 우리 형사소송법상 판사는 두 번째 사례와 같은 판단은 할 수가 없다. 우리 법은 국가가 공익의 대표자로서 검사만이 기소할 수 있도록 하고 있기 때문이다. 즉, 법원은 검사가 작성한 공소장에 적힌 사실에 대해서만 유・무죄를 판단할 수 있다. 그러면 두 번째 사례에서 검사가 형의 죄에 대해서만 공소를 제기하였다면 어떻게 해야 하는가는 법학에서 공소권남용 중 불평등기소의 문제로서 풀기 어려운 문제이며 학자들은 크게 두 가지의 의견(학설)을 제시한다. 법학에서 학계의 의견이 분분하다는 것은 그 문제에 대한 답이 어려움을 의미한다.

첫 번째 학설은 불평등 기소는 절차적으로 위법하므로 법원이 검사의 기소를 기각해야 한다고 주장한다. 이 경우에는 피고인이 실질적인 범법행위를 했음에도 검사의 실수 또는 고의로 처벌할 수 없다는 단점이 있다. 오히려 검찰이 피고인을 도와주기 위해서 불평등 기소를 활용할 소지도 없지 않다. 두 번째 학설은 불평등 기소가 되었더라도 법원은 유・무죄를 판단해야 한다는 주장이다. 불평등 기소라 하더라도 피고인이 잘못한 것에는 변함이 없기 때문이라는 태도이다. 우리 법원은 주로 후자의 태도를 취하고 있다고 볼 수 있다. 이 서울고등법원

96.7.25 선고 96노1113판례는 불평등 기소의 문제를 다루고 있다.

## 나. 사실관계

이 사건의 피고인인 A씨는 오랜 기간 민주화 운동에 투신해 왔으며 야당후보로서 종로구청장 후보로 출마해서 당선된 사람이다. 그러나 선거 과정에서 여당 후보자였던 B씨를 "부정축재", "2-300억의 재력가", "안기부에서 연설원고를 써주었다", "알콜 중독자" 등의 취지로 연설을 한 사실이 있었다. 이런 진술은 모두 허위의 사실이었고, 이는 그 당시 100만 원 이상의 형량이 확정되면 당선이 취소되는 공직선거 및 선거부정방지법상 허위사실 공표죄[23]에 해당한다. 하지만 피고인 A는 B에게 이런 비방을 하게 된 것은 B후보자가 먼저 A를 "건달기 있는 정치인", "허수아비", "무면허운전자에게 버스를 맡기는 격", "전과자", "한탕주의" 등 자극적인 연설을 한 것에 대응한 것이라고 주장했다. 검찰은 당선인 A만을 기소하여 1심에서는 300만 원 벌금의 판결을 선고했고 당선이 무효로 될 위기에 처해 있었다. 또한 당시의 법원은 선진적인 선거문화 정착을 위해 선거법 위반은 엄중히 처벌하는 경향이 있었다.

23) 제250조【허위사실공표죄】 ② 당선되지 못하게 할 목적으로 연설 · 방송 · 신문 · 통신 · 잡지 · 벽보 · 선전문서 기타의 방법으로 후보자에게 불리하도록 후보자, 그의 배우자 또는 직계존 · 비속이나 형제자매에 관하여 허위사실을 공표하거나 공표하게 한 자는 7년 이하의 징역 또는 500만 원 이상 3천만 원 이하의 벌금에 처한다.
제251조【후보자비방죄】 당선되거나 되게 하거나 되지 못하게 할 목적으로 연설 · 방송 · 신문 · 통신 · 잡지 · 벽보 · 선전문서 기타의 방법으로 공연히 사실을 적시하여 후보자(후보자가 되고자 하는 자를 포함한다), 그의 배우자 또는 직계존 · 비속이나 형제자매를 비방한 자는 3년 이하의 징역 또는 500만 원 이하의 벌금에 처한다. 다만, 진실한 사실로서 공공의 이익에 관한 때에는 처벌하지 아니한다.

## 다. 판결의 결론과 이유

이 판결은 공소를 기각시키지도 않았고, A씨에게 유죄판결을 하였으나 선고유예 판결을 하여 A씨의 당선을 유지시켰다. 절묘한 절충을 이루어낸 것이라고 볼 수 있다. 선고유예는 형법 제59조에 규정되어 있으며 죄가 비교적 경미한 경우 판사의 재량으로 선택할 수 있는 판결이다. 자세히 설명하면 1년 이하의 징역이나 금고, 자격정지 또는 벌금의 형을 선고할 경우에 제51조[24]에 규정된 사항을 참작하여 개전의 정상이 현저한 때에 행사할 수 있으며, 자격정지 이상의 형을 받은 전과가 없어야 한다.

선고유예의 판결이 특수한 경우에만 인정될 수 있는 특성이 있기 때문에 검찰의 불평등 기소에 대한 본질적인 처방이라고 할 수는 없다. 하지만 이 사건에서 선고유예의 판결의 의미는 검찰의 불평등한 기소에 대해서는 우회적인 경고를, 피고인에 대해서는 유죄를 선고하면서도 한 번의 기회를 주는 효과를 가진다고 볼 수 있다.

우선, 이 판결은 피고인의 유죄는 인정하면서 엄중하게 문책하고 있으며, 1심의 판결을 유지한다.

『피고인이 2번에 걸친 합동연설회에서 여당후보인 B에 대하여 허위사실을 공표한 부분, 특히 제2차 합동연설회에서의 비방내용은, 지나치게 저속하여 건전하고 품위 있는 선거풍토를

24) **형법 제51조【양형의 조건】** 형을 정함에 있어서는 다음 사항을 참작하여야 한다.
1. 범인의 연령, 성행, 지능과 환경
2. 피해자에 대한 관계
3. 범행의 동기, 수단과 결과
4. 범행 후의 정황

확립하고자 하는 선거법의 취지에 크게 어긋나서 그 죄질이 나쁘다고 할 것이다.』

『피고인을 벌금 3,000,000원에 처하고, 벌금을 납입하지 아니하는 경우 금 20,000원을 1일로 환산한 기간 노역장에 유치할 것이다.』

그러나 검찰의 불평등 기소에 대해서는 피고인이 그 부분을 의심하고 있으며 제51조 3호인 범행의 동기가 피고인의 실수라는 다소 우회적인 표현으로 설명하고 있다.

『경쟁후보자에 비하여 차별적인 처우를 받았다고 생각하는 피고인의 의심(의념 : 疑念)을 해소함이 마땅하다고 보이는 점』

『피고인이 경쟁후보자의 도발에 흥분한 나머지 실언한 것으로 인정되는 점.』

또한 그동안 민주화 운동에 헌신했던 점(제51조 1호 범인의 환경)과 범행의 수단이 말(言)일 뿐이므로(제51조 3호 범행의 수단) 그 정상관계를 참작할 수 있다고 판단하였다.

『더구나 피고인이 오랫동안 가사를 돌보지 않고 민주주의의 발전에 행동으로 헌신한 전력이 인정되고 그 전력은 이 사건과 같이 말(言說)만으로 빚은 죄책에 대해서는 능히 이를 속죄할 만하다고 평가되는 점』

그리고 이 판결은 매우 짧은 선고유예의 이유를 밝히면서 다음의 한시를 판결이유에 적고 있어서 당시 언론에서 판결문이 인용되기도 하였다. 물론 판결문이 공식적인 문서임을 감안할 때 한시 등을 판결문에 기입하는 것이 바람직하지 않을 수도 있지만, 이 사건처럼 사회적인 관심이 지대했던 사건의 판결이유에 대해 함축적으로 국민들을 설득하는 면에서는 유용할 수도 있다. 보통 언론은 판결의 이유보다는 결론에만 관심이 있으며, 국민들이 판결문의 판결이유를 직접 읽는 것은 어렵기 때문이다. 이 문제에 대해서는 뒤의 종합사례에서 더 자세히 다루도록 하겠다.

『失言可借(실언가차) : 비록 실언을 했다고 하더라도,
前功贖罪(전공속죄) : 이전의 공이 죄를 사할 정도가 되고,
解疑宣法(해의선법) : 법을 베풀어 의심을 풀어야 하니,
宣告猶豫(선고유예) : 선고를 유예한다.』

## 라. 문제의 확장

문제제기의 가상사례에서 형제의 사건을 이 사건에 적용해 보자. 동생이 아파서 어머니가 형하고 같이 벌을 줄 수 없다고 판단한다면 형이 잘못했지만 지난번에 동생을 잘 돌봐준 적도 있고 이번 일은 동생이 먼저 시비를 걸었으니 봐줄 것이고 다음부터 그러지 말라고 경고하는 것과 비슷하다. 어머니가 동생도 혼내야겠다고 생각한다면 둘 다 벌을 세울 것이다. 먼저 시비를 건 동생을 벌하지 않고 형만 벌하는 것은 공평하지 않은 것이다. 그렇다면 이 판결에서 A의 유죄는 인정되는 것으로 하고, 검찰이 A당선자와 B후보 모두에 대해 공소를 제기하였다면 A의 당선은 무효가 되었겠는가 생각해 보자.

또, 검찰의 입장에서 서로 비방은 했더라도 A는 당선자이고 B는 낙선자인데 A의 당선을 무효로 하는 것이 옳다고 판단하여 A만 기소한 것이 불평등한 기소가 아니라고 주장할 수 있지 않은지 생각해 보자.

다시 문제제기의 가상사례로 돌아가서 교통위반 단속의 경우에 몇 대의 차량이 동시에 중앙선 침범을 하여 불법유턴을 하다가 나만 단속당한 경우와 제한속도가 60km로 지정된 넓은 도로에서 모든 운전자들이 80km 정도로 달리는데 나만 단속당한 경우 각 경우는 처벌의 평등의 측면에서 어떤 차이가 있는지 비교해 보라.

■ PART 03 ■

# 국가적 문제

1. 헌법재판소의 결정례의 이해
2. 도덕과 법 – 성관련 범죄와 처벌의 위헌성 여부
3. 전통인가 폐습인가 – 가족제도
4. 개념의 상대성 – 도대체 양심이란 무엇인가?
5. 비례(과잉금지)의 원칙 – 적정한가?

# 1 헌법재판소의 결정례의 이해

## 가. 헌법재판

제2부에서는 법원의 판례를 대상으로 판단을 위해 필요한 논리들을 분석하고 생각을 확장하는 연습을 해보았다. 이제부터는 헌법재판소의 결정[1]을 살펴볼 것이다. 그 전에 헌법재판에 대하여 약간의 이해가 필요한데 최대한 간단히 설명하자면 헌법재판은 대한민국의 최고법인 헌법을 기준으로 국회에서 제정한 하위법이나 국가의 활동이 어긋나지 않았는지를 판단하는 것이다. 어긋났다는 것은 헌법을 위반했다는 것이며 줄여서 '위헌'이라고 칭한다. 헌법 재판은 대부분 가치관이나 기준에 따라 결론이 다를 수가 있는 문제이다. 이를 해결하기 위해서 헌법재판소에는 총 9명의 재판관을 두고 있으며, 9명 중 6명이 위헌이라고 판단해야 위헌결정이 내려진다. 어떤 법률이나 행정행위가 위헌으로 결정되면 그 결정은 입법부, 행정부, 사법부 등 전 국가기관에 절대적인 효과가 있다. 따라서 기존의 법률 조항이 위헌이 되면 그 법률은 결정과 동시에 효력을 잃고 국회는 새로운 조항을 만들어야 하고, 행정부는 더 이상 해당 조항에 의한 행정행위를 할 수 없으며, 사법부는 해당조항은 없는 것으로 하여 재판을 해야 한다. 그만큼 헌법재판의 효력은 강력하다.

헌법재판에는 총 5가지 유형[2]이 있는데 우리에게 가장 익숙하고 빈번하게 행해지는 심판이 위헌법률심판과 헌법소원심판

1) 헌법재판에서는 판결이라는 용어를 사용하지 않고 결정이라고 한다. 일반적으로 사용할 때에는 결정례라고 불러야 하나 넓게는 판례라고 하기도 한다.
2) 탄핵심판, 위헌정당해산심판, 위헌법률심판, 헌법소원심판, 권한쟁의심판이 있다.

이다. 이 중 위헌법률심판은 법원이 해당법률이 위헌이라고 판단하여 헌법재판소에 제청하는 형식을 취한다. 이는 헌법재판소법 제41조 제1항[3]에 따른 것으로 법원이 재판 중에 재판에 관련된 법률이 헌법에 위반되는지 여부가 문제가 되는 경우에 당해 사건을 담당하는 법원의 판단이나 당사자의 신청에 의한 결정으로 헌법재판소에 위헌 여부 심판을 제청할 수 있다. 즉 법원이 재판에 근거가 되는 법률에 위헌의 소지가 있다고 인정하여 헌법재판소에 그 법률이 위헌인지에 대한 판단을 구하는 것이다.

만약 소송의 당사자가 위헌이라고 판단하여 법원에 위헌법률제청신청을 하였는데 법원이 그 신청을 받아들이지 않아 당사자가 더 이상 그 법률의 위헌 여부를 다툴 수 없다면 이는 국민의 권리보호에 충실하지 않을 것이다. 따라서 헌법재판소법 제68조 제2항[4]은 당사자의 법원에 대한 신청이 기각되었을 경우 당사자도 헌법재판소에 헌법소원의 형태[5]로 결정을 청구할 수 있도록 규정하고 있다. 그리고 본래 의미의 헌법소원은 동조 제1항[6]이 규정하고 있는데 이에 따르면 공권력의 행사 또는 불행사(不行使)로 인하여 헌법상 보장된 기본권을 침해받

3) **헌법재판소법 제41조【위헌 여부 심판의 제청】** ① 법률이 헌법에 위반되는지 여부가 재판의 전제가 된 경우에는 당해 사건을 담당하는 법원(군사법원을 포함한다. 이하 같다)은 직권 또는 당사자의 신청에 의한 결정으로 헌법재판소에 위헌 여부 심판을 제청한다.

4) **헌법재판소법 제68조【청구 사유】** ② 제41조 제1항에 따른 법률의 위헌 여부 심판의 제청신청이 기각된 때에는 그 신청을 한 당사자는 헌법재판소에 헌법소원심판을 청구할 수 있다. 이 경우 그 당사자는 당해 사건의 소송절차에서 동일한 사유를 이유로 다시 위헌 여부 심판의 제청을 신청할 수 없다.

5) '형태'라고 표현한 것은 국가의 국민에 대한 기본권 침해를 이유로 한 본래 의미의 헌법소원심판과는 차이가 있기 때문이다.

6) **제68조【청구 사유】** ① 공권력의 행사 또는 불행사(不行使)로 인하여 헌법상 보장된 기본권을 침해받은 자는 법원의 재판을 제외하고는 헌법재판소에 헌법소원심판을 청구할 수 있다. 다만, 다른 법률에 구제절차가 있는 경우에는 그 절차를 모두 거친 후에 청구할 수 있다.

은 사람은 헌법재판소에 헌법소원심판을 청구할 수 있다. 하지만 법원의 재판결과에 대해서는 안 되고 또 다른 법률에 구제절차가 있는 경우에는 그 절차를 모두 거친 후에만 청구할 수 있는 엄격한 제한이 있다. 이렇게 법원의 판결에 대한 청구를 제한하지 않으면 헌법재판소가 기능을 할 수 없을 정도로 법원의 재판에서 패소한 사람들의 헌법소원심판청구가 넘쳐날 것이다. 그리고 헌법소원심판은 직접적인 관련이 없는 사람들이나, 침해 상황이 이미 종료된 경우에 있는 사람들 그리고 다른 법적인 절차가 있음에도 가장 강력한 헌법재판을 받으려는 사람들의 심판청구를 제한하고 있다. 이 제한을 침해의 자기관련성, 침해의 현재성, 최후 권리구제 수단으로서의 보충성이라고 하는데 이 제한이 없다면 위의 경우와 마찬가지로 헌법재판은 각종 민원성 심판청구로 제 기능을 발휘하기 힘들 것이다. 따라서 이 제한에 걸리면 헌법재판소는 심판에 들어가지 않고 신청인의 청구내용을 심판하지 않고 이를 각하한다고 한다. 이와 대비되는 용어는 기각인데 이는 심판을 해 보니 받아들일 수 없다는 의미이다.

## 나. 헌법상 기본권

헌법은 무엇인가? 우리는 헌법이 국가의 최고법이라는 것은 잘 알고 있다. 하지만 많은 사람들이 헌법에 무엇이 규정되어 있는지에 대해서는 큰 관심이 없는 것으로 보인다. 헌법은 다른 법에 비해 그리 복잡하지도, 기술적이지도 그리고 길지도 않은 총 130개의 조문과 부칙으로 이루어진 국가와 국민 간의 가장 기초적인 약속이다. 따라서 국민 누구나 이해할 수 있도록 읽기가 쉬우며, 하위법과 다르게 국민의 직접적 동의가 없으면 함부로 개정이나 폐지할 수 없는 법이다. 또한 국회에서 제정된 법률이나 국가기관의 행위도 헌법에 어긋나면, 즉 헌법재판소에서 위헌으로 판단하면 그 효력을 잃게 된다. 쉬운 예를 들어 설명하자면 조지오웰의 「동물농장」을 읽어보면 동물들이 농장을 점령한 후 일곱 계명을 써 놓고는 지배층인 돼지들이 수시로 그 7계명의 내용을 자의적으로 수정하는 부분이 나오는데, 우리 헌법은 국민의 투표에 의한 동의 없이는 단 한 글자도 수정할 수 없도록 되어 있는 것이다.

우리 헌법은 크게 두 부분으로 구분되는데 첫 번째가 국가가 국민에게 보장해주어야 하는 기본적 인권에 대한 규정이고, 두 번째 부분은 국가를 운영하기 위한 통치기구에 대한 규정이다. 특히 전자는 국민의 권리와 의무가 무엇인지를 알기 위해서라도 한 번씩은 찬찬히 읽고 음미해 볼 필요가 있다. 앞에서 언급했던 「동물농장」의 예를 계속 들어보면 피지배층인 동물들은 제대로 글을 읽을 수 있는 능력이 없었고 지배층인 돼지들은 아무런 동물들의 감시 없이 계명을 위반하고 수정할 수 있지 않았던가? 헌법의 조문을 읽고 헌법상 보장된 국민의 권리와 의무를 지키기 위해 노력하는 것은 투표에 참여하는 것 못지 않게 우리의 민주주의를 지켜나가기 위한 국민의 의무인 것이다. 그럼 이제 헌법에 어떤 기본권들이 규정되어 있는지를 살펴보기 위해 대한민국 헌법 제2장(라. 국민의 권리와 의무 항에 후술한다)을 보자. 제2장의 첫 번째 조항인 제10조[7]는 인간의 존엄과 가치 그리고 행복추구권을 규정하고 있다. 인간으로서의 존엄과 가치에 대한 해석에 있어서 여러 가지 구구한 해석

7) 제10조 모든 국민은 인간으로서의 존엄과 가치를 가지며, 행복을 추구할 권리를 가진다. 국가는 개인이 가지는 불가침의 기본적 인권을 확인하고 이를 보장할 의무를 진다.

이 있으나 일반적으로는 인간이 가진 기본적 인권을 의미한다고 보고 있다. 그리고 과연 행복추구권이 무엇인가에 대하여도 많은 의견이 있지만 헌법재판에 있어서 행복추구권은 인간이 가지는 다양한 권리를 포괄적으로 정의한 것으로 보고 있다. 예를 들면 담배를 피울 수 있는 흡연권이나 결혼 축하객에게 음식을 대접할 권리 등도 행복추구권에서 파생된다고 보고 있다. 즉 쉽게 설명하자면 헌법 제10조는 헌법에 직접 규정되지 않았더라도 인간으로서 가진 기본적 인권과 행복을 추구할 권리를 국가가 확인하고 보호한다는 규정으로 볼 수 있다. 제11조부터는 행복추구권보다는 더 구체적인 기본권들을 규정하고 있는데 주요한 권리로는 평등권, 신체의 자유, 소급입법 금지, 직업의 자유, 집회・결사의 자유, 언론・출판의 자유, 학문의 자유, 종교의 자유, 양심의 자유 등[8]이다. 그런데 이 자유와 권리는 절대적으로 보장되는 것은 아니다. 특정한 경우에는 법률로서 제한할 수 있다. 우리 헌법은 제37조 제2항[9]에서 특정한 경우를 국가안전보장・질서유지 또는 공공복리를 위하여 필요한 경우라고 규정하고 있다. 그래서 대부분의 헌법소원이나 위헌법률심판은 우선, 헌법상의 기본권을 침해하였는지 그리고 그 침해가 제37조 제2항에서 규정한 필요한 경우인지, 또한 권리의 본질적인 내용을 침해했는지를 판단하게 된다. 헌법재판소에는 그 필요한 경우를 판단하는 기준으로 기본권을 제한하는 목적의 정당성이 있는지, 정당성이 있다면 제한하는 수단은 적절한지, 기본권을 침해당하는 자의 피해를 최소화하기 위한 노력을 했는지, 그리고 기본권을 침해하여 이루고자 하는 공익

8) 자세한 기본권의 내용은 부록의 대한민국 헌법 제2장을 참조하라.

9) 第37조 ② 국민의 모든 자유와 권리는 국가안전보장・질서유지 또는 공공복리를 위하여 필요한 경우에 한하여 법률로써 제한할 수 있으며, 제한하는 경우에도 자유와 권리의 본질적인 내용을 침해할 수 없다.

과 피해를 보는 개인의 사익이 형평에 맞는지를 가지고 판단한다. 모든 기본권침해를 판단할 때 이 기준을 사용하는 것은 아니지만 앞으로 보게 될 많은 결정례에서 이 기준을 보게 될 것이다.

## 다. 소수의견

전술한 바대로 헌법재판은 총 9명의 헌법재판관이 하는데 6명 이상의 위헌판단이 있어야 위헌으로 결정된다. 헌법재판을 이런 다수결의 구조로 설계한 것은 대부분의 헌법재판이 보는 관점에 따라서 다르게 평가될 수 있는 어려운 문제, 즉 답이 없는 문제이기 때문이다. 그리고 소수의견을 내는 재판관은 자신의 반대의견 또는 보충의견을 결정문에 남겨야 한다. 따라서 다수의견에 따르는 재판관보다 소수의견을 내는 재판관은 큰 부담을 안게 될 것이다. 왜냐하면 다수의견을 반대하는 이유를 논리적으로 서술해서 결정문의 형태로 공개해야 할 책임을 진 것이기 때문이다. 이는 소수의견을 내는 재판관 자신의 논리적 자신감과 용기를 필요로 하는 일이다. 이 책에서 필자는 전술하였듯이 권성 전 헌법재판관이 낸 소수의견에 주의를 기울이기로 했다. 이 소수의견의 논리를 분석해 보는 것이 독자의 판단을 위한 논리력을 훈련하는 데 도움이 될 것이라고 생각했기 때문이다. 하지만 소수의견만을 보아서는 균형 잡힌 사고의 훈련을 할 수 없다. 따라서 다수의견과의 공방에 서술의 초점을 맞출 것이다. 소수의견이었다가 추후 다수의견으로 바뀐 경우도 있으므로 당연히 그 결론에 정답은 없다. 독자가 다수의견과 소수의견을 편견 없이 바라보고 판단해 보면 이 책의 일차적인 목표는 다 한 것이다. 더 바라는 바는 다수의견이나 소수의견을 더 강화시킬 수 있는 논지를 찾아보는 것이다. 이런 훈련은 독자 여러분의 논리력을 더욱 높이고 논술시험이나 면접시험에서 주장의 설득력을 높이는 데 큰 도움을 줄 것이라고 믿는다.

## 라. 헌법상 국민의 권리와 의무

대한민국 헌법 제2장을 책의 부록이 아닌 본문에 포함시킨 이유는 이 조항들이 이 책에서 후술하는 부분의 이해를 위해 필수적이기 때문이기도 하지만, 국민으로서 최소한 이 정도의 내용은 알고 있었으면 하는 희망 때문인 점이 더 크다. 이 헌법은 우리 국민의 끈질긴 민주화의 열망과 투쟁에 의해 탄생한 결과물이며 국가와 국민 간의 가장 기초적인 약속이기 때문이다. 물론 이 책을 이해하기 위해 이 조항들을 외우고 있을 필요는 없다. 한 번 읽어보고 후술하는 내용에서 헌법조항이 등장하면 한 번 다시 확인하는 정도로 족하다.

**제10조** 모든 국민은 인간으로서의 존엄과 가치를 가지며, 행복을 추구할 권리를 가진다. 국가는 개인이 가지는 불가침의 기본적 인권을 확인하고 이를 보장할 의무를 진다.

**제11조** ① 모든 국민은 법 앞에 평등하다. 누구든지 성별·종교 또는 사회적 신분에 의하여 정치적·경제적·사회적·문화적 생활의 모든 영역에 있어서 차별을 받지 아니한다.

② 사회적 특수계급의 제도는 인정되지 아니하며, 어떠한 형태로도 이를 창설할 수 없다.

③ 훈장 등의 영전은 이를 받은 자에게만 효력이 있고, 어떠한 특권도 이에 따르지 아니한다.

**제12조** ① 모든 국민은 신체의 자유를 가진다. 누구든지 법률에 의하지 아니하고는 체포·구속·압수·수색 또는 심문을 받지 아니하며, 법률과 적법한 절차에 의하지 아니하고는 처벌·보안처분 또는 강제노역을 받지 아니한다.

② 모든 국민은 고문을 받지 아니하며, 형사상 자기에게 불리한 진술을 강요당하지 아니한다.

③ 체포·구속·압수 또는 수색을 할 때에는 적법한 절차에 따라 검사의 신청에 의하여 법관이 발부한 영장을 제시하여야 한다. 다만, 현행범인인 경우와 장기 3년 이상의 형에 해당하는 죄를 범하고 도피 또는 증거인멸의 염려가 있을 때에는 사후에 영장을 청구할 수 있다.

④ 누구든지 체포 또는 구속을 당한 때에는 즉시 변호인의 조력을 받을 권리를 가진다. 다만, 형사피고인이 스스로 변호인을 구할 수 없을 때에는 법률이 정하는 바에 의하여 국가가 변호인을 붙인다.

⑤ 누구든지 체포 또는 구속의 이유와 변호인의 조력을 받을 권리가 있음을 고지받지 아니하고는 체포 또는 구속을 당하지 아니한다. 체포 또는 구속을 당한 자의 가족등 법률이 정하는 자에게는 그 이유와 일시·장소가 지체없이 통지되어야 한다.

⑥ 누구든지 체포 또는 구속을 당한 때에는 적부의 심사를 법원에 청구할 권리를 가진다.

⑦ 피고인의 자백이 고문·폭행·협박·구속의 부당한 장기화 또는 기망 기타의 방법에 의하여 자의로 진술된 것이 아니라고 인정될 때 또는 정식재판에 있어서 피고인의 자백이 그에게 불리한 유일한 증거일 때에는 이를 유죄의 증거로 삼거나 이를 이유로 처벌할 수 없다.

**제13조** ① 모든 국민은 행위시의 법률에 의하여 범죄를 구성하지 아니하는 행위로 소추되지 아니하며, 동일한 범죄에 대하여 거듭 처벌받지 아니한다.

② 모든 국민은 소급입법에 의하여 참정권의 제한을 받거나 재산권을 박탈당하지 아니한다.

③ 모든 국민은 자기의 행위가 아닌 친족의 행위로 인하여 불이익한 처우를 받지 아니한다.

**제14조** 모든 국민은 거주·이전의 자유를 가진다.

**제15조** 모든 국민은 직업선택의 자유를 가진다.

**제16조** 모든 국민은 주거의 자유를 침해받지 아니한다. 주거에 대한 압수나 수색을 할 때에는 검사의 신청에 의하여 법관이 발부한 영장을 제시하여야 한다.

**제17조** 모든 국민은 사생활의 비밀과 자유를 침해받지 아니한다.

**제18조** 모든 국민은 통신의 비밀을 침해받지 아니한다.

**제19조** 모든 국민은 양심의 자유를 가진다.

**제20조** ① 모든 국민은 종교의 자유를 가진다.

② 국교는 인정되지 아니하며, 종교와 정치는 분리된다.

**제21조** ① 모든 국민은 언론·출판의 자유와 집회·결사의 자유를 가진다.

② 언론·출판에 대한 허가나 검열과 집회·결사에 대한 허가는 인정되지 아니한다.

③ 통신·방송의 시설기준과 신문의 기능을 보장하기 위하여 필요한 사항은 법률로 정한다.

④ 언론·출판은 타인의 명예나 권리 또는 공중도덕이나 사회윤리를 침해하여서는 아니된다. 언론·출판이 타인의 명예나 권리를 침해한 때에는 피해자는 이에 대한 피해의 배상을 청구할 수 있다.

**제22조** ① 모든 국민은 학문과 예술의 자유를 가진다.

② 저작자·발명가·과학기술자와 예술가의 권리는 법률로써 보호한다.

**제23조** ① 모든 국민의 재산권은 보장된다. 그 내용과 한계는 법률로 정한다.

② 재산권의 행사는 공공복리에 적합하도록 하여야 한다.

③ 공공필요에 의한 재산권의 수용·사용 또는 제한 및 그에 대한 보상은 법률로써 하되, 정당한 보상을 지급하여야 한다.

**제24조** 모든 국민은 법률이 정하는 바에 의하여 선거권을 가진다.

**제25조** 모든 국민은 법률이 정하는 바에 의하여 공무담임권을 가진다.

**제26조** ① 모든 국민은 법률이 정하는 바에 의하여 국가기관에 문서로 청원할 권리를 가진다.

② 국가는 청원에 대하여 심사할 의무를 진다.

**제27조** ① 모든 국민은 헌법과 법률이 정한 법관에 의하여 법률에 의한 재판을 받을 권리를 가진다.

② 군인 또는 군무원이 아닌 국민은 대한민국의 영역 안에서는 중대한 군사상 기밀·초병·초소·유독음식물공급·포로·군용물에 관한 죄중 법률이 정한 경우와 비상계엄이 선포된 경우를 제외하고는 군사법원의 재판을 받지 아니한다.

③ 모든 국민은 신속한 재판을 받을 권리를 가진다. 형사피고인은 상당한 이유가 없는 한 지체없이 공개재판을 받을 권리를 가진다.

④ 형사피고인은 유죄의 판결이 확정될 때까지는 무죄로 추정된다.

⑤ 형사피해자는 법률이 정하는 바에 의하여 당해 사건의 재판절차에서 진술할 수 있다.

**제28조** 형사피의자 또는 형사피고인으로서 구금되었던 자가 법률이 정하는 불기소처분을 받거나 무죄판결을 받은 때에는 법률이 정하는 바에 의하여 국가에 정당한 보상을 청구할 수 있다.

**제29조** ① 공무원의 직무상 불법행위로 손해를 받은 국민은 법률이 정하는 바에 의하여 국가 또는 공공단체에 정당한 배상을 청구할 수 있다. 이 경우 공무원 자신의 책임은 면제되지 아니한다.

② 군인·군무원·경찰공무원 기타 법률이 정하는 자가 전투·훈련 등 직무집행과 관련하여 받은 손해에 대하여는 법률이 정하는 보상 외에 국가 또는 공공단체에 공무원의 직무상 불법행위로 인한 배상은 청구할 수 없다.

**제30조** 타인의 범죄행위로 인하여 생명·신체에 대한 피해를 받은 국민은 법률이 정하는 바에 의하여 국가로부터 구조를 받을 수 있다.

**제31조** ① 모든 국민은 능력에 따라 균등하게 교육을 받을 권리를 가진다.

② 모든 국민은 그 보호하는 자녀에게 적어도 초등교육과 법률이 정하는 교육을 받게 할 의무를 진다.

③ 의무교육은 무상으로 한다.

④ 교육의 자주성·전문성·정치적 중립성 및 대학의 자율성은 법률이 정하는 바에 의하여 보장된다.

⑤ 국가는 평생교육을 진흥하여야 한다.

⑥ 학교교육 및 평생교육을 포함한 교육제도와 그 운영, 교육재정 및 교원의 지위에 관한 기본적인 사항은 법률로 정한다.

**제32조** ① 모든 국민은 근로의 권리를 가진다. 국가는 사회적·경제적 방법으로 근로자의 고용의 증진과 적정임금의 보장에 노력하여야 하며, 법률이 정하는 바에 의하여 최저임금제를 시

행하여야 한다.

② 모든 국민은 근로의 의무를 진다. 국가는 근로의 의무의 내용과 조건을 민주주의원칙에 따라 법률로 정한다.

③ 근로조건의 기준은 인간의 존엄성을 보장하도록 법률로 정한다.

④ 여자의 근로는 특별한 보호를 받으며, 고용·임금 및 근로조건에 있어서 부당한 차별을 받지 아니한다.

⑤ 연소자의 근로는 특별한 보호를 받는다.

⑥ 국가유공자·상이군경 및 전몰군경의 유가족은 법률이 정하는 바에 의하여 우선적으로 근로의 기회를 부여받는다.

**제33조** ① 근로자는 근로조건의 향상을 위하여 자주적인 단결권·단체교섭권 및 단체행동권을 가진다.

② 공무원인 근로자는 법률이 정하는 자에 한하여 단결권·단체교섭권 및 단체행동권을 가진다.

③ 법률이 정하는 주요방위산업체에 종사하는 근로자의 단체행동권은 법률이 정하는 바에 의하여 이를 제한하거나 인정하지 아니할 수 있다.

**제34조** ① 모든 국민은 인간다운 생활을 할 권리를 가진다.

② 국가는 사회보장·사회복지의 증진에 노력할 의무를 진다.

③ 국가는 여자의 복지와 권익의 향상을 위하여 노력하여야 한다.

④ 국가는 노인과 청소년의 복지향상을 위한 정책을 실시할 의무를 진다.

⑤ 신체장애자 및 질병·노령 기타의 사유로 생활능력이 없는 국민은 법률이 정하는 바에 의하여 국가의 보호를 받는다.

⑥ 국가는 재해를 예방하고 그 위험으로부터 국민을 보호하기 위하여 노력하여야 한다.

**제35조** ① 모든 국민은 건강하고 쾌적한 환경에서 생활할 권리를 가지며, 국가와 국민은 환경보전을 위하여 노력하여야 한다.

② 환경권의 내용과 행사에 관하여는 법률로 정한다.

③ 국가는 주택개발정책 등을 통하여 모든 국민이 쾌적한 주거생활을 할 수 있도록 노력하여야 한다.

**제36조** ① 혼인과 가족생활은 개인의 존엄과 양성의 평등을 기초로 성립되고 유지되어야 하며, 국가는 이를 보장한다.

② 국가는 모성의 보호를 위하여 노력하여야 한다.

③ 모든 국민은 보건에 관하여 국가의 보호를 받는다.

**제37조** ① 국민의 자유와 권리는 헌법에 열거되지 아니한 이유로 경시되지 아니한다.

② 국민의 모든 자유와 권리는 국가안전보장·질서유지 또는 공공복리를 위하여 필요한 경우에 한하여 법률로써 제한할 수 있으며, 제한하는 경우에도 자유와 권리의 본질적인 내용을 침해할 수 없다.

**제38조** 모든 국민은 법률이 정하는 바에 의하여 납세의 의무를 진다.

**제39조** ① 모든 국민은 법률이 정하는 바에 의하여 국방의 의무를 진다.

② 누구든지 병역의무의 이행으로 인하여 불이익한 처우를 받지 아니한다.

## 마. 찬성과 반대의 연습

이 장에서 주로 연습할 부분은 이 책에서 말하는 답이 없어 어려운 문제에 대해 찬성과 반대의 논리를 펼치는 것이다. 그래서 결정례의 설명으로 바로 들어가기 전에 가벼운 연습을 해

보면서 찬성과 반대의 기본을 익혀보기로 한다.

이 문제는 서울대학교가 입시논술의 모의문제로 출제했던 것으로서 찬성과 반대의 연습으로 생각해 볼 만한 가치가 있다. 논제는 “인문과학을 공부하는 학생에게도 자연과학의 지식이 필요한가에 대해 그 이유를 들어 논술하시오”[10]이다. 이런 찬반문제에 대해서 접근하는 가장 기본적인 방식은 완전히 찬성의 입장에서만 논거를 찾아보고, 다음은 완전히 반대의 입장에서 논거를 찾은 후 객관적인 입장에서 어떤 결론이 옳은가를 결정하는 것이다. 주의할 점은 반대의 입장을 취한다고 하여 반대의 논거만을 들면 찬성 측의 주요한 논거에 대한 검토가 없었다는 평가를 받게 된다.

우선 찬성 측의 입장에서만 생각해 보자. 여러 가지 이유가 있겠지만 대략 다음과 같은 주장을 할 수 있다. 첫째, 과학은 지식 자체이며 자연과학을 무시하는 것은 무지를 무지로 남겨두는 것이다. 둘째, 자연과학적 지식은 인문과학의 폭과 깊이를 더욱 심화시켜 줄 수 있다. 자연과학적 지식을 기반으로 한 문학작품도 많지 않은가? 셋째, 자연과학적 탐구방식을 인문과학을 탐구하는 방식에 적용할 수 있다. 끊임없이 질문하는 과학적 탐구방식이 인문학의 방식과 다르지 않다.

그리고 반대 측의 입장에서 생각해 보자. 이 역시 많은 주장이 있을 수 있지만 편의상 몇 가지만 들어 보자. 첫째, 안다는 것의 즐거움이 자연과학에만 있는 것은 아니다. 자연과학의 지적 즐거움을 주는 부분은 과학상식 수준이며 복잡하고 전문적인 지식을 탐구하기는 현실적으로 어렵다. 둘째, 현대사회는 복잡해서 누구나 저마다의 재능을 활용하여 잘 하는 것에 분업

10) 2007 서울대학교 통합논술 제2차 예시문항, 단, 논제에 따른 제시문은 생략하였음.

하여 집중해야 한다. 학생이 인문과학을 하고자 함은 자연과학을 연구하는 것보다 내 적성에 잘 맞아서이다. 셋째, 우리가 과학기술이 만들어낸 혜택을 보기 위하여 과학자체를 이해해야 할 필요는 없다. 자동차의 원리를 이해해야만 자동차를 타는 것은 아니다. 넷째, 반대로 자연과학을 공부하는 학생도 인문과학을 공부해야 하는가라고 생각해 보자.

다음 단계로 두 입장을 비교해 보자. 어떤 쪽이 자신의 입장에서 더 설명하기 좋은가를 판단한 후 자신이 찬성을 하면 우선 반대 측의 입장부터 서술하고 그럼에도 불구하고 찬성 측의 입장이 옳다는 주장을 하면 훌륭한 찬성논지가 된다. 반대 측의 입장에 설 경우에는 거꾸로 접근하면 된다. 그런데 반대 측의 입장에 설 때에는 주의할 점이 있다. 어느 정도로 반대하는지를 밝히는 것이 필요하다. 즉 찬성 측의 주장을 전면 부정할 것인지, 아니면 경우를 나누어 반대를 할 것인지 또는 절충안이나 다른 발전된 주장을 펼칠 것인지를 결정해야 하는 것이다. 이 문제의 논의에서 절충안의 예를 든다면 "기초적인 자연과학 지식은 인문학도에게도 필요하나 그것이 반드시 필수적인 것은 아니다"는 정도의 논지를 펼칠 수 있다.

한 번 더 연습해 보자. 이 문제는 제시문[11]에 근거하여 "카피라이트와 카피레프트에 대한 자신의 입장을 밝혀라"는 것으로 역시 서울대학교의 논술예시 문항[12]을 변형한 것이다. 카피레프트는 지적재산권을 인정하는 카피라이트에 반대되는 개념으로 인류의 지적 자산이 소수에게 독점되어서는 안 되며 저작

11) 제시문 (가)에서는 "정보의 특성상 정보는 독점되고 사유화될 수 있다는 사실을 알 수 있다." (나)에서는 정보자산의 특성들에 대해 설명하고 있다. 제시문 (나)에 따르면 정부자산은 사용해도 줄지 않으며, 대량생산이 필요 없고, 기존정보를 활용해서 다른 정보를 만들어낼 수 있다.

12) 2007 서울대학교 통합논술 제1차 예시문항, 단, 논제에 따른 제시문은 생략하였음.

물에 대한 모든 권리는 다른 사람과 공유되어야 한다는 주장이다. 이 주장은 인류의 창작의욕 저하와 품질하락 등의 문제를 발생시킨다는 비판이 있다.

우선 카피레프트를 옹호하는 입장에 서 보자. 당연히 카피레프트는 자본주의 시장경제에서는 일어나기 힘든 윤리적인 현상이며, 바람직한 일이다. 특히, 정보 소비자 입장에서는 비용부담이 없는 고마운 현상이며, 넓게 보면 어떤 지적 재산이 인류의 다른 지적 재산에 의존하고 있으므로 당연한 일이기도 하다. 반대로 카피라이트를 옹호하는 입장에 서 보자. 가장 강력한 반론은 카피레프트를 강요하면 누가 자신의 정보자산을 힘들게 제공하겠는가 하는 것이다. 그래서 오히려 인류는 지적 정보자산 사용을 카피레프트를 행하는 일종의 자선사업가의 처분에 맡기게 되는 우를 범할 수 있다고 주장할 수 있다. 또한 카피레프트는 카피라이트의 상대개념이기 때문에 카피라이트 없이 카피레프트가 있을 수 있겠는가라는 주장도 가능할 것이다. 물론, 여기서 입장을 정리할 수도 있지만 조금 발전시켜보자. 둘 중 한가지만을 지지하는 것으로는 그 입장이 좀 어색하다. 경제활동에 사업가도 필요하고 자선사업가는 당연히 존경받아야 하듯이 카피라이트와 카피레프트는 공존하는 것이 바람직할 것이다. 카피라이트의 가장 큰 문제는 정보사용자의 비용부담이 크다는 것이다. 따라서 그 비용부담을 줄일 수 있는 방안이 논의되면 더 훌륭한 주장이 될 수 있다. 예를 들어 국가가 정보개발자에게 경연대회 등을 통한 보상을 한다거나, 보조금을 지급한다거나, 아니면 그 권리를 구매하여 국민들에게 제공해야 한다는 등의 주장도 가능하다. 또 사회는 카피레프트를 행하는 사람들에게는 존경과 금전 이외의 다른 보상을 하여야 한다는 생각도 가능할 것이다.

## 2 도덕과 법 - 성관련 범죄와 처벌의 위헌성 여부

### 가. 문제 상황

우리 형법과 형사특별법은 성범죄에 대하여 형사적 처벌을 규정하고 있다. 헌법적으로 설명하자면 인간은 누구나 헌법 제10조에 의거해서 성적 자기결정권[13]을 가지고 있고 그 권리를 침해당했기 때문에 성범죄자에 대한 국가의 형사적 처벌은 정당화될 수 있다. 성범죄의 가장 대표적인 형태는 강간죄[14]와 강제추행죄[15]이며 양 범죄는 우리의 상식과 같이 폭행과 협박으로 피해자의 거부의사가 억압당하지 않았다면 인정되지 않는다. 그런데 조금 애매한 성범죄가 있다. 지금은 위헌 결정을 받은 혼인빙자간음죄[16]와 아직도 효력이 살아 있는 간통죄[17]가 그것이다. 그리고 이 중 간통죄는 강간죄와 같은 이유로 처벌하는 것은 아니다. 간통의 피해자는 간통한 자의 배우자이지 간통의 상대방이 아니며, 개인의 성적 자기결정권을 보호를 중

13) 헌법 본문에 명시적으로 규정되어 있지는 않지만 당연히 도출되는 것으로 해석한다.

14) 형법 제297조【강간】 폭행 또는 협박으로 부녀를 강간한 자는 3년 이상의 유기징역에 처한다.

15) 형법 제298조【강제추행】 폭행 또는 협박으로 사람에 대하여 추행을 한 자는 10년 이하의 징역 또는 1천500만 원 이하의 벌금에 처한다.

16) 형법 제304조【혼인빙자 등에 의한 간음】 혼인을 빙자하거나 기타 위계로써 음행의 상습없는 부녀를 기망하여 간음한 자는 2년 이하의 징역 또는 500만원 이하의 벌금에 처한다. 〈개정 1995.12.29〉
[단순위헌, 2008헌바58, 2009헌바191(병합), 2009.11.26, 형법 제304조 중 "혼인을 빙자하여 음행의 상습없는 부녀를 기망하여 간음한 자" 부분은 헌법에 위반된다.]

17) 형법 제241조【간통】 ① 배우자 있는 자가 간통한 때에는 2년 이하의 징역에 처한다. 그와 상간한 자도 같다. ② 전항의 죄는 배우자의 고소가 있어야 논한다. 단, 배우자가 간통을 종용 또는 유서한 때에는 고소할 수 없다.

시하는 입장에서는 이미 사이가 멀어진 배우자보다는 간통 당사자의 권리가 더 중요하다고 본다. 그래서 간통은 민사적 문제로 해결해야지 형법적으로 해결하는 것은 헌법에 어긋난다고 하는 주장도 만만치 않다. 따라서 형법에서 강간죄는 "강간과 추행에 대한 죄"의 장에, 간통죄는 "성풍속에 관한 죄"에 규정되어 있다. 이는 전자는 개인적 법익의 보호를 목적으로, 후자는 사회적 법익의 보호를 목적으로 규정되어 있음을 의미한다. 간통에 대한 헌법소원은 수차례 제기되어 아직까지는 합헌으로 결정되었으나 앞으로도 위헌시비는 계속되리라고 생각한다.

혼인빙자간음죄도 위헌의 논란이 가장 많았던 형법 조항 중 하나이다. 그리고 결국에는 2009년에 헌법재판소에 의해 해당 조문 중 "혼인을 빙자하여 음행의 상습 없는 부녀를 기망하여 간음한 자"라는 부분은 위헌 결정을 받았고 형벌로서의 효력을 잃었다. 하지만 7년 전인 2002년의 헌법재판에서는 무려 8 대 1로 합헌결정을 받은 바 있었다. 후에 자세하게 논의되겠지만 이 조항에서 규정된 내용대로라면 혼인을 약속하고 그 약속에 속아서 합의하에 성관계를 가졌다가 속임수(기망)가 추후에 밝혀지면 여성(음행의 상습이 없는 여성이어야 한다)의 고소에 의해 처벌될 수 있다는 것이다. 그런데 그 속임수가 사실이었는지 객관적으로 알 수 있는 방법이 없고, 음행(음탕한 행동)의 상습이 없다는 것 또한 모호하기 그지없어서 이 조항이 일부 여성들에게는 고소를 통한 결혼 또는 고소취하 합의금을 받는 방식으로 사용될 위험도 없지 않았다.

간통죄, 혼인빙자간음죄의 문제와는 달리 성범죄자에 대한 처벌의 방식에 있어서 헌법 제13조 제1항에 보장된 이중처벌금지의 원칙의 위헌 여부가 문제가 되는 부분도 있다. 형법에 직접 규정하지는 않았지만 일부 특별법에서 청소년 대상의 성범죄자가 유죄 판결을 받았음에도 신상을 공개하는 것이 이중처벌인지의 여부가 그것이다. 현행 아동·청소년의 성보호에 관한 법률 제38조[18]에 따르면 법원은 아동 및 청소년에 대한 성범죄자에 대해 판결과 함께 특별한 사정이 없는 한 정보공개명령을 해야 하며 그 정보는 이름, 성명, 주소, 사진까지 공개하도록 규정되어 있다. 체면을 중시하는 우리나라의 풍토에서 실추되는 명예로 따지면 정보공개 명령을 받는 것이 징역 등의 실형을 받는 것보다 더 치욕스러운 형벌로 생각될 수도 있다. 만약 이것이 형벌이라고 본다면 분명 이중처벌금지의 원칙에 의해 위헌이 될 것이나, 정보를 공개하는 것이 형벌이 아니라는 합헌 의견도 존재할 수 있다.

이 절에서는 위와 같은 문제들을 다루고자 한다. 먼저 이제는 위헌결정이 내려진 혼인빙자간음죄에 대한 2002년 결정 당시 다수의견이었던 합헌의견과 소수의견을 살피고, 간통죄에 대한 합헌과 위헌의견. 정보공개명령의 합헌과 위헌 의견을 비

18) 제38조【등록정보의 공개】 ① 법원은 다음 각 호의 어느 하나에 해당하는 자(이하 "공개대상자"라 한다)에 대하여 판결로 제3항의 공개정보를 등록기간 동안 정보통신망을 이용하여 공개하도록 하는 명령(이하 "공개명령"이라 한다)을 아동·청소년대상 성범죄 사건의 판결과 동시에 선고하여야 한다. 다만, 아동·청소년대상 성범죄 사건에 대하여 벌금형을 선고하거나 피고인이 아동·청소년인 경우, 그 밖에 신상정보를 공개하여서는 아니 될 특별한 사정이 있다고 판단되는 경우에는 그러하지 아니하다. 〈개정 2010.4.15〉

1. 아동·청소년대상 성폭력범죄를 저지른 자

(생략)

③ 제1항에 따라 공개하도록 제공되는 등록정보(이하 "공개정보"라 한다)는 다음 각 호와 같다.

1. 성명
2. 나이
3. 주소 및 실제거주지(읍·면·동까지로 한다)
4. 신체정보(키와 몸무게)
5. 사진
6. 아동·청소년대상 성범죄 요지

교해 볼 것이다.

## 나. 혼인빙자간음죄(헌법재판소 2002.10.31. 99헌바40, 2002헌바50(병합)결정)

### 1) 합헌결정(다수의견)의 요지

합헌결정 전문을 보기 전에 먼저 글의 뼈대를 살핀 후 읽는다면 도움이 될 것으로 판단하여 먼저 요지를 정리하였다. 그리고 헌법재판소의 결정례는 법원의 판례에 비해 국민 전체에 영향을 미치는 것이므로 긴 것을 제외하면 일반인이 읽기에도 큰 무리가 없는 글이다.

A. 이 조항의 위헌 가능성 인정

- 혼인빙자간음죄의 해외 입법례를 살펴보면 대부분의 나라에서는 규정되지 않았거나 사문화되어 있다.
- 개인의 성적 자기결정권과 사생활의 자유는 보장되어야 한다.
- 혼전 성관계를 가진 여성에게도 그 책임이 없는 것은 아니다.

B. 특수한 상황의 인정

- 그러나 사랑하는 남성과 결혼과 파혼이라는 유혹과 동시에 협박 앞에서 여성이 성관계를 계속 거부하기를 기대하는 것은 어려운 일이다. 따라서 이는 도덕의 문제를 벗어나 국가의 형벌권개입이 필요할 수도 있다.
- 강간죄 또는 강제추행죄에서 피해자의 의사를 억압하는

폭행 또는 협박과 통상의 구애의 수단을 넘어선 강력한 속임수는 위법성에서 유사한 측면이 있다.

- 그리고 혼인빙자간음죄의 규정이 통상수준의 구애나 추후 사정변경에 의한 변심까지 처벌하는 규정은 아니다.

C. 기본권 제한의 필요성과 상당성

- 또 이 조항이 개인의 행복추구권과 사생활의 비밀과 자유를 침해하는 것은 사실이나 그 제한이 공공의 이익과 사회질서유지라는 목적에 비해 과도한 것은 아니다.
- 그리고 이 조항이 여성에 비해 남성을 차별한다는 평등권 침해라는 주장도 차별의 목적이 정당하고 침해에 의한 피해의 정도도 적당하므로 평등원칙을 위반하지 않았다.

D. 절충적 결론

- 결론적으로 이 규정은 입법자의 재량의 범위 내에 있으므로 위헌이 아니다.
- 하지만, 완전히 문제가 없는 조항이라고 볼 수 없으므로 이 조항의 유지를 위해서 면밀한 검토가 필요하다.

**2) 합헌결정의 전문(일부생략)**

『외국의 입법례를 살펴보면, 일본은 현행 형법이나 구 형법에 혼인빙자간음죄에 대한 처벌규정이 없고, 다만 구 형법의 개정시안이었던 형법 가안에 그 처벌규정이 있었다. 미국은 대부분의 주에서 혼인빙자간음죄가 처벌의 대상이 아니고, 일부 주에서 간통죄와 마찬가지로 혼인빙자간음죄에 대한 처벌규정을 두고 있으나 거의 기소되지 아니하는 것으로 알려져 있다.(중략)

우리나라의 경우 1953년 형법 제정 이전의 의용 형법에는 혼인빙자간음죄에 대한 처벌조항이 없었고, (중략) 1992년의 형법 개정법률 안에서 이 사건 법률조항을 폐지하기로 논의된 바 있으나 1995년의 형법개정에는 반영되지 아니하였다.

우리 형법은 형법 제32장 '강간과 추행의 죄(1995년 형법 개정 전에는 '정조에 관한 죄'로 표시되어 있었다)'의 장에 개인적 법익을 침해하는 범죄의 하나로 강간죄 및 강제추행죄 등과 함께 혼인빙자간음죄를 규정하여 개인의 성적 의사의 자유를 보호하고 있다. 그 중 혼인빙자간음죄는 혼인을 빙자하여 음행의 상습 없는 부녀를 간음함으로써 성립되는 범죄로서 특히 '음행의 상습 없는 부녀의 성적자기결정권'을 그 보호법익으로 한다.

헌법 제10조에서 보장하는 인격권 및 행복추구권, 헌법 제17조에서 보장하는 사생활의 비밀과 자유는 타인의 간섭을 받지 아니하고 누구나 자기운명을 스스로 결정할 수 있는 권리를 전제로 하는 것이다. 이러한 권리내용 중에 성적자기결정권이 포함되는 것은 물론이다

성적자기결정권은 각인 스스로 선택한 인생관 등을 바탕으로 사회공동체 안에서 각자가 독자적으로 성적 관(觀)을 확립하고, 이에 따라 사생활의 영역에서 자기 스스로 내린 성적 결정에 따라 자기책임 하에 상대방을 선택하고 성관계를 가질 권리를 의미하는 것이다.

이러한 관점에서 볼 때, 비록 여성의 입장에서도 그 상대 남성이 설혹 결혼을 약속하면서 성행위를 요구한다고 하더라도 혼전 성관계를 가질 것인지 아닌지는 여성 스스로 판단하고 그에 따르는 책임도 스스로 지는 것이 원칙이다. 그리고 이러한 남녀 간의 성문제는 기본적으로 개인 간의 은밀한 사생활의 영역에 속하는 것이어서 범죄적인 측면보다는 도덕·윤리적인

측면이 강하게 드러나는 점을 부인할 수는 없다. 그러나 남성이 오로지 여성의 성만을 한낱 쾌락의 성으로만 여기고 계획적으로 접근한 뒤 가장된 결혼의 무기를 사용하여 성을 편취할 경우, 그 평가는 전혀 달라져야 하고 또 달라야 한다. 성의 순결성을 믿고 있는 여성에게도 상대방을 평생의 반려자로 받아들이겠다는 엄숙한 혼인의 다짐 앞에서는 쉽사리 무너질 수밖에 없다. 따라서 혼인을 빙자하는 이와 같은 교활한 무기에 의한 여성의 성에 대한 공략은 이미 사생활 영역의 자유로운 성적결정의 문제라거나 동기의 비도덕성에 그치는 차원을 벗어난 것이다. 이러한 행위는 마땅히 형법적 평가의 대상이 되어야 하고, 조심스럽기는 하나 국가형벌권이 개입할 지평을 열어야 한다고 생각한다. 되짚어보면 우리 사회에서 혼인이 상징하는 의미에 비추어 "평생을 일심동체로 함께 하겠다"고 하면서 결혼을 앞세우고 이러한 전제 아래 위장된 호의와 달콤한 유혹으로 파상적 공세를 취하여 올 때, 미혼의 여성이 자신의 성을 꿋꿋하게 지켜나간다는 것은 지극히 어려운 일일 수 있다. 바로 이러한 점을 악용하여 교활하게도 엄숙한 결혼의 서약을 강력히 앞세워 여성을 유혹하고 언필칭 상호 합의에 의한 성관계라는 이름으로 순결한 성을 짓밟고 유린하는 행위는 남성의 성적자기결정권의 한계를 벗어난 것일 뿐만 아니라, 여성의 진정한 자유의사, 즉 성적자기결정권을 명백하게 침해하는 것이 아닐 수 없다. 예컨대 유부남이 미혼인 것처럼 여성에게 접근하여 결혼을 빙자하고 성관계를 요구하거나, 약혼녀와 이미 성관계를 맺고 있는 남성이 다른 여성에게 결혼을 빙자하면서 성관계를 요구하는 행위를 두고 이를 가리켜 사생활 영역의 도덕성 문제로만 치부해서는 안될 것이다.

여성의 성은 강간이나 강제추행죄의 경우처럼 그 의사를 억압하여 강제적으로 취할 수도 있고, 통상적인 구애 수준을 벗어난 강력한 속임수, 가령 혼인을 빙자하는 위장수단으로 중대한 착오에 빠뜨려 성을 편취함으로써 성적자기결정권을 침해할 수도 있는 점에서 그 위법성과 처벌의 필요성이 크게 다를 바 없다. 민법상 이러한 기망행위는 취소하고 그 원상회복을 할 수 있도록 제도적 배려를 하고 있고, 형사법 분야에서도 이를 범죄(사기)로 다스려 처벌하고 있다. 성행위를 재산상 거래행위와 같은 관점에서 평가할 수는 없으나 혼인빙자간음죄의 경우에는 이미 행하여진 성행위를 그 이전의 상태로 되돌릴 방법이 없고, 그로 인한 육체적 상처와 정신적 고통은 도저히 회복이 불가능한 점에서 그 가벌성이 더욱 큰 점은 누구도 부인할 수 없을 것이다.

성의 자유화, 개방화 추세에 따라 남녀 간의 성문제가 종전과는 다른 양상을 보이는 것은 사실이다. 그러나 여성은 여전히 사회적으로 불리한 약자의 지위에 놓여 있고 아직도 여성의 성은 이러한 지위에 종속되어 있다. 성교행위로 인한 여성의 임신가능성 등 신체구조상의 차이로 보나, 여전히 사회 속에 뿌리깊은 남성본위의 사고방식에 혼전 성관계에 대한 남녀차별적인 인식 등을 고려할 때, 성문제에 있어서 여성은 도저히 남성과 대등한 입장에 있다고 볼 수 없다. 이러한 점에서 볼 때 국가가 여성의 성적자기결정권을 보호하는 이유는 여성이 남성에 비하여 열등한 존재라거나 그 결정권을 행사할 능력이 부족해서가 아니라, 파렴치한 남성의 간음행위로 돌이킬 수 없는 충격과 피해를 입은 여성을 보호하자는 데서 찾을 수 있다.

따라서 혼인빙자간음죄는 모든 성행위에 국가가 함부로 개입하여 형벌을 가하고 그로 인하여 혼전 성관계를 가진 자로 하여금 불행한 결혼을 일률적으로 강제하는 기능을 수행하는 것이 아니다. 또한 다소 과장된 정도의 구애표현이나 유혹까지 금지하거나, 진정한 혼인의사로 성교를 나눈 뒤 사정변경으로 변심한 경우까지 그 처벌의 대상으로 하는 것도 아니다. 오직 결혼의사도 없이 혼인을 빙자하는 기망의 수법을 사용하여 음행의 상습 없는 부녀로 하여금 혼전 성관계에 이르도록 유인하여 성을 편취하는 반사회적인 행위를 제재하는 것일 뿐이다.』

– 행복추구권, 사생활의 비밀과 자유를 침해하는지 여부

『이 사건 법률조항은 동일한 시각에서 입장을 바꾸어 보면, 청구인들의 성적자기결정권을 제한하는 측면도 있는 것이 사실이다.

그러나 앞서 본 바와 같이 혼인을 빙자한 부녀자 간음행위는 그 또한 피해 여성의 성적자기결정권을 침해하는 것이 되어 기본권행사의 내재적 한계를 명백히 벗어난 것으로서, 사회의 질서유지를 위하여 그 제한이 불가피하다 할 것이다. 나아가 혼인빙자간음행위를 한 자를 2년 이하의 징역 또는 500만 원 이하의 벌금에 처할 수 있도록 규정한 이 사건 법률조항은 청구인들의 성적자기결정권에 대한 필요 최소한의 제한으로서 그 본질적인 부분을 침해하는 것도 아니므로 헌법 제37조 제2항의 과잉금지의 원칙에 위반된다고 볼 것도 아니다. 따라서 이 사건 법률조항으로 말미암아 청구인들의 행복추구권이나 사생활의 비밀과 자유가 침해되었다고 할 수 없다.』

– 평등원칙에 위반되는지 여부

『앞서 살핀 바와 같이 아직도 우리 사회에는 남녀 간의 성에 대한 신체적 차이, 성행위에 대한 인식과 평가가 다른 것이 엄연한 현실이다. 현행 형법에서 성범죄의 피해자 및 범죄의 구

성요건을 구분하여 규정하면서, 강제추행죄는 피해자를 '사람'으로 규정하여 남녀 모두 그 피해자가 될 수 있도록 한 반면, 강간죄는 피해자를 '여성'으로 한정하고, 그 법정형에도 차이를 두고 있는 것은 바로 이러한 차이를 고려한 인식의 바탕 위에서 법률조항을 규정한 것으로 볼 수 있다.

따라서 이 사건 법률조항은 사회적 약자인 여성의 성적자기결정권을 보호하려는 정당한 목적이 있고, 남성을 자의적으로 차별하여 처벌하는 것이라고 단정하기도 어려우며, 차별의 기준이 그 목적의 실현을 위하여 실질적인 관계가 있고, 차별의 정도도 적정한 것으로 보여지므로 평등원칙에 위반된다고 볼 것도 아니다.』

- 결론

『어떠한 특정 행위를 범죄로 규정하고 국가가 형벌권으로 이를 규제할 것인지, 아니면 단순히 도덕률에 맡길 것인지의 문제는 우리의 역사와 문화, 입법 당시의 시대적 상황, 국민 일반의 가치관 내지 법감정, 범죄예방을 위한 형사정책적인 측면 등 여러 가지 요소를 종합적으로 고려하여 결정될 수밖에 없다. 따라서 혼인빙자간음행위에 대하여 형사적 제재를 가할 것인지, 어떠한 제재방법을 선택할 것인지는 기본적으로 입법자의 의지, 즉 입법정책의 과제로서 입법자의 입법재량의 자유에 속한다

오늘날 세계 각국의 제도가 혼인빙자간음죄를 처벌하지 아니하는 추세이고, 최근 들어 급속한 성윤리의 개방화로 국민들의 성에 관한 인식과 이에 대한 법감정에 엄청난 변화가 진행중에 있어 그 규범력과 실효성이 점차 약화되고 있음을 부인할 수 없다. 또한 이 사건 법률조항이 민·형사사건의 처리과정에

서 합의 등을 강제하는 수단으로 악용되는 사례 등도 없지 아니하다. 그러나 이러한 사정에도 불구하고 우리 사회에서 혼인의 순결과 미혼여성의 정절관념은 전통적인 윤리·가치로서 여전히 뿌리깊게 자리잡고 있어 혼인빙자간음죄는 사회질서를 해치고 타인의 권리를 침해하는 경우에 해당한다고 보는 우리의 법의식은 여전히 유효하다고 본다. 그러므로 이 사건 법률조항은 이러한 우리의 법의식을 바탕으로 한 입법자의 입법형성의 자유영역 내의 것이므로 헌법에 위반된다고 할 수는 없다.

다만 입법자로서는 혼인빙자간음죄의 폐지론자들이 그 논거로 제시하는바, 첫째 개인의 사생활 영역에 속하는 남녀 간의 내밀한 성적 문제에 법이 지나치게 개입하는 것은 부적절하고, 둘째 세계적으로도 혼인빙자간음행위를 처벌하는 입법례가 드물며, 셋째 이 사건 법률조항이 협박을 하거나 위자료를 받아내기 위한 수단으로 악용되는 경우가 많고, 넷째 국가 형벌로서의 처단기능이 많이 약화되었으며, 다섯째 형사정책적으로도 형벌의 억지효과가 거의 없고, 여섯째 여성 보호의 실효성도 의문이라는 점 등에 대한 면밀한 관찰을 통하여 혼인빙자간음죄를 앞으로도 계속 존치할 것인지 여부에 관한 진지한 접근이 필요하다고 보여진다.』

### 3) 재판관 권성의 반대의견의 요지

A. 위헌의 소지

- 남녀 간 애정의 자유에 대한 국가의 개입은 무리한 간섭으로 위헌의 소지가 있어 바람직하지 않다.

B. 성적 자기결정권의 주체는 오히려 여성

- 이 조항이 여성의 성적 자기결정권을 침해한다는 것인데 인류학 등의 연구에 따르면 남성을 받아들일지에 대한 판단은 여성이 하는 것으로 보아야 한다. 그래서 여성에게서 선택을 받기 위하여 남성의 구애에는 대부분 어느 정도의 속임수가 포함된다. 그리고 이성관계의 시작과 끝은 제3자는 알기 어렵다.

C. 남성의 도덕적 책임

- 그렇지만 남성이 혼인을 빙자한 것이 면책받기 어려운, 즉 비난받을 일인 것은 부인할 수 없다.
- 그러나 남성의 본래적 특성을 고려할 때 여성에게 구애하는 순간까지 극도의 자제심을 발휘하여 반드시 지킬 본심만을 말하라는 것은 기대하기 어렵다(기대가능성이 낮다).
- 따라서 그에 대한 형사적 처벌은 지나치게 가혹하고 도덕적 책임을 져야 한다.
- 모든 도덕적 책임이 형사처벌의 대상이 될 수는 없다는 것은 자명하다. 그리고 형벌의 목적은 범죄예방에도 있는 것인데 혼인빙자간음죄에 대한 형사적 처벌이 범죄예방의 효과를 가진다는 증거도 없다.

D. 기본권 제한의 필요성과 상당성

- 또한 이 처벌에 의한 기본권제한이 헌법 제37조에 규정된 국가의 안전보장이나 질서유지 또는 공공복리에 의해 정당화되기도 어렵다.
- 그리고 현실적으로 처벌도 여성이 고소를 하여야 하기 때문에 선별적, 자의적 처벌이 이루어져서 법에 대한 신뢰에

손상이 갈 수도 있다.

- 더구나 이 법을 유지하여 처벌이 두려워 남성이 마지못한 결혼을 한다면 불행한 결혼생활이 예정되는 것이고, 일부 여성에 의해 남성에 대한 공갈, 협박의 수단이 될 수도 있다.
- 따라서 이 처벌규정의 기본권제한의 필요성과 정당성을 인정할 수 없으며 위헌이라고 판단한다.

#### 4) 재판관 권성의 반대의견 전문

- 위헌의 징표

『헌법 제10조는 "모든 국민은 인간으로서의 존엄과 가치를 지니며, 행복을 추구할 권리를 가진다. 국가는 개인이 가지는 불가침의 기본적 인권을 확인하고 이를 보장할 의무를 진다"라고 규정하고 있거니와 인간이 도덕과 관습의 범위 내에서 국가의 간섭 없이 자유롭게 이성(異性)과 애정을 나눌 수 있는 것은 헌법이 규정하는 인간의 존엄과 행복추구의 본질적 내용의 일부를 구성한다. 그러므로 이성간(異性間)의 애정의 자유는 당연히 헌법상의 보호를 받는다. 따라서 국가안전보장이나 질서유지 또는 공공복리를 위하여 필요한 경우가 아니면 법률로도 이를 제한할 수 없는 것이지만 이러한 제한을 운운하는 것조차가 자연스럽지 못하게 느껴질 정도로 그 자유는 법률에 의한 제한과는 원래 친하지 않은 것이다.

이성관계는 개인과 개인 사이에서 매우 은밀하게 이루어지는 것이고 그 목표하는 바도 개인적인 애정의 성취에 있음이 그 본질임에 비추어 여기에다 국가의 안전보장이나 질서유지 또는 공공복리의 척도를 들이대는 것은 자연스럽지 못한 것이다. 그러므로 미성년 또는 심신미약의 부녀를 상대로 한다거나,

폭행이나 협박 등 폭력으로 맺어진다거나, 매매의 대상 또는 흥정의 미끼가 된다거나, 그 장면이 공중에게 노출된다거나, 또는 그로 인하여 위험한 질병이 공중에게 확산된다거나 하는 등의 부수적 문제가 수반되지 않는 한 이성관계 자체에 대하여 법률이 직접 개입하는 것은 자유에 대한 무리한 간섭이 되어 원칙으로 과잉금지위반의 위헌적 요소를 내포한다. 혼인빙자간음죄의 위헌성은 여기에서부터 드러나기 시작한다.』

– 성적자기결정권에 대한 침해 여부

『다수의견은 혼인의 빙자가 음행의 상습이 없는 부녀(이하에서 여자라고 할 때에는 주로 이 범위의 부녀를 지칭한다)의 성적자기결정권을 침해한다고 주장한다. 그러나 이것은 그 근거가 불분명한 주장이라고 생각한다.

첫째로, 애정의 자유는 우선 상대선택의 자유를 의미하거니와 이 선택권 행사의 주체에 대하여는 보다 냉정하고 깊은 본태적(本態的) 통찰이 우선 필요하다.

선택의 주체는 일견 남자로 보이지만 심층적 분석에 의하면 실은 여자가 그 주체임을 인류학적 통찰은 암시하고 있다.[19] 본태적 측면에서 볼 때 남자는 다수 후손의 확보에 때로 더 크게 이끌리는 본성적 경향이 있음에 반하여, 여자는 우수한 후손의 출산에 대한 기대와 그 양육에 대한 부담으로 인하여 생계와 안전을 보장할 상대의 능력도 함께 고려하게 되고 이 때문에 상대와의 거리를 좁힌 뒤 신중하게 생각하고 상대를 선택하는 본성적 경향을 가진다. 그러므로 혼인의 약속이나 빙자뿐만 아니라 그밖의 모든 정황을 함께 고려하여 여자는 선택을

19) Helen F. Fisher 지음/ 박매영 옮김, 性의 계약(The Sex Contract, New York, 1983), 정신세계사 1993년 출판, 제167면 참조

하는 것으로 보아야 한다.[20]

둘째로, 애정의 자유는 원래가 상대선택의 자유 이외에 애정 표현의 자유와 구애수단의 자유를 포함한다. 구애수단은 본태적 측면에서 보면 상대의 환상을 유발하도록 과대포장되고 극적으로 연출되기 마련이므로 본래가 어느 정도의 기망을 그 요소로 하고 있다. 따라서 남자의 구애행위 속에는 천태만상의 다양한 형태로, 묵시적이든 명시적이든, 혼인에 관한 모종의 약속이 다른 구애수단과 함께 포함되어 있는 경우가 대부분이라고 보아야 한다.

셋째로, 혼인의 약속이나 빙자가 개입되지 아니한 채 이루어지는 이성관계도 있을 수 있음은 물론이고 진정한 혼인의 약속이 있었으나 이런 저런 사정으로 그 약속이 불실의 것으로 끝나는 경우도 있을 수 있다. 이처럼 이성관계 성립은 그 배경이 다양하고 그 경위가 내밀하고 그 진행에 변화가 많아서 제3자나 국가기관이 사후에 혼인이 빙자된 여부를 판정하기가 참으로 지난한 경우도 있게 된다.

이와 같은 여러 가지 사정을 종합하여 보면 혼인의 빙자가 있었는지 여부, 있었다면 그것이 여자의 최종 결정에 미친 영향의 유무와 정도는 대단히 불명스러운 것이다. 바꾸어 말하면 여자는 혼인의 빙자가 없으면 없는 대로, 있으면 있는 대로, 그것을 포함한 모든 사정을 고려하여 남자의 접근을 수용할 여부를 최종적으로 선택한다고 보는 것이 인간의 본태적 본성에 보다 근접한 이해라고 할 것이다. 그렇다면 혼인의 빙자가 바로 여자의 성적자기결정권을 침해한다고 보는 다수의견은 그 근

20) David P. Barash and Judith Eve Lipton 지음/ 이한음 옮김, 일부일처제의 신화(The Myth of Monogamy), 해냄 2002년 출판, 제205면 및 286면 참조(아울러 39면, 42면, 58면, 96면, 103면 참조)

거가 매우 의심스러운 것이다. 혼인의 약속을 포함한 모든 사정을 종합하여 여자가 상대를 선택하는 현상을 부인하는 것은 여자의 이성(理性)과 생래의 판단력을 미오(迷悟), 불신하는 데에서 비롯된 것이다.』

– 비행과 책임 사이의 비례

『그러나 이상의 논의만으로 바로 혼인을 빙자한 남자의 전방위적 면책을 단정하는 것은 아니다. 혼인빙자는 상대를 기망하는 것이므로 도덕적으로 순수하지 못하다. 그러나 앞에서 본 것처럼 구애수단은 본태적 측면에서 보면 상대의 환상을 유발하도록 과대포장되고 극적으로 연출되기 마련이므로 본래가 어느 정도의 기망을 그 요소로 하고 있다. 이러한 성향은 인간의 본성에서 유래하므로 지극히 자연스러운 것이고 그 연출의 극적 완성도에 따라 때로는 예술의 좋은 소재가 되기도 한다. 그러므로 이러한 구애수단의 다양한 전개를 순수성이라는 척도만을 가지고 단죄하는 것은 인간의 본태적 성향에 비추어 매우 무리한 일이다.

혼인을 빙자하는 것은 물론 순수하지 못하다. 그러나 그것은 누구나 쉽게 의지할 수 있는 자연스럽고 일반적인 구애의 수단이므로 혼인을 빙자한 그 시점을 기준으로 하여 판단할 때에, "지키지 않을 또는 지키지 못할 혼인의 약속을 내세워 상대를 속이지 말라"는 도덕률의 준수에 대한 기대가능성은 매우 작을 수밖에 없다. 더구나 앞에서 설명한 바와 같이 근접관찰을 통한 최종적인 상대 선택권이 여자에게 있다는 점을 함께 고려한다면 그 기대가능성은 더욱 작을 수밖에 없다. 혼인빙자의 자제(自制)에 대한 기대가능성이 이처럼 작은 것이라면 그 위반에 대한 비난의 가능성도 역시 작을 수밖에 없다.

비난가능성이 작은 잘못에 대하여는 도의적 책임을 묻는 정도로 그치고 비난가능성이 높은 잘못에 대하여만 형사책임을 함께 과하는 것이 일반적으로 정의와 형평에 부합하고 비례의 원칙에 부합하므로, 앞에서 본 바와 같이 비난가능성이 높을 수 없는 혼인빙자의 잘못에 대하여 형사처벌을 가하는 것은 과도한 처벌이 되어 헌법상의 과잉금지의 원칙에 어긋난다.』

– 형벌의 필요성과 정당성의 유무

『인간의 본태적 행동은 원래는 선악을 초월한다. 그러나 인간은 끊임 없는 구도(求道)의 자기탁마(自己琢磨)를 통하여 더 높은 곳으로 향상하여 나갈 의무를 스스로 짊어지는 자존(自尊)의 양심적(良心的) 존재이다. 그러므로 양심적 존재로서의 인간은 혼인을 빙자한 행위의 비도덕성을 스스로 회오(悔悟)할 책임이 있는 것이고 이것은 양심에 내재한 도덕률에 기초한 자책이므로 본질에 있어 도덕적 책임에 속한다. 이것이 혼인을 빙자한 남자의 제1차적인 책임이다.

그렇다면 1차적 책임인 이 도덕적 책임을 제2차적인 형사법적 책임으로까지 강화하는 것은 어떠한가.

그것은 불가하다고 본다. 모든 비도덕적 행위를 형사처벌할 수 없음은 자명한 것이므로 비도덕적 행위 중 사회적 유해성이 있는 중요한 것만을 형사처벌하게 되는데 혼인빙자의 행위는 이미 앞에서 본 것처럼 그 비난가능성이 높지 아니하므로 사회적 유해성이 있는 중요한 비도덕적 행위의 범위에는 포함될 수 없기 때문이다. 그것이 국가의 안전보장이나 질서유지 또는 공공복리에 위해를 가져오는 경우가 생기는 일도 이미 앞에서 보았듯이 별로 없을 것이다. 만일 이를 형사처벌한다면, 여자측의 고소가 없으면 그 행위가 들어날 수 없는 데다가 국가의 소추권이 모든 혼인빙자를 추급하기에는 역부족이라는 점 때문에 불가피하게 선별적이고 자의적인 처벌이 초래되는데 이것은 법의 신뢰를 손상할 뿐이다. 또한 그동안의 법집행의 실태를 실증적으로 분석하여 이러한 형사처벌이 혼인빙자의 범죄에 대한 일반예방적 효과를 거두었음을 보여주는 자료도 존재하지 아니한다. 입법자는 혼인빙자의 비행에 대한 형벌의 필요성을 입증하지 못하면 이를 형법규범화할 수는 없다고 할 것이다.[21] 왜냐하면 의심스러울 때에는 시민의 자유와 형법의 최후수단성을 고려하여야 하기 때문이다.[22] 더구나 장차 결혼생활이 정상적으로 영위되기 어려운 상황이 예상됨에도 불구하고 혼인빙자간음죄의 형사처벌이 두려워 혼인을 한다면, 파탄이 예상되는 혼인을 형법이 강요하는 셈이 되어 부당하다.[23] 또한 피해를 본 여자가 이 규정을 무기로 상대를 공갈, 협박하는 폐단도 발생할 우려가 있다. 결국 혼인빙자의 비행에 대한 도덕적 책임을 형사처벌로까지 강화하는 것은 그 필요성과 정당성을 발견하기 어렵다.[24]』

– 결론

『그러므로 이 사건 심판대상규정이 혼인빙자행위를 다른 위계행위와 형법적으로 동일하게 평가하여 이를 처벌하는 것은 헌법상의 과잉금지원칙을 위반함으로써 헌법 제10조가 보장하는 인간의 자존과 행복추구권을 침해하여 위헌이라고 생각한

21) 임웅, 비범죄화의 이론, 법문사, 1999년, 제76면 참조
22) Peter Schneider는 "의심스러울 때는 자유를 위하여!"(In dubio pro liberate!)라는 간결한 형식으로 이를 표현하고 있다. W. Maihofer 지음/ 심재우 옮김, 법치국가와 인간의 존엄, 삼영사, 제147면 참조. 또한 임웅, 앞의 책, 제76면 참조
23) 김기춘, 형법개정시론, 1985년, 제448면
24) 참고로 2001년도 검찰연감에 의하여 혼인빙자간음죄의 최근 수년간의 기소건수(전국)를 살펴보면 1993년 25건, 1995년 27건, 1996년 20건, 1997년 23건, 1998년 20건, 1999년 18건이다.

다. 따라서 다른 점에 대하여 더 판단할 것도 없이 이 사건 심판대상규정 중 "혼인을 빙자하거나"라는 부분에 대하여는, 이에 대한 형사처벌이 헌법상의 과잉금지원칙에 위배되고 헌법 제10조가 보장하는 인간의 자존과 행복추구권을 침해함을 이유로, 위헌을 선고하여야 할 것이다.』

### 5) 정리

위의 두 의견을 비교해 보자. 결론에 있어서는 합헌과 위헌으로 극명하게 갈리지만 두 의견 모두 공통적으로 남녀관계는 내밀한 관계라는 점을 인정하고 있다. 또한 남자, 여자 양측에 책임이 있음도 인정하고 있으며, 처벌의 악용가능성도 공통적으로 인정하고 있다. 그래서 합헌의견에서조차 위헌은 아니지만 입법적 검토가 필요하다는 의견을 내고 있다. 또 위헌의견에서도 도덕적 책임은 피할 수 없는 것이라고 하고 있다.

두 의견의 가장 큰 차이는 남녀관에 대하여서이다. 양 의견은 여자를 보는 시각이 완전히 다르다. 합헌의견에서는 여자는 결혼이라는 제안 앞에서는 사랑의 유지를 위해 남성을 받아들이는 순수한 모습으로 상정하고 있는 듯하다. 하지만 위헌의견에서는 속설인 "남자는 늑대, 여자는 여우"를 완전히 인정하여 이를 법학을 넘어 인류학적으로 증명하려는 시도를 하고 있다. 태생적으로 남자는 여자의 선택을 받기 위하여 물과 불을 가리지 않고 모든 수단을 동원하며 선택의 주체는 여성이라는 것이다. 그래서 남성의 혼인을 빙자한 행위는 도덕적으로 비난받을 일이지 형법적 책임까지 물어야 할 일은 아니라는 것이다. 그리고 합헌의견은 이 문제에 대한 국가의 입법재량을 인정하고 가해남성의 행복추구권과 사생활의 자유의 기본권이 침해된 것은 인정하나 그 침해가 필요하고 상당하다고 보고 있으나,

위헌의견에서는 남녀 간의 일이 헌법 제37조에 규정된 기본권 제한 사유인 국가의 안전보장이나 질서유지 또는 공공복리에 관한 것은 아니라고 판단하여 상당성과 필요성을 인정하지 않고 있다. 그리고 위헌의견은 한 가지 더 강력한 논거로 처벌이 두려워 결혼을 하면 더 큰 불행이 올 수 있음을 들고 있다.

이 결정은 2009년의 위헌 결정으로 그 결론이 뒤집혀서 법적으로는 결론이 났지만 위의 두 의견 중 어느 의견이 옳은지에 대한 답은  없다고 할 수 있다. 2009년의 위헌결정도 재판관 전원의 합의는 아닌 6 대 3의 결정이었다. 답이 없다고는 하지만 논의를 한 이상 2009년 위헌결정의 이유를 살피는 것은 우리의 지적 호기심을 충족시키기 위하여 참고할 필요가 있을 것이다. 결론적으로는 2009년 위헌 결정에서의 여성에 대한 시각이 위 결정의 위헌의견과 유사한 면이 있다고 할 수 있다.

### 6) 참고(헌법재판소 2009.11.26. 2008헌바58, 2009헌바191(병합) 결정)

『이 사건 법률조항의 경우 입법목적에 정당성이 인정되지 않는다. 첫째, 남성이 위력이나 폭력 등 해악적 방법을 수반하지 않고서 여성을 애정행위의 상대방으로 선택하는 문제는 그 행위의 성질상 국가의 개입이 자제되어야 할 사적인 내밀한 영역인데다 또 그 속성상 과장이 수반되게 마련이어서 우리 형법이 혼전 성관계를 처벌대상으로 하지 않고 있으므로 혼전 성관계의 과정에서 이루어지는 통상적 유도행위 또한 처벌해야 할 이유가 없다.

다음 여성이 혼전 성관계를 요구하는 상대방 남자와 성관계를 가질 것인가의 여부를 스스로 결정한 후 자신의 결정이 착오에 의한 것이라고 주장하면서 상대방 남성의 처벌을 요구하는 것은 여성 스스로가 자신의 성적자기결정권을 부인하는 행위이다. 또한 혼인빙자간음죄가 다수의 남성과 성관계를 맺는 여성 일체를 '음행의 상습 있는 부녀'로 낙인찍어 보호의 대상에서 제외시키고 보호대상을 '음행의 상습없는 부녀'로 한정함으로써 여성에 대한 남성우월적 정조관념에 기초한 가부장적·도덕주의적 성 이데올로기를 강요하는 셈이 된다. 결국 이 사건 법률조항은 남녀 평등의 사회를 지향하고 실현해야 할 국가의 헌법적 의무(헌법 제36조 제1항)에 반하는 것이자, 여성을 유아시(幼兒視)함으로써 여성을 보호한다는 미명 아래 사실상 국가 스스로가 여성의 성적자기결정권을 부인하는 것이 되므로, 이 사건 법률조항이 보호하고자 하는 여성의 성적자기결정권은 여성의 존엄과 가치에 역행하는 것이다.

결혼과 성에 관한 국민의 법의식에 많은 변화가 생겨나 여성의 착오에 의한 혼전 성관계를 형사법률이 적극적으로 보호해야 할 필요성은 이미 미미해졌고, 성인이 어떤 종류의 성행위와 사랑을 하건, 그것은 원칙적으로 개인의 자유 영역에 속하고, 다만 그것이 외부에 표출되어 명백히 사회에 해악을 끼칠 때에만 법률이 이를 규제하면 충분하며, 사생활에 대한 비범죄화 경향이 현대 형법의 추세이고, 세계적으로도 혼인빙자간음죄를 폐지해 가는 추세이며 일본, 독일, 프랑스 등에도 혼인빙자간음죄에 대한 처벌규정이 없는 점, 기타 국가 형벌로서의 처단기능의 약화, 형사처벌로 인한 부작용 대두의 점 등을 고려하면, 그 목적을 달성하기 위하여 혼인빙자간음행위를 형사처벌하는 것은 수단의 적절성과 피해의 최소성을 갖추지 못하였다.

이 사건 법률조항은 개인의 내밀한 성생활의 영역을 형사처벌의 대상으로 삼음으로써 남성의 성적자기결정권과 사생활의 비밀과 자유라는 기본권을 지나치게 제한하는 것인 반면, 이로 인하여 추구되는 공익은 오늘날 보호의 실효성이 현격히 저하된 음행의 상습없는 부녀들만의 '성행위 동기의 착오의 보호'로서 그것이 침해되는 기본권보다 중대하다고는 볼 수 없으므로, 법익의 균형성도 상실하였다.

결국 이 사건 법률조항은 목적의 정당성, 수단의 적절성 및 피해최소성을 갖추지 못하였고 법익의 균형성도 이루지 못하였으므로, 헌법 제37조 제2항의 과잉금지원칙을 위반하여 남성의 성적자기결정권 및 사생활의 비밀과 자유를 과잉제한하는 것으로 헌법에 위반된다.』

## 다. 간통죄(헌법재판소 2001.10.25. 2000헌바60 결정)

### 1) 합헌결정(다수의견)의 요지

전술한 바와 같이 간통죄는 위헌의 논란이 그치지 않는 형벌이다. 아직까지는 합헌의 결정을 받고 있지만 위에서 논의한 혼인빙자간음죄와 마찬가지로 언젠가는 위헌으로 결정이 날 가능성이 매우 높다. 이 결정에서는 8 대 1로 합헌의 결정이 났으며, 이 결정문은 비교적 읽기 쉽지만 더 빠른 이해를 위해서 전문을 읽기 전 우선 그 요지를 보도록 하자.

A. 간통죄 입법의 연혁

- 세계적으로는 간통죄를 폐지하는 추세이며, 간통죄는 우리 형법 제정 당시부터 논란이 있었던 형벌조항이다.

B. 간통죄 유지의 목적

- 간통죄는 개인의 성적 자기결정권을 침해하지만 공익인 가정질서를 유지하기 위한 목적을 가지고 있다.

C. 간통죄로 인한 기본권 침해의 필요성과 상당성

- 간통죄의 처벌로 인한 기본권 침해는 공익과 사회질서의 유지를 위해 불가피하며, 그 형벌도 과하지는 않으므로 헌법 제37조에 의해 법률로 제한할 수 있다.

D. 평등권의 위반 여부

- 그리고 남녀 모두에게 고소권이 있으므로 평등원칙에도 반한다고 볼 수는 없다.

E. 국민의 법정서

- 그리고 우리의 전통 윤리의식에 비추어 형사적 처벌을 하는 것이 바람직하다.

F. 절충적 결론

- 따라서 국가가 입법권을 행사하여 형벌을 부과하는 것은 위헌이 아니다.
- 하지만 세계적인 추세와 형벌부과의 효과 등을 고려하여 입법적인 차원에서 재검토할 필요는 있다.

**2) 합헌결정의 전문(일부생략)**

- 간통죄에 관한 입법연혁

『간통죄를 비교법적으로 고찰해 보면, 첫째 남녀불평등처벌주의가 있고, 둘째 남녀평등처벌주의가 있으며, 셋째 남녀평등불벌주의가 있다. 먼저 남녀불평등처벌주의에는 예컨대 개정 전 프랑스형법이나 이탈리아의 구형법과 같이 남편과 부인의 간통에 대하여 처벌을 달리하는 경우와, 일본의 1947년 폐지되기 전의 구형법이나 이를 의용한 우리나라 구형법과 같이 부인의 간통만을 처벌한 예가 있다. 다음으로 남녀평등처벌주의로는 우리나라의 현행 형법과 유럽의 오스트리아, 스위스, 그리고 미국의 몇몇 주에서 유지하고 있으며, 마지막으로 남녀평등불벌주의는 간통에 대하여 형사적 제재를 하지 않는 입법례로서 예컨대 덴마아크는 1930년, 스웨덴은 1937년, 일본은 1947년, 독일은 1969년, 프랑스는 1975년에 각 간통죄를 폐지하였다. 또한 미국 모범형법전에서는 간통죄의 폐지를 권고하고 있다.

우리나라의 경우 우리 민족 최초의 법인 고조선의 8조법금(八條法禁)에 간통죄가 존재했을 것으로 보는 견해가 통설이며, 역사기록에 의하더라도 최소한 중앙집권화로 고대국가체제를 이룩한 이후부터는 간통에 대하여 공형벌(公刑罰)로서 처벌하여 왔다. 근대에 이르러 1905. 4. 20. 대한제국 법률 제3호로 공포된 형법대전(刑法大全)에서는 유부녀가 간통한 경우 그와 및 상간자를 6월 이상 2년 이하의 유기징역에 처했고(동법 제265조), 일제시대인 1912. 4. 1. 시행된 제령(制令) 11호 조선형사령으로 의용한 일본의 구형법 제183조에서도 부인(및 그 상간자)의 간통에 대하여 2년 이하의 징역형으로 처벌하였다. 한편 기록에 의하면 대한민국 정부수립 후 처음 형법제정 시 간통죄를 둘 것인지에 대한 국회의 표결 시에 현재와 같이 남녀쌍벌주의와 친고죄로 하는 안이 국회의원 재석원수(110명)의 과반수(56표)에서 한 표가 많은 57표의 찬성으로 통과되었다. 헌법재판소는 간통죄 처벌규정인 형법 제241조에 대하여 1990.

9. 10. 선고한 89헌마82 결정(판례집 2,306)과 1993. 3. 11. 선고한 90헌가70 결정(판례집 5-1, 18)에서 합헌이라고 판단한 바 있다.』

– 형법 제241조 간통죄의 위헌 여부

『우리 형법은 제22장 "성풍속을 해하는 죄"의 장에 간통죄(제241조), 음행매개죄(제242조), 음란물죄(제243,244조), 공연음란죄(제245조)를 규정하여 건전한 성풍속 내지는 사회의 기본적 성윤리를 보호하고 있으며, 간통죄는 대내적으로는 부부 간의 성적 성실의무를, 대외적으로는 개인의 존엄과 양성의 평등에 기초한 합리적 혼인제도(일부일처제) 및 가정질서를 그 보호법익으로 한다.

헌법 제10조에서 보장하는 개인의 인격권에는 개인의 자기운명결정권이 전제되는 것이고 이 자기운명결정권에는 성행위 여부 및 그 상대방을 결정할 수 있는 성적 자기결정권이 포함되어 있으며, 간통행위를 처벌하는 형법 제241조의 규정이 개인의 성적 자기결정권을 제한하는 것은 틀림없다. 그러나 배우자 있는 자가 배우자 아닌 제3자와 성관계를 맺는 것은 선량한 성도덕이나, 일부일처주의의 혼인제도에 반할 뿐더러, 혼인으로 인하여 배우자에게 지고 있는 성적 성실의무를 위반하는 것이 되는 것이다. 그러므로 선량한 성도덕과 일부일처주의 혼인제도의 유지 및 가족생활의 보장을 위하여나 부부 간의 성적 성실의무의 수호를 위하여, 그리고 간통으로 인하여 야기되는 배우자와 가족의 유기, 혼외자녀 문제, 이혼 등 사회적 해악의 사전예방을 위하여 배우자 있는 자의 간통행위를 규제하는 것은 불가피한 것이며, 그러한 행위를 한 자를 2년 이하의 징역에 처할 수 있도록 규정한 형법 제241조의 규정은 성적 자기결정권에 대한 필요 및 최소한의 제한으로서 헌법 제37조 제2항에 위반되지 않는다고 할 것이다.

또 간통죄가 피해자의 인내심이나 복수심의 다과 및 행위자의 경제적 능력에 따라 법률적용의 결과가 달라지고 경제적 강자인 남자에게보다는 경제적 약자인 여자에게 불리하게 작용하는 측면이 있는 점을 무시할 수는 없으나, 이는 개인의 명예와 사생활보호를 위하여 간통죄를 친고죄로 하는데서 오는 부득이한 현상으로서 형법상 다른 친고죄에도 나타날 수 있는 문제이지 특별히 간통죄에만 해당되는 것은 아니며, 배우자 있는 자의 간통행위 규제가 불가피하고 배우자 모두에게 고소권이 인정되어 있는 이상 간통죄의 규정은 헌법 제11조 제1항의 평등원칙에도 반하지 아니한다.

아울러 간통죄의 규정은 선량한 성도덕과 일부일처주의 혼인제도의 유지, 가족생활의 보장 및 부부쌍방의 성적 성실의무의 확보를 위하여, 그리고 간통으로 인하여 생길 수 있는 사회적 해악의 사전예방을 위하여 필요한 법률이어서 "혼인과 가족생활은 개인의 존엄과 양성의 평등을 기초로 성립되고 유지되어야 하며, 국가는 이를 보장한다"라고 한 헌법 제36조 제1항의 규정에 반하는 법률이 아니라 오히려 위 헌법규정에 의하여 국가에게 부과된, 개인의 존엄과 양성의 평등을 기초로 한 혼인과 가족생활의 유지·보장의무 이행에 부합하는 법률이라 할 것이다.

다른 한편 특정의 인간행위에 대하여 그것이 불법이며 범죄라 하여 국가가 형벌권을 행사하여 이를 규제할 것인지, 아니면 단순히 도덕률에 맡길 것인지의 문제는 인간과 인간, 인간과 사회와의 상호관계를 함수로 하여 시간과 공간에 따라 그 결과를 달리할 수밖에 없는 것이고, 결국은 그 사회의 시대적인 상황·사회구성원들의 의식 등에 의하여 결정될 수밖에 없다. 따라서 간통행위에 대하여 민사상의 책임 외에 형사적 제재도 가할 것인지의 여부 및 형사적 제재방법으로서 자유형만을 과할 것인지 또는 자유형과 벌금형을 선택적으로 과할 것인지는, 여자(부인)의 간통과 남자(남편)의 간통을 다르게 처벌하거나 어느 일방의 간통만을 처벌하는 것(남녀불평등처벌주의)이 아닌 한 기본적으로 입법권자의 의지, 즉 입법정책의 문제로서 입법권자의 입법형성의 자유에 속한다고 할 것이다. 물론 간통죄에 대한 오늘날 세계각국의 입법례는 이를 폐지해 가는 것이 그 추세이고, 우리 사회 역시 급속한 개인주의적 성개방적인 사고방식에 따라 성에 관한 우리 국민의 법의식에도 많은 변화가 있었고, 간통죄에 대한 적용과정에 있어서도 이혼위자료의 요구를 관철하기 위한 수단으로 잘못 이용되는 경우도 없지 않았으며, 또한 가족법의 개정(1990.1.13. 법 제4199호 민법 개정)에 따라 이혼을 하게 되는 경우 각 당사자에게 재산분할청구권이 부여되는 한편 자녀에 대한 친권도 남녀 간에 차별없이 평등하게 보장되어 사회적 지위가 상대적으로 열악한 여성의 입장에서도 간통을 굳이 형사처벌의 방법에 의하여 해결하기보다는 민사상의 손해배상·이혼 등의 방법에 의하여 처리하는 것이 보다 합리적이라고 볼 여지가 없지도 않아 간통죄에 대한 규범력이 어느 정도 약화되었음은 이를 부인할 수 없다. 그러나 우리 사회의 구조와 국민의식의 커다란 변화에도 불구하고 우리 사회에서 고유의 정절관념 특히 혼인한 남녀의 정절관념은 위에서 본 바와 같이 전래적 전통윤리로서 여전히 뿌리깊게 자리 잡고 있으며, 일부일처제의 유지와 부부 간의 성에 대한 성실의무는 우리 사회의 도덕기준으로 정립되어 있어서, 간통은 결국 현재의 상황에서는 사회의 질서를 해치고 타인의 권리를 침해하는 경우에 해당한다고 보는 우리의 법의식은 여전히 유효하다고 아니할 수 없다.

그러므로 건전한 성도덕과 일부일처주의 혼인제도의 유지 및 가족생활의 보장을 위하여서나 부부 간의 성적 성실의무의 수호를 위하여, 그리고 간통으로 인하여 야기되는 사회적 해악의 사전예방을 위하여는 배우자 있는 자의 간통행위를 규제하는 것은 불가피하다고 보아, 그러한 행위를 한 자를 2년 이하의 징역에 처할 수 있도록 규정한 형법 제241조의 규정은 위와 같은 우리의 법의식을 바탕으로 한 입법권자의 입법형성의 자유에 속하는 범위 내의 것으로서 헌법에 위반된다고 할 수 없다고 할 것이다.』

– 입법적 재검토의 필요성

『다만 입법자로서는 그동안 꾸준히 제기되고 있는 간통죄폐지론의 논거로 주장되고 있는바, 첫째 기본적으로 개인 간의 윤리적 문제에 속하는 간통죄는 세계적으로 폐지추세에 있으며, 둘째 개인의 사생활 영역에 속하는 내밀한 성적 문제에 법이 개입함은 부적절하고, 셋째 협박이나 위자료를 받기 위한 수단으로 악용되는 경우가 많으며, 넷째 수사나 재판과정에서 대부분 고소가 취소되어 국가 형벌로서의 처단기능이 약화되었을 뿐만 아니라, 다섯째 형사정책적으로 보더라도 형벌의 억지효나 재사회화의 효과는 거의 없고, 여섯째 가정이나 여성보호를 위한 실효성도 의문이라는 점 등과 관련, 우리의 법의식의 흐름과의 면밀한 검토를 통하여 앞으로 간통죄의 폐지 여부에 대한 진지한 접근이 요구된다고 하겠다.』

### 3) 재판관 권성의 위헌의견(반대의견) 요지

A. 간통죄의 연혁

- 간통죄의 연혁을 살피면 간통한 유부녀의 처벌이 목적이었다.

B. 부부관계의 성격

- 부부관계는 민법상의 계약관계로 볼 수 있으므로 민법상 계약위반의 문제일 뿐 형사책임을 지울 문제는 아니다.
- 또한 부부관계는 애정과 신의의 관계이므로 형벌이 그 유지를 강제하는 것은 부적절하다.

C. 처벌의 실질적 죄형법정주의 위반

- 현대의 죄형법정주의는 "법률이 있어도 그 내용이 명확, 적정하지 않거나 처벌이 필수불가결한 것이 아니라면 처벌되지 않는다"는 원칙이다. 간통죄는 이 현대적 죄형법정주의에 반한다.

D. 여성의 사회적 지위의 변화

- 간통죄에 대한 형사처벌의 출발은 남편의 과도한 사적인 응징을 국가가 방지하기 위한 것이었고 유부녀의 일탈을 막는 효과를 목적으로 한 것이다.
- 하지만 이제는 이혼한 여성이 독립된 생활을 영위할 수 있을 정도로 여성의 사회 경제적 지위가 상승했다.

E. 결론

- 그럼에도 불구하고 형벌조항으로 개인의 성적자기결정

권을 억압하여 성적 구속을 강제하는 것은 국민의 기본 권을 과도하게 침해하여 인간의 존엄성을 무시하는 것이다.

#### 4) 재판관 권성의 위헌의견(반대의견) 전문

- 간통죄의 기원

『간통죄의 처벌은 원래가 유부녀를 대상으로 한 것이고 유부남을 대상으로 한 것은 아니었다. 간통한 유부녀만을 처벌하는 것은 남녀평등의 원칙에 어긋난다는 비판을 피하는 하나의 방편으로 근래에 와서 유부남의 처벌이 추가된 것일 뿐이다. 그러므로 간통죄의 핵심은 유부녀의 간통에 대한 처벌에 있고 따라서 그 위헌 여부의 논의도 유부녀의 간통을 대상으로 하여야 하고 또 그로써 충분하다.

간통죄는 일부일처제(一夫一妻制)를 전제로 하는 것인데 인류학의 관점에서 보면 일부일처제(一夫一妻制)가 아니라 오히려 일처일부제(一妻一夫制)라고 부르는 것이 더 적합할 것이다. 왜냐하면 인간사회가 남성중심의 부계혈통주의(父系血統主義)로 발전하면서 부계혈통(父系血統)의 진정성(眞正性)을 확보하기 위하여 채택된 것이 일처일부제(一妻一夫制)이기 때문이다.』

- 부부관계의 특징과 처벌의 정당성

『이러한 전제 위에서 부부관계를 분석하여 보면 부부관계의 형이하적 하부구조(形而下的 下部構造)는 계약관계(契約關係)이고 그 형이상적 상부구조(形而上的 上部構造)는 애정(愛情)과 신의(信義)의 관계라고 이해된다.

첫째로 부부관계는, 남편은 아내와 그 자식에게 식량과 주거 그리고 외부로부터의 위험에 대한 보호를 제공하고 아내는 그 대신 남편에 대한 관계에서 정절을 지키고 그에 따라 남편의 혈통을 가진 진정한 후손을 낳아주는 대가관계(對價關係)를 내용으로 하는 민법상의 계약관계라고 볼 수 있다.

유부녀의 간통은 이러한 계약에 따른 성적 성실의무를 위반하는 계약위반의 행위이다. 따라서 계약위반에 대한 책임의 추궁 내지 제재는 계약법의 일반원리에 따라 계약의 해소와 손해배상으로 그쳐야 하고 형벌을 포함하여서는 아니된다. 그렇다면 간통에 대한 제재는 부부관계의 해제, 즉 이혼에 의한 가정에서의 추방과 부양의 종결 그리고 위자료의 징구로 끝나야 한다.

둘째로 부부관계는, 애정과 신의의 관계이므로 유부녀의 간통은 특별한 사정이 없는 이상 애정의 종결과 배신을 의미한다. 애정은 마음의 문제이고 신의는 정신의 문제이므로 형벌로 그 생성과 유지를 강요해봐야 아무 소용이 없다. 재산상의 손해를 수반하지 않는 사인간(私人間)의 배신을 근대 형법이 원칙적으로 처벌하지 않는 것도 바로 이런 까닭이다.

결국 유부녀의 간통은 윤리적 비난과 도덕적 회오(悔悟)의 대상이지 형사처벌의 문제는 아니다. 바꾸어 말하면 국가가 개입하여 형벌로 다스려야 할 일, 즉 범죄가 아닌 것이다. 성관계는 원래 가장 사사롭고 내밀한 영역이므로 그 성실의무는 결코 물리적으로 강제될 수 없으며 국가가 감시하고 형벌로 조련시킬 대상도 아닌 것이다.

그렇다면 간통죄는 범죄의 당벌성(當罰性, Strafwürdigkeit)이 없는 것을 법률이 범죄로 규정하여 처벌하는 것이 되고 이것은 실질적 죄형법정주의에 위배되므로 위헌의 문제를 일으킨다. 현대의 죄형법정주의는 “법률이 있어도 그 내용이 명확, 적정하지 않거나 처벌이 필수불가결한 것이 아니라면 처벌되지 않는다"고 하여 법의 형식에 의한 보장을 넘어 그 내용의 정당성까지 확보될 것을 요청하고 있기 때문이다.』

– 간통죄 처벌의 필요성

『그러면 왜 간통에 대한 형사처벌이 생겼고 그것이 아직도 존재하는 것인가.

남편의 과도한 사적 응징(lynch)이 가져오는 폐단을 방지하기 위하여 남성지배사회의 공권력이 대신 그 응징을 떠맡은 것이 형사처벌의 출발이었으므로 이는 결국 공적(公的) 보복 내지 공개적(公開的)인 보복이었던 것이고, 이러한 공개적 보복으로서의 처벌은 유부녀의 일탈(逸脫)을 막는 일반예방적(一般豫防的) 효과에 대한 기대감에서 아직도 존재하는 것이다.

이혼한 여성이 독립하여 생계를 펴나갈 수 있는 충분한 경제적 능력이 괄목상대의 정도로 신장되고 있는 오늘의 우리 사회에서는 남편의 부양과 보호로부터 아내가 배제된다고 하는 것의 일반예방적 효과는 점차 미미해져 가고 있으므로 형사처벌에 의한 일반예방의 효과에 거는 기대는 오히려 그만큼 커졌다고 볼 여지도 있지만 그 효과의 실증은 기대하기 어렵다.

여기서 다시 본질의 문제로 돌아가서 본다면 간통죄의 형사처벌은 범죄로 규정할 당벌성이 없는 비행(非行)을 범죄로 만들어 공개적으로 재판함으로써 마치 주홍(朱紅)글씨를 새기듯이 수형자(受刑者)의 자존심을 철저하게 짓밟는다는 데 그 문제가 있는바, 인간의 자존심은 인간존엄성의 핵심을 이루는 것으로서 불가침의 것이므로 다소의 일반예방적 효과를 거두기 위하여 이것을 짓밟는 것은 인간의 존엄성을 침해하여 위헌이 된다고 하지 않을 수 없다. "사람은 죽일 수는 있어도 모욕을 주어서는 안된다"는 옛말이 상징하는 상황과 유사한 정황인 것이다. 만일 아무도 모르게 미지의 곳에서 행형(行刑)을 하고 가족과 관계기관이 철저히 묵비함으로써 간통사실과 그로 인하여 처벌받는 사실이 비밀에 붙여짐으로써 수형자의 자존심이 어느 정도 지켜질 수 있다면 문제는 다를 것이다. 그렇지만 그러한 행형제도가 존재하지 않고 그렇게 보안을 유지하는 것이 불가능하므로 이러한 논의는 소용이 없다.

헌법 제10조는 인간의 존엄과 가치가 개인이 가지는 불가침의 기본적 인권임을 확인하고 있다. 이 기본적 인권의 기초는 수단이 아닌 목적적 존재로서의 인간이 갖는 자기결정권이며, 공동사회의 존립을 위하여 그 자유에 제약이 이루어지더라도 언제나 인격의 자주성 그 자체만은 보유되지 않으면 아니된다. 그런데 간통에 대한 형사처벌은, 이미 애정과 신의가 깨어진 상대 배우자만을 사랑하도록 국가가 강제하는 것이 되는데 이것은 그 당사자의 인격적 자주성, 즉 성적 자기결정권을 박탈하여 성(性)적인 예속을 강제하는 것이므로 인간의 존엄성을 침해한다.』

– 결론

『간음한 여자를 공개된 장소에서 돌로 치라고 했다는 율법에 대하여 "너희 중에 죄 없는 자가 먼저 돌로 치라" 하여 반대한 것은 이 문제가 절도죄 같은 것에 대한 처벌과 같은 차원의 문제가 원래 아니라는 것을 상징적으로 드러낸다. 간통죄를 형사처벌로 다스리는 것은 인간의 존엄성을 보장하도록 한 헌법 제10조를 위반한 것이라고 생각한다.』

### 5) 정리

정리하면 합헌 주장이나 위헌 주장 모두 간통죄를 처벌하는 것이 헌법 제10조에서 도출되는 개인의 성적 자기결정권을 침해한다는 것은 인정하고 있다. 그리고 합헌 주장에서도 세계적인 추세가 간통죄는 폐지하는 방향이라는 점을 들고 있으며, 위헌 주장에서는 간통죄의 기원을 들면서 형벌 부과의 불합리성을 주장하고 있다.

차이점을 살펴보면, 합헌 주장에서의 논리는 우리의 전통윤리, 국민의 법감정과 가정질서의 유지라는 공익이 개인의 성적 자기결정권을 법률로 제한하여 발생하는 피해보다 중요하므로 국가의 형벌에 대한 입법재량이 인정되어 위헌이 아니라는 것이다. 하지만 위헌 주장은 부부관계는 민사상의 문제인 점, 간통죄의 기원이 남편의 과도한 사적 응징으로부터 여성을 보호하기 위한 목적이었던 점, 현재 우리 사회의 여성의 경제적, 사회적 지위가 상당히 신장된 점을 들어 간통죄를 위헌으로 판단하고 있다.

다수의견인 합헌의견도 간통죄를 전혀 문제가 없다고 보지는 않고 있으며, 그 결론에서 입법적으로 재검토할 필요성은 있다고 인정하면서, 위헌 주장의 상당부분을 인정하고 있다. 이 간통죄 역시 계속해서 헌법 소송이 제기될 것이며, 재판관들의 생각이 보호하고자 하는 공익이 실효성이 없다고 판단되는 시기가 온다면 간통죄에 대한 형벌은 폐지될 것이다.

생각을 조금 확장하여 형법에서 간통죄를 처벌하지 않는다면 책임이 있는 배우자는 완벽한 면책을 받게 되는가를 논의해 보자. 물론 형벌은 피하게 되므로 구속된다거나 전과자가 되지는 않을 것이다. 하지만 민법상의 책임은 피할 수 없다. 현행 민법으로는 우선 이혼의 청구사유가 성립된다.[25] 이혼을 하게 되면 배우자에게 재산분할 청구권을 행사할 수 있다.[26] 보통 10년 이상 생활을 같이 한 배우자에 대해서는 재산의 절반 정도까지도 재산분할청구가 인정될 수 있다. 거기에 유책배우자에 대한 위자료 청구[27]를 할 수 있으며, 자녀의 양육비에 대한 청구까지 할 수 있다. 한마디로 유책한 배우자는 급격히 경제사정이 나빠지게 되는 것이다. 개인 간의 사랑 문제에 있어서 속된 말로 반드시 국가가 콩밥을 먹이고 낙인을 찍어야 하는가? 이 정도의 민사적 징벌이면 충분하지 않은가 하는 것이 위헌의견의 주장인 것이다. 반면 합헌의견의 주장은 그래도 가족의 유지라는 공익이 더 중요하다고 보았으며 이 주장도 다수의견일 정도로 상당한 타당성을 가지고 있다. 하지만 간통죄의 처벌이 무서워서 우리의 가족질서가 더 잘 유지된다는 증거를 찾기는 어렵다. 또한 그 가족 질서는 사랑과 믿음에 의한 가족질서라고 보기도 어렵지 않은가?

---

25) 민법 제840조【재판상 이혼원인】 부부의 일방은 다음 각 호의 사유가 있는 경우에는 가정법원에 이혼을 청구할 수 있다. 〈개정 1990.1.13〉
1. 배우자에 부정한 행위가 있었을 때

26) 민법 제843조【준용규정】 제806조, 제837조, 제837조의2 및 제839조의2의 규정은 재판상 이혼의 경우에 준용한다.
민법 제839조의2 【재산분할청구권】 ① 협의상 이혼한 자의 일방은 다른 일방에 대하여 재산분할을 청구할 수 있다.

27) 민법 제843조에 의해 제806조가 준용된다.
제806조【약혼해제와 손해배상청구권】 ① 약혼을 해제한 때에는 당사자일방은 과실 있는 상대방에 대하여 이로 인한 손해의 배상을 청구할 수 있다.
② 전항의 경우에는 재산상 손해 외에 정신상 고통에 대하여도 손해배상의 책임이 있다.
③ 정신상 고통에 대한 배상청구권은 양도 또는 승계하지 못한다. 그러나 당사자간에 이미 그 배상에 관한 계약이 성립되거나 소를 제기한 후에는 그러하지 아니하다.

### 라. 성 범죄자에 대한 신상공개(헌법재판소 2003.6.26. 2002헌가14 결정)

이 결정은 위헌의견 5인, 합헌의견 4인으로 나뉜 결정으로 신상공개가 처벌인지, 아닌지가 제일 큰 관건이 된 사건이다. 신상공개 명령을 처벌로 본다면 헌법 제13조에 규정된 이중처벌금지 원칙에 위배되어 위헌이 될 것이고, 처벌이 아니라고 본다면 기본권의 제한의 필요성과 상당성을 따지게 되는 것이다. 그리고 이 결정은 위헌이라는 다수 재판관들의 의견이 종합된 의견이므로 논리구성이 기술적인 부분이 많고 복잡하여 전문적인 법 교육을 받지 않은 독자가 그 전문을 다 이해할 필요는 없다. 따라서 쟁점이 되는 이중처벌인가의 여부와 평등권을 다룬 일부분들만 소개하기로 한다.

#### 1) 합헌의견(소수의견)의 요지

– 형벌인지에 대하여

『이 사건에서는 동 조항상의 신상공개제도가 이중처벌금지의 원칙에 위배되는 것은 아닌지, 인격권 등을 과잉 제한하는 것은 아닌지, 평등원칙에 위배되는 것이 아닌지 등이 문제된다.

헌법 제13조 제1항은 "모든 국민은 … 동일한 범죄에 대하여 거듭 처벌받지 아니한다"고 하여 '이중처벌금지의 원칙'을 규정하고 있다. 이 원칙은 한번 판결이 확정되면 동일한 사건에 대해서는 다시 심판할 수 없다는 '일사부재리의 원칙'이 국가형벌권의 기속원리로 헌법상 선언된 것으로서, 동일한 범죄행위에 대하여 국가가 형벌권을 거듭 행사할 수 없도록 함으로써 국민의 기본권 특히 신체의 자유를 보장하기 위한 것이다. 그런데 헌법 제13조 제1항에서 말하는 '처벌'은 원칙적으로 범죄에 대한 국가의 형벌권 실행으로서의 과벌을 의미하는 것이고, 국가가 행하는 일체의 제재나 불이익처분을 모두 그 '처벌'에 포함시킬 수는 없는 것이다.

신상공개제도는 형의 종류를 정하고 있는 형법 제41조[28]에 해당되지 않으나, 해당 범죄자에게 확정된 유죄판결 외에 추가적으로 수치감과 불명예 등의 불이익을 주게 되는데, 이러한 불이익이 실질적으로 수치형이나 명예형에 해당되는지 여부를 살펴봄에 있어서는 신상공개제도의 입법목적, 공개되는 내용과 유죄판결의 관계 등이 고려되어야 할 것이다.

법 제20조 제1항[29]은 "청소년의 성을 사는 행위 등의 범죄방지를 위한 계도"가 신상공개제도의 주된 목적임을 명시하고 있는바, 이 제도는 유사한 범죄예방을 위한 하나의 방법으로 도입된 것이며, 이로써 당사자에게는 일종의 수치심과 불명예를 줄 수 있지만 이는 어디까지나 신상공개제도가 추구하는 입법목적에 부수적인 것이지, 주된 것은 아니라고 볼 것이다. 실제로 지금까지 행해진 신상공개의 실상을 보면, 이는 대국민 범죄방지의 계도를 위하여 개인에 대한 부분적인 자료를 공개한 것으로서, 일종의 사례공개를 하는 정도에 불과한 것이었다.

28) **형법 제41조【형의 종류】** 형의 종류는 다음과 같다.
1. 사형
2. 징역
3. 금고
4. 자격상실
5. 자격정지
6. 벌금
7. 구류
8. 과료
9. 몰수

29) **청소년의성보호에관한법률 제20조【범죄방지 계도】** ① 청소년보호위원회는 청소년의 성을 사는 행위 등의 범죄방지를 위한 계도문을 년 2회 이상 작성하여 관보게재를 포함한 대통령령이 정하는 방법으로 전국에 걸쳐 게시 또는 배포하여야 한다.

신상공개제도에서 공개되는 신상과 범죄 사실은 헌법 제109조 본문에 의해 이미 공개된 재판에서 확정된 유죄판결의 내용의 일부이며 달리 개인의 신상 내지 사생활에 관한 새로운 내용이 아니고, 위에서 본 바와 같이 공익적 목적을 위하여 이를 공개하는 과정에서 부수적으로 수치심 등이 발생된다고 하여 이것을 기존의 유죄판결 상의 형벌 외에 또 다른 형벌로서 '수치형'이나 '명예형'에 해당한다고 볼 수는 없다.

통상 어떤 행위를 범죄로 규정하고, 이에 대하여 어떠한 형벌을 과할 것인가 하는 문제는 우리의 역사와 문화, 입법 당시의 시대적 상황과 국민일반의 가치관 내지 법감정, 범죄의 실태와 죄질 및 보호법익 그리고 범죄예방효과 등을 종합적으로 고려하여 입법자에게 입법재량 내지 형성의 자유가 인정되는 것으로, 입법자에게는 특정 사회적 현상에 대처하기 위해 범죄예방 조치를 택할 수 있는 입법형성의 자유가 허용된다고 볼 것이고, 신상공개제도는 후술하듯이 인권을 침해하는 위헌적인 제도로 파악되기 어려운 이상, 비록 범죄자의 수치심과 불명예를 수반한다고 하더라도 입법자가 19세 미만의 청소년의 성매수 범죄와 같은 새로운 형태의 반사회적인 범죄에 대처하기 위하여 선택할 수 있는 입법형성의 범위 내에 속하는 것이라고 보아야 할 것이다.

이상의 이유에서, 신상공개제도는 범죄에 대한 국가의 형벌권 실행으로서의 과벌에 해당한다고 단정할 수 없으므로 헌법 제13조의 이중처벌금지 원칙에 위배되지 않는다.

참고로, 미국 연방대법원은 알래스카주의 메간법이 성범죄자로 하여금 이미 유죄확정되어 대중에게 개방된 판결자료 중 자신의 신상과 유죄판결에 관한 사항에 관하여 관할 당국에 등록하도록 하고(위반시 형사처벌), 그 자료를 당국이 인터넷에 공개한다고 되어 있어도 이를 수치형이나 명예형으로 볼 수는 없다고 판단한 바 있다.』

– 평등권침해에 대하여

『신상공개의 대상이 되는 성범죄보다 불법성이 더 크다고도 할 수 있는 청소년 대상 일반 범죄들, 예컨대 미성년자 살해행위, 미성년자 약취유인행위 등의 범죄자의 신상은 공개하지 않고, 법상의 청소년 대상 성범죄 가운데에서도 청소년 성매수의 장소제공 또는 알선한 자 등 일련의 행위의 범죄자의 신상은 공개되지 않는다는 점에서 평등원칙 위배여부가 문제된다.

신상공개가 되는 청소년 대상 성범죄를 규정한 법률조항의 의미와 목적은 성인이 대가관계를 이용하여 청소년의 성을 매수하는 등의 행위로 인하여 야기되는 피해로부터 청소년을 보호하려는 데 있는 것이고, 이에 비추어 볼 때 청소년 대상 성범죄와 그 밖의 일반 범죄는 서로 비교집단을 이루는 '본질적으로 동일한 것'이라고 단언하기는 어려우며, 나아가 그러한 구분기준이 특별히 자의적이라고 볼 만한 사정이 없다.

또한 청소년 대상 성범죄자 가운데 청소년에게 성매수 행위의 상대방이 되도록 유인·권유한 자(법 제6조 제4항), 영업으로 청소년 성매수 행위를 하도록 유인・권유 또는 강요한 자(법 제7조 제2항 제1호), 청소년 성매수 행위의 장소를 제공하거나 또는 성매수 행위를 알선을 한 자(법 제7조 제2항 제2호, 제3호) 등, 공개대상에서 제외되는 경우는 그 행위의 대상이나 형태에 있어서 청소년 성매수 행위의 공범적 성격의 것들로서 행위불법성의 차이 등을 고려한 것으로 보이므로, 청소년 대상 성범죄자 중 일부 범죄자의 신상이 공개되지 않는다 하더라도 그러한 차별입법이 자의적인 것이라거나 합리성이 없는 것이라고 단정하기 어렵다.

신상공개제도로 인하여 기본권 제한상의 차별을 초래하나, 기본권의 제한의 여지는 앞서 본 바와 같이 일반인에 대해서보다 성매수자에 대해서는 상대적으로 더 큰 것이고, 공개되는 대상이 이미 형사재판에서 드러난 것이며, 다른 범죄행위에 대하여 특별히 아동 성매매 행위자에 대해서만 불이익을 주려는 의도로 입법된 것이 아니고, 여기서의 차별은 그러한 범죄를 예방할 계도적 조치를 입법하는 과정에서 발생한 부수적, 간접적인 차별에 해당되는 것이다.

따라서 법 제20조 제2항의 신상공개제도가 가져오는 차별은 그 입법목적과 이를 달성하려는 수단 간에 비례성을 벗어난 차별이라고 보기 어렵고, 달리 이것이 헌법 제11조 제1항의 평등원칙을 위배하거나 평등권을 침해한 것이라고 볼 수 없다.』

### 2) 위헌의견(다수의견)의 요지

– 형벌인지에 대하여

『우리 헌법 제10조는 모든 국민은 인간으로서의 존엄과 가치를 가지며 행복을 추구할 권리가 있음을 천명하면서, 국가는 개인이 가지는 불가침의 기본적 인권을 확인하고 이를 보장할 의무가 있음을 강조하고 있다. 따라서 인간은 누구나 각자의 자유의지에 따라 스스로 운명을 개척하고 자신의 인격을 자유롭게 발현하여 행복을 추구해 갈 수 있다. 그리고 이러한 권리는 타고난 용모나 재능, 학력, 빈부, 성별 등을 가리지 않으며, 심지어 범죄인에게까지도 한 인간으로서 가지는 기본적인 존엄과 가치는 존중되고 보장되어야 하는 것이다. 이것이야말로 우리 헌법이 추구하는 최고의 가치이자 지향하는 기초적 이념이라고 할 수 있다. (중략) 그러나 이 사건 신상공개제도는 본인이 밝히기를 꺼리는 치부를 세상에 공개하여 위와 같은 사회적 인격상에 관한 자기결정권을 현저하게 제한함으로써 범죄인의 인격권에 중대한 훼손을 초래한다고 볼 것이다.

한편, 신상공개는 이미 형사 처벌된 범죄행위 외에 추가적으로 요구하는 대상자의 행위요건이 없어, 동일한 범죄행위에 대하여 거듭 제재를 가하는 경우에 해당한다. 게다가, 일반적인 행정제재의 경우와는 달리 행정상 의무이행 확보를 목적으로 하는 것이 아니라 범죄방지 그 자체를 직접적인 목적으로 하며, 그것도 계도나 정보제공보다는 주로 징벌 및 위하의 효과를 통해 그러한 목적을 추구하는 점에서 그 목적과 기능이 형벌과 상당히 중복된다.

그러나 형사처벌 후에 신상공개까지 한다고 해서 과연 얼마나 더 범죄억지의 효과를 거둘 수 있을지는 미지수다. 신상공개는 일반예방이나 특별예방의 효과가 거의 없고 오히려 당해 범죄인으로 하여금 더욱 파괴적인 행위로 나아가게 할 우려가 있다는 범죄심리학적 분석도 있거니와, 실제로 법 시행 후 지금까지 4회에 걸쳐 신상공개가 실시되었지만 성범죄율이 감소하는 징후는 아직 포착되고 있지 아니하다. 그리고 지난 제4회 신상공개에서는 제2회 및 제3회 신상공개 당시 명단에 들었던 4명이 다시 공개대상이 되는 일이 발생하였는바, 이 역시 현행 신상공개제도의 범죄억지 효과가 매우 회의적임을 여실히 보여주고 있다.

무릇 형벌은 개인의 자유와 안전에 대한 중대한 침해를 가져오는 탓에 국가적 제재의 최후수단(ultima ratio)으로 평가된다. 그런데 이미 그러한 형벌까지 부과된 마당에, 형벌과 다른 목적이나 기능을 가지는 것도 아니면서, 형벌보다 더 가혹할 수도 있는 신상공개를 하도록 한 것은 국가공권력의 지나친 남용이다. 더구나, 신상공개로 인해 공개대상자의 기본적 권리가 심대하게 훼손되는 데에 비해 그 범죄억지의 효과가 너무도 미미하거나 불확실한바, 이러한 점에서도 법익의 균형성을 현저히 잃고 있다고 판단된다.

신상공개제도를 옹호하는 입장에서는 최근 미국 연방대법원이 소위 메간법(Megan's Law)[30]에 대해 합헌판결[31]을 한 것에 주목할 필요가 있다고 주장한다. 그러나 메간법은 그 구체적인 입법방향이나 내용에 있어서 우리의 신상공개제도와 현격한 차이가 있을 뿐만 아니라,[32] 미국 연방대법원의 판결은 사후입법처벌금지조항(Ex Post Facto Clause)과 절차적 적법절차원칙(Procedural Due Process)의 위반 여부만 쟁점으로 다루었기 때문에,[33] 우리의 신상공개제도가 과잉금지원칙이나 평등원칙에

30) 메간법이란 1994년 미국의 뉴저지(New Jersey)주에서 메간 칸카(Megan Kanka)라는 일곱 살 난 소녀가 2번의 성범죄 전과가 있는 한 이웃 남자에 의해 성폭행 후 살해된 사건을 계기로 제정된 '성범죄자 등록 및 통지에 관한 법률(Sex Offender Registration and Notification Law)'이 효시가 된 것으로, 각 주마다 내용상 다소 차이가 있으나, 주로 '성범죄자의 등록제도'와 우리의 신상공개제도에 해당하는 '지역사회에의 통지제도'를 골자로 하여 만들어진 일련의 법률들을 가리킨다.
그런데 그 중 알래스카(Alaska)주의 메간법과 코네티컷(Connecticut)주의 메간법이 지난 미국 연방대법원 판결의 심판대상이 되었다.

31) Smith v. Doe, 123 S.Ct. 1140; Connecticut Dept. of Public Safety v. Doe, 123 S.Ct. 1160

32) 미국의 메간법의 경우, 출소한 성범죄자를 계속해서 추적하기 위한 '등록제도'가 우선적인 것이고, '지역사회에의 통지'는 부차적이다. 그리고 등록의무자에게 매년 또는 90일마다 정기적으로 등록정보를 갱신할 의무를 부과하는 등 최신의 정보를 확보하기 위한 제도적 장치를 마련하고 있으며, 등록기간은 최단 5년, 최장 평생동안으로서 상당히 장기간이다. 한편, 지역사회에의 통지제도는 잠재적 피해자들에게 성범죄자의 출소사실을 통지하여 그를 경계하게 하는 데 초점이 있다. 그리하여 등록 및 통지는 성범죄자의 출소시점을 기준으로 이루어지며, 사진・주소 등 자세한 신상정보가 제공된다.
반면에, 우리나라는 성범죄자의 등록제도를 두고 있지 않은바, 그로 인해 신상공개가 일회성의 행사로 그칠 공산이 크다. 또한, 정보의 구체성・최신성이 떨어지고, 공개기간도 최장 6개월로 한정되며, 공개시점도 확정판결시가 기준이 되고 있어, 잠재적 피해자의 보호보다는 징벌이나 위하에 더 초점이 맞춰져 있다.

위배되는지 등과 관련해서는 전혀 참고가 되지 못한다.

이에 반하여, 영국의 소위 사라법(Sarah's Law)의 제정 사례는 공공의 안전과 범죄인의 인격권이 어떻게 조정되어야 하는지에 대한 하나의 본보기가 될 수 있다. 즉, 1997년에 영국 의회가 통과시킨 성범죄자법(Sex Offender Act of 1997)은 일반적인 통지제도는 규정하지 않고, 그 대신 경찰이 예외적인 경우 그 지역에 거주하는 아동 성범죄자에 관한 정보를 학교나 기타 특정인에게 통지할 수 있도록 하는 규정만 두고 있었다. 그리고 이에 관한 영국 내무부의 실무지침에 의하면, 경찰은 사안별로 범죄의 위험성을 구체적으로 판단하여 단지 예외적으로만 정보를 공개할 수 있을 뿐이었다. 그런데 2000년 7월에 사라 패인(Sarah Payne)이라는 여덟 살 난 소녀가 실종 16일만에 성폭행 후 살해된 채로 발견되는 사건이 발생하였고, 이에 영국의 시민들은 의회에 더욱 엄중한 조치를 마련할 것을 부르짖으며 메간법과 같은 일반적인 통지제도를 도입하라고 촉구하였다. 그러나 들끓는 여론에도 불구하고 영국 의회는 2000년 말에 성범죄자법에 대한 개정안을 통과시키면서 끝내 일반적인 통지제도는 도입하지 않았다. '사라법'이라고 이름 붙여진 동

33) 알래스카주의 메간법에 관하여, 미국 연방대법원은 대법관 9인 중 6인의 다수의견으로, 동법이 그 제정 전에 성범죄를 저지른 자에 대해서까지 적용되더라도 사후입법처벌금지조항에 위배되지 않는다고 판결하였다. 그 주요 논거를 요약하면, 동법의 입법자는 공중의 안전을 보호하기 위한 민사적 제재(civil sanction)를 만들려고 한 것이지 형사적 제재(criminal sanction)를 만들려는 의도는 없었던 것으로 보이고, 나아가 동법에 의한 등록 및 정보공개가 위와 같은 비처벌적 목적에 합리적으로 연관되어 있다고 인정되는 점 등에 비추어 볼 때, 그 효과가 위와 같은 비처벌적 입법의도를 무시해도 좋을 만큼 명백히 처벌적이라고 단정할 수 없으므로, 동법에 의한 규제수단을 형벌로 볼 수 없다는 것이다.
한편, 코네티컷주의 메간법에 관하여 미국 연방대법원은, 동법이 성범죄자에 대한 이전의 '유죄확정판결' 그 자체만을 요건으로 하고 있지 '현재의 위험성'을 요건으로 하고 있지 않다는 점을 들어, 성범죄자에게 그들이 과연 현재 위험한지 여부를 판단하기 위한 사전 청문의 기회를 제공하지 않는다고 하더라도 절차적 적법절차원칙에 위배되지 않는다고 하였다.

개정법은 그 대신 단지 지역별 성범죄자들의 숫자만 일반인들에게 공개할 수 있도록 하였다. 이는 한편으로는 성범죄자가 신상공개로 인해 사회적 박해를 당할 위험에 노출되는 것을 피하면서, 다른 한편으로는 일반대중에게 그 지역에 성범죄의 위험이 있음을 주의시키기 위함이었다. 즉, 영국 의회는 일반적인 통지제도에 대한 반성적 고찰 끝에 유권자들의 목소리에 쉽게 쏠리지 않고 아동의 보호에 관한 이익과 성범죄자의 정상적인 사회복귀에 관한 이익을 나름대로 조화롭게 절충하고자 했던 것이다.

이러한 영국의 입법례는, 우리의 신상공개제도가 범죄의 위험성을 개별·구체적으로 평가함이 없이 단지 국민의 도덕성을 회복하고 경각심을 제고한다는 막연한 명분을 내세워 획일적으로 전국에 걸친 일반적인 공개를 함으로써 범죄인의 인격권 및 정상적인 사회복귀를 소홀히 취급하고 있는 것과는 뚜렷한 대조를 이루는 점에서 우리에게 시사하는 바가 크다고 할 것이다.

청소년 성매수행위는 자라나는 청소년들의 심신을 병들게 하고 일생에 돌이킬 수 없는 후유증을 남기는 부당한 성적 착취행위일 뿐 아니라, 국가 전체적인 차원에서도 성윤리를 파괴하고 국가의 장래를 어둡게 만드는 범죄라는 점은 누구도 부정할 수 없다. 그러나 그렇다고 해서 청소년 성매수자에 대한 어떠한 기본권 제한도 다 정당화될 수 있는 것은 아니다.

현행 신상공개제도는 청소년 성매매의 심각성을 인식시키기 위한 순수한 계도의 목적을 벗어난 것이고, 공개대상자의 선정기준이나 공개시점·기간·범위 등에 비추어 보건대 대상자의 구체적 재범위험성에 대처하기 위한 수단도 아니며, 단지 한 개인의 치부를 국가가 직접 적극적으로 일반대중에게 폭로하는 극히 비정상적이고 선정적인 방법을 동원함으로써 징벌 및 위하의 효과를 극대화하는 데에만 주된 초점을 맞추고 있다.

그러나 현행 신상공개제도가 실제로 범죄의 억지나 예방에 실효성이 있다는 증거는 어디에서도 찾아보기 어렵다. 반면에, 신상공개는 이미 형사처벌을 받아 응분의 죄값을 치른 자를 대상으로 또 다시 '사회적 사형선고'를 하는 것과 같은 폐해를 가져온다. 이는 국가공권력에 허용되는 최후수단의 한계를 넘어서는 것일 뿐만 아니라, 그 내용에 있어 오늘날 문명국가에서는 용납되기 힘들 정도의 잔인함과 가혹함이 있다.

이러한 견지에서 청소년 성매수자에 대한 신상공개는 그 구체적 입법목적의 정당성이나 수단의 적합성, 피해의 최소성, 법익의 균형성 등의 요건을 충족하였다고 인정하기 어려우므로 대상자의 인격권을 과도하게 침해하고 있다고 할 것이다.』

– 평등권침해에 대하여

『법 제20조 제2항 제1호는 범죄방지를 이유로 청소년 성매수자의 사회적 인격상에 관한 자기결정권을 제한한다. 그런데 일반 범죄자 및 일부 청소년 대상 성범죄자(이하 '일반범죄자등'이라 한다)에 대해서는 신상공개를 통한 위와 같은 제한을 허용하고 있지 않다. 그러나 범죄방지의 필요성은 일반범죄자등의 경우에도 마찬가지로 인정된다. 그러므로 양자를 차별하는 것이 과연 정당화될 수 있는지는 헌법상 해명의 필요가 있다.

이 사건의 경우를 살펴보면, 다음과 같은 점에서 과연 차별의 합리적 이유가 존재하는지부터 의문스러운 면이 있다.

우선, 청소년 성매수죄가 신상공개가 되지 않는 다른 범죄들보다 죄질이나 법정형이 반드시 더 무거운 것도 아니다. 그 예로, 미성년자에 대한 살인이나 인질강도죄는 신상공개는 되지 아니하나, 그 죄질이나 법정형은 오히려 청소년 성매수죄보다 훨씬 더 무겁다.

다음으로, 청소년 성매수죄는 성매매에 관해 상대 청소년의 동의가 있을 것을 요건으로 하는 점에서 폭력성이나 불특정인이 불의의 피해자가 될 위험성이 거의 없다. 그리고 예컨대 상습폭행이나 상습강・절도와 같이 재범의 위험성이 보다 더 높은 범죄들도 신상공개까지 되는 것은 아니라는 점에 비추어 보면, 청소년 성매수자에 대해 신상공개를 하는 것이 재범의 위험성 때문이라고 보기도 어렵다.

마지막으로, '청소년의 성 보호'라는 보호법익의 특수성이 신상공개 여부를 나누는 결정적인 기준이 되고 있다고 할 수도 없다. 왜냐하면, 청소년에게 성매수행위의 상대방이 되도록 유인・권유한 자(법 제6조 제4항), 영업으로 청소년 성매수행위를 하도록 유인・권유 또는 강요한 자(법 제7조 제2항 제1호), 청소년 성매수행위의 장소를 제공하거나 청소년 성매수행위를 알선한 자(법 제7조 제2항 제2호, 제3호) 등은 모두 청소년 성매매를 유발・조장하는 범죄자들로서, 청소년 성매수자보다 더 무거운 법정형이 예정되어 있는 점에서 위 보호법익을 더 중대하게 침해하는 것으로 평가될 수 있음에도, 신상공개는 되지 않기 때문이다.

그렇다면 결국 일반범죄자 등과 청소년 성매수자를 차별할 만한 다른 합리적 이유는 찾기 어렵고, 다만 성인 남성들에게 청소년 성매수행위를 하지 말라는 강력한 경고의 메시지를 전하려는 입법의도만 유일한 차별근거가 아닌가 생각된다.

그러나 이러한 입법의도가 청소년 성매수자에 대한 신상공개를 정당화할 만큼의 성질이나 비중을 가지고 있지 않음은 이미 앞에서 인격권의 침해 여부를 논하면서 살펴본 바와 같다. 즉, 신상공개는 인간존엄성을 보장하는 헌법정신에 위배되는 측면이 아주 강할 뿐만 아니라, 이미 한번 형사처벌을 받은 자의 정상적인 사회복귀를 지나치게 가로막는 등의 부작용이 큰 반면, 범죄의 억지나 예방에는 그다지 실효성이 없는 제도로서, 위와 같은 입법의도를 실현하기 위한 수단으로서는 너무나 과도하다고 아니할 수 없다.

그렇다면 일반범죄자등과는 달리 청소년 성매수자만 차별하여 신상공개를 하는 것은 그 차별의 이유와 차별의 내용 사이의 적절한 균형관계를 인정할 수 없으므로 평등원칙에 위배된다고 할 것이다.』

### 3) 정리

이 결정에서 양 의견은 격렬하게 대립하는데 합헌의견은 신상공개가 형법상의 형벌이 아니므로 이중처벌이 아니고 범죄자의 기본권이 침해되었다고 하더라도 그 침해는 필요성과 상당성을 갖춘 정당한 것이라는 입장이다. 반면 위헌의견은 입법에 고려되었을 외국의 입법례를 제시하면서 우리나라의 신상공개는 형법상 형벌은 아니지만 처벌임을 인정하고 범죄자의 기본권을 심각하게 침해한다고 판단하고 있다.

평등권의 문제는 우선 비교가 되는 집단이 같은지 다른지를 판단해야 한다. 무조건 같게 대우하는 것이 평등이 아니라 "같은 것은 같게, 다른 것은 다르게" 대우하는 것이 실질적으로 평등한 것이기 때문이다. 합헌의견은 우선 비교대상이 되는 다른 범죄와 아동 청소년을 대상으로 하는 성범죄를 동일하지 않다고 보고 있다. 따라서 평등권 침해를 논할 대상도 아니라는 것이며, 설혹 평등권이 침해되었다 하더라도 그 침해에는 합리적인 이유가 있다는 태도이다.[34] 반면 위헌의견에서는 엄격한 기

34) 이 책에서 논하기는 지나치게 법 실무적인 이야기이지만 평등권을 심사하는 기

준으로 평등권 침해를 판단하여 지나치게 과도한 침해라고 주장하고 있다.

이제 우리도 한 번 판단하는 연습을 해 보자. 먼저 과도한 처벌인지 아닌지를 생각해 보자. 성범죄자가 신상공개를 당했다고 생각해보자. 그는 이미 실형을 받았을 터이고, 전자발찌를 차고 다녀야 하며, 신상이 공개되어 자신의 동네에서는 얼굴을 들고 살기 힘들게 되었을 것이며, 이미 사회생활은 포기해야 할 것이다. 이는 형벌로 따지더라도 징역, 자격상실, 벌금의 효과가 동시에 있다. 근대형법이 아닌 과거의 형벌로는 징역 후 몰수 및 추방에 가깝다. 또 평등권의 측면에서도 생각해 보자. 신상공개가 다른 강력범죄에 경우에는 필요하지 않은가의 관점에서 생각해 볼 필요가 있다. 사실 위헌주장의 입장에서 보면 아동 청소년에 대한 살인, 인질, 유괴 등의 범죄는 그 죄질이 나쁜데도 불구하고 신상공개 대상이 아니며, 성매수자보다 더 엄중하게 처벌받아야 할 관련 죄에 대해서도 신상공개 대상이 아니라는 것은 평등권을 침해한다고 볼 수 있다. 반면 합헌론의 주장에 따르자면 다른 강력범죄는 훨씬 중한 법정형을 받기 때문에 충분히 교화될 것이라는 주장을 펼 수도 있을 것이다.

어쨌든 성범죄는 사회의 심리적 민감성 때문에 형법에 정해진 법정형에 비해 매우 무거운 처벌이 예정되어 있다. 위헌의견에서는 신상공개를 "사회적 사형선고"라는 용어로 표현하기도 하였다. 그리고 최근에는 성범죄에 대한 보다 강력한 조치로 화학적 억제 치료[35]나 물리적 거세까지 논의되고 있는 실정이다. 최근의 강력한 성 범죄로 인하여 아마도 성 범죄자는 거

---

준 중에서 가장 느슨한 기준을 적용하고 있다.

35) 일정기간 성욕을 완전히 제거하는 약물투여조치이다. 찬성하는 측에서는 충동을 조절하는 치료라고 주장하나 반대 측은 화학적 거세라고 비난하기도 한다.

의 인간이기를 포기한 짐승 정도로 여겨지는 듯하다. 과연 신상공개가 과도한 처벌이 아닌가?

## 3 전통인가 폐습인가 - 가족제도

### 가. 배경

#### 1) 부계중심주의와 호주제

우리 민족은 오랜 세월 부계혈통주의(父系血統主義)를 유지하며 살아 왔다. 특히 가족제도에서 남편과 아버지의 존재는 절대적이었다. 그러나 남녀평등의 세계적인 추세와 실질적 여권의 성장에 의해 기존 우리의 가족제도는 상당히 변화하였고 지금은 적어도 법에서의 불평등은 거의 해소되었다고 보인다. 이 주제를 제대로 파악하기 위해서는 약간의 배경지식이 필요하기에 먼저 소개하고자 한다.

우리나라의 가족제도는 민법에 규정되어 있는데 민법 제4편 친족 제2장을 살펴보면 단 2개의 조문만 남아 있다. 총 22개 조문 중 2개[36]만을 남기고 20개의 조문이 1990년과 2005년의 개

36) 현행 민법 제4편 제2장에 남아 있는 조문은 아래와 같다.
제779조【가족의 범위】 ① 다음의 자는 가족으로 한다.
1. 배우자, 직계혈족 및 형제자매
2. 직계혈족의 배우자, 배우자의 직계혈족 및 배우자의 형제자매
② 제1항 제2호의 경우에는 생계를 같이 하는 경우에 한한다.
제781조 【자의 성과 본】 ① 자는 부의 성과 본을 따른다. 다만, 부모가 혼인신고시 모의 성과 본을 따르기로 협의한 경우에는 모의 성과 본을 따른다.
② 부가 외국인인 경우에는 자는 모의 성과 본을 따를 수 있다.
③ 부를 알 수 없는 자는 모의 성과 본을 따른다.
④ 부모를 알 수 없는 자는 법원의 허가를 받아 성과 본을 창설한다. 다만, 성과 본을 창설한 후 부 또는 모를 알게 된 때에는 부 또는 모의 성과 본을 따를 수 있다.
⑤ 혼인 외의 출생자가 인지된 경우 자는 부모의 협의에 따라 종전의 성과 본을

정으로 인해 사라진 것이다. 심지어 제2장의 제목도 '호주와 가족'에서 '가족의 범위와 자의 성과 본'으로 변경되었으며 2008년 1월 1일을 기하여 시행되었다. 제 2장에 남아 있는 조문을 살펴보면 가족의 범위를 기존의 호주중심에서 배우자와 평등하게 개정하였으며, 자의 성과 본을 부성 강제주의에서 모의 성과 본을 협의에 따라 사용할 수도 있도록 개정하였다. 굳이 명칭을 붙이자면 '부성의 우선주의' 또는 '모성의 보충적 협의주의' 정도라고 할 수 있지 않을까 한다.

이렇게 우리 민법에 큰 변화를 가져오게 만든 호주제의 개념을 정의한 법률조항은 따로 없었다. 호주제란 헌법재판소의 결정[37]에 따르면 개정 전 민법 제4편 제2장 '호주와 가족', 동편 제8장 '호주승계'를 중심으로 일정한 법률조항들을 묶어, 이러한 법률조항들의 연결망이 형성하는 법적 상태를 지칭하는 말이나, 민법의 개별조항들이 담고 있는 내용들을 종합하여 보면 결국 '호주제'란 '호주를 정점으로 가(家)라는 관념적 집합체를 구성·유지하고, 이러한 가를 원칙적으로 직계비속남자에게 승계시키는 제도'라고 집약하여 정리할 수 있고, 이를 달리 말하여 보면 남계혈통을 중심으로 가족집단을 구성하고 이를 대대로 영속시키는 데 필요한 여러 법적 장치라고도 할 수 있다. 그래서 호주제가 단순히 집안의 대표자를 정하여 이를 호주라는 명칭으로 부르고 호주를 기준으로 호적을 편제하는 제도는 아니라고 한다. 하지만 뒤에서 소개할 반대의견에서는 호주제가

계속 사용 할 수 있다. 다만, 부모가 협의할 수 없거나 협의가 이루어지지 아니한 경우에는 자는 법원의 허가를 받아 종전의 성과 본을 계속 사용할 수 있다.
⑥ 자의 복리를 위하여 자의 성과 본을 변경할 필요가 있을 때에는 부, 모 또는 자의 청구에 의하여 법원의 허가를 받아 이를 변경할 수 있다. 다만, 자가 미성년자이고 법정대리인이 청구할 수 없는 경우에는 제777조의 규정에 따른 친족 또는 검사가 청구할 수 있다.

37) 2001헌가9 내지 15, 2004헌가5(병합) 결정의 다수의견

부계혈통주의에 입각한 가의 구성 및 가통의 계승을 위한 제도라는 점에는 다수의견과 같이 하고 있으나 그 당시의 호주제의 역할에 대한 가치판단은 전혀 다르게 호주제는 단순히 집안의 대표자를 정하여 이를 호주라는 명칭으로 부르고 호주를 기준으로 호적을 편제하는 제도로 보고 있는 것 같다.[38)]

호주제는 위의 결정과 일련의 개정 작업을 거쳐 2008년 1월 1일 시행일에 기해 우리 법에서 이미 사라졌지만 그 근저에 자리 잡고 있는 부계혈통주의에 대하여 그것이 폐습인지 아니면 전통인지에 대한 논의를 살펴보는 것이 이 책의 목적이다. 따라서 호주제의 위헌결정을 다룬 결정과 자녀가 반드시 부(父)의 姓을 따라야 하는지에 대한 결정을 살펴보도록 하겠다. 이미 우리 가족제도의 변화 과정을 잘 알고 있는 독자는 2), 3)절은 간단히 보아도 좋다.

### 2) 우리 헌법과 가족법관련 민법 개정의 역사

우리 민법상의 가족법은 비록 그 제정 당시에 헌법의 남녀평등을 고려하여야 한다는 주장이 없었던 것은 아니었지만 남성중심적 부계주의 성격이 많이 반영되어 있었고 그 정점에 있었던 것이 호주제이다. 호주제는 일제시대인 1912년에 발령된 조선민사령에 의해 조선의 관습이라는 명목으로 시행되었다. 하지만 그 과정에서 조선의 관습법이 왜곡되었다는 분석이 있다.[39)] 우리가 독립과 함께 1948년 7월 17일 제헌 헌법을 가지

38) 2001헌가9·10·11·12·13·14·15, 2004헌가5(병합) 결정의 반대의견(권성, 김영일)은 "민법의 제정 이래 규정되어 온 호주제는 1990.1.13. 법률 제4199호로 민법을 개정하면서 호주상속제도를 호주승계제도로 하고 호주의 권한을 대폭 축소하는 등 대폭적인 수정이 가하여져, 호주의 권한은 매우 빈약하게 되었고, 호주의 의무는 전혀 없게 되었다"라고 다수의견과는 다른 견해를 보이고 있다.

39) 그러나 전통적인 상속법은 남녀 공동상속이 원칙이었는데, 일본이 호주제를 한국에 강제로 이식하면서 그에 따라 상속관습법도 왜곡한 것이었다. 李相旭, "日帝下 傳統家族法의 歪曲", 朴秉濠敎授還甲紀念 韓國法史學論叢, 1991, 371면 이하

게 되었고 제헌헌법[40]의 제8조 제1항은 "모든 국민은 법률 앞에 평등이며 성별, 신앙 또는 사회적 신분에 의하여 정치적, 경제적, 사회적 생활의 모든 령역에 있어서 차별을 받지 아니한다"고 규정하고 있었고, 제20조는 "혼인은 남녀동권을 기본으로 하며 혼인의 순결과 가족의 건강은 국가의 특별한 보호를 받는다"고 규정하고 있었음에도 불구하고 가족법은 남성 중심의 호주제도를 비롯한 남녀 차별적인 요소를 그대로 남겨 두었다.

제헌헌법하의 민법 제정 당시 호주제의 도입이 논란이 되었던 것은 사실이며, 이 당시의 주된 입장은 크게 호주제에 찬성하는 관습존중론과 반대하는 헌법정신존중론 그리고 점진적 개헌론이라고 한다.[41] 관습존중론은 당시 민법안의 작성 책임자였던 김병로 선생에 의하여 대표될 수 있다.[42] 그는 민법안의 심의 과정에서 국회에서 민법안의 기초 취지를 설명하면서, 대체로 다음과 같이 발언하였다. 우리나라는 온 세계에 유래가 없는 선진민족이고 문화민족이라고 우리나라의 문화에 대한 자부심을 표명하면서, 자신은 우리나라의 순풍양속을 조장하고 완성시킬 의도하에서 친족상속법을 기초하였다는 것이다. 그리하여 동성동본 금혼은 인류문화의 발달의 가장 최고문화의 소산이고, 장차 서양 각국도 이를 모방하게 될 것이라고까지 주장하고 있다. 그리고 부계주의가 합리적인 제도이며, 부계계통을 계승하는 것이 우리나라 가족제도이고, 남녀평등이란 정치 사회 문화 방면에서 문제되는 것이지 가정의 윤리에 있어서는 남녀동등이 적용될 수 없다고 설명했다. 결과적으로 이러한

참조

40) 최초로 국회에서 제정되었던 헌법을 말한다.

41) 李相旭, "家族法 制定의 經緯와 주된 爭點", 家族法硏究 제14호, 2000, 290면 이하 참조

42) 1957.11.6.의. 국회 발언. 鄭光鉉, 韓國家族法硏究, 1967, 附錄編 270면

관습존중론은 우리 민법에 그대로 반영되게 되었고 그 결과 헌법의 양성평등의 취지는 민법에 그대로 반영되지 못했다.

위와 같이 가족법이 제정되어 1960년 1월 1일부터 시행된 후, 얼마 되지 않아서부터 가족법 개정 운동이 벌어지게 되었으며 가족법 개정 운동이 본격적으로 추진된 것은 1973년에 들어서였다. 즉 1973년 6월 28일 "범여성가족법개정촉진회"가 결성되어 10개 항의 개정 요강을 채택하였다.[43] 이 개정 요강은 다음과 같다.

(1) 호주제도의 폐지
(2) 친족범위 결정에 있어서의 남녀평등
(3) 동성동본 불혼제도 폐지
(4) 소유불명의 부부재산에 대한 부부의 공유 추정
(5) 이혼배우자의 재산분할청구권
(6) 협의이혼제도의 합리화
(7) 부모의 친권 공동행사
(8) 적모서자관계와 계모자관계의 개정
(9) 상속제도의 합리화
(10) 유류분제도의 신설

1977년의 민법개정에서는 위의 개정 요강 중 일부만이 받아들여졌으며,[44] 본격적인 개정은 1990년에 이르러 이루어지게

43) 이태영, 가족법 개정운동 37년사, 1992. 143면 이하 참조

44) 중요한 부분은 다음과 같다.
첫째, 종래 夫婦의 누구에게 속한 것인지 분명하지 아니한 재산은 夫의 소유로 추정하던 것이 바뀌어 夫婦의 共有로 추정하게 되었다(제830조 제2항).
둘째, 종래 미성년자인 자에 대한 친권을 원칙적으로 父가 행사하던 것이 바뀌어 부모가 공동으로 행사하도록 하였다. 그러나 부모의 의견이 일치하지 아니하는 경우에는 부가 행사하도록 하였다(제909조).
셋째, 상속분에 관하여 처 및 딸의 지위를 개선하였다. 즉 종래 처가 직계비속과 공동으로 상속하는 때에는 상속분이 남자의 상속분의 1/2에 불과하던 것이, 직계

된다. 개정안의 중요한 내용은 다음[45]과 같다.

첫째, 친족의 범위에 있어서의 성에 따른 차이를 없앴다. 종전에는 부계혈족은 8촌까지, 모계혈족은 4촌까지로 하였던 것을 부계, 모계의 구분 없이 일률적으로 8촌으로 하고, 인척은 남녀 구별 없이 4촌 이내로 통일하였다. 그리고 종전에 혈족에 포함되지 않았던 자매의 직계비속과 직계존속의 자매의 직계비속도 혈족에 포함되었다. 또 종전에는 처가 사망한 경우에는 부가 재혼하더라도 처족과 인척관계가 소멸하지 않는 반면 부가 사망한 경우에는 처가 친가에 다시 호적에 올리거나 재혼하면 전남편의 호적과 인척관계가 소멸하도록 규정하고 있던 것을 개정하여 부부의 일방이 사망한 경우에 생존배우자가 재혼하면 인척관계가 소멸하도록 하였다. 그리고 종전의 계모자관계, 적모서자관계를 법정혈족관계에서 제외하였다.

둘째, 호주제도는 폐지되지는 않았지만 종래에 비하여 매우 약화되었다. 우선 호주의 가족에 대한 거소지정권(제798조)과 성년남자에 대한 강제분가권(제789조), 미성년자의 후견인이 될 권리(제933조) 등은 삭제되었고, 호주와 가족 중 누구의 소유인지 분명하지 않은 재산은 종전과 같이 호주의 단독소유로 추정하는 것이 아니라 가족의 공동소유로 추정되게 되었다(제796조 제2항). 또 종래에는 호주의 지위가 상속에 의하여 승계되었고, 이러한 호주상속의 포기는 인정되지 않았으나, 개정법은 이를 호주의 승계로 바꾸고, 호주를 승계할 자가 승계를 원하지 않으면 이를 포기할 수 있도록 하였다(제991조). 또 종래

비속과 공동으로 상속하든 직계존속과 공동으로 상속하든 다른 상속인보다5할을 더 받게 되었다(제1009조 제1항). 그리고 종래 여자의 상속분은 남자의 상속분의 1/2이었던 것을 폐지하여 남자와 동일하게 하였다. 그러나 동일 가적 내에 없는 여자의 상속분이 남자의 1/4인 것은 여전히 유지되었다.

45) 윤진수, "憲法이 家族法의 변화에 미친 영향" 2004. 3 서울대학교 法學 제45권 제1호 244면 이하의 정리에 따름

에는 분묘에 속하는 1정보 이내의 금양임야 등을 호주상속인이 승계하도록 하였으나, 개정법에 따르면 이를 제사를 주재하는 자가 승계하도록 하였다(제1008조).

셋째, 혼인관계에 있어서 종전에는 부부의 동거의 장소를 원칙적으로 남편의 주소나 거소로 하였던 것을 개정법은 제1차적으로 부부의 협의에 의하도록 하였다(제826조 제1항). 또한 부부의 공동생활에 필요한 비용도 종전에는 특별한 약정이 없으면 남편이 부담하던 것을 부부가 공동으로 부담하는 것으로 바꾸었다(제833조). 그리고 이혼시에 자녀의 양육에 관한 사항의 협정이 없으면 양육책임이 부에게 있던 것으로 고쳐 부부가 협의하되 협의가 되지 않으면 가정법원이 결정하도록 하였다(제837조).

넷째, 친권에 있어서 종전에는 친권은 부모가 공동으로 행사하되, 부모의 의견이 일치하지 아니하는 경우에는 부가 행사하도록 하던 것을 고쳐서, 부모의 의견이 일치하지 않는 경우에는 가정법원이 정하도록 하였다(제909조 제2항). 그리고 이혼한 모 등이 전 혼인 중에 출생한 자(子)의 친권자가 될 수 없도록 하였던 규정도 폐지되었다.

다섯째, 상속법의 분야에 있어서도 많은 변화가 있었다. 우선 종래에는 부가 처를 상속하는 경우와 처가 부를 상속하는 경우에 차이가 있던 것을 없애서 부가 처를 상속하는 경우에도 직계비속의 상속분의 5할을 가산하게 하였고(제1009조 제2항), 배우자의 상속순위에서 남녀차별을 없앴다(제1003조). 또 처가 사망하고 이어서 처의 부모가 사망한 경우에 부가 대습상속을 받을 수 있게 되었다(제1003조 제2항). 그리고 배우자의 경우를 제외하고는 상속분의 차이도 없애서, 남자와 여자, 혼인 여부에 관계 없이 상속분은 균등하게 하였으며, 호주상속인에게 5할을 가산해 주던 제도도 없앴다. 이외에 이 개정에서는 재산분할청구권 제도의 창설(제839조의2), 면접교섭권의 명문화(제837조의2) 등 여러 가지 면에서 중요한 사항이 많이 포함되어 있었다.

1990년의 민법개정과 일련의 헌재결정들에 의해 가족법상의 많은 문제는 해결되어 왔다. 결과적으로 민법제정 당시의 문제가 점진적으로 해결되어 왔다고 볼 수 있다. 하지만 2005년의 개정까지 호주제도가 완전히 폐지되지는 않고 있었다.

### 3) 호주제의 현실적 폐해

호주제 관련 결정문을 살펴보기 전에 호주제의 폐해에 대해 정리할 필요가 있다. 이를 통해 호주제가 어떻게 여성들에게 현실적인 피해를 주었는지 이해할 수 있을 것이다. 그 현실적 폐해는 헌법재판소의 결정문에 따르면 호주제에 있어서의 차별, 혼인관계에서의 차별, 미혼모의 문제를 포함하여 자녀와의 관계에 있어서의 차별로 나눌 수 있다. 다음은 동 결정문의 다수의견의 내용을 정리한 것이다.

우선 호주승계 순위에 있어서 철저히 남성우월적 서열을 매김으로써 남녀를 차별적으로 취급하고 있다. 남자라는 이유만으로 어머니와 누나들을 제치고 아들이, 또한 할머니, 어머니를 제치고 유아인 손자가 호주의 지위를 차지하게 된다. 미혼의 딸도 아들이나 손자가 없을 경우에는 호주가 될 수 있으나, 나중에 혼인하게 되면 남편 또는 시아버지가 호주인 가의 가족원으로 입적되므로 평생을 미혼으로 지내지 않는 한 호주의 지위를 계속 유지한다는 것은 불가능하다. 호주제는 모든 직계비속 남자를 정상적 호주승계자로 놓고 고안된 제도이며, 여자들은 남자들이 없을 경우 일시적으로 가를 계승시키기 위하여 보충적으로 호주 지위가 주어지는 것이다.

또한 혼인관계에서의 차별을 살펴보면 우선, 남편(夫)이 호주의 직계비속장남자인 경우에, 부는 법정분가하지 않고 그대로 자신의 가에 머무는 반면, 처는 종래 소속되어 있던 자신의 가를 떠나 부(夫)의 가의 새로운 가족원이 된다(대개의 경우 친정아버지가 호주인 가에서 시아버지가 호주인 가로의 전입을 의미한다). 둘째, 남편이 호주의 직계비속장남자가 아닌 경우에, 부(夫)는 법정분가하면서 새로운 가의 호주가 되는 반면, 처는 부(夫)의 가에 입적되므로 그 가의 가족원이 될 뿐 호주지위를 획득할 수 없다. 부부는 혼인관계의 대등한 당사자로서 부부공동체에 있어 동등한 지위와 자격을 누려야 할 것임에도 불구하고 이러한 처의 입적제도는 처의 남편에 대한 수동적·종속적 지위를 강제한다. 처의 입적제도는 호주승계에 있어서 여자의 열등적 지위와 결합하여 여성으로 하여금 어려서는 아버지(때로는 오빠 또는 남동생)의 가에, 혼인하여서는 남편의 가에, 늙어서는 아들의 가에 귀속토록 하고 있는데, 이는 여성을 존엄한 독립적 인격체로서 존중하라는 헌법 정신과는 차이가 심하다.

가장 심각한 부분은 자녀의 신분관계 형성의 차별이다. 당시 민법은 극히 예외적 경우를 제외하고는 자를 부(父)가에 입적하는 것으로 규정하고 있었다. 자를 부가에 입적시킨다는 이 민법조항의 본질적인 의의는 단순히 호적법상 호적편제의 기준에 그치는 것이 아니라 남계혈통을 통한 가의 계승이라는 호주제의 관철에 있다. 대부분 호주의 지위를 겸하고 있는 부의 가에 자녀를 편입시키는 것은 '호주 중심의 가의 구성'을 위한 불가결의 요소를 이루며, 또한 '후손을 통한 가의 계승'이라는 호주제의 또 다른 내용을 실현하기 위한 전제가 된다. 이 전제는 부모가 이혼한 경우에는 심각한 문제를 야기한다. 우리 사회의 이혼율 증가와 더불어 이혼 후 모가 자녀와 함께 사는 모자가정의 수가 점점 더 늘어나고 있는 상황에서 모는 악감정을 가지고 있거나 양육에 기여하지 않는 전 남편의 성을 가진 아이를 양육해야 한다. 심지어 부와 자녀 간의 교류가 전혀 단절되어 있더라도, 자녀학대, 성추행, 폭행 등으로 가정파탄의 원인을 부가 제공한 경우에도, 당사자인 자녀가 아무리 부가를 떠나 모가에의 입적을 원하더라도, 부 스스로 자녀의 모가 입적을 분명히 원하는 경우에도 그 자녀는 여전히 부가에 소속되고 그 부가 자녀들의 호주가 된다. 반면 모는 주민등록상의 '동거인'에 불과하게 된다. 모와 자녀가 현실적 가족생활대로 법률적 가족관계를 형성하지 못하여 비정상적 가족으로 취급됨으로써 사회생활을 하는 데 여러모로 불편할 뿐 아니라 극심한 정신적 고통을 겪게 된다. 이러한 결과는 헌법에 반함은 물론 오늘날의 가족현실에 전혀 부합하지 않는다. 또한 부(夫)가 처의 혈족이 아닌 직계비속을 입적함에는 처의 동의라는 제한이 없는데 비하여, 처의 경우 위와 같은 제한을 둔 것은 부계혈족 아닌 혈족의 부가(夫家)입적을 제한하려는 것이고 가계계승을 고려한 것으로서 역시 남계혈통만을 중시하는 호주제의 정신과 맞닿아 있다.

미혼모의 경우의 문제는 어떠한가. 미혼모가 자녀를 출산한 경우 부가 인지하지 않으면 모가에 입적한다. 그러나 생부가 인지하면 모나 자녀의 의사에 상관없이 부의 가에 입적된다. 생부가 모와 혼인할 의사가 없고, 자녀를 양육하지도, 그럴 의사가 없더라도 생부의 일방적 행위에 의하여 자녀는 가족관계의 엄청난 변화를 감수하여야 하는데, 이는 가장 극단적인 여성차별의 결과를 낳는다.

## 나. 호주제의 위헌(헌법재판소 2005.2.3. 2001헌가9 내지 15 2004헌가5(병합) 결정)

### 1) 재판관 김영일, 재판관 권 성의 반대의견

호주제는 현재 우리 법체계에서 완전히 사라졌다. 공문서로 사용되던 호적 또한 가족관계등록부로 교체되었으며, 지금은 대부분의 국민들도 이에 호응하는 것으로 보인다.[46] 이와 같이 여성에 대해서 많은 폐혜를 끼치고 있었던 호주제의 폐지를 반대한 두 분의 재판관이 있었다. 지금으로 보아서는 매우 당연할 것 같은 호주제의 폐지를 이 재판관들은 왜 반대하셨는지, 또 그 논리는 무엇인지에 대해 이해하는 것은 이 책의 목적에 부합한다. 그리고 이 결정으로 인해 간통죄 등에서는 매우 진보적인 입장을 보인 권성 전 헌법재판관은 이 결정에서 보수적인 입장을 견지하였는데 과연 그 평가가 어떠한지도 생각해 보자. 아래는 반대결정의 발췌문이며 상당히 편안한 어투로 씌여져 있으므로 따로 요지를 정리하지는 않고 소목차를 붙이는 정도로 소개하겠다.

– 호주제의 의의와 현황

『호주제란 호주를 중심으로 가(家)를 구성하고, 이러한 가를 원칙적으로 직계비속남자에게 승계시키는 제도이다. 이러한 호주제는 부계혈통주의(父系血統主義)에 입각한 가의 구성 및 가통의 계승을 위한 제도라는 점에서 그 의의를 찾을 수 있을 것이다.

민법의 제정 이래 규정되어 온 호주제는 1990. 1. 13. 법률 제4199호로 민법을 개정하면서 호주상속제도를 호주승계제도

46) 최소한 호주제를 부활하자는 주장은 앞으로도 없어 보인다.

로 하고 호주의 권한을 대폭 축소하는 등 대폭적인 수정이 가하여져, 호주의 권한은 매우 빈약하게 되었고, 호주의 의무는 전혀 없게 되었다.

이와 같이 호주의 가족에 대한 지배권·통제권이 완전히 제거됨으로써 호주는 가장 또는 호주권자로서의 지위를 박탈당하게 되었으나, 호주는 여전히 호적면상의 필두자[47](筆頭者)로서의 지위는 그대로 보유하고 있다. 원래 호주와 가족 간의 권리의무관계를 의미하는 것이었던 호주제는 1990년 민법의 개정으로 가족법상의 권리의무제도로서는 유명무실하게 되었으나, 현행 민법은 이와 같이 호주제에 담겨 있던 권리의무관계를 거의 다 없애면서도 가적의 법정에 관한 규정은 여전히 남겨 두고 있고, 호적법은 그러한 가적을 호적편제의 기준으로 삼고 있기 때문에, 호주제는 호적편제의 기준으로 되는 점에서는 여전히 의미를 가지고 있기 때문이다.

또한 호주의 가통계승자로서의 지위를 확보해 주는 규정이 거의 삭제되고, 호주상속인에게 인정되었던 제사용 재산의 승계권이 제사주재자에게로 옮겨진 점(민법 제1008조의3) 등으로 인하여 호주의 가통계승자로서의 성격이 많이 탈색되었으나, 호주승계제도가 있는 이상 호주는 적어도 상징적인 의미의 가통계승자로서의 지위를 여전히 보유하고 있다고 할 수 있다.』

- 호주제에 대한 역사적 평가

『현행법상의 호주제는 천황제를 유지·강화할 목적으로 창안된 일본의 가제도, 가독(家督)상속제도가 식민지 지배를 통하여 이식된 것이므로 우리의 전통적 가족제도 또는 순풍양속이라 할 수 없다는 비판이 있다.

47) 제일 먼저 적혀 있는 사람

우리의 전통적인 호주의 지위는 강력한 가부장권이 인정되는 것이 아니라 집안 어른 정도의 상대적인 의미를 가지고 있었고, 제사자・봉사자(奉祀者)의 계승은 있었으되, 호주가 상속의 대상으로 되는 것은 아니었다.

그런데 일제식 호주제는 가에 포함되는 가족원의 범위가 매우 넓고, 그 가족원을 호주가 강력한 호주권으로써 통솔하며, 가의 재산도 호주로부터 호주(원칙적으로 장남)에게 단독상속시키는 것을 그 특징으로 하는 것으로서 이것을 두고 우리의 전통적 가족제도 또는 순풍양속이라 할 수 없음은 물론이다. 그러나 이러한 비판은 1990년 민법개정 이전의 호주제에 대하여는 상당부분 타당한 것이었을지 몰라도, 적어도 1990년 개정 이후의 현행법상의 호주제에 대하여 이를 일제유산이라고 쉽사리 매도하기는 어렵다고 할 것이다.

우선 호주 또는 호주제라는 용어 자체가 일제의 잔재라고 볼 수 없다. 원래 호주라는 용어는 이미 고려시대에 사용되었고, 조선시대에는 호수인(戶首人) 또는 호주라고도 부르다가 가장(家長)으로 통일되었으며, 호주, 호수인, 가장은 가의 공법상의 대표자의 뜻이었고 대한제국시대에 이르러 호주라고 통칭되고 그 이후 법률상의 용어로 확립되어 오늘에 이르고 있는 것이다.

다음으로 현행법상의 호주제는 앞에서 본 일제식 호주제의 특징적 요소들을 모두 제거하고 있다. 분가제도에 의하여 완화된 현행법상의 가제도는 우리 고유의 대가족제를 상징적으로 표상하는 정도에 지나지 아니하고, 현행법상 호주에게는 호적부상의 필두자로서의 지위와 호주승계제도를 통하여 인정되는 상징적인 의미의 가통계승자로서의 지위만이 남아 있는데, 이와 같은 지위는 고대로부터 이어온 부계혈통주의의 상징적 표현으로서 우리의 전통으로부터 유리된 것이 아니다.

즉, 현행법상의 호주제는 조선 후기의 완고하게 변질된 부계혈통주의가 아닌 고대 이래 조선 중기까지 이어져온 우리 고유의 합리적 부계혈통주의의 전통을 이어받아 부계혈통주의의 존립을 위한 극히 기본적인 요소만을 담고 있는 것으로서, 일제의 잔재로서의 색채를 불식하고 우리 고유의 관습으로 복귀한 것으로 평가할 수 있다.』

– 호주제의 사회적 평가

『호주제는 그것이 성립·유지될 수 있었던 사회적 배경이 존재하지 않고 가족의 형태가 다변화된 오늘날에는 현실적 가족의 모습과 더 이상 조화될 수 없으며, 현실적 가족공동체를 질곡하고 민주적 사회발전을 저해하는 요소로 작용할 뿐이라는 비판이 있다.

우리나라에서도 농업사회에서 산업사회로의 이행과 도시화의 진전으로 인하여 가족공동체의 모습이 일반적으로 부모와 미혼자녀로 구성되는 핵가족의 형태로 바뀌었음은 부인할 수 없는 사실이다.

우리 민법도 이러한 현실을 감안하여 직계비속장남자를 포함하여 임의분가를 허용하고(민법 제788조 제1항), 혼인신고로 자동적으로 분가되는 법정분가의 제도(직계비속장남자는 제외)를 마련함으로써(민법 제789조), 호적과 현실생활공동체를 될 수 있는 대로 부합시키고 부부중심의 가족제도를 실현할 수 있도록 하고 있다. 또한 호적법 제19조의2 제2항 제1호에서 입양, 입양의 취소, 파양, 이혼 기타의 사유로 인하여 타가에 입적하여야 할 자에게 배우자나 직계비속이 있는 때에는 법정분가에 준하여 신호적을 편제하도록 하고 있는 것도 부부중심의 가족제도를 실현시키고자 하는 취지이다.

이제 호주의 권리가 대부분 삭제되어 거의 호적편성의 기준을 정하는 행정기술상의 제도에 지나지 않게 된 현행법상의 호주제는 호적에 등재되는 가족의 범위를 정함에 있어, 직계비속장남자의 임의분가는 허용하되, 법정분가는 인정하지 않아 삼대(三代) 가족을 가능하게 함으로써 우리의 전통적인 가족제도를 고려하고, 호주승계의 순위에 있어 남자우선의 원칙을 규정하여 상징적인 의미에서 우리의 전통적인 부계혈통주의를 반영하고 있는 정도에 불과하다고 할 것이다.

비록 오늘날 우리의 가족형태에서 핵가족이 절대다수를 차지하고 있다고 하더라도, 아직도 부모를 모시는 삼대 가족이 상당수 존재하고 있고, 이는 여전히 권장되어야 할 우리의 전통적인 미풍양속인 것이다.

그렇다면 임의분가제도를 통하여 호적상 등재되는 가족구성관계의 선택권을 부여함으로써 삼대 가족을 강요하지는 않으면서도, 이러한 가족관계가 호적상 반영될 수 있는 길을 열어놓고 있는 호주제가 현실적 가족공동체를 질곡하고 민주적 사회발전을 저해하는 요소로 작용하고 있다고 보기는 어렵다.』

– 평등권의 문제

『평등사상이 역사적으로 다양한 변천과정을 거쳐오면서 약자에 대한 억압과 소외를 해소하는 데 결정적인 기여를 해온 것은 부인할 수 없다.

그러나 현대의 사회는 기존의 전통과 질서, 권위가 부정되고 해체되어 가는 경향을 띰으로써 '해체의 시대'로 특징지어지기도 하는바, 평등의 이념이 전통부정과 질서해체의 논리로 남용될 가능성도 경계하지 않을 수 없다. 특히 가족법의 영역에서 도식적인 평등의 잣대로 우리의 전통문화를 함부로 재단함으로써 전통가족문화가 송두리째 부정되고 해체되는 결과를 초래해서는 안될 것이다.

한편, 현행의 호주제를 통하여 달성될 수 있는 입법목적이나 호주제의 유지를 통하여 현실적으로 얻게 되는 이익을 살펴보면 다음과 같다.

우선 호주제를 통하여 부계혈통주의에 입각한 가의 구성 및 가통의 계승을 핵심으로 하는 전통적인 가족제도를 계승·발전시킴으로써 우리 민족이 예로부터 중시하고 있는 가족 및 친족공동체의 존속·통합에 기여할 뿐만 아니라, 전통에 대한 존중의식을 고양함으로써 날로 팽배해져 가는 물질주의 및 개인주의의 폐단을 막아내고 완화시키는 데 기여할 수 있을 것이다.

또한 호적기재에 있어 삼대 가족의 길을 열어 놓음으로써 상징적으로나마 우리의 전통적 미풍양속이라고 할 수 있는 부모를 모시고 봉양하는 전통을 고무하고 조장하는 데 도움이 되고, 이를 통하여 날로 심각해져 가는 노인문제의 해결에도 일조를 할 수 있을 것이다. 그리고 현실적인 면에서 보더라도, 호주를 기준으로 한 호적편제방법의 변경에 따른 인적·물적인 면에서의 막대한 국가적 비용을 절약할 수 있고, 호주 등의 개념을 사용하고 있는 수많은 법령의 개정에서 오는 혼란과 번거로움을 피할 수 있을 것이다.

호주제로 인하여 초래되는 여성들에 대한 차별효과는 결코 경시될 수 없는 것으로서 법익의 균형성의 문제는 판단하기가 쉽지 아니하다.

그러나 근본적으로 부계혈통주의를 폐지하지 아니하는 한, 그로 인하여 초래되는 여성들에 대한 불리한 상징적·심리적 효과를 완전히 불식하기는 어려운 것이고, 구체적인 경우의 실제적인 차별효과는 호주제의 근간을 건드리지 않고서도 자의 부가입적의 원칙에 대한 수정 · 보완 등을 통하여 해결할 수 있는 문제라는 점을 고려한다면, 현행법상의 호주제가 법익균형성을 상실한 제도라고 단정하기는 어렵다.』

**〈재판관 권 성의 반대의견에 대한 별개의견[48] 추가부분〉**

– 기호체계로서의 호주제

『가족과 혈연은 자연적으로 생성되어 실재하는 실체이지 단순한 관념상의 존재는 아니다. 호주제도는 실체로서 존재하는 가족과 혈연을 인식하는 기호의 체계로서 하나의 기술에 해당한다. 인식의 기술이 인식의 대상인 실체의 존재와 가치에 영향을 미칠 수 없다는 통상의 논리에 의하면 호주제도는 가족과 혈연의 존재 및 가치에 무슨 영향을 미칠 수 없는 것이다. 종법제나 가부장제와 같은 문화적 요소가 호주제도라는 인식기술에 덧씌워지는 일이 있지만 이렇듯 덧씌워진 문화적 외피가 일으키는 문제는 문화의 변천과 법률의 변화에 의하여 자연적으로 해결되는 것이고 또 그렇게 해결되는 것이 바람직한 일이다. 여성이 갖는 인간으로서의 존엄성에 대한 존중을 명하는 헌법의 정신과 원칙은 호주제와 같은 기술적 기호의 체계가 침범할 수 있는 영역의 밖에 있는 것이다.』

**2) 위헌(헌법불합치)결정의 분석과 의의**

위의 반대의견이 있음에도 불구하고 드디어 2005년 2월 3일 헌법재판소는 2001헌가9 내지 15 2004헌가5(병합) 결정문에서 "(구)민법 제778조, 제781조 제1항 본문 후단, 제826조 제3항 본문은 헌법에 합치되지 아니한다"는 헌법 불합치 결정[49]을 내

48) 반대의견은 김영일 재판관과 함께 하였으나 이 부분은 독자적인 별개의견이다.

렸다. 여성계의 양성평등에 대한 오랜 숙원이 마침내 해결된 것이다. 이 결정을 둘러싸고 당시 보수단체들은 호주제 폐지가 북한의 가족제도를 모방한 것이라는 웃어넘기기에도 씁쓸한 광고도 하였을 만큼 사회적 반발도 만만치 않았다.[50] 헌법재판소의 이 결정 전에 이미 호주제 폐지를 골간으로 한 민법 개정안이 이미 국회에 상정되어 있었고, 결정 이후 약 한 달 뒤에 개정안이 가결 통과되었으며, 2008년 1월 1일부터 시행되었다. 이 결정으로 인해 국회에서의 불필요한 논쟁을 줄인 셈이다.

위의 반대의견을 살펴보면 호주제 폐지에 대한 사회적 반대의 정도와 이유를 추정해 볼 수 있다. 그 의견을 요약하면 호주제는 고대 이래 조선 중기까지 이어져온 우리 고유의 합리적 부계혈통주의의 전통을 이어받아 부계혈통주의의 존립을 위한 극히 기본적인 요소만을 담고 있는 것으로서, 일제 잔재로서의 색채가 들어가 있었으나 그간의 민법개정을 거쳐 우리 고유의 관습으로 복귀한 것으로 평가할 수 있다고 본다. 그리고 혼인과 가족관계를 규율하는 가족법은 전통성·보수성·윤리성을 강하게 가질 수밖에 없어서 혼인과 가족관계에 관한 헌법규정을 해석함에 있어서는 가족법의 전통적 성격을 고려하지 않을 수 없고, 특히 가족법의 영역에서 도식적인 평등의 잣대로 우리의 전통문화를 함부로 재단함으로써 전통가족문화가 송두리째 부정되고 해체되는 결과를 초래하여서는 안된다고 설명하고 있다. 따라서 호주제는 전통 가족제도의 핵심인 부계혈통주의에 입각한 가의 구성 및 가통의 계승을 위한 제도로서 이를 위하여 마련된 처의 부가입적 원칙, 자의 부가입적 원칙 및 호

49) 위헌이나 당장 위헌으로 하면 법적인 혼란상태가 야기되는 경우 헌법 불합치의 결정을 한다.

50) "호주제 폐지는 북한 따라하기?" 2005. 2. 13 한겨레신문

주승계제도는 우리 사회의 오랜 전통과 현실에 기초한 것일 뿐만 아니라 여성에 대한 실질적 차별을 내용으로 하고 있는 것으로 보기 어렵다고 보아 평등원칙에 위반되지 않으며, 호주제가 여성의 신분관계를 일방적으로 형성되는 측면이 있다고 하더라도 이는 가족제도를 법제화하는 과정에서 부득이한 것이라고 판단하고 있다. 즉, 남성중심의 부계혈통주의를 우리의 전통문화로 본 것이며, 특히 권성 전 재판관의 주장은 호주제는 입법기술을 위한 기호에 불과할 뿐 실질적 차별요소는 아니라는 것이다.

하지만 우리의 가족제도는 현대사회에 접어들면서 많은 변화를 겪고 있다. 가족 규모가 축소되고 전반적인 생활수준이 향상되었으며, 가족구성원 간에도 예전에 비해 민주적이고 평등한 인간관계가 보편화되었다. 그러나 한편으로 이혼과 재혼이 늘어나고 많은 여성들이 경제활동에 참여하면서 자녀 양육과 교육에 어려움이 나타나고 있다. 또한 핵가족화, 이혼 및 취업 여성의 증가 등으로 노인부양 문제가 발생하고 있다. 아울러 실업과 빈곤으로 인한 가족의 해체, 자녀 교육으로 인한 '기러기 아빠'의 등장과 같은 문제가 생겨나기도 한다. 또한 위에서 정리한 호주제의 현실적인 폐해를 고려하면 실질적인 차별이 아니고 기호에 불과하다는 주장은 여성의 입장에서는 받아들이기 어렵다.

이에 다수의견은 우리 헌법에서 말하는 '전통' '전통문화'란 오늘날의 의미로 재해석된 것이 되지 않으면 안 된다고 주장하고 있다. 그리고 오늘날의 의미를 포착함에 있어서는 헌법이념과 헌법의 가치질서가 가장 중요한 척도의 하나가 되어야 하며, 여기에 인류의 보편가치, 정의와 인도의 정신 같은 것이 아울러 고려되어야 한다고 밝히고 있다. 따라서 가족제도에 관한 전통·전통문화란 적어도 그것이 가족제도에 관한 헌법이념인 개인의 존엄과 양성의 평등에 반하는 것이어서는 안 된다고 밝히면서, 역사적 전승으로서 오늘의 헌법이념에 반하는 것은 헌법 전문에서 타파의 대상으로 선언한 '사회적 폐습'이 될 수 있지 헌법 제9조가 '계승·발전'시키라고 한 전통문화에는 해당하지 않는다고 보는 것이 조화적 헌법해석이라 할 수 있다고 설시했다. 즉, 반대의견에서 호주제를 전통으로 보았다면 다수의견에서는 헌법정신에 부합하지 않는다면 전통이 아니라 폐습일 수 있다고 본 것이다.

이어서 부계혈통주의에 입각한 가부장적 가족제도가 우리 민족 전통의 가족제도임을 인정하고, 호주제가 그러한 가족제도와 일정한 연관성을 가진다고 가정하더라도 호주제가 성립·유지될 수 있었던 사회적 배경은 오늘날 더 이상 존재하지 않는다고 밝히고 있다. 그 이유로 현대의 사회·경제적 환경이 가부장제의 경제적 토대였던 농경사회와는 완전히 바뀌었으며, 이런 변화와 더불어 도시화의 진전, 핵가족의 정착으로 가족공동체의 모습과 생활원리가 판이하게 달라졌고, 대중교육의 발달, 여성의 사회진출 증가는 개인의 자유의식, 여성의 인권의식을 신장시켰다고 설시했다. 또 한편의 이유로 사회의 분화에 따라 가족의 형태도 매우 다변화되고 있으며 부모와 자녀로 구성되는 전형적 가족뿐 아니라 자녀가 없는 부부만의 가족, 모와 자녀로 구성되는 가족, 재혼부부와 그들의 전혼소생자녀들로 구성되는 가족들도 많다는 사실을 적시하고 있다. 따라서 호주제와 가(家)제도는 이러한 오늘날의 현실적 가족의 모습과 더 이상 조화되지 않으며 그 존립기반이 이렇게 무너진 지금 호주제를 더 이상 존치할 필요는 없다고 판단했다.

호주제 폐지의 우려요소라 할 수 있는 숭조(崇祖)사상, 경로효친과 같은 전통문화나 미풍양속의 문제, 개인의 혈통이나 가계의 전승은 족보를 통하여 충분히 그 목적을 달성할 수 있고, 숭조사상, 경로효친과 같은 미풍양속은 사회・문화・윤리의 문제로서 호주제라는 법제도와 무관하게 얼마든지 유지・발전시킬 수 있다는 점도 분명히 하고 있다. 이 결정의 한 달 이내에 민법 개정안은 국회를 무사히 통과하게 되었고 국민들은 이 결정을 통해 전통과 폐습을 구분할 수 있는 헌법적 잣대를 가지게 되었다는 두 가지 점에서 매우 높이 살 만한 결정이다. 만약 이 결정이 없었으면 아직도 국회는 호주제의 전통성과 폐습성을 따지는 무의미한 설전의 장이 되었을 것이고 우리는 아직도 호주제 논쟁을 벌이고 있었을 수도 있다.

하지만 반대의견에서 나타났던 논리들도 무시할 수 있는 것은 아니다. 예를 들어 지금까지 상투를 틀고 한복을 반드시 입어야 한다면 이는 폐습에 가깝다고 할 수 있으나, 계량한복을 입는 것은 전통을 계승하는 것이라 평가할 수 있다. 또 전통을 지키기 위해 모두 전통 한옥에 살아야 한다면 폐습이라 할 수 있지만 한옥의 내부를 현대식으로 개량하는 것은 폐습이라고 볼 수는 없다. 이 경우는 외관은 전통으로 내부는 개량한 것이다. 그리고 우리는 대부분 아파트에 살지만 미국식 아파트와는 다르다. 과거의 한옥처럼 거실 위주로 개별 방이 설계되어 있고, 남향 아파트를 선호하며, 서양아파트의 카펫 문화와는 완전히 다른 인테리어를 하고 있다. 이 경우는 외양은 변경되었지만 생활환경은 전통을 따르는 것이라 볼 수 있다. 이에 비추어 생각해 보면 우리의 역사가 부계를 따랐다는 전통만 호주제라는 기호 안에 살리면서 그 실질적 폐혜를 없애자는 주장도 상당히 타당성은 있었던 것이 아닌가 생각한다.

## 다. 부성 강제주의의 위헌(헌법재판소 2005.12.22. 2003헌가5•6(병합) 결정)

호주제의 폐지와 더불어 또 한 가지 남아 있던 문제는 자녀에게 아버지의 성을 강제로 쓰도록 하는 부성 강제주의 조항이었다. 현재에는 개정이 되었지만 뒤에 논의하는 바대로 완전한 평등을 이루려면 어떻게 해야 하는가는 계속 논란이 될 것이다. 문제가 되었던 해당 조항은 개정 전 민법 제781조 제1항으로 "子는 父의 姓과 本을 따르고 부가에 입적한다. 다만 부가 외국인인 때에는 모의 성과 본을 따를 수 있고 모가에 입적한다"로 규정하고 있었다. 이 문제에 있어서도 다수의견은 위헌(헌법불합치)이었고 권성 전 재판관만이 앞의 호주제 결정과 유사한 논리로 합헌의 반대의견을 내었다. 위의 호주제 논의와 유사한 점이 많으므로 다수의견과 반대의견의 요지만을 보도록 한다.

### 1) 위헌의 다수의견의 요지

다음은 헌법재판관의 다수의견인 헌법불합치 의견의 요지이다.

『양계 혈통을 모두 성으로 반영하기 곤란한 점, 부성의 사용에 관한 사회 일반의 의식, 성의 사용이 개인의 구체적인 권리의무에 영향을 미치지 않는 점 등을 고려할 때 민법 제781조 제1항 본문 중 "자(子)는 부(父)의 성(姓)과 본(本)을 따르고" 부분(이하 '이 사건 법률조항'이라 한다)이 성의 사용 기준에 대해 부성주의를 원칙으로 규정한 것은 입법형성의 한계를 벗어난 것으로 볼 수 없다.

출생 직후의 자(子)에게 성을 부여할 당시 부(父)가 이미 사망하였거나 부모가 이혼하여 모가 단독으로 친권을 행사하고 양육할 것이 예상되는 경우, 혼인 외의 자를 부가 인지하였으나 여전히 모가 단독으로 양육하는 경우 등과 같은 사례에 있어서도 일방적으로 부의 성을 사용할 것을 강제하면서 모의 성의 사용을 허용하지 않고 있는 것은 개인의 존엄과 양성의 평등을 침해한다.

입양이나 재혼 등과 같이 가족관계의 변동과 새로운 가족관계의 형성에 있어서 구체적인 사정들에 따라서는 양부 또는 계부 성으로의 변경이 개인의 인격적 이익과 매우 밀접한 관계를 가짐에도 부성의 사용만을 강요하여 성의 변경을 허용하지 않는 것은 개인의 인격권을 침해한다.

이 사건 법률조항의 위헌성은 부성주의의 원칙을 규정한 것 자체에 있는 것이 아니라 부성의 사용을 강제하는 것이 부당한 것으로 판단되는 경우에 대해서까지 부성주의의 예외를 규정하지 않고 있는 것에 있으므로 이 사건 법률조항에 대해 헌법불합치결정을 선고하되 이 사건 법률조항에 대한 개정 법률이 공포되어 2008. 1. 1. 그 시행이 예정되어 있으므로 2007. 12. 31.까지 이 사건 법률조항의 잠정적인 적용을 명함이 상당하다.』

### 2) 재판관 권성의 반대의견 요지

『가족제도 중에도 부성주의는 헌법에 선행하는 문화이다. 기존의 문화 내지 제도가 후행의 헌법적 가치에 어긋난다는 의심을 받는 경우에는 기존의 문화가 가지는 합리성을 확인하고 그 합리성과 헌법적 가치 사이의 간극의 크기를 측정한 후, 그 간극의 크기가 더 이상 용납하기 어려운 경우에 그 간극을 해소하는 기술의 합리성을 확인하며, 그 다음으로 시기의 적합성을 판단하여야 한다. 부성주의는 출산과 수유라는 사실로 인해 외관상 확인가능한 모와의 혈통관계에 비해 본질적으로 불확실한 부와의 혈통관계를 대외적으로 공시하고 부와 자녀 간의 일체감과 유대감을 강화하여 가족의 존속과 통합을 보장한다. 기호체계에 불과한 성이 여성의 실체적인 법적 지위나 법률관계에 영향을 미친다고는 볼 수 없으며, 부성의 사용으로 인해 재혼이나 입양 등의 경우에 있어서 개인이 받는 불이익은 재혼이나 입양에 대한 사회적 편견 내지 사시(斜視)가 그 원인이지 부성주의가 그 원인은 아니다. 추상적인 자유와 평등의 잣대만으로 우리 사회에서 여전히 유효하게 존속하면서 그 가치를 인정받고 있는 생활양식이자 문화 현상인 부성주의의 합헌성을 부정하는 것은 시기상조(時機尙早)의 부적절한 일이다.』

### 3) 정리 및 생각의 확장

이 결정 이후 우리 민법 제781조[51]는 다음과 같이 개정되었다. 동조 제1항은 "자는 부의 성과 본을 따른다. 다만, 부모가 혼인신고 시 모의 성과 본을 따르기로 협의한 경우에는 모의 성과 본을 따른다"고 규정하고 있다. 또 제6항에는 "자의 복리를 위하여 자의 성과 본을 변경할 필요가 있을 때에는 부, 모

51) 제781조【자의 성과 본】 ① 자는 부의 성과 본을 따른다. 다만, 부모가 혼인신고 시 모의 성과 본을 따르기로 협의한 경우에는 모의 성과 본을 따른다.
② 부가 외국인인 경우에는 자는 모의 성과 본을 따를 수 있다.
③ 부를 알 수 없는 자는 모의 성과 본을 따른다.
④ 부모를 알 수 없는 자는 법원의 허가를 받아 성과 본을 창설한다. 다만, 성과 본을 창설한 후 부 또는 모를 알게 된 때에는 부 또는 모의 성과 본을 따를 수 있다.
⑤ 혼인외의 출생자가 인지된 경우 자는 부모의 협의에 따라 종전의 성과 본을 계속 사용할 수 있다. 다만, 부모가 협의할 수 없거나 협의가 이루어지지 아니한 경우에는 자는 법원의 허가를 받아 종전의 성과 본을 계속 사용할 수 있다.
⑥ 자의 복리를 위하여 자의 성과 본을 변경할 필요가 있을 때에는 부, 모 또는 자의 청구에 의하여 법원의 허가를 받아 이를 변경할 수 있다. 다만, 자가 미성년자이고 법정대리인이 청구할 수 없는 경우에는 제777조의 규정에 따른친족 또는 검사가 청구할 수 있다. [전문개정 2005.3.31]

또는 자의 청구에 의하여 법원의 허가를 받아 이를 변경할 수 있다. 다만, 자가 미성년자이고 법정대리인이 청구할 수 없는 경우에는 친족 또는 검사가 청구할 수 있다"고 규정되어 있다. 즉, 자의 성은 우선적으로 부의 것에 따르고 합의에 의해서 변경할 수 있도록 규정되어 있는 것이며, 아직도 부계혈통의 전통은 완전히 사라지지 않은 것이다.

최근에 민법 제781조 제6항에 의해 이혼 후 모의 성으로 자의 성을 변경했던 아이의 성을 다시 부의 성으로 변경 신청했다는 기사[52]가 보도된 적이 있다. 이 아이는 처음 부의 성에서 부모의 이혼 후 모의 성을 따랐다가 친구들의 놀림에 다시 부의 성을 따르게 된 것이다. 이 아이와 모에게는 아마 평생 깊은 상처로 남을 것이다. 물론 이 경우에는 처음 부의 성을 따를 때 가정의 불화가 없었다면 이 문제는 피할 수 있는 경우였을 수도 있다. 하지만 우리는 가급적 이런 결과가 되풀이되지 않을 수 있는 방법이 없는지에 대해 진지한 고민이 필요하다. 여기서는 앞의 호주제 논의에서 전통과 폐습에 대해 충분히 논의했으므로 논리력을 연마하기 위하여 완전한 평등을 이룰 방법은 없는 것인지에 대해 생각해 보자.

우선 민법 제781조 제1항의 자가 부의 성을 우선적으로 따르도록 한 것에 문제는 없는 것일까? 제사주재자[53]의 경우에는 판례[54]에 의하면 우선적으로 사망인의 공동상속인들 사이의 협의에 의해 정하되, 협의가 이루어지지 않는 경우에는 제사주재자의 지위를 유지할 수 없는 특별한 사정이 있지 않은 한 사망인의 장남(장남이 이미 사망한 경우에는 장남의 아들, 즉 장

52) "어머니 姓 따른 아이 친구 놀림에 상처…법원 '아이 아빠 姓으로 변경을' 세계일보 사회 2010. 5. 5

53) 제사를 모시는 자

54) 대법원 2008.11.20. 선고 2007다27670

손자)이 제사주재자가 되고, 공동상속인들 중 아들이 없는 경우에는 망인의 장녀가 제사주재자가 된다고 한다.[55] 자의 성 결정 문제도 제사주재자와 마찬가지로 우선적으로 부모의 합의에 의하는 것이 어떠할까 생각해 볼 필요가 있다.

자의 이름을 정할 권리는 누구에게 있을까? 양창수 대법관[56]은 그의 글[57]에서 독일과 일본의 논의를 소개하고 있다. 먼저 독일의 이론은 이름을 지을 권리인 명명권은 실체법적으로 신상감호권의 한 내용을 이룬다고 하며, 독일에서는 학설이나 판례상 다른 의견은 없다고 밝히고 있다. 또한 일본의 이론 중에서도 "자의 이름을 정하는 권리는 자의 권리인데, 부모가 이를 대행한다"고 설명하는 견해도 있다고 한다(大村敦志, 家族法(1999), 101면). 하지만 그는 우리 민법 제909조 제2항[58]의 본문과 동항의 단서를 들어 친권에 따르는 자의 경우에는 친권자가 자의 이름을 정할 권리를 가지며, 친권은 부모가 혼인 중인 경우에는 부모가 공동으로 행사해야 하며, 그들의 의사가 일치하지 않는 경우에는 가정법원에서 정하는 것이 옳다고 주장한다. 필자 또한 이 의견에 대체적으로 찬동한다. 하지만 합의가 되지 않을 경우에 이름이 아닌 성에 대해서는 그 의견을 달리한다. 현행 민법 제781조 제1항은 – 동조 제6항에 의해 추후 수정이 가능하지만 – 결과적으로 합의가 되지 않으면 부성

55) 54)의 판례에서 제사주재자에 대한 협의가 이루어지지 않은 경우에 어떻게 결정한 것인지에 관하여는, ① 종손이나 장남이 된다는 견해(다수의견), ② 다수결에 의해야 한다는 견해(대법관 박시환, 대법관 전수안의 반대의견), ③ 법원이 결정해 주어야 한다는 견해(대법관 김영란, 대법관 김지형의 반대의견) ④ 새로운 관습의 내용을 심리·확정해야 한다는 견해(대법관 안대희, 양창수의 반대의견) 등이 제기되고 있다.

56) 전 서울대 법과대학 교수

57) "자의 이름에 대하여" 민법산책 131면 이하, 양창수, 2006, 박영사

58) 第909조【친권자】 ② 친권은 부모가 혼인중인 때에는 부모가 공동으로 이를 행사한다. 그러나 부모의 의견이 일치하지 아니하는 경우에는 당사자의 청구에 의하여 가정법원이 이를 정한다.

을 따르는 것을 강제함으로써 완전한 평등을 이루는 것에는 아직까지 문제가 된다. 자의 성명에 대한 명명권이 친권의 일부로 본다면 동 조항은 아직도 부모의 공동 친권에 앞서 부계혈통주의를 고수하고 있는 것이며 완전한 평등을 주장하는 관점에서는 수정되는 것이 합당하다고 생각한다.

그 수정방향을 생각해보면 우선 제781조 제1항의 본문은 자의 성과 본은 부모의 합의에 따라 정하는 것으로 수정되어야 한다. 그 범위는 부의 성과 본이나 모의 성과 본이 되어야 할 것이다. 그 다음 합의가 되지 않는 경우에는 어떤 방식을 취해야 할까? 제사주재자의 경우를 유추[59]하면 부성을 적용하는 방식과 가족회의의 다수결에 의하는 방식 또는 법원이 정하는 방식이 있을 것이다. 그렇지만 가정의 일을 다수결로 처리하는 것이나 법원이 일일이 개입하는 방식은 바람직하지 않다고 생각한다. 그리고 이 경우는 제사주재자와는 달리 부의 성이나 모의 성이 정해져 있기 때문에 제사주재자 경우보다는 문제해결이 쉬울 것이라 생각한다.

우선 어떤 경우가 가능한지 모두 생각해 보면 부의 성이나 모의 성을 모두 쓸 수도 있을 것이고, 그 중 하나를 추첨 등으로 정해도 될 것이며, 성을 쓰지 않고 남겨두었다가 자가 성장했을 시에 선택하게 하는 방법도 가능할 것이다. 자가 선택하게 하는 경우는 현행 제781조 제6항을 통해서도 해결이 가능하며 필자는 합의가 이루어지지 않으면 부의 성과 모의 성을 모두 밝혀서 출생신고를 하는 것이 공평하다고 생각한다. 그러면 이러한 경우에는 부성과 모성의 적용순서가 문제가 될 것이다. 이때에는 우리말 가나다순으로 그 순서를 결정하면 문제가 해소될 수 있다고 판단한다. 이와 같은 문제해결은 – 부모의 성

59) 55) 참조

을 모두 사용하는 것 – 최근의 우리사회가 남녀평등을 지향하면서 정상적인 가정에서도 흔히 있는 일이기 때문에 부모의 양 성씨를 다 표시하는 아이가 사회에서 놀림을 받거나 하는 경우도 방지할 수 있으리라고 본다.

## 4 개념의 상대성 – 도대체 양심이란 무엇인가?

### 가. 양심의 판단문제

우리 헌법은 제19조에서 양심의 자유를 인정하고 있다. 또 헌법 조항을 거론하기 이전에도 우리는 "양심"이라는 표현을 흔하게 쓴다. "양심의 가책을 받다", "양심에 거리낌이 없다", "양심에 따르다", "양심도 없는가" 등이다. 이렇게 자주 쓰는 말임에도 불구하고 양심이 무엇인가라고 묻는다면 대답하기가 쉽지 않다.

사전적 정의를 살펴보면 양심이란 "사물의 가치를 변별하고 자기의 행위에 대하여 옳고 그름과 선과 악의 판단을 내리는 도덕적 의식"으로 정의되어 있다. 사전적 정의를 읽어보아도 정의에 사용된 가치, 선과 악, 옳고 그름이라는 단어들 역시 모두 절대적 개념이 아닌 상대적, 주관적 개념이기에 그 의미가 모호할 수밖에 없다. 그리고 각 개인에 있어서 양심은 서로 조금씩 다른 의미를 가질 수밖에 없다. 하지만 우리 헌법에서는 양심의 자유를 규정하고 있고 국민들이 양심의 자유를 침해당했음을 이유로 헌법소송을 제기한다면 헌법재판소는 그에 대해 판단할 의무가 있기에 양심을 정의하고 그 침해 여부를 판단하는 것은 중요한 일이다.

하물며 양심을 정의하기도 어려운데 침해 여부를 판단하는 것은 얼마나 어려운 일이겠는가? 하지만 헌법재판소가 생긴 이래로 수없이 많은 양심의 자유의 침해를 호소하는 헌법소원이 제기되었고 재판소는 이에 대해 판단해 왔다. 만약 양심이 주관적이고 절대 불가침적인 성격의 것이라면 국가는 절대 국민의 양심의 자유를 침해할 수 없을 것이고, 국민이 "양심적"이라는 수식어를 사용하여 권리를 행사하거나 법을 따르지 않는다면 국가는 국방, 징세, 각종 규제활동 등을 전혀 수행할 수 없을 수도 있다. 따라서 헌법재판소에서 사전적이 아닌 헌법적 양심에 대한 정의와 그 판단기준을 세우는 것은 필수적인 일이다. 이것을 가장 잘 보여주는 결정이 양심적 병역거부에 대한 결정이다.

양심적 병역거부란 주로 종교적 이유로 비폭력을 주장하며 총을 잡는 행위를 거부하는 것이다. 그러나 우리 헌법은 제39조에서 모든 국민은 법률에 의한 병역의 의무를 부과하고 있고, 병역법 등 해당 법률은 대한민국의 모든 남성은 신체검사를 받고 이를 통과하면 총을 잡아야 하는 군사훈련을 의무화하고 있다. 따라서 헌법상 병역의 의무는 양심적 병역거부와 정면으로 충돌하게 되며 대체복무를 허용하지 않은 것이 위헌이라는 헌법소송으로 몇 차례 제기된 바 있다. 그러나 양심적 병역거부자를 형사적으로 처벌하는 법률은 지금까지 모두 합헌의 결정이 났다. 다음에 소개할 결정[60]도 그 중 하나이다. 이 결정에서는 두 분 재판관의 위헌 결정이 있었으나, 합헌 결정도 국회(입법자)에게 대체복무제 도입에 대한 검토를 권고하고 있으므로 그 결론이 완전히 다른 것이라고 볼 수는 없다. 그런데 필자가 이 결정에서 주목하는 부분은 위헌, 합헌의 결론이 아닌[61] 양

60) 헌법재판소 2004. 8.26. 선고 2002헌가1 결정

심에 대한 헌법적 정의와 침해에 대한 판단기준이다. 이 결정에서는 합헌과 위헌이 7 대 2로 나뉘었으나 합헌의견 중에서도 권성 전 재판관을 비롯한 두 재판관의 별개의견이 있었으므로 총 4가지의 다른 의견이 있었다. 각 의견에서 어떤 논리로 양심의 자유를 정의하고 침해를 판단하는 기준을 세웠는지 살펴보자.

## 나. 양심적 병역거부(헌법재판소 2004.8.26. 선고 2002헌가1 결정)

앞에서 설명한 각 의견에서 양심에 관한 부분만 발췌하여 보기로 한다.

### 1) 합헌의 다수의견 – 의견 1[62]

『헌법상 보호되는 양심은 어떤 일의 옳고 그름을 판단함에 있어서 그렇게 행동하지 아니하고는 자신의 인격적인 존재가치가 허물어지고 말 것이라는 강력하고 진지한 마음의 소리로서 절박하고 구체적인 양심을 말한다.[63] 즉, '양심상의 결정'이란 선과 악의 기준에 따른 모든 진지한 윤리적 결정으로서 구체적인 상황에서 개인이 이러한 결정을 자신을 구속하고 무조건적으로 따라야 하는 것으로 받아들이기 때문에 양심상의 심각한 갈등이 없이는 그에 반하여 행동할 수 없는 것을 말한다.

---

61) 이 책의 의도가 판단 논리의 탐구이기 때문에 여기서 결론에 영향을 미치는 종교의 문제와 우리 국방의 현실에 대해 논하는 것은 바람직하지 않다고 생각하기 때문이다.

62) 추후 의견들 간의 비교를 위하여 임의적으로 붙인 번호이다.

63) 헌재 1997.3.27. 96헌가11, 판례집 9-1, 245, 263; 헌재 2001.8.30. 99헌바92 등, 판례집 13-2, 174, 203; 헌재 2002.4.25. 98헌마425 등, 판례집 14-1, 351, 363

인간의 존엄성 유지와 개인의 자유로운 인격발현을 최고의 가치로 삼는 우리 헌법상의 기본권체계 내에서 양심의 자유의 기능은 개인적 인격의 정체성과 동질성을 유지하는 데 있다.

'양심의 자유'가 보장하고자 하는 '양심'은 민주적 다수의 사고나 가치관과 일치하는 것이 아니라, 개인적 현상으로서 지극히 주관적인 것이다. 양심은 그 대상이나 내용 또는 동기에 의하여 판단될 수 없으며, 특히 양심상의 결정이 이성적·합리적인가, 타당한가 또는 법질서나 사회규범, 도덕률과 일치하는가 하는 관점은 양심의 존재를 판단하는 기준이 될 수 없다.

일반적으로 민주적 다수는 법질서와 사회질서를 그의 정치적 의사와 도덕적 기준에 따라 형성하기 때문에, 그들이 국가의 법질서나 사회의 도덕률과 양심상의 갈등을 일으키는 것은 예외에 속한다. 양심의 자유에서 현실적으로 문제가 되는 것은 사회적 다수의 양심이 아니라, 국가의 법질서나 사회의 도덕률에서 벗어나려는 소수의 양심이다. 따라서 양심상의 결정이 어떠한 종교관·세계관 또는 그 외의 가치체계에 기초하고 있는가와 관계없이, 모든 내용의 양심상의 결정이 양심의 자유에 의하여 보장된다.

헌법 제19조의 양심의 자유는 크게 양심형성의 내부영역과 형성된 양심을 실현하는 외부영역으로 나누어 볼 수 있으므로, 그 구체적인 보장내용에 있어서도 내심의 자유인 '양심형성의 자유'와 양심적 결정을 외부로 표현하고 실현하는 '양심실현의 자유'로 구분된다. 양심형성의 자유란 외부로부터의 부당한 간섭이나 강제를 받지 않고 개인의 내심영역에서 양심을 형성하고 양심상의 결정을 내리는 자유를 말하고, 양심실현의 자유란 형성된 양심을 외부로 표명하고 양심에 따라 삶을 형성할 자유, 구체적으로는 양심을 표명하거나 또는 양심을 표명하도록 강요받지 아니할 자유(양심표명의 자유), 양심에 반하는 행동을 강요받지 아니할 자유(부작위에 의한 양심실현의 자유), 양심에 따른 행동을 할 자유(작위에 의한 양심실현의 자유)를 모두 포함한다.

양심의 자유 중 양심형성의 자유는 내심에 머무르는 한, 절대적으로 보호되는 기본권이라 할 수 있는 반면, 양심적 결정을 외부로 표현하고 실현할 수 있는 권리인 양심실현의 자유는 법질서에 위배되거나 타인의 권리를 침해할 수 있기 때문에 법률에 의하여 제한될 수 있는 상대적 자유라 할 것이다.[64]

양심의 자유가 개인의 내면세계에서 이루어지는 양심형성의 자유뿐만 아니라 외부세계에서 양심을 실현할 자유를 함께 보장하므로, 양심의 자유는 법질서나 타인의 법익과 충돌할 수 있고 이로써 필연적으로 제한을 받는다. 양심의 자유를 의도적으로 제한하는 법률이 아니라 할지라도, 국민 모두에 대하여 적용되는 법률은 국민 누군가의 양심과 충돌할 가능성을 항상 내재하고 있다.

양심의 자유는 헌법상의 기본권에 의하여 보호되는 자유로서 실정법적 질서의 한 부분이다. 기본권적 자유는 법적 자유이며, 법적 자유는 절대적 또는 무제한적으로 보장될 수 없다. 국가의 존립과 법질서는 국가공동체의 모든 구성원이 자유를 행사하기 위한 기본적 전제조건이다. 기본권의 행사가 국가공동체 내에서의 타인과의 공동생활을 가능하게 하고 국가의 법질서를 위태롭게 하지 않는 범위 내에서 이루어져야 한다는 것은 모든 기본권의 원칙적인 한계이며, 양심의 자유도 헌법적

64) 헌재 1998.7.16. 96헌바35, 판례집 10-2 159, 166 참조

질서 내에 자리 잡음으로써 모든 헌법적 법익을 구속하는 이러한 한계가 이미 설정되었다.

따라서 양심의 자유가 보장된다는 것은, 곧 개인이 양심상의 이유로 법질서에 대한 복종을 거부할 수 있는 권리를 부여받는다는 것을 의미하지는 않는다. 모든 개인이 양심의 자유를 주장하여 합헌적인 법률에 대한 복종을 거부할 가능성이 있으며, 개인의 양심이란 지극히 주관적인 현상으로서 비이성적·비윤리적·반사회적인 양심을 포함하여 모든 내용의 양심이 양심의 자유에 의하여 보호된다는 점을 고려한다면, '국가의 법질서는 개인의 양심에 반하지 않는 한 유효하다'는 사고는 법질서의 해체, 나아가 국가공동체의 해체를 의미한다. 그러나 어떠한 기본권적 자유도 국가와 법질서를 해체하는 근거가 될 수 없고, 그러한 의미로 해석될 수 없다.

따라서 이 사건의 경우 헌법 제19조의 양심의 자유는 개인에게 병역의무의 이행을 거부할 권리를 부여하지 않는다. 양심의 자유는 단지 국가에 대하여 가능하면 개인의 양심을 고려하고 보호할 것을 요구하는 권리일 뿐, 양심상의 이유로 법적 의무의 이행을 거부하거나 법적 의무를 대신하는 대체의무의 제공을 요구할 수 있는 권리가 아니다. 따라서 양심의 자유로부터 대체복무를 요구할 권리도 도출되지 않는다. 우리 헌법은 병역의무와 관련하여 양심의 자유의 일방적인 우위를 인정하는 어떠한 규범적 표현도 하고 있지 않다. 양심상의 이유로 병역의무의 이행을 거부할 권리는 단지 헌법 스스로 이에 관하여 명문으로 규정하는 경우에 한하여 인정될 수 있다.』

## 2) 위헌의 반대의견[65] – 의견 2

『오늘날 주요 민주주의국가에서 양심의 자유는 정신적 자유권 중에서도 근원적인 기본권으로 간주되고 있다. 양심의 자유는 개인이 자기정체성을 확립하고 주변세계 안에서의 위치와 행동방향을 찾아 자신의 진지하고도 강력한 마음의 소리에 따라 살아갈 수 있음을 의미하므로 인간의 존엄성과 불가분의 관계에 있고, 가치상대주의와 세계관적 중립성을 토대로 공동체 내에서 다양한 의사가 자유롭게 형성되고 나누어지는 것을 가능하게 하므로 민주주의를 구현하기 위한 전제가 되며, 이것이 없이는 학문・예술의 자유, 정치활동의 자유 등이 실질적으로 보장되기 어렵기 때문이다.

우리 헌법도 제19조에서 양심의 자유를 보장하는 규정을 독립적으로 두고 있다. 양심을 형성하게 되는 근원은 세계관・인생관・주의・신념이라고 부를만한 것이나 신앙일 수도 있으며, 그밖에 개인의 인격형성에 관계되는 내심에 있어서의 가치관・윤리적 판단일 수도 있다. 이 사건과 같이 종교적 양심이 문제되는 경우에는 종교의 자유에 의한 보호가 중첩되기도 한다. 그러나 어떠한 근원에 의해 형성된 것이든 양심은 그에 따라 행동하지 않고서는 자신의 인격적 존재가치가 허물어지고 말 것이라는 정도의 진지성이 있어야 하며 그와 같이 강력하고도 진지한 양심인지에 대한 판단은 개별적으로 이루어져야 한다.

한편, 양심의 내용에 대한 외부인의 평가에 따라 양심인지 여부가 좌우될 수 없고 그 가치의 고하가 가려져서도 아니 된다. 강력하고도 진지한 마음의 소리이기만 하면 양심으로 보아야 하며 사회와 국가 또는 인류에 유익한 것인지 등은 보호대

65) 재판관 김경일, 재판관 전효숙의 반대의견

상이 되는 양심인지 여부를 가릴 때 고려되지 않는다. 다만 내용에 대한 평가는 양심실현을 자유로이 허용할 경우 국가안전보장이나 사회질서 또는 공공복리에 어떠한 영향을 미칠 것인가의 측면에서 이루어질 수 있다. 그러한 점에서 내면에 머무르는 양심은 절대적 자유로 인정되며 제한이 허용되지 않는 데 반해 표명여부나 작위·부작위 등에 의해 양심을 실현하는 경우에는 다른 대부분의 자유권과 마찬가지로 헌법 제37조 제2항에 의해 제한될 수 있다고 보아야 한다.

물론 어떠한 행동이 제한이 가능한 양심에 따른 것이라 하여 가볍게 취급할 수는 없다. 사람은 내면의 세계만으로 살아가는 것이 아니라, 주변세계와 관련을 맺고 살아가는 것이며, 마음과 행동은 서로 연결되어 있으므로 행동이 내면과 일치하여야 그 마음이 보전될 수 있기 때문이다. 다만 내심에 따른 행동은 '다른 사람의 기본권이나 사회질서에 피해를 줄 가능성'이 있다는 점에서 내심의 생각에 머무른 것에 비하여 사회적 관련성이 크므로 상대적으로 제한될 수 있을 뿐이다.

양심의 자유의 제한을 의도하지 않는 일반적으로 적용되는 법률에 있어 그 법률이 명령하는 것과 일치될 수 없는 양심의 문제는 법질서에 대해 예외를 인정할지 여부의 형태로 나타난다. 이 때 '예외 또는 면제'를 일종의 특혜로 보고 이에 의한 양심의 자유의 실현은 권리로서 보장되지 않는 것으로 보기 쉽다.

그러나 다수가 공유하는 생각과 다르다는 이유만으로 소수가 선택한 가치가 이상하거나 열등한 것이라고 전제할 수는 없고 양심은 어디까지나 기본권으로 보호되는 것이다. 그러므로 위와 같은 경우에도 다수결원리가 전적으로 우선하여야 함을 전제로 하여 '혜택을 부여할 것인가'의 관점에서 심사기준을 완화할 것은 아니다. 이 경우 법률의 합헌성 여부 심사는 다른 기본권침해의 판단과 마찬가지로 일반적인 헌법 제37조 제2항에 의한 기본권제한 원리에 따라 이루어져야 한다.』

### 3) 재판관 권성의 합헌의 별개의견[66] – 의견 3

『종교상의 신념이나 교리가 신의 소리라고 한다면 양심의 소리는 인간의 소리로서 이것은 인간의 존엄성에 부합하는 윤리적 결단의 표명이다.

신의 소리에 대하여 인간이 그 내용의 당부를 따질 수는 없고 단지 그 사회적 파장의 현실적 수용가능 여부가 기본권제한의 문제로서 헌법적 판단의 대상이 된다는 점은 앞에서 이미 언급한 바이다.

이에 반하여 양심의 소리는 인간의 소리이므로 그 내용의 당부, 즉 그 정당성 유무를 당연히 따질 수 있는 것이다. 물론 양심의 소리가 내심에 머물러 있는 단계라면 그 표명을 강요할 수 없다는 의미에서 절대적 자유로 보장되어 비판에서 제외되지만 일단 표명되어 공개되면 비판에서 면제될 수 없다. 표명된 양심은 이미 자기만의 것이 아니고 자타(自他)가 사회적으로 관계하는 객관적 존재가 되므로 비판의 대상이 된다. 종교의 소리가 신의 또 다른 이름으로 비판되는 것 이외에 인간의 소리로는 비판될 수 없다고 하는 것과는 다르다.

양심의 소리를 표현하는 방법에는 제한이 없다. 언어적 표현 이외에 행동에 의한 표현도 가능하다. 또한 표현은 점수적 궁리(漸修的 窮理)의 발현일 수도 있고 돈오적 즉발(頓悟的 卽發)일 수도 있을 것이다. 결국 양심실현의 행위는 양심 표현의 한

66) 원칙적으로 양심적 병역거부를 종교의 자유로 판단하지만 양심의 자유 측면에서도 판단한 내용이다. 우리 헌법에서는 종교의 자유가 인정되나 국교를 인정하지 않고 있으며, 종교적 행위의 자유는 법률로 제한할 수 있다고 해석한다.

유형으로서 자타(自他)가 사회적으로 관계를 맺는 객관적 존재가 되므로 양심실현의 자유는 비판의 대상이 될 수 있다.

비판의 기준은 무엇인가. 그것은 보편타당성이다.

양심의 소리는 인간의 존엄성에 부합하는 윤리적 결단의 소산이므로 인간의 존엄성에 부합하여야 하고 따라서 인간의 이성이 수긍할 수 있는 보편타당성이 있어야 한다. 최소한으로 말한다면 비록 현재는 보편타당성이 인정되지 않는다고 하더라도 그 획득의 가능성은 열려 있어야 한다.

보편타당성의 획득계기는 무엇인가.

학문이나 사상과 달리 양심은 윤리적 결단의 본체이므로 그 보편타당성의 내용은 윤리의 핵심 명제인 인(仁)과 의(義), 이 두 가지로 집약된다. 시대와 사람에 따라 접근방식과 표현에 다소의 차이는 있지만 결국은 모든 사람의 본성이 지향하는 선(善)의 구체적인 표지가 인(仁)과 의(義), 이 두 가지라는 것을 부인할 수는 없기 때문이다. 인(仁)과 의(義), 이 두 가지는 인간을 존엄하게 만들고 인간을 윤리적 존재로 만드는 소이연이다. 그러므로 인(仁)하고 의(義)로운 행위는 보편타당성을 획득하고 그렇지 못한 행위는 보편타당성을 획득할 가능성이 없다고 보아야 한다.

양심의 소리가 보편타당성이 있는 것이면 그 양심의 소리는 절대적으로 보호되어야 한다. 절대적 보호의 대상이라는 점에서 헌법 제37조 제2항이 적용될 수 없다. 그러므로 양심의 소리가 보편타당성이 있는 것이라면 그 사회적 파장이 비록 현재의 실정법질서에서 곧바로 수용하기 어려운 것이라 하더라도 헌법 제37조 제2항을 적용하여 이를 규제할 수는 없다. 이러한 의미에서 보편타당성은 양심의 자유의 내재적 한계가 된다고 말하여도 좋을 것이다.

그러나 양심의 소리가 보편타당성이 없는 경우에는 문제가 다르다. 우선 이 경우에 그 사회적 파장이 별로 문제될 것이 없는 것이라면 비록 그 내용이 부당한 것이라 하더라도 이를 헌법 제37조 제2항을 적용하여 규제할 수는 없다. 이러한 범위의 것은 관용의 대상이 된다고 말하여도 좋을 것이다. 반면 보편타당성이 없는 양심의 소리가 결과하는 사회적 파장이 헌법질서에서 수용하기 어려운 것이라면 헌법 제37조 제2항을 적용하여 법률로 이를 제한할 수 있다.

이렇게 되면 양심의 소리는 다음과 같이 단계별로 구별되어 헌법상의 보호를 받는다. 첫째로 내심적 존재인 경우에는 절대적으로 보호된다. 즉, 헌법 제37조 제2항이 적용될 여지가 없다. 둘째 표현된 양심의 소리가 보편타당성이 있을 때에는 역시 절대적으로 보호된다. 그러므로 국가안전보장・질서유지・공공복리를 위하여서도 이를 제한할 수 없다. 즉, 헌법 제37조 제2항이 적용되지 않는다. 셋째 표현된 양심의 소리가 보편타당성이 없을 때에는 헌법 제37조 제2항이 적용된다. 그 결과 국가안전보장・질서유지・공공복리를 위하여 필요한 때에는 이를 제한할 수 있고 그러한 필요가 인정되지 않으면 이를 제한할 수 없게 된다.

양심의 자유에 대한 헌법적 보호를 위와 같이 단계별로 파악하는 것이 양심의 자유의 중요성에 걸맞게 이를 보다 두텁게 보호하는 방법이 된다. 왜냐하면 종래의 견해에 따르면 대체로 내심적 단계에 머무르는 양심만을 절대적으로 보호하는 결과가 되었는데 위에서 본 단계적 보호의 견해에 의하면 내심적 존재인 양심 이외에도 표현된 양심으로서 보편타당성이 있는 것 또한 절대적 보호를 받기 때문이다.

또한 다수의견이 취하는 바와 같이 양심의 자유가 국가에 대하여 소수자의 양심에 대한 관용을 촉구하고 관용을 위한 배려의무를 부과하는 정도의 것이라면 양심의 자유를 보호한다는 것이 실제로는 별 내용과 의미가 없는 것이 되고 만다. 이는 양심의 자유를 가장 중요한 기본권이라고 내세우는 것과는 균형이 맞지 않는다.

그러므로 보편타당성의 유무를 기준으로 하여 양심의 자유에 대한 보호의 두께를 결정하는 것이 합당하다.』

#### 4) 합헌의 별개의견[67] – 의견 4

『양심의 자유는 다른 기본권과 근본적 차이가 있다. 생명, 재산권, 표현, 집회, 직업의 자유 등은 기본적 주체의 개인적·주관적인 내적 상황과 관계없이 보장되고 또한 국가권력에 의하여 침해될 수 있는 특징이 있다. 그러므로 어떤 법규정이 한 개인의 위와 같은 기본권을 침해한다면 이 법규정이 다른 개인에 적용되는 경우 또한 그 개인의 기본권을 침해하게 된다.

이에 반하여 양심의 자유는 본질상 지극히 주관적이기 때문에 양심상의 결정과 국가법질서의 충돌로 말미암아 발생할 수 있는 양심의 자유에 대한 침해는 필연적으로 개인적이며 이로써 법규정이 한 개인의 양심의 자유를 침해하였다고 하여 다른 개인의 양심의 자유를 침해하는 일반적 효과가 발생하는 것이 아니다. 따라서 입법자에게 법률의 제정 시 이와 같이 개인적이고도 일반화할 수 없는 양심상의 갈등의 여지가 발생할 수 있는 모든 사안에 대하여 사전에 예방적으로 양심의 자유를 고려하는 일반조항을 둘 것을 요구할 수는 없는 것이고, 이와 같은, 조감할 수 없는 무수한 개별적 양심갈등 발생의 가능성에

67) 재판관 이상경의 합헌의 별개의견

비추어 법적 의무를 대체하는 다른 대안을 제공해야 할 입법자의 의무는 원칙적으로 부과할 수가 없고 위와 같은 규정의 미입법으로 양심의 자유에 대한 침해가 나타난다고 하더라도 이로 인하여 그 법률이 위헌적 법률이 되는 것이 아니다(Vgl. Herdegen, Gewissensfreiheit und Normativität des positiven Rechts, S. 286f).

이와 같은 양심의 자유의 본질적 특성에 비추어 볼 때 입법자가 이 사건 법률조항을 제정함에 있어서 양심보호의 일반적 규정을 규정하지 아니하였다고 하더라도 그것이 곧 바로 정의의 외형적 한계를 일탈하여 정의의 관점에서 수인할 수 없는 정도의 위헌적 법률이라고 단정할 수는 없는 것이다.』

### 5) 비교분석

위의 네 가지 양심에 대한 정의와 그 제한 여부에 대해 비교해 보라는 질문을 받는다면 어떻게 하겠는가. 각기 다른 주제문을 비교・분석하라는 것은 주요 대학의 입시논술에서도 자주 등장하는 논제의 유형이기도 하다. 비교를 위해서는 우선 각 제시문 간의 공통점과 차이점을 찾아내는 것부터 시작한다.

네 개의 의견 모두 양심의 자유는 개인의 주관적 신념임을 인정하고 있다. 그러나 의견 3은 주관적인 것을 신의 소리와 대비하여 '인간의 소리'라고 표현하는 점에서 약간의 차이가 있다. 양심이란 주관적이라는 출발점 외에도 의견 4에서는 언급하고 있지 않지만 내면의 양심, 즉 양심 형성의 자유는 절대적인 것으로 인정하고 있는 점도 공통점이라고 볼 수 있다. 그런데 그 양심이 밖으로 드러났을 때는 제한의 대상이 된다는 점까지도 동일하다고 볼 수 있다.

차이점을 보면 양심을 의견 1과 의견 2는 불가침한 절대적인 것으로 파악하고 있다. 따라서 의견 1은 억압의 대상이 되는 소수의 양심을 국가가 가급적 보호해야 한다고 주장하고 있으며, 의견 2는 개인의 양심이란 아예 외부의 평가가 이루어질 수 없는 영역으로 보고 있다. 그러나 두 의견 모두 양심의 실현은 공익을 위해 제한할 수 있는 상대적 권리인데 의견 1은 국가가 양심실현의 자유를 가급적 보호할 의무는 있지만 국민이 거부할 권리는 없는 것으로 보고 있으며, 의견 2는 다른 기본권 제한과 마찬가지로 엄격하게 심사해야 한다는 것이다. 의견 3은 양심의 평가기준을 보편타당성으로 제시하고 있다. 양심이란 보편타당성이라는 내재적 한계를 가진 개념이라는 것이다. 예를 들어 누군가 폭력이 양심이라고 생각한다면 이것은 아예 양심의 범주에서 벗어난다는 논리이다. 의견 4는 양심이란 주관적이어서 국가가 원천적으로 모든 양심을 보호하는 것은 불가능하다는 논리를 펼친다. 그리고 양심은 보편성과 함께 일관성이 있어야 한다고 보고 있다. 양심의 보호에 있어서 의견 3은 한걸음 더 나가서 보편타당성을 가진 양심과 사회적 파장이 적은 양심의 실현은 제한할 수 없으나 보편타당성을 갖추지 못하고 사회적 파장이 큰 양심의 실현은 양심의 자유의 보호 대상이 아니라는 주장을 한다. 즉, 그것은 보호받을 수 있는 양심이 아니라는 것이다.

그럼 이제 위 분석결과를 토대로 각 의견에 따른 결론을 내보자. 의견 1에 따르면 국민이 양심적 병역거부를 내세워 집총이 필수적인 입영을 거부할 권리는 없으므로 합헌으로 결론이 날 것이다. 의견 2에 따르면 국가가 양심의 자유를 침해함에 있어 그 목적의 정당성, 수단의 적절성, 침해의 최소성, 공익과의 비례성을 고려할 때 형벌을 부과하는 것은 너무 과한 것이므로 위헌으로 결론이 날 것이다. 의견 3에 따르면 우리는 평화의 수호를 위해 국방을 하는 것이므로 양심적 병역거부는 보편타당성이 인정되지 않아 아예 양심의 자유에 대한 침해가 인정되지 않을 것이다. 따라서 합헌의 의견일 것이다. 의견 4도 비슷한 논리로 양심적 병역 거부자들도 전쟁으로부터 평화를 원하면서 국방에 참여하지 않는 것은 양심의 판단기준으로 제시한 일관성이 결여되는 것이므로 양심으로 보호할 수 없다는 결론으로 합헌의 판단이 날 것이다. 그리고 실제 결정에서는 의견 1이 합헌 결정을 내렸지만 입법자에 대한 대체복무의 가능성 검토에 대한 권고를 하여 절충적인 입장을 보이고 있다. 그러나 의견 3과 의견 4는 이 권고에 대하여 찬성하지 않고 있다. 참고로 각 의견에 대한 결론 부분을 살펴보자.

우리가 알고 있다고 생각하는 개념 중에 상대적인 것에는 무엇이 있는가. 예를 들어 '우리'라는 단어를 생각해 보자. 사람들이 이 단어를 얼마나 자의적으로 사용하는가? 말하는 사람의 입장에 따라 그 범위가 신축적이지 않은가? 또 정치인들은 항상 '국민을 위하여'라며 정치적인 행동을 한다. 하지만 그들이 말하는 '국민' 속에 과연 자신이 포함되어 있는지는 항상 따져 보아야 할 일이다.

### 6) 참고 - 각 의견에 따른 결론

- 합헌의 다수의견의 결론 - 의견 1

『한국의 안보상황, 징병의 형평성에 대한 사회적 요구, 대체복무제를 채택하는 데 수반될 수 있는 여러 가지 제약적 요소 등을 감안할 때, 대체복무제를 도입하더라도 국가안보라는 중대한 헌법적 법익에 손상이 없으리라고 단정할 수 없는 것이 현재의 상황이라 할 것인바, 대체복무제를 도입하기 위해서는 남북한 사이에 평화공존관계가 정착되어야 하고, 군복무여건의 개선 등을 통하여 병역기피의 요인이 제거되어야 하며, 나아가 우리 사회에 양심적 병역거부자에 대한 이해와 관용이 자리잡음으로써 그들에게 대체복무를 허용하더라도 병역의무의 이행에 있어서 부담의 평등이 실현되며 사회통합이 저해되지 않는다는 사회공동체 구성원의 공감대가 형성되어야 하는데, 이러한 선행조건들이 충족되지 않은 현 단계에서 대체복무제를 도입하기는 어렵다고 본 입법자의 판단이 현저히 불합리하다거나 명백히 잘못되었다고 볼 수 없다.

병역의무와 양심의 자유가 충돌하는 경우 입법자는 법익형량과정에서 국가가 감당할 수 있는 범위 내에서 가능하면 양심의 자유를 고려해야 할 의무가 있으나, 법익형량의 결과가 국가안보란 공익을 위태롭게 하지 않고서는 양심의 자유를 실현할 수 없다는 판단에 이르렀기 때문에 병역의무를 대체하는 대체복무의 가능성을 제공하지 않았다면, 이러한 입법자의 결정은 국가안보라는 공익의 중대함에 비추어 정당화될 수 있는 것으로서 입법자의 '양심의 자유를 보호해야 할 의무'에 대한 위반이라고 할 수 없다. 그렇다면 이 사건 법률조항은 양심적 병역거부자의 양심의 자유나 종교의 자유를 침해하는 것이라 할 수 없다.』

– 위헌의 소수의견의 결론 – 의견 2

『다수결을 기본으로 하는 민주주의 의사결정구조에서 다수와 달리 생각하는 이른바 '소수자'들의 소리에 귀를 기울이고 이를 반영하는 것은 우리 헌법의 기본 이념인 개인의 불가침의 기본적 인권보장과 민주적 기본질서확립에 있어 핵심적인 요소이다. 더불어, 사회의 다수와 구별되는 소수자인 양심적 병역거부자들의 신념을 존중하고 가능한 한 수용하는 것은 우리 사회를 보다 성숙되고 발전된 방향으로 나아가게 하는 길이 될 것으로 믿는다.

우리는 이상에서 살펴본 바와 같이 입법자가 이 사건 법률조항에 의해 구체화된 병역의무의 이행을 강제하면서 사회적 소수자인 양심적 병역거부자들의 양심의 자유와의 심각하고도 오랜 갈등관계를 해소하여 조화를 도모할 최소한의 노력도 하지 않고 있다고 판단하므로 이들에게도 일률적으로 입영을 강제하고 형사처벌을 하는 범위에서는 이 사건 법률조항이 위헌임을 면치 못한다고 생각한다.』

– 재판관 권성의 합헌의 별개의견의 결론 – 의견 3

『양심의 자유, 사상의 자유 및 학문의 자유 등은 그 뿌리를 모두 인간 내심의 정신적 작용에 두고 있다는 점에서 공통되므로 양심의 자유에 관하여 위에서 논의한 바는 대체로 학문의 자유나 사상의 자유에 대하여도 그대로 타당할 수 있을 것이다.

설명의 방편으로 갈리레오의 지동설에 대한 중세의 종교재판을 오늘의 헌법재판으로 번안하여 본다면 지동설은 윤리와 도덕의 범주에 속하지 아니하므로 우선 양심의 소리는 아니고 그렇다고 신의 소리를 전하는 것도 아니므로 종교의 문제도 아니다. 이것은 자연과학이라는 학문 및 이에 기초한 철학적 사상의 범주에 속한다. 그렇다면 지동설의 표명은 학문 및 사상의 자유에 속하고, 그 내용이 보편타당하거나 그러한 가능성이 열려 있으면 이는 절대적으로 보호를 받아야 한다. 중세의 종교재판은 지동설과 천동설을 종교의 문제로 본 데서 잘못되었고, 지동설의 보편타당성을 이성으로 검증하지 않고 추상적 독단으로 이를 배격한 데서 또한 잘못되었으며, 피고인을 위협하여 지동설의 부인을 강요한 점에서 더욱 잘못되었다. 당시의 사회일반의 과학에 대한 이해와 재판관들의 소양에 비추어 볼 때, 지동설의 보편타당성을 검증, 확인한다는 것은 사실 매우 어려운 일이 아닐 수 없었다. 이로부터 다음과 같은 역사적 교훈이 도출된다. 양심, 학문, 사상 등의 문제에 관하여 보편타당성을 검증할 때에는 장래에 전개될 수 있는 인간 이성(理性)의 계몽 및 학문의 발전과 사회의 진화를 감안하여, 이를 부정함에 있어서 신중을 요하고 설혹 이를 부정할 경우에도 그것이 장차 보편타당성을 획득하게 될 가능성을 고려하여 그 제재에 있어서는 가능한 한 관대한 입장을 취할 필요가 있다는 것이다. 이 점은 법원의 재판에 있어서 고려될 수 있는 사항의 하나일 것이다.

헌법상 절대적으로 보호되는 양심의 소리는 위에서 본 것처럼 그 내용에 보편타당성이 있는 것 내지는 보편타당성의 획득 가능성이 열려 있는 것에 한정된다. 또한 당연한 것이긴 하지만 그 형성과정에서의 진지함이 인정되어야만 한다. 결국 그 형성과정의 진지함과 내용의 보편타당성, 이 두 가지가 양심의 소리에 대한 헌법적 보호의 요건이 되는 셈이다.

형성과정에 문제가 있는 것, 예컨대 정신질환으로 인하여 생긴 것 등은 보호의 대상에서 제외되어야 할 것이다. 또한 형성의 진지함은 양심의 자유와 일반적 행동의 자유와를 구별짓는 한 단서가 된다. 자기 정체성의 표현을 의미하는 고도의 결단, 지행합일의 의미를 갖는 고도의 결단, 희생을 수인하는 결단, 이러한 진지한 결단에 연유하는 것이라야 양심의 표현에 속하고 불연이면 일반적 행동의 자유에 속하는 것으로 보아야 한다.

이 사건에 돌이켜 보면 부당하고 불의한 침략전쟁을 방어하기 위하여 집총하는 것을 거부하는 것은 인간의 존엄성에 부합하는 윤리적 결단으로 평가될 가능성이 매우 희박하다. 국토와 헌법을 수호하고 자기와 자기의 가족 그리고 자기의 사랑하는 이를 살상하는 침략에 대항하여, 그리고 대항할 준비를 위하여, 집총을 하는 것은 인간의 양심이 명하는 바라 하여 그렇게 하지 못할 경우 이를 크게 부끄럽게 생각하는 것이 동서고금의 보통 사람들의 자연스러운 인식임을 충분히 인정할 수 있다. 나아가 이러한 인식은 우리의 이성이 합리적으로 사유할 때 그 타당성을 충분히 인정할 수 있는 바이다.

자기의 부모, 형제, 처자가 살상되는 것을 보고도 가만히 있는다면 이는 측은지심(惻隱之心)이 없어 인(仁)하지 못한 것이 아닌가 의심되고, 이러한 살상을 보고도 분기하지 않는다면 이는 수오지심(羞惡之心)이 없어 의롭지 못한 것이 아닌가 의심되고, 다른 사람의 수고와 희생의 결과로 얻어지는 안전을 누리기만 하는 것은 사양지심(辭讓之心)이 없는 것이니 이는 예(禮)에 어긋나는 것이 아닌가 의심되며, 충분히 있을 수 있는 침략의 위험이 목전의 것이 아니라 하여 이를 외면한다면 이는 지혜롭지 못한 것이 아닌가 의심된다.

인(仁), 의(義), 예(禮), 지(智)가 이처럼 의심스러운 행위는 그 보편타당성을 인정받기 어렵다. 그러므로 침략전쟁을 방어하거나 방어를 준비하기 위하여 필요한 집총을 거부한다는 것은 보편타당성을 가진 양심의 소리라고 인정하기 어렵다. 율곡 이이가 외적의 침략에 대항하기 위하여 임진왜란의 발발 10년 전인 1583년에 10만 양병을 주장한 것은[68] 율곡이 양심이 없었거나 호전적이었기 때문은 아니었고 오늘날 국민개병의 기치

68) 한국정신문화연구원, 국역 율곡전서 [VII] 권34 부록 [2], 1988, 109면.

아래 많은 청년이 군에 입대하여 희생을 견디며 집총을 하는 것도 그들이 양심이 없거나 호전적이어서 그러한 것은 물론 아니다. 무자비한 인종청소를 자행하는 집단을 진압하기 위하여 U.N.이 평화유지군을 투입하는 것도 양심이 없거나 전쟁을 즐겨서 그러는 것이 물론 아니다.

그러므로 방어용의 집총까지를 거부하는 것을 보편타당한 양심의 소리라고 할 수는 도저히 없다. 미래를 헤아려 보더라도 적어도 상당한 기간 결론은 동일할 것이다.』

– 합헌의 별개의견의 결론 – 의견 4

『다음으로 이 사건 법률조항이 정의의 이념을 내용으로 하는 양심을 가진 자를 형사처벌함으로써 정의와 모순되는 것인지에 관하여 본다.

즉, 이 사건 법률조항에 의하여 처벌되는 양심적 병역거부자는 이른바 양심범으로서 우리가 살고 있는 이 공동체가 나아가야 할 정의로운 가치를 지향하고 이를 소극적인 방법으로 실현하고자 하는 것임에도, 이를 억압하고 제재를 가하는 실정법률인 이 사건 법률조항은 정의와 모순·갈등을 빚게 되는 것으로서 도저히 감내할 수 없는 것인지가 문제될 수 있다는 것이다.

그런데 양심 가운데서도 특히 헌법이 보호하려는 양심은 '어떤 일의 옳고 그름을 판단하고 그에 따라 행동하지 않고서는 자신의 인격적 존재가치가 허물어지고 말 것이라는 강력하고 진지한 마음의 소리'로서, 진지하고 절박한 구체적인 양심이지 막연하고 추상적인 개념으로서의 양심이 아님은 물론, 그 가치판단의 일관성 내지 보편성을 충족시키는 양심이어야 할 것이다.

이 사건 법률조항과 관련되어 문제되는 이른바 양심적 병역거부자는 종교를 신봉하여 그 교리에 따른 양심의 명령 때문에 입영을 거부하고 있다고 주장하고 있는바, 이와 같은 병역거부자의 양심은, 단순한 병역기피를 목적으로 하고 있지 않는 한 전쟁을 비롯한 모든 폭력행위를 금하고 있다고 보아야 할 것이다. 이러한 양심이 과연 그 가치 판단의 일관성 내지 보편성을 충족시키는 양심에 해당하는지 여부는, 이와 같은 비폭력을 존중하는 양심을 가진 자에 대하여 타인으로부터 자신의 생명·신체·재산에 대한 위해가 가해질 경우 그가 과연 무력의 행사가 필연적으로 동반될 수밖에 없는 공권력에 의한 보호를 전적으로 포기할 것인지 여부에 달려 있다고 할 수 있다. 특히 우리 헌법은 침략적 전쟁을 부인하고 있어(헌법 제5조 제1항) 대한민국의 국방력의 유지는 이러한 자기방어적인 성격을 지닐 수밖에 없다는 점에서 병역의무의 거부는 이러한 자기방어의 포기와 연결될 수밖에 없다는 점에 유의할 필요가 있다.

만일 위와 같은 병역거부자가 공권력의 무력 행사에 의한 자기방어적인 보호까지도 전적으로 포기하였다면, 그의 양심과 사상의 일관성과 보편성이 인정될 수 있고 또 존중받을 가치를 충분히 지녔다고 할 수 있겠지만, 이 국가의 영역 내에서 자신의 생명과 재산을 유지하고 있다는 것 자체가 결국 국가 공권력의 무력에 의한 보호, 즉 제도화된 폭력에 의한 보호를 받고 있다는 명백한 증거라고 할 수 있다. 또 이른바 양심적 병역거부자가 이러한 공권력의 무력에 의한 보호를 거부하였다는 자료는 어디에서도 찾아보기 어렵다. 이렇듯 국가 공권력의 주요 부분을 구성하는 무력의 형성·유지에 기여하는 병역의무의 이행에는 반대하면서도 그 공권력에 의한 자신의 생명·신체·재산에 대한 보호는 향유하겠다고 한다면, 이른바 양심적 병역거부자가 갖고 있다는 양심이라는 것은 서로 모순되는 가치를 동시에 요구하는 이율배반적인 것이라 하지 않을 수 없고, 비폭력을 지향한다는 병역거부자의 양심이라는 것은 과연 그 실체가 무엇인지, 일관성 및 보편성을 지닌 진지한 가치체계로 수용될 수 있을 것인지에 관하여 심각한 회의가 들지 않을 수 없다. 이와 같은 회의는 병역거부자들이 징역형과 그에 결부되는 직업생활상의 장애, 사회적 냉대라는 큰 불이익에도 불구하고 양심을 주창하였다는 점만으로, 그리고 다른 나라에서 양심적 병역거부가 널리 인정되고 국제적으로 그 수용이 요구된다는 점만으로 제거될 수 없는 근본적인 성격의 것이다. 오히려 우리의 마음속 깊은 곳에서 우러나오는 양심은 이른바 양심적 병역거부자에 대한 동정적인 사회적 분위기와 여론에도 불구하고 우리 공동체의 장래를 위하여 이 문제에 관하여 보다 진지하게 고뇌할 것을 명하고 있다. 그런데 적어도 제청신청인을 비롯한 양심을 이유로 한 병역거부자들의 현시점의 주장에서 이 문제에 대한 명확한 인식과 해명은 물론 진지한 고민조차 찾아보기 어렵다는 점에서, 그들이 갖고 있는 양심이라는 것을 일관성 및 보편성을 지닌 진지한 가치체계를 가진 양심으로 받아들이기는 어렵다고 판단된다.』

# 5 비례(과잉금지)의 원칙 – 적정한가?

## 가. 적정함을 판단하는 방식

음식의 조리법을 보면 가끔 '소금, 후추 적당량'과 같은 표현이 등장한다. 이 책의 앞에서도 한자성어나 속담 등은 적당히 사용해야 한다고 설명했다. '적당', '적절' 이라는 말은 분명 누구나 아는 것 같지만 애매하기 그지없는 문제이다. 즉, 어려운 문제인 것이다. 이런 부분이 헌법재판에는 늘상 등장한다. 바로 헌법 제37조 제2항에 '필요한 경우에 한하여 법률로서 제한할 수 있다.'고 규정되어 있기 때문에 법률이 기본권을 침해했다고 인정된다면 그것이 필요한 경우인지를 판단해야 하는 것이다. 그런데 필요하지 않은 법률을 국회에서 제정했을 이유가 없기 때문에 문구대로 해석한다면 법률로 제정된 기본권침해조항은 모두 합헌이 될 것이다. 그러면 법률의 위헌여부는 따질 필요가 없어지는 것이다.

하지만 헌법재판소는 이 필요한 경우를 적정한가를 기준으로 판단하며, 이를 과잉금지 또는 비례의 원칙이라고 한다. 일찍이 공자도 이와 비슷한 기준을 제시하신 바 있다. 바로 '과유불급(過猶不及)'이다. 지나친 것은 미치지 못한 것과 같다는 의미로 공자의 제자 중 한 분이 공자께 다른 두 제자 중 어느 쪽이 나은가라고 질문을 하자, 한 제자는 지나치고 또 한 제자는 모자라다고 말씀하신 데에서 유래했다고 한다.[69] 헌법재판소

69) 논어에 나오는 말로, 자공(子貢)이 공자에게 "사(師 : 제자의 이름)와 상(商 : 제자의 이름)은 어느 쪽이 어집니까?" 하고 묻자, 공자는 "사는 지나치고 상은 미치지 못한다"라고 대답하였다. "그럼 사가 낫단 말씀입니까?" 하고 반문하자, 공자는 "지나친 것은 미치지 못한 것과 같다(過猶不及)"고 말하였다.

는 헌법 제37조 제2항의 '필요한 경우'를 과유불급과 유사한 과잉금지로 판단하는데 그 구체적인 기준으로 목적의 정당성, 방법(수단)의 적정성(유효성), 피해의 최소성, 법익의 균형성을 사용하고 있다. 이 기준을 벗어나면 위헌이라는 판단을 하는 것이다. 이 기준들은 순차적으로 적용하여 판단을 하며, 법률에 의한 기본권침해가 문제가 된 경우에는 대부분 이 기준의 적용에 의해 위헌과 합헌의 결론이 갈라지게 된다.

이 기준들을 이해하기 위해 간단한 예를 들어보자. 두 명의 비행청소년들이 길거리에서 다른 청소년의 돈 10,000원을 빼앗고 있었는데 마침 그 옆을 지나가던 태권도 유단자가 비행청소년들을 때려서 비행청소년들이 장기간 입원할 정도로 다쳤다고 가정하자. 이 경우를 위의 기준으로 판단하면[70] 태권도 유단자의 폭력행위는 그 목적은 정당하다고 할 수 있다. 방법의 적정성에는 약간 의문이 들 수 있다. 만약 유단자가 먼저 말로 훈계했음에도 비행청소년들이 먼저 폭력을 행사하는 경우에 방어적으로 폭행을 행사한 경우라면 그 방법의 적정성을 인정받을 수 있을 것이다. 하지만 유단자의 행동으로 비행청소년의 비행을 막을 수는 있었으므로 방법의 적정성은 있다고 판단해야 한다. 다른 방법이 없었는지는 다음 단계인 피해의 최소성에서 살펴보면 된다. 다음으로 피해의 최소성을 따져보면 어떠한가. 비행청소년들이 흉기라도 들고 있었다면 피해의 최소성이 인정되겠지만 태권도 유단자가 치명적인 공격을 하여 입원할 정도까지 피해를 끼치게 했다면 너무 심하다고 보는 것이 맞을 것이다. 유단자는 다른 방법이 없었는지를 고려했어야 하는 것이 옳을 것이다. 마지막으로 법익의 균형성을 따져보자

70) 형법상 정당방위를 따지는 게 더 적절한 문제이지만 여기서는 과잉금지만을 기준으로 판단한다.

비행 청소년들이 협박으로 돈을 빼앗고 있었다면 피해 학생의 침해된 법적 이익은 재산권(10,000원)이라고 볼 수 있고, 비행 청소년들의 침해된 법익은 신체의 보호이다. 재산권과 신체의 보호 간에는 신체가 더 중요하다고 보는 것이 일반적일 것이다. 이 사례에서 태권도 유단자를 국가로 보면 완벽한 설명이 되지는 않겠지만 과잉금지를 개략적으로 이해할 수 있을 것이다.

필자는 가끔 아이들을 훈육할 경우에도 이 기준으로 한 번 생각해 본다. 예를 들어 아이의 시험성적이 좋은 않은 경우 격려를 해야 되는지, 아니면 혼을 내야 되는지를 이 기준을 적용해 보면 결심이 서는 경우가 많다. 이 기준이 헌법재판소의 법적인 판단을 내리는 일종의 법리이지만 오히려 상식에 가까운 판단기준이 될 수 있는 것이다. 독자 여러분도 어떤 것이 적당한가를 판단하기 위해 이 기준을 연습해 보기를 권한다. 과유불급을 판단하는 훌륭한 기준이다. 이 기준을 적용한 후에 판단하여 판단의 이유를 설명한다면 그 판단에 커다란 설득력을 제공할 것이다.

## 나. 로비의 합법 여부(헌법재판소 2005.11.24. 2003헌바108 결정)

이 결정은 공무원에 대한 로비를 처벌하는 형사법 규정에 대한 위헌 여부에 대한 것이다. 미국 등의 국가에서는 로비스트를 양성화하여 로비스트의 로비가 불법성을 가질 경우에만 처벌하는 한편 우리나라에서는 공무원에 대한 로비는 법률[71]로

71) 특정범죄가중처벌등에관한법률 제3조(알선수재) 공무원의 직무에 속한 사항의 알선에 관하여 금품이나 이익을 수수·요구 또는 약속한 자는 5년 이하의 징역 또는 1천만 원 이하의 벌금에 처한다.
제2조【뇌물죄의 가중처벌】 ① 형법 제129조·제130조 또는 제132조에 규정된 죄

써 원천적으로 금하고 있다. 이 결정의 다수 의견은 이 규정들이 청구인들의 기본권인 청원권 등을 침해하는 것은 인정되나 비례의 원칙상 그 제한은 필요한 것으로 보고 있다. 하지만 권성 재판관은 비례의 원칙에 어긋나서 위헌이라는 입장이다. 하지만 이 결정에서는 앞에서 설명한 비례성 심사기준을 엄밀하게 적용하지 않았고 완화하여 판단[72]하였기 때문에 심사기준이 결정문 곳곳에 녹아 있는 점을 감안하여 읽어 보아야 한다.

### 1) 합헌의 다수의견

『알선수뢰죄를 포함하여 뇌물범죄들을 처벌하는 이유는 직무집행의 공정과 이에 대한 사회의 신뢰 및 직무행위의 불가매수성을 보호하기 위해서이다. 만약 공무원이 어떤 공무를 집행함에 있어 공정성이나 신뢰성과 같은 어떤 원칙에 기초하지 않고 사사로운 이해관계에 따라 공무를 처리한다면 이는 국가 행정작용에 대한 국민의 불신을 크게 증가시켜 종국에는 사회체제의 붕괴를 초래하게 될 것이다. 이 사건 규정과 관련 있는 형법상의 알선수뢰죄에 있어서도 그 주체가 되는 공무원은 본인이 직접 직무를 처리하지는 않지만, 당해 직무를 처리하는 공무원에게 법률상 또는 사실상 영향력을 미치는 등의 직·간접적인 개입을 통해 공무를 불공정하게 처리하도록 할 가능성이 높기 때문에 그 지위를 이용하여 다른 공무원의 직무에 속한

---

를 범한 자는 그 수수·요구 또는 약속한 뇌물의 가액(이하 본조에서 "수뢰액"이라 한다)에 따라 다음과 같이 가중처벌한다.
1. 수뢰액이 5천만 원 이상인 때에는 무기 또는 10년 이상의 징역에 처한다.
2. 수뢰액이 1천만 원 이상 5천만 원 미만인 때에는 5년 이상의 유기징역에 처한다.
**형법 제132조【알선수뢰】** 공무원이 그 지위를 이용하여 다른 공무원의 직무에 속한 사항의 알선에 관하여 뇌물을 수수, 요구 또는 약속한 때에는 3년 이하의 징역 또는 7년 이하의 자격정지에 처한다.

72) 헌법재판소가 모든 기본권 침해를 엄격한 비례심사의 기준으로 판단하는 것은 아니다.

사항에 관하여 금품 등을 수수하면 형법이 이를 뇌물범죄로 처벌하고 있는 것이다.

한편, 청원권의 구체적 내용은 입법활동에 의하여 형성되며 입법형성에는 폭넓은 재량권이 인정되고 있다.[73] 따라서 청원권행사와 관련하여 청원 사항이나 청원 방식, 청원 절차 등에 관해서는 입법자가 그 내용을 자유롭게 형성할 재량권을 가지고 있으므로 공무원의 직무에 속한 사항의 알선에 관해 금품을 수수하는 등의 행위를 청원권의 내용으로서 보장할지 여부에 대해서도 입법자에게 폭넓은 재량권이 주어져 있다고 할 것이다. 그런데 입법자는 이러한 행위를 허용할 경우 위에서 살펴본 공무의 공정성과 신뢰성 등을 훼손할 염려가 있다고 판단하여 일반인의 경우라 하더라도 공무원의 직무에 속한 사항의 알선에 관하여 금품 등을 수수하는 경우에는 이를 형사처벌로써 금지하고 있는바, 이것이 청원권이나 일반적 행동자유권을 제한하는 측면이 있다고 하더라도 입법재량의 한계를 일탈한 것이라고는 볼 수 없다.

물론 일부 국가에서는 특정 사항에 관한 알선행위를 정당한 로비활동으로서 법으로 보호하고 있는데, 미국과 캐나다에서는 로비활동공개법과 로비스트등록법을 제정하여 로비스트로 등록하면 법에서 정하고 있는 일정 사항에 대해 대가를 받고 하는 로비를 보장하고 있다. 다원화되고 있는 현대사회에서 로비를 통하여 이익집단이 건전한 이익을 추구할 수 있도록 보장하는 것은 분명 긍정적인 측면이 있다. 국민이 자신의 권익을 위해서 국가기관 등의 정책결정 및 집행과정에 전문가인 로비스트를 통해 자신의 의견이나 자료를 제출할 수 있다면, 국민은 언제나 이러한 의견 전달 통로를 이용해 국정에 참여할 수 있

73) 헌재 1999.11.25. 97헌마54, 판례집 11-2, 583, 588

으므로 국민주권의 상시화가 이루어질 수 있다는 점에서, 국가기관은 정책결정에 필요한 좀더 많은 자료와 전문가의 조력으로 합리적인 의사결정을 할 수 있다는 점에서, 전문가나 전문가 집단의 로비활동은 적극적으로 권장할 사항으로 보인다.

그러나 금전적 대가를 받는 알선 내지 로비활동을 합법적으로 보장할 것인지 여부는 그 시대 국민의 법 감정이나 사회적 상황에 따라 달라진다고 보아야 한다. 사회적 조건이 성숙되어 있지 않은 상황에서 대가를 받는 알선 내지 로비활동을 인정하게 되면 국가에 대한 유익한 정보의 제공이라는 측면보다는 부정부패의 온상을 양산하는 결과를 가져올 수도 있기 때문이다. 그런데 우리의 역사에서 로비는 공익이 아닌 특정 개인이나 집단의 사익을 추구하는 도구로 이용되었고, 건전한 정보제공보다는 합리적인 판단을 흐리게 하는 뇌물성 부패공세를 통해서 비합리적인 의사결정을 하게 하여 시민사회의 발전을 저해하는 요소가 되었다. 즉, 로비가 적절한 권리행사를 초월하여 지연, 학연, 혈연 및 금품 등을 앞세운 부정한 사리사욕 추구의 수단으로 전락하였던 것이다. 이러한 이미지 때문에 그 유용성에도 불구하고 아직까지 대가를 받는 로비에 대해서는 부정적인 견해가 많다. 다만, 현실적으로 국가 정책결정에 국회를 통한 국민 의사의 반영은 한계가 있을 수밖에 없으므로 국정에 대한 국민의 의사 개진 통로의 다양성 확보라는 차원에서 부정을 차단할 수 있는 제도를 정비하여 대가를 받는 알선이나 로비가 합법적으로 가능하도록 하는 방안을 검토할 필요는 있을 것이다.

그러나 이러한 제도의 도입 여부나 도입 시기에 대한 판단은 입법부의 재량이 폭넓게 인정되는 분야이므로 아직까지 이를 도입하지 않고 있다고 하여 이것을 위헌이라고 할 수는 없다.

그러므로 이 사건 규정이 알선 내용의 정당성 여부를 불문하고 알선을 명목으로 금품을 수수하면 모두 형사 처벌하도록 하고 있다 하더라도 이것이 청원권이나 일반적 행동권에 대한 지나친 제한이라고는 할 수 없다.』

### 2) 재판관 권성의 반대의견

『민주주의는 그 국가적 결정에 국민의 동의를 끌어들여 국민 상호 간의 상이한 이해관계를 조정하고 통합함으로써 하나의 결정에 이르는 과정, 즉 합의의 과정을 전제한다. 민주주의가 이와 같이 합의의 과정을 전제하는 것은 민주국가가 토대로 삼고 있는 사회가 다양한 이해관계를 가진 개인이나 집단이 서로 경쟁하고 협력하는 다원적 사회 구조임을 전제로 하기 때문이다. 민주주의가 다양한 사회구조를 전제한다는 것은 다양한 이해관계를 가진 개인 혹은 사회적 집단이 일정한 공적 활동을 할 수 있도록 이들에게 활동 공간을 마련해 주고, 그렇게 함으로써 국가적 의사 결정과 국가적 활동에 다양한 집단의 의견이 포함될 수 있도록 하여야 한다는 것을 의미한다. 즉, 다양한 이해관계가 교차하는 현대사회에 있어서는 다양한 사회집단의 의사를 유형화 내지는 구체화하여 이를 지속적으로 국가의사에 적절하게 반영하는 제도적 장치가 필요한 것이다.

한편, 현대사회는 서로의 이해관계가 다양하고도 복잡하게 얽혀 있기 때문에 국민의 대표기관인 의회나 행정가들이 사회의 요구를 모두 입법이나 정책 속에 담아 내기에는 한계가 있을 수밖에 없다. 따라서 이러한 입법이나 정책 기능의 한계를 보완할 제도적 장치를 절실하게 필요로 한다. 그런데 국가의사의 결정 과정에 다양한 이해 집단의 의사를 지속적으로 반영할 수 있게 하는 제도, 즉 어떤 입법이나 정책에 대한 발의에서 확정, 집행에 이르기까지 이해관계인의 지속적인 관여를 확보하여 사회의 다양한 이해와 관심을 국가의사에 반영시킬 수 있는 제도가 바로 로비제도이다. 로비제도는 개인이나 집단이 국가의사결정에 적합한 영향을 미칠 수 있도록 이해관계를 가진 당사자들에게 의견 제시의 기회를 부여하고, 그 의사가 합법적으로 국정에 반영될 수 있도록 하는 제도적 장치인 것이다. 따라서 국가의사 결정과 관련하여 특정 개인이나 집단을 위해 자신의 전문적 견해나 정보를 제공하고 금전상의 대가를 수수하는 행위의 허용은 오늘날과 같은 사회에서는 불가피한 현상이라 할 것이다.

물론 대가를 받는 로비활동을 공식적으로 허용하는 경우, 소수 개인이나 집단이 압도적이고 지배적인 지위를 이용하여 독점적인 이익을 취하게 될 가능성이 존재하고, 이러한 우려가 현실이 되면 공무의 공정성이나 신뢰성의 실추로 사회질서가 붕괴될 위험성도 있다. 그러나 로비활동으로 인해 발생할 수 있는 이러한 부작용은 제도적 장치의 마련으로서 최소화 할 수 있다. 예컨대 로비스트의 자격을 엄격하게 제한하거나 로비의 대가로 받는 금전의 상한액을 적절히 제한하거나 회계의 내용을 모두 감사할 수 있도록 법적으로 제도화한다면, 그리고 로비에 부수된 뇌물죄의 처벌을 엄격히 집행한다면, 대가를 받는 로비를 허용한다 하더라도 우려할만한 사태는 발생하지 않을 것이다. 그럼에도 불구하고 입법자는 이러한 제도적 장치를 마련하려는 아무런 노력 없이 이 사건 규정을 통해 대가를 받는 알선이나 로비를 전면 금지함으로써 국민이 자신의 이해관계를 전문가나 전문가 집단을 통해 당국에 진술할 수 있는 기회를 박탈하고 있는 것이다. 따라서 이 사건 규정은 청원권이나 일반적 행동자유권을 지나치게 제한하여 헌법에 위반된다고 할 것이다. 이에 나는 다수의견과 견해를 달리하므로 반대의견을 밝히는 바이다.』

### 3) 정리

두 의견은 모두 로비활동의 긍정적, 부정적인 측면을 다루고 있다. 하지만 합헌의견은 우리의 역사적인 이유로 인한 부정적인 측면에 주목하였고, 위헌의견은 부작용을 막기 위한 방안을 고려하지 않고 원천적으로 막는 것은 지나치다는 이유로 긍정적인 측면에 손을 들어주고 있다.

그런데 이 두 의견은 모두 위에서 설명한 비례의 원칙을 판단하는 기준을 사용하지 않고 곧바로 '지나치지 않다', '지나치다'의 결론을 내리고 있다. 우리는 판단을 연습하기 위해 위의 기준에 따라서 각 의견을 재구성해 볼 필요가 있다.

먼저 목적의 정당성 부분에 대해 살펴보자. 합헌의견은 공무원의 직무집행의 공정성을 위해 이 법률이 제정되었다고 보고 있다. 위헌의견도 공무의 공정성이나 사회의 신뢰가 실추될 수 있는 위험을 방지하기 위한 법률이라는 점은 인정하고 있다. 두 의견 모두 기본권을 제한하는 법률의 목적의 정당성은 인정하고 있다.

두 번째로 수단의 적정성을 판단해 보자. 용어 때문에 약간의 혼란이 있을 수도 있기에 여기서 적정성은 유효성이라고 보는 게 맞을 듯하다. 왜냐하면 그 다음 적용기준에 피해의 최소성이 있기 때문에 여기서 먼저 일반적으로 넓은 의미의 용어인 '적정성'의 개념으로 판단하게 되면 피해의 최소성까지 같이 다루게 되므로 기준을 세분화한 의미가 없어지게 된다. 법을 살펴보면 형법 제132조는 뇌물죄로서 공무원이 특정범죄가중처벌등에관한법률 제3조에 따르면 알선수재죄로서 누구나 공무원에게 직무에 관한 사항을 알선하면서 대가를 지급하면 형사처벌을 받게 되어 있으므로74) 공무집행의 공정성을 확보하는 데 로비를 금지하는 것이 유효한 수단이라는 점은 누구도 부정할 수 없다. 따라서 수단의 적정성도 두 의견 모두 인정하는 것으로 보아야 한다.

세 번째 기준으로 피해의 최소성을 적용해 보자. 두 의견은 여기서 찬반이 나뉘고 있다. 합헌의견은 청원권은 헌법 제26조에서 모든 국민은 법률이 정하는 바에 의하여 국가기관에 문서로 청원할 권리를 가진다로 규정되어 있으므로 국가의 입법재량권이 넓다고 해석한다. 따라서 합법적 로비제도를 도입하는 검토를 할 필요가 있지만 이를 규제하는 것이 지나친 정도는 아니라는 판단이다. 그런데 앞에서는 청원권 또는 일반적 행동자유권75)을 침해한다고 규정하고 청원권의 해석만을 언급한 후 일반적 행동자유권의 제한에 대해서는 별다른 검토 없이 결론에 다다른 것은 조금 석연치 않은 부분이 있다. 반면 위헌의견은 로비의 순기능이 많음에도 다른 합법적인 방법을 고민하지 않고 원천봉쇄를 하는 것은 청원권 또는 일반적 행동자유권을 과도하게 침해하는 것이라고 판단하고 있다. 즉 피해의 최소성 원칙을 위반한 것이라고 보고 있다.

마지막 법익(공익과 사익)의 비례성을 따져보자. 사실 이 비례성 심사기준의 적용에서 침해의 최소성을 위반했는지에 따라 결론은 이미 달라졌지만 실제 결정에서는 대부분 전 기준에

74) 특정범죄가중처벌등에관한법률 제3조(알선수재) 공무원의 직무에 속한 사항의 알선에 관하여 금품이나 이익을 수수·요구 또는 약속한 자는 5년 이하의 징역 또는 1천만원 이하의 벌금에 처한다.
형법 제132조【알선수뢰】 공무원이 그 지위를 이용하여 다른 공무원의 직무에 속한 사항의 알선에 관하여 뇌물을 수수, 요구 또는 약속한 때에는 3년 이하의 징역 또는 7년 이하의 자격정지에 처한다.

75) 헌법에 명시적으로 규정되어 있지는 않지만 헌법 제10조의 행복추구권에서 당연히 도출되는 것으로 해석되고 있다.

따라 판단을 하고 있고, 우리도 연습해 볼 필요가 있다. 여기서 침해되는 개인의 사익은 로비를 할 필요가 있는 국민의 청원권 또는 일반적 행동자유권이고, 보호하고자 하는 공익은 공무집행의 공정성이다. 합헌의견은 우리나라의 역사적 배경을 보면 로비가 공무집행의 공정성을 해치는 경우가 많았음을 들어 공익이 침해되는 사익보다 크다고 보고 있다. 그러나 위헌의견은 사익이 지키고자 하는 공익보다 크다는 단순한 논리는 아니고 사익일 뿐만 아니라 로비의 순기능은 더 큰 공익이기도 하다는 주장이라고 볼 수 있다.

### 다. 개인정보 보호(헌법재판소 2005.7.21. 2003헌마282·425(병합) 결정)

청구인의 숫자가 2,000명 정도[76]에 달한 사건이 있었다. 바로 교육과학부와 교육감이 관리하는 교육정보시스템(NEIS : National Education Information System)에 담겨 있는 청구인들의 성명, 주민번호, 주소, 학교성적, 건강정보 등이 청구인들의 사생활의 비밀과 자유, 행복추구권(개인정보자기결정권)을 침해한다는 주장에 대한 위 제목의 결정이다.

다수의견은 합헌의 의견이었다. 하지만 권성 재판관의 의견은 위헌이며 그 이유는 비례심사의 기준에서 목적의 정당성과 수단의 적정성이 위반된다는 것이었다. 실제 헌법재판에서 기본권을 침해하는 입법의 목적의 정당성 자체를 부정하는 경우는 거의 없는 편이다. 따라서 소수의 위헌의견이지만 어떤 논리로 목적의 정당성 자체를 부정했는지를 살펴보는 것은 중요하다. 본 결정에서는 다른 부분도 심사의 대상이 되었지만 비

76) 청구인의 숫자가 총 1,984명이었다.

례심사부분만을 살펴볼 것이다.

### 1) 합헌의 다수의견

『피청구인들의 보유행위가 그 보유목적의 달성에 적합하고 필요한 것인지 본다.

NEIS는 교육행정의 생산성·투명성 확보, 교원업무의 경감, 인터넷을 통하여 학부모에게 정보 제공, 제증명서 발급 등 민원서비스 제공, 기존 전산시스템의 보안문제 해소 등의 목적으로 도입된 것이다. NEIS를 통하여 졸업증명서를 발급하는 것 또한 NEIS 도입의 위 취지와 마찬가지로 교육 관련 업무의 전산처리를 통하여 국민편익을 증진하고, 행정의 효율성과 투명성을 제고하고자 하는 데에 그 목적이 있다. 졸업생 등 인증을 통하여 그 권한이 주어진 자는 인터넷을 통하여 쉽고 편리하게 원하는 민원서비스를 제공받을 수 있고, 행정기관은 업무경감, 비용절감 등의 행정효율을 누릴 수 있다.

피청구인들이 보유하고 있는 개인정보인 성명, 생년월일, 졸업일자는 앞에서 본바와 같이 그 자체로 개인의 존엄과 인격권에 심대한 영향을 미칠 수 있는 민감한 정보라고 보기 어렵다.

또한 졸업증명서의 전산발급을 위해서는 증명의 대상이 될 특정 개인의 신분을 식별할 수 있는 사항과 졸업에 관련된 사항이 개인정보화일에 포함되어야 한다. 성명과 생년월일은 개인식별정보의 최소한이고, 졸업일자는 졸업관련 사항의 최소한이라 할 수 있다.

그러므로 피청구인들이 청구인의 위 개인정보를 보유하고 있는 것은 목적의 달성에 필요한 최소한의 정보만을 보유하는 것이라 할 수 있다.

앞에서 본바와 같이 NEIS는 시·도교육청에 데이터베이스를 구축하고 전국의 초·중등학교와 16개 시·도교육청 및 교육인적자원부를 인터넷망으로 연결하여 민원업무를 포함하여 교무, 학사, 인사, 예산, 회계 등 교육 관련 전체업무를 전자적으로 연계하여 처리하고자 하는 종합교육정보시스템이다.

이와 같이 자동화된 전산시스템으로 정보를 보유·관리하는 경우 정보에의 무단 접근, 정보결합, 정보전달, 공조에 의한 정보공유 등이 시공(時空)의 제한 없이 매우 손쉽게 일어날 위험성이 크다. 이러한 위험에 노출된다면 정보 보유 자체의 정당성마저 취약해질 수 있다. 따라서 이러한 방식으로 처리되는 정보의 범위는 가급적 최소한으로 축소되어야 하고, 또한 보유기관은 그러한 위험으로부터 개인정보를 보호하는 일정한 조치를 취할 의무가 있다.

피청구인들의 정보보유의 법률적 근거를 제공하는 개인정보법은 그러한 위험보호조치를 취하도록 규정하고 있다. 동법 제9조는 개인정보의 안전성확보조치 의무를 공공기관에게 부여하고 있으며, 제10조는 보유목적 외의 정보이용, 다른 기관에의 정보제공을 원칙적으로 금지하면서 예외적으로 그것이 허용되는 경우를 법정하고 있다. 동법 제11조는 개인정보취급자의 정보누설, 타인에의 제공 등의 부정사용을 금지하고 있다. 또한 교육행정정보시스템운영규정(교육인적자원부 훈령 제633호)은 시스템의 목적 외 사용금지(제4조), 시설보안(제17조), 공인인증시스템을 통한 인원보안(제18조) 등 개인정보보호에 관한 규정을 두고 있다.

피청구인들은 이러한 일반적 보호규정의 테두리 내에서 보유목적 달성에 필요한 최소한도의 정보만을 보유하고 있는바, 실제 NEIS의 운영체계가 위와 같은 법령상 개인정보보호체계에 어긋난다든지, 운영의 실제에 있어 심각한 정보노출의 위험이 있다거나, 제3자에의 정보제공, 다른 정보와의 결합, 공조에 의한 다른 기관과의 정보공유 등 피청구인들이 보유목적을 벗어나 청구인 문성준의 개인정보를 무단 사용하였다는 점을 인정할 만한 자료가 없다.

그렇다면 비록 자동화된 정보처리 방식을 취하고 있다고 하여도 이 정도의 정보내용을 이 정도 범위에서 보유하는 이 사건 피청구인들의 보유행위에 관한 한 적법한 보유행위 자체의 정당성을 부인하기 어렵다.』

#### 2) 재판관 권성의 반대의견

『피청구인들은 그 정보보유의 목적을 졸업증명서 발급업무에 관한 민원인의 편의 도모, 행정효율성의 제고에 두고 있다. 그러나 졸업증명서 발급이라는 업무는 그 성격상 해당학교별로 처리함으로써 충분하다고 생각한다. 그 정도의 민원업무 처리를 위하여 시·도 교육감, 나아가 교육인적자원부 차원에서 관련 개인정보들을 전산시스템에 집적하여 관리할 필요성이 무엇인지, 그로 인하여 추구되는 진정한 공익이 과연 존재하는지 의문을 품지 않을 수 없다. 피청구인들이 내세우는 민원인의 편익과 행정효율성이라는 것이 그 시스템 개발·유지에 드는 비용 및 행정부담, 개인정보라는 기본권 침해의 위험을 감수하면서까지 실현하여야 할 우월한 공익인지, 그를 통하여 궁극적으로 교육환경의 개선이나 교육행정의 투명성 확보에 얼마나 기여할 수 있는 것인지 알 수 없다. 해당학교별로 처리하여도 충분하고도 충분한 졸업증명서의 발급을 시·도 교육청이 끼어들어 거들기 위하여 이렇듯 큰 돈을 써도 되는 것인지 아연할 따름이다. 밀고 당기는 과정에서 이렇게 되었다고 하겠지만 만일 그렇다면 차라리 아예 그만두었어야 할 것이다. 이른바 호랑이를 그리다가 이루지 못하면 도리어 개를 닮게 된다고 하는 것과 같은 것이 아닌가.

수기(手記)가 아니라 컴퓨터파일의 형태로 개인정보를 보유·처리할수록, 분산보유하는 경우보다 하나의 통합체계로 개인정보를 보유·관리할수록, 개인정보의 접근·결합·이용이 용이하게 되므로 보다 강화된 보호가 필요하다. 그 자체로는 보호의 필요성이 크지 않은 산발적 개인정보일지라도 컴퓨터에 의한 정보처리의 경우 자동검색체계를 통하여 다른 개인정보들과 유기적으로 결합함으로써 개인의 전체적·부분적 인격상이 국가권력의 감시·통제와 지배하에 놓일 수 있다.

다수의견은 정보주권 침해로부터 개인을 보호할 수 있는 장치로 개인정보법의 몇 가지 규정들을 들고 있지만 바로 그 규정들을 비롯하여 동법의 개인정보 보호체계는 미흡한 점이 적지 않다. 보유목적 외의 정보이용 및 다른 기관에의 정보제공을 금지하고 있는 개인정보법 제10조가 예외적 허용범위를 지나치게 포괄적이고 불명확하게 규정하고 있는 점, 정보주체의 열람·정정청구권의 범위가 매우 제한적인 점, 개인정보보호위원회의 구성과 기능상의 독립성이 미흡한 점은 그 일례에 불과하다.

개인정보 보호의 법령정비 수준이 이와 같이 미흡한 단계에서 졸업증명서의 발급과 같이 시·도 교육감이 맡아야 할 이유가 없는 일의 처리를 위하여, 개인정보를 수집·보유하는 제도나 시스템을 신중한 검토 없이 도입·운영하다가는 자칫 교각살우[77]의 우(愚)를 범할 수 있다. 만의 하나 있을지도 모르는 정보주권의 침해를 예방·교정할 수 있는 법령상·기술상의 제도나 체계를 완비한 다음 필요한 부문부터 차근차근 그러한

77) 소의 뿔을 고치려다 죽인다는 뜻으로 작은 것을 이루려다 큰 것을 잃을 수도 있다는 경각심을 일깨우는 한자성어

제도나 시스템을 도입하는 것이 일의 순서일 것이다.

결론적으로 나는, 개인정보 보호법제도 완비되지 않은 상황에서 그 보유목적의 정당성과 보유수단의 적정성을 인정하기 어려운 가운데 결코 가벼이 취급할 수 없는 개인정보를 피청구인들이 NEIS에 보유하고 있는 행위는 청구인의 개인정보자기결정권을 침해하는 것이라 생각하므로 반대의견을 개진하는 것이다.』

### 3) 정리

합헌의견은 제한의 필요성이 인정된다는 것이나 위헌의견은 개인정보보호법제도가 완비되지 않은 상황에서 보유목적의 정당성과 보유수단의 적정성을 인정할 수 없다는 것이다. 이 논의의 결론으로 현재의 개인정보보호법은 어떻게 되어 있는지 중요한 부분만 살펴보는 것으로 하자.

우선 위헌의견에서 문제로 삼았던 당시의 공공기관의 개인정보에 관한 법률 제10조를 살펴보자. 특히 고딕체 부분을 주의하여 보고 정보제공의 예외적 허용범위가 위헌의견에서 지적한 대로 지나치게 포괄적이고 불명확한지를 생각해 보면서 합헌의견과 위헌의견의 타당성을 판단해 보자. 그리고 새롭게 바뀐 국민들의 개인정보 자기결정권을 보호하고 있는 개인정보보호법은 모두 한번 읽어볼 것을 권한다.

**제10조(처리정보의 이용 및 제공의 제한)** ① 보유기관의 장은 다른 법률에 의하여 보유기관의 내부에서 이용하거나 보유기관외의 자에게 제공하는 경우를 제외하고는 당해 개인정보화일의 보유목적외의 목적으로 처리정보를 이용하거나 다른 기관에 제공하여서는 아니된다.

② 보유기관의 장은 제1항의 규정에 불구하고 다음 각 호의 1에 해당하는 경우에는 당해 개인정보화일의 보유목적외의 목적으로 처리정보를 이용하거나 다른 기관에 제공할 수 있다. 다만, 다음 각 호의 1에 해당하는 경우에도 정보주체 또는 제3자의 권리와 이익을 부당하게 침해할 우려가 있다고 인정되는 때에는 그러하지 아니하다. 〈개정 1999.1.29〉

1. 정보주체의 동의가 있거나 정보주체에게 제공하는 경우
2. 다른 법률에서 정하는 소관업무를 수행하기 위하여 당해 처리정보를 이용할 상당한 이유가 있는 경우
3. 조약 기타 국제협정의 이행을 위하여 외국정부 또는 국제기구에 제공하는 경우
4. 통계작성 및 학술연구 등의 목적을 위한 경우로서 특정개인을 식별할 수 없는 형태로 제공하는 경우
5. 정보주체 또는 그 법정대리인이 의사표시를 할 수 없는 상태에 있거나 주소불명 등으로 동의를 할 수 없는 경우로서 정보주체 외의 자에게 제공하는 것이 명백히 정보주체에게 이익이 된다고 인정되는 경우
6. 범죄의 수사와 공소의 제기 및 유지에 필요한 경우
7. 법원의 재판업무수행을 위하여 필요한 경우
8. 기타 대통령령이 정하는 특별한 사유가 있는 경우

제20조 제2항 2호의 "상당한"과 8호의 "기타", "특별한"은 그 말 자체로서 어떤 경우인지를 전혀 예상할 수 없다. 이 법은 결국 폐지되었고 지금은 개인정보보호법으로 규정되어 있다. 개인정보보호법의 주요 내용을 살펴보면 다음과 같다.

**제15조(개인정보의 수집 · 이용)** ① 개인정보처리자는 다음 각 호의 어느 하나에 해당하는 경우에는 개인정보를 수집할 수 있

으며 그 수집 목적의 범위에서 이용할 수 있다.

1. 정보주체의 동의를 받은 경우
2. 법률에 특별한 규정이 있거나 법령상 의무를 준수하기 위하여 불가피한 경우
3. 공공기관이 법령 등에서 정하는 소관 업무의 수행을 위하여 불가피한 경우
4. 정보주체와의 계약의 체결 및 이행을 위하여 불가피하게 필요한 경우
5. 정보주체 또는 그 법정대리인이 의사표시를 할 수 없는 상태에 있거나 주소불명 등으로 사전 동의를 받을 수 없는 경우로서 명백히 정보주체 또는 제3자의 급박한 생명, 신체, 재산의 이익을 위하여 필요하다고 인정되는 경우
6. 개인정보처리자의 정당한 이익을 달성하기 위하여 필요한 경우로서 명백하게 정보주체의 권리보다 우선하는 경우. 이 경우 개인정보처리자의 정당한 이익과 상당한 관련이 있고 합리적인 범위를 초과하지 아니하는 경우에 한한다.

② 개인정보처리자는 제1항 제1호에 따른 동의를 받을 때에는 다음 각 호의 사항을 정보주체에게 알려야 한다. 다음 각 호의 어느 하나의 사항을 변경하는 경우에도 이를 알리고 동의를 받아야 한다.

1. 개인정보의 수집·이용목적
2. 수집하려는 개인정보의 항목
3. 개인정보의 보유 및 이용기간
4. 동의를 거부할 권리가 있다는 사실 및 동의 거부에 따른 불이익이 있는 경우에는 그 불이익의 내용

우선 제15조 제2항을 보면 개인정보처리자는 개인정보의 수

집목적과 이용기간 등을 제공자에게 알려주어야 하며, 동조 제1항에서는 수집목적의 범위 내에서만 사용하도록 규정하고 있다. 그리고 제16조에서는 수집 시에도 필요최소한의 정보만을 수집하도록 하고 있으며, 개인정보를 타 개인정보처리자에게 제공할 경우에 제한을 규정하고 있다.

**제16조(개인정보의 수집 제한)** ① 개인정보처리자는 제15조 제1항 각 호의 어느 하나에 해당하여 개인정보를 수집하는 경우에는 그 목적에 필요한 최소한의 개인정보를 수집하여야 한다. 이 경우 최소한의 개인정보 수집이라는 입증책임은 개인정보처리자가 부담한다.

② 개인정보처리자는 정보주체가 필요한 최소한의 정보 외의 개인정보 수집에 동의하지 아니한다는 이유로 정보주체에게 재화 또는 서비스의 제공을 거부하여서는 아니 된다.

**제17조(개인정보의 제공)** ① 개인정보처리자는 다음 각 호의 어느 하나에 해당되는 경우에는 정보주체의 개인정보를 제3자에게 제공(공유를 포함한다. 이하 같다)할 수 있다.

1. 정보주체의 동의를 받은 경우
2. 제15조 제1항 제2호·제3호 및 제5호에 따라 개인정보를 수집한 목적 범위에서 개인정보를 제공하는 경우

② 개인정보처리자는 제1항 제1호에 따른 동의를 받을 때에는 다음 각 호의 사항을 정보주체에게 알려야 한다. 다음 각 호의 어느 하나의 사항을 변경하는 경우에도 이를 알리고 동의를 받아야 한다.

1. 개인정보를 제공받는 자
2. 개인정보를 제공받는 자의 개인정보 이용 목적
3. 제공하는 개인정보의 항목

4. 개인정보를 제공받는 자의 개인정보 보유 및 이용기간
5. 동의를 거부할 권리가 있다는 사실 및 동의 거부에 따른 불이익이 있는 경우에는 그 불이익의 내용

제17조 제2항을 살펴보면 동의를 받은 개인정보를 타 정보처리자에게 알리는 경우에도 다시 정보제공자에게 알리게 하고 있으며, 동조 제1항을 보면 정보주체의 동의를 받지 않거나 수집목적에 어긋나면 제공할 수 없도록 하고 있다. 다음의 제18조를 살펴보면 예외규정을 두고 있는데 그 예외의 주요한 부분은 제2항 3호의 생명, 신체 등이 문제되는 경우가 있고 특히 5호부터 6호까지는 공공기관만이 이용할 수 있도록 규정되어 있다. 위에서 살펴본 종전의 폐지된 공공기관의 개인정보에 관한 법률 제10조에 비해서는 매우 엄격해진 것이라고 할 수 있다.

**제18조(개인정보의 이용 · 제공 제한)** ① 개인정보처리자는 개인정보를 제15조 제1항에 따른 범위를 초과하여 이용하거나 제17조 제1항 및 제3항에 따른 범위를 초과하여 제3자에게 제공하여서는 아니 된다.

② 제1항에도 불구하고 개인정보처리자는 다음 각 호의 어느 하나에 해당하는 경우에는 정보주체 또는 제3자의 이익을 부당하게 침해할 우려가 있을 때를 제외하고는 개인정보를 목적 외의 용도로 이용하거나 이를 제3자에게 제공할 수 있다. 다만, 제5호부터 제9호까지의 경우는 공공기관의 경우로 한정한다.

1. 정보주체로부터 별도의 동의를 받은 경우
2. 다른 법률에 특별한 규정이 있는 경우
3. 정보주체 또는 그 법정대리인이 의사표시를 할 수 없는 상태에 있거나 주소불명 등으로 사전 동의를 받을 수 없는 경

우로서 명백히 정보주체 또는 제3자의 급박한 생명, 신체, 재산의 이익을 위하여 필요하다고 인정되는 경우

4. 통계작성 및 학술연구 등의 목적을 위하여 필요한 경우로서 특정 개인을 알아볼 수 없는 형태로 개인정보를 제공하는 경우
5. 개인정보를 목적 외의 용도로 이용하거나 이를 제3자에게 제공하지 아니하면 다른 법률에서 정하는 소관 업무를 수행할 수 없는 경우로서 보호위원회의 심의·의결을 거친 경우
6. 조약, 그 밖의 국제협정의 이행을 위하여 외국정부 또는 국제기구에 제공하기 위하여 필요한 경우
7. 범죄의 수사와 공소의 제기 및 유지를 위하여 필요한 경우
8. 법원의 재판업무 수행을 위하여 필요한 경우
9. 형(刑) 및 감호, 보호처분의 집행을 위하여 필요한 경우

### 라. 백화점 셔틀버스 운행(헌법재판소 2001.6.28. 2001헌마132 결정)

이 결정은 백화점의 셔틀버스 운행을 금지한 여객자동차 운수사업법이 헌법에 위반되는지를 판단한 것이다. 백화점 업계는 자신들의 영업의 자유를 침해당했다고 헌법소원을 제기하였으나, 다수의견은 합헌의 결정을 내렸다. 따라서 백화점에서는 무료 셔틀버스를 더 이상 운행할 수 없게 되었다. 그런데 이 결정에서 4명의 재판관은 지금까지 살펴본 비례심사를 적용하여 위헌의 반대의견을 내었다. 다수의견의 내용은 소수의견을 통해서 대략 알 수 있으므로 다수의견은 요지만, 소수의견은 전문을 소개한다.

참고로 헌법에서 영업의 자유 또는 직업의 자유는 선택의 자

유와 수행의 자유로 구분하여 전자는 강하게 보호하는 것으로 해석하나, 후자는 광범위한 법률적 규제가 가능한 것으로 해석하고 있다.[78]

### 1) 합헌의 다수의견 요지

『우리 헌법은 전문 및 제119조 이하의 경제에 관한 장에서 균형있는 국민경제의 성장과 안정, 적정한 소득의 분배, 시장의 지배와 경제력남용의 방지, 경제주체 간의 조화를 통한 경제의 민주화, 균형있는 지역경제의 육성, 중소기업의 보호육성, 소비자보호 등 경제영역에서의 국가목표를 명시적으로 규정함으로써, 우리 헌법의 경제질서는 사유재산제를 바탕으로 하고 자유경쟁을 존중하는 자유시장 경제질서를 기본으로 하면서도 이에 수반되는 갖가지 모순을 제거하고 사회복지·사회정의를 실현하기 위하여 국가적 규제와 조정을 용인하는 사회적 시장경제질서로서의 성격을 띠고 있다.

직업의 자유는 기본권제한입법의 한계조항인 헌법 제37조 제2항에 따라 국가안전보장·질서유지 또는 공공복리를 위하여 불가피한 경우에는 이를 제한할 수 있는 것이고, 직업의 자유를 구체적으로 어느 정도까지 제한할 수 있는지에 관하여 헌법재판소는 좁은 의미의 직업선택의 자유에 비하여 직업행사의 자유(영업의 자유)에 대하여는 상대적으로 더욱 폭 넓은 법률상의 규제가 가능하다고 판시하고 있다.

여객자동차운수사업법(이하 "법"이라 한다)은 여객운송사업의 공공성 때문에 여객자동차운송사업을 하고자 하는 자에 대한 면허기준, 운임·요금의 신고 등 엄격한 규제를 가하고 있고, 나아가 운임이나 운행노선을 변경하고자 하는 경우에도 사

78) 단계이론이라고 한다.

업의 유형에 따라 중앙정부 내지는 시·도지사와의 협의와 조정을 반드시 거치도록 규정하고 있다. 이에 비하여 청구인들과 같은 백화점이나 대형 할인점 등은 그 기본적인 업태가 '상품의 판매'이지 '고객의 운송'이 아니다. 백화점 등의 무분별한 셔틀버스의 운행으로 말미암아 위와 같이 공공성을 띤 여객운송사업체의 경영에 타격을 줌으로써 건전한 여객운송질서의 확립에 장애를 불러 왔고, 셔틀버스의 운행횟수·노선수·운행거리 등의 제한을 내용으로 하는 자율감축노력은 대도시와 중소도시의 교통환경의 차이, 백화점 등 상호간 또는 기타 유통업체간의 무한경쟁의 특성상 성공하지 못하였다.

법 제73조의 규정에 의하면 자가용자동차의 유상운송은 금지되는 것이 원칙이다. 백화점 등의 셔틀버스운행은 형식상 고객에 대한 무상운행서비스의 제공이지만 이는 결국 모든 상품가격에 전가되게 되어 있으므로, 백화점 등의 셔틀버스운행은 형식상 무상운송이나 실질상은 유상운송으로 보아야 한다. 이 사건 법률조항은 '고객을 유치할 목적으로' '노선을 정하여' 셔틀버스를 운행하는 경우만을 규제하고 있으며, 법 제73조의 2 제1항 제2호는 대중교통수단이 없는 지역 등 대통령령이 정하는 사유에 해당하는 경우로서 시·도지사의 허가를 받은 경우에는 셔틀버스를 계속 운행할 수 있도록 규정하였고, 또한 법 제24조 제1항은 건설교통부장관 또는 시·도지사는 여객의 원활한 운송과 서비스의 개선을 위하여 필요하다고 인정할 때에는 운송사업자에게 '노선의 연장 및 변경', '벽지노선 기타 수익성이 없는 노선의 운행'을 명할 수 있도록 규정함으로써 소비자의 불편을 최소화하는 장치를 마련하고 있다.

요컨대, 이 사건 법률조항은 그 목적의 정당성과 방법의 적합성을 인정할 수 있고, 나아가 피해의 최소성과 법익의 균형성을 갖춘 것이므로, 비록 이로 말미암아 청구인들의 영업의 자유에 제약을 가한 점이 있다 하더라도 그 제약은 헌법상 정당한 범위 내의 제한이라고 할 수 있다.』

### 2) 위헌의 소수의견[79]

『백화점 등이 셔틀버스를 운행하는 것은 자신들의 직업행사의 자유를 행사하는 것으로서 그로 인하여 여객자동차운송사업자(이하 "운송사업자"라 한다)나 다른 유통업자의 영업상의 지위나 자유에 아무런 방해나 해악을 가하지 않는다. 백화점 등이 셔틀버스를 운행한다 하더라도 운송사업자로서는 자신의 운송사업을 아무런 법적인 방해나 제한을 받지 않는 가운데 여전히 영위할 수 있고, 이는 다른 유통업자들도 마찬가지이기 때문이다. 따라서 셔틀버스 운행행위는 그 자체 아무런 반사회성을 지니고 있지 않다.

물론 셔틀버스 운행행위가 사실상 운송사업자나 다른 유통업자의 영업에 영향을 미치는 것은 사실이다. 운송사업자는 수요자의 상대적 감소로, 다른 유통업자(특히 셔틀버스를 운행할 수 없는 중소유통업자들)는 시장의 잠식으로 각기 영업상의 장애를 받게 될 수 있다. 그러나 전자는 노선중복이라는 사정에서 비롯되는 사실상의 반사적 불이익에 불과하고, 후자는 경쟁력의 상실에서 오는 당연한 결과에 불과하다.

이와 같이 백화점 등의 셔틀버스 운행이 그 자체 사회적 유해성이 없는 기본권 행사라 하더라도 입법자는 헌법 제37조 제2항에 의거, 공공복리를 위하여 이를 제한할 수 있을 것인바, 먼저 셔틀버스의 운행으로 경영에 어려움을 겪고 있는 운송사업자를 보호·지원하겠다는 것은 정당한 공익목적을 추구하는

79) 재판관 권성, 재판관 김효종, 재판관 김경일, 재판관 주선회의 위헌의견

것이라 할 수 있다. 운송사업자는 일반공중의 여객운송을 담당하고 있으므로 여객의 원활한 운송을 위해서는 운송사업자의 건전한 존재 · 활동이 필요하기 때문이다. 특히 우리나라는 여객운송사업의 공공성을 이유로 운송사업자에게 각종 규제를 가하고 있는 반면, 여러 외국과 달리 국가에서 재정적 보조를 하지 못하고 있는 만큼 다른 방법으로 운송사업자를 보호하고자 하는 것은 입법정책적으로 채택 가능하다고 보아야 할 것이다.

다음으로 이 사건 법률조항이 중소유통업자의 보호를 목적으로 한다면 이 또한 입법목적 자체로 부당하다고는 할 수 없다. 헌법 제123조 제3항은 "국가는 중소기업을 보호 · 육성하여야 한다"고 규정하고 있기 때문이다.

그러나 이 사건 법률조항에서 셔틀버스의 운행을 원칙적으로 광범위하게 금지하고 있는 것은 운송사업자 및 중소유통업자의 보호 · 육성이라는 목적의 달성에 합리적 관련성을 지닌 적절한 입법수단을 택한 것이라 보기 어렵다.

먼저 운송사업자의 경우에 관하여 본다.

운송사업자의 경영난은 본질적으로 셔틀버스의 운행에서 비롯되는 것이 아니다. 그것은 근본적으로 자가용자동차의 증가로 인한 대중교통수단에 대한 수요의 감소라든가 지하철의 운행과 같은 운송업의 전반적 상황에 기인하는 것이고, 여기에 운송사업자에 대하여 별다른 지원은 하지 않으면서 그 공공성을 강조하여 각종 규제를 가하는 운송규제법제의 모순성 등이 더해져 나타나는 현상이라고 보는 것이 올바른 평가일 것이다. 그렇다면 문제의 근원적이고 제대로 된 해결은 바로 그러한 원인영역에서 찾아야 한다. 즉 여객운송사업을 공영으로 한다든지, 보조금 지급 등으로 운송사업자에게 재정적 지원을 한다든지, 또한 운송사업자쪽에서는 서비스개선 등 경영혁신을 위한 노력을 한다든지 하는 것 등이 그러한 해결방책에 해당할 것이다.

한편 셔틀버스의 운행을 어느 범위에서 허용하고, 규제할 것인가를 결정함에 있어서는 운송사업자의 흥망이라는 관점에서만 바라볼 것이 아니라, 이와 더불어 소비자의 편익이라는 중요한 관점도 아울러 고려되어야 한다. 소비자의 입장에서는 선택가능한 운송수단이 많을수록, 유상여객운송과 무상의 셔틀버스 운행이 그 노선과 운행시간, 운행횟수, 서비스의 질 등의 면에서 서로 보완적 기능을 할수록 소비자의 편익이 증대되는 것이다. 전체 여객운송체계에서 유상여객운송과 무상의 셔틀버스 운행이 서로 보완하면서 병립할 수 있도록 조정하는 것이 사회의 제반 요소들을 최대한 조화롭게 활용하는 셈이 된다. 이 사건 법률조항은 이러한 점에서 균형있는 조정수단이라고 보기 어렵고, 운송사업자의 보호라는 일방적 관점에 치우친 나머지 소비자의 복리를 도외시하고 있는 것이라 할 수 있다.

나아가 승객의 안전확보라는 관점을 고려하더라도 이 사건 법률조항과 같이 셔틀버스의 운행을 전면 제한하여야 할 합리적 이유가 없다. 승객의 안전확보는 셔틀버스의 운행을 허용할 것인가와는 별개의 문제로서 이를 허용하면서도 얼마든지 관련법규에 의하여 규율할 수 있는 사항이기 때문이고, 설사 셔틀버스에 대한 관리체계가 미흡하더라도 그 부분을 보완하는 입법을 하여야지 이를 빌미로 셔틀버스의 운행 자체를 금할 사유는 되지 못한다.

그 밖에도 이 사건 법률조항에 따라 셔틀버스의 운행이 대폭 제한되면 백화점 등을 이용하기 위한 자가용자동차의 이용 증가에 따라 교통혼잡, 에너지 낭비, 환경오염과 같은 부수적 부작용을 초래한다는 점도 주목하지 않을 수 없다.

그렇다면 이 사건 법률조항에서 셔틀버스의 운행을 원칙적으로 금지시키는 것은 운송사업자쪽의 문제점은 그대로 둔 채 운송사업자와 경쟁관계에 있지도 않은 청구인들에게 헌법상 허용되는 자유를 일방적으로 희생할 것을 강요함으로써 입법목적을 달성하려는 것으로서, 입법수단으로서의 적정성을 인정하기 어렵다 할 것이다.

다음으로, 중소유통업자의 경우에 관하여 본다.

중소유통업자의 경우에도 그 경영난은 본질적으로 셔틀버스의 운행에서 비롯되는 것이 아니라, 유통환경의 변화에 기인한다. 소비자의 욕구가 대형백화점과 대형할인점으로 집중되고, 교통수단 및 인터넷의 발달로 대형유통업체 및 전자상거래 중심으로 유통업계의 구조개편이 진행됨으로써 재래시장 등 중소유통업자의 경쟁력이 지속적으로 약화되고 있는 것이다. 이러한 형편에 처하여 있는 중소유통업자를 보호하고자 하는 것이 비록 헌법 제123조 제3항에 근거를 두고 있다 하더라도, 그 점만으로 중소유통업자의 보호라는 명제가 절대적일 수는 없다. 헌법은 제119조 제1항에서 경제에 관한 기본질서로서 자유와 창의를 존중하여야 함을 천명하고 있으므로 헌법 제119조 제2항, 제123조 제3항 등의 경제에 관한 규제와 조정은 자유경제질서를 보완하는 원리로서(헌재 1996.12.26. 96헌가18, 판례집 8-2, 680, 706; 헌재 1998.5.25. 96헌가4등, 판례집 10-1, 522, 533-534) 그것과 조화를 이루어야 한다는 한계를 지니고 있기 때문이며, 또한 경제에 관한 규제와 조정을 명분으로 국민의 기본권을 함부로 침해하여서도 아니되기 때문이다.

이러한 견지에서 헌법재판소는 중소기업의 보호·육성의 적정한 방법에 관하여, '중소유통업체의 보호는 원칙적으로 경쟁질서의 범주 내에서 경쟁질서의 확립을 통하여 이룩되어야 하고, 단지 경쟁조건에서 불리한 점이 있다면 이를 완화하고 되도록 균등한 경쟁조건을 형성하는 수단을 통하여 조정함이 마땅하다. 중소기업의 지원·육성은 세법상의 혜택이나 중소기업기본법 등 중소기업 지원을 위한 특별법에 규정된 특수한 육성책에 따라 이루어져야 하며, 경쟁을 배제하거나 제한하는 특혜조치를 부여하는 것은 바람직하지 않다'(헌재 1996.12.26. 96헌가18, 판례집 8-2, 680, 699-700)고 한 바 있다. 따라서 문제의 근원적이고 적정한 해결은 중소유통업자의 경영현대화를 통한 경쟁력 강화, 세액 공제·감면 등의 정책적 지원과 같은 방법을 통하여 이루어져야 한다.

그런데 이 사건 법률조항은 중소유통업자에게 유리하도록 하기 위하여 그와 경쟁관계에 있는 백화점이나 대형유통업체의 영업수단의 하나를 의도적으로 박탈하는 경쟁제한적 특혜조치를 취하는 것이라 할 것이어서 위와 같은 중소기업 보호의 헌법적 의미에 부합하지 않는다.

한편 백화점 등의 셔틀버스 운행이 그 시장지배적 지위를 남용하는 것이거나 불공정거래행위에 해당한다면 그것을 원칙적으로 금지시키는 것이 자유로운 경쟁질서의 회복이라는 관점에서 그 수단의 합리성이 인정될 수 있겠으나, 현행 독점규제 및 공정거래규제의 법체계에 의할 때 백화점 등의 셔틀버스 운행을 두고 시장지배적 행위나 불공정거래행위에 해당한다고 보기 어렵다{청구인들은 시장지배적 사업자에 해당되지도 않으며[독점규제및공정거래에관한법률 제2조 제7호, 제3조의 2,

제4조 참조], 셔틀버스운행은 불공정거래행위에도 해당하지 않는다[동법 제23조, 시행령 별표 1, 대규모소매점업에있어서의특정불공정거래행위의유형및기준(공정거래위원회고시 제1998-5호) 참조]].

그렇다면 중소유통업자의 보호를 위하여 셔틀버스의 운행을 원칙적 · 전면적으로 금지시킨다는 것은 입법목적의 달성에 합리적 관련성을 지닌 적절한 입법수단을 택한 것이라 보기 어렵다.

이 사건 법률조항은 운송사업자 보호 · 육성이라는 입법목적의 달성에 필요한 이상으로 과도하게 백화점 등의 셔틀버스 운행을 금지하고 있다.

위에서 본 바와 같이 셔틀버스의 운행은 사회적 유해성이 없는 행위로서 자유롭게 보장되어야 하는 기본권 행사의 일환이므로 원칙적으로 허용되어야 하는 것이고, 운송사업자의 보호를 위하여 규제할 필요가 있는 구체적 유형이나 범위를 선별하여 그 경우에만 개별적으로 규제하는 입법방식을 취하는 것이 헌법이 요구하는 기본권제한입법의 체계와 방식에 부합한다(헌재 2000.4.27. 98헌가16등, 판례집 12-1, 427, 463).

그런데 이 사건 법률조항은 원칙적 · 망라적으로 모든 셔틀버스의 운행을 금지하면서 극히 협소한 예외사항만을 인정하고 있다. 이와 같이 거꾸로 된 규제방식은 필연적으로 규제의 필요성이 인정되지 않는 행위, 즉 운송사업자의 경영에 그다지 불이익을 초래하지 않을 셔틀버스의 운행까지 광범위하게 금지하는 결과를 초래하게 되어 과잉금지라는 비례성의 원칙에 어긋나게 된다.

이 사건 법률조항은 학교, 호텔, 체육시설, 병원 등 셔틀버스 운행이 현재 실시되고 있는 일정한 사례군을 선정하여 그 경우에는 셔틀버스를 계속 운행할 수 있도록 허용하고 있지만, 오늘날처럼 복잡하게 분업화된 사회에서 고객유치를 목적으로 셔틀버스를 운행하고자 하는 영업체, 그 영업체가 셔틀버스를 운행하는 동기, 형태나 방식은 너무나 다양·다기할 수 있다. 그 중에는 이 사건에서 문제되는 백화점의 셔틀버스 운행과 같이 운수사업자에게 사실상의 불이익을 끼치는 것도 있겠지만, 그렇지 않은 것도 얼마든지 있을 수 있다.

허가를 얻어 셔틀버스를 운행할 수 있는 대통령령이 정하는 예외사유도 매우 협소하게 예정되어 있다. '대중교통수단이 없는 지역 등 대통령령이 정하는 사유'라고 규정하고 있으므로 대통령령에 규정될 사유는 대중교통수단이 없는 지역이거나 이와 유사한 사유로 제한되게 된다. 그러나 대중교통수단이 없을 정도의 지역이라면 셔틀버스를 운행할 동기도 별로 없을 것이라는 점을 감안하면 이러한 예외사유는 실제 원칙적 금지를 완화하는 효과가 거의 없음을 알 수 있다. 이러한 규정은 운송사업자에게 배타적 우선권을 인정함을 전제로 그것이 결여된 경우에 한하여 셔틀버스의 운행을 허용하겠다는 사고를 반영하고 있는 것으로서, 셔틀버스 운행과 일반여객운송과의 공존 내지 조화의 가능성을 애초에 부정하고 있다. 그러나 이는 위에서 본 바와 같은 기본권제한의 한계, 즉 셔틀버스의 운행을 최대한 허용하면서 입법목적과 실질적으로 관련되는 한도 내에서 최소한의 규제에 그쳐야 한다는 한계를 일탈한 것이고, 아울러 소비자 복리의 관점도 고려하지 않은 것이다.

이 사건 법률조항의 목적이 운송업체의 보호에 있다면 셔틀버스의 운행 제한은 그것이 백화점 등 고객의 소비편의의 수단을 넘어 사실상 완전히 대중교통수단으로 이용되는 경우에 이를 막는 한도에서만 정당성을 가진다. 그렇다면 원칙적으로 셔틀버스의 운행을 허용하면서 운행시간 및 운행횟수의 제한, 이용자나 이용방법의 엄격한 제한·관리 등을 통하여 소비활동에 꼭 필요한 범위 내에서 셔틀버스가 운행되도록 제한할 수 있을 것이고, 필요한 경우에는 중복노선의 조정도 가능할 것이다. 이 사건 법률조항은 이와 같이 백화점 등의 자유에 대한 제한을 최소화하는 방식을 택하지 아니하고 일률적 금지라는 지나치게 과도한 규제방식을 택하고 있다.

이해관계인들은 자율규제를 시도하였다가 실패하였다고 하나, 그렇다고 하여 셔틀버스의 운행 자체를 원칙적으로 금지하겠다는 것은 행정편의를 위해 기본권을 희생하겠다는 안이한 발상에 지나지 않는다.

이상과 같은 이유로 이 사건 법률조항은 비례성원칙에 위반하여 청구인들의 헌법상 보장된 직업행사의 자유를 과도하게 침해하는 위헌조항이라 할 것이다.』

### 3) 정리

백화점의 셔틀버스 운행금지 외에도 앞으로 이런 종류의 사건은 계속 생겨날 것이다. 최근에는 재래시장과 골목상권의 보호를 위해 대형유통점의 운영일수를 제한하는 지방자치단체의 조례가 나타나고 있고, 이는 백화점의 셔틀버스 운행금지보다 대형유통점의 영업의 자유를 보다 직접적으로 침해하고 있다. 셔틀버스는 백화점 영업의 본질이라고 보기는 힘들지만 대형유통점의 강제휴일은 영업의 본질이기 때문이다. 이 문제도 아마 헌법재판소 결정의 대상이 될 것으로 보인다.

위 의견 중 다수의견의 논리에 따르면 아마도 합헌으로 결정이 날 것이고, 소수의견의 논리에 따르면 백화점의 셔틀버스 운행보다 더 심하게 대형유통점의 영업의 자유를 침해하는 것이므로 위헌의 결정이 날 가능성이 높다. 여러분이 지금까지 연습한 바를 바탕으로 결론을 내리고 추후 헌법재판소의 결정을 보면 그 결정이 맞았건 틀렸건 매우 흥미로운 지적 경험을 하게 될 것이다.

■ PART 04 ■

# 종합문제

사례

**5·18 광주민주화 운동 – 반란, 내란, 비자금 등 잘못된 역사의 정리**

지금까지 독자 여러분에게 다소 생소한 법원의 판례와 헌법재판소의 결정례를 가지고 논리의 연습을 해 보았다면 지금 소개할 마지막 서울고등법원 96.12.16 선고 96노1892은 매우 방대한 생각거리를 제공하는 소재가 될 것이다.

## 가. 사건의 배경

이 판결을 이해하기 위해서는 사건의 역사적 배경을 이해해야 하는데 우리나라 국민들이면 대부분 알고 있다고 생각되지만 그래도 간단하게 정리해 보자면 다음과 같다. 이 사실관계 정리를 위해서 네이버 백과사전을 비롯한 여러 인터넷 자료를 참조하였음을 밝힌다.

1970년대 말부터 1980년대 초까지 우리 역사상 매우 불행한 사건이 벌어졌다. 1979년 10·26사태로 박정희 전 대통령이 암살되고 유신체제의 철권통치가 급속히 붕괴되면서 한국사회는 민주화를 향한 정치적 격변의 시기로 접어들었다. 그 시기는 프라하의 봄에 빗대어 서울의 봄이라고 불리는 정치적 해빙기를 가져오는 것처럼 보였으나, 12·12사태로 권력을 장악한 당시 전두환 보안사령관이 중심이 된 신군부세력은 최규하 과도정부를 무기력하게 만들고 국민들이 요구하는 민주주의와 이를 위한 정치일정 제시를 거부하면서 강력한 권력기반을 구축하고 있었다. 이에 대한 국민의 저항은 학생운동을 시작으로 다양하게 표출되다가 사북사태로 대표되는 노동자들의 생존권 문제로까지 확산되었다. 특히 1980년 5월 15일 서울역시위 등 학생운동이 전국적으로 확산되면서 신군부세력을 압박하자 신군부세력은 1980년 5월 17일 '비상계엄 전국확대조치'를 발표했다. 신군부세력은 그들의 목적을 달성하기 위하여 광범위하게 표출되는 국민들의 저항에 무력으로 대응하면서 민주인사에 대한 대규모 체포와 투옥을 시작했다. 그러나 이들의 이러한 폭압은 광주지역을 중심으로 한 시민들의 강력한 저항에 부딪쳤다. 광주 시민들은 신군부세력에 의해 폭도로 매도당한 채 포위된 상태에서 그들의 잔악한 진압과 학살에 대응하기 위한 자위적 무장을 갖추고 이후 10일간의 투쟁을 전개해나갔다. 그러나 군의 전투를 방불케 하는 폭력진압으로 많은 시민들이 희생당하면서 민주화운동은 결국 실패로 끝났고 일반 국민들에게 광주민주화운동의 진상은 철저히 은폐되었다.

그 후 전두환은 간선제를 통해 대통령에 취임하였고 비민주적 철권통치를 이어나갔다. 하지만 1985년 2·12총선 이후 민주화세력은 간선제로 집권한 제5공화국 대통령 전두환의 도덕성과 정통성의 결여와 비민주성을 비판하면서 줄기차게 직선제 개헌을 주장하였다. 이에 전두환은 1987년 4월 13일 일체의 개헌논의를 금지하는 호헌조치를 발표하였다. 이러한 상황에서 서울대학교 박종철 학생이 경찰의 고문으로 사망한 사건이 발생하면서 정국은 또다시 민주화 진영과 집권세력 간의 대결국면으로 치달았다. 전국적으로 대규모 학생 및 시민 가두집회가 연일 계속되고 경찰력으로는 더 이상 버틸 수 없는 상황이 되자 집권세력은 한때 군 투입을 검토하였으나 다행히도 온건론이 우세하여 직선제 개헌요구를 받아들이기로 하였으며, 이후 6·29선언이 발표되었다. 6·29선언의 내용은 대통령직선제 개헌을 통한 1988년 2월 평화적 정권이양, 대통령선거법 개정을 통한 공정한 경쟁 보장, 김대중의 사면복권과 시국관련사범들의 석방 등이었다. 1987년 10월 27일 국민투표로 직선제 개헌이 이루어졌고, 12월 16일 대통령선거에서는 야권 후보가 단일화를 이루어내지 못하고 결국 당시 민정당 후보 노태우가 36.6%의 지지를 얻어 당선되었다.

이렇게 당선된 노태우 정권이 지난 후에야 김영삼 대통령의 문민정부가 출범하였고 노태우 전 대통령의 비자금이 정치적으로 문제가 되어 전직 대통령들이 검찰에 의해 구속되는 사건이 발생한다. 비자금 사건이 터지자 부패정권을 창출하는 계기가 되었던 12·12 쿠데타 및 5·18 광주민주화운동 강경탄압의 진상규명에 대한 국민적 요구가 거세졌으며, 대통령 김영삼도 1995년 11월 5·18특별법 제정을 지시하고 역사 바로 세우기를 선언하였다. 5·18사건의 진상규명은 1988년 국회청문회를 통하여 처음 시도되다가 무산되고, 그 후에도 5·18 피해자와 단체들이 수차례에 걸쳐 고소, 고발했으나 검찰은 거듭 기소유예와 공소권 없음의 결정을 내렸다. 그러나 대통령의 특별법 제정 지시로 검찰은 재수사에 착수하고 헌법재판소가 특별법의 합헌결정을 내림으로써 수사가 가능해졌다. 이에 따라 검찰은 12월 3일 군형법상의 반란수괴죄를 적용하여 전두환을 포함한 1980년 당시의 신군부측 핵심인사들을 구속 기소하였다. 동시에 5공화국의 비리수사도 함께 진행되었다.

1996년 3월부터 시작된 공판은 1심 28회, 항소심 12회 등 모두 40회에 걸쳐 진행되어 이 판결인 항소심에서는 두 전직 대통령에게 반란죄, 내란죄, 수뢰죄를 적용하여 전두환에게 무기징역, 노태우에게는 징역 17년을 각각 선고하였고 대법원 상고심에서 전두환 무기징역, 노태우 징역 17년의 항소심 형량을 확정지었다. 그러나 제15대 대통령 선거 직후인 1997년 12월 22일 김영삼 대통령이 국민 대화합을 명분으로 특별 사면하여 석방함으로써 전두환, 노태우 두 전직 대통령은 구속 2년여 만에 출옥하였다. 그리고 2011년 5월에는 5·18 관련 기록물이 인류의 보편적 가치인 민주주의와 인권, 정의를 위해 노력한 세계적 모범사례로 유네스코 국제자문위원회(IAC)에 의해 세계기록유산에 정식으로 등재되었다.

## 나. 판단의 특수성

여러분이 판사로서 이런 사건을 맡았다면 어떤 기분일까? 이 판결의 항소심 재판장이었던 당시 권성 부장판사는 후일 로스쿨의 강연에서 이렇게 회고했다. 물론 로스쿨 학생들을 대상으로 한 강연이었기에 그 제목이 "형사재판의 적정한 운영방안"이었지만 그 당시 재판장으로 느꼈던 판단의 부담이 고스란히 전해지는 대목이다.

"제가 1996년 하반기에 항소심 재판장을 담당했던 12·12, 5·18 반란 및 내란사건과 비자금 사건의 재판은 다음과 같이 여러 가지 면에서 특수성을 가지고 있었습니다.

첫째, 피고인들의 지위가 전직 대통령 또는 그 휘하의 전직 고관 내지 정계의 최고실력자들이었다는 점, 피고인들의 수가 많았다는 점, 그리고 사안의 내용이 좀처럼 보기 어려웠던 반란 및 내란이었다는 점 등을 들 수 있습니다.

둘째, 법률 외적인 측면에서 보더라도 이 사건에 온 국민과 전 세계의 이목이 집중되어 있었기에 이 사건을 통해 우리 사법부가 그 능력과 자세를 시험받게 되는 측면이 있었습니다.

셋째, 국민들의 출신지역, 소속계층, 정치적 이해 등에 따라 이 사건에 대하여 나름대로 각기 다른 의견을 가지고 있었기 때문에 담당 재판부로서는 이와 같은 다양한 국민의 여론을 어떻게 설득하여 사법부의 판단을 수긍하도록 하는가 하는 매우 색다른 부담을 안을 수밖에 없었습니다.

넷째, 이 사건의 재판은 사안의 희소성과 역사성으로 인하여 우리 후세는 물론 다른 나라에서까지 분석, 평가받게 될 것이고, 분석의 틀도 형사법뿐만 아니라 정치학, 역사학, 법철학 등 다방면에 걸칠 수 있는 것이었습니다.

끝으로 항소심으로서의 구속기간 이내에 이 사건을 처리하지 않을 경우 상당한 정치적 파문이 일어 사회를 혼란과 불안 속에 빠지게 할 위험이 다분한 것으로 예상되었고, 이 점 또한 재판부의 부담으로 작용할 수밖에 없었습니다."

간단히 요약하자면 국민들뿐만 아니라 세계적으로도 주목받는 사건이었고 법리만으로 해결되는 문제도 아니었으며, 사안이 생소하고 복잡했으나 판단에 주어진 시간적 여유가 많지 않았다는 것이다.

## 다. 복잡성의 해결

이 판결이 사회적으로 의미를 가지는 부분은 판결 결론의 정당성과 역사적, 정치적 의미일 것이다. 하지만 우리가 이 책에서 가지는 관점은 판단의 어려움을 어떻게 해결했는가 하는 부분이다. 그리고 이 판단에서 재판장이 가장 먼저 접했을 어려움은 복잡성의 해결이었을 것이다. 왜냐하면 우선 피고인들의 숫자가 16명이었고 판단 대상인 사건이 1979년 12월 12일부터 노태우 정권 말에 이르는 장기간이었기 때문이다. 그 증거자료도 방대하여 사무용 캐비넷 6개 분량이었다고 한다. 그리고 판결문은 총 364페이지인 지금까지 경험해 보지 못했던 방대한 분량의 판결이었다.

이 판결에는 여느 판결문과 달리 판단의 이유에 다음과 같은 목차가 정리되어 있다.

**이유의 구성은 다음과 같다.**

**[순 서]**

물론 이 목차는 이렇게 긴 판결을 읽기 위해서는 필수적이다. 그렇지만 판단의 순서를 결정하기 위한 판단의 계획이라고도 할 수 있으며 나중에 목차를 변경하는 경우가 있을지라도 아마 판사에게는 이것이 더 중요한 목적일 수 있다.

목차를 살펴보면 우선 첫 번째로 성공한 쿠데타를 처벌할 수 있는지를 판단하고 있다. 이 부분은 이 판결에서 가장 중요한 부분으로 만일 성공한 쿠데타를 처벌할 수 없다면 나머지 부분은 판단할 이유도 없이 처벌할 수 없을 것이다. 따라서 이 결단이 이 판결에서 가장 중요한 부분인 것이다. 또 한 가지 어려운 부분은 범죄의 시간이 많이 흘렀기 때문에 공소시효가 문제되었을 터인데 이는 특별법의 제정과 헌법재판소의 결정에 의해 이미 위헌이 아닌 것으로 판단이 내려져 있었기 때문에 이 판결에서의 큰 쟁점은 아니었다.

그리고 성공한 쿠데타를 처벌할 수 있다면 그 다음 문제는 양형을 어떻게 할 것인지가 될 것이다. 그 당시는 아직 사면이 되리라는 예상을 할 때가 아니었기에 두 전직 대통령의 사형 여부가 국민들과 세계의 초미의 관심사였다. 그리고 1심에서는 이미 피고인 전두환에 대해서는 사형이 언도되어 있는 상태였다.

## 라. 쿠데타와 혁명의 구별 – 생각 범주의 구체화와 일반화

피고인들인 두 전직 대통령은 군사적 반란을 저질렀으나 헌법에 따르거나 헌법을 개정하여 대통령에 당선되었고 십수년간 국가원수로 행사했던 자들이다. 그래서 피고인들은 이 재판에서 1979년 12월 12일 및 그 다음날에 한 일련의 행위와 1980년 5월 17일 이후에 한 일련의 행위가 설혹 형식적으로는 반란과 내란에 해당한다 하여도 이것은 실제로는 정당한 행위로서 소위 성공한 쿠데타(≒혁명)에 해당하므로 처벌할 수 없다고 주장했다.

이 주장에 대해 이 판결은 혁명과 쿠데타를 구별하여 위 주장을 반박하고 있다. 우선 헌법과 법률을 개정하여 준수했으므로 성공한 쿠데타라는 주장에 대해서는 합법성은 곧 정당성이 아니며 혁명은 보편적인 법원칙에 부합하는 헌법과 법률을 따를 때에만 혁명의 정당성을 가진다고 보았다. 즉, 혁명은 정당성을 가질 때 인정된다는 것이다.

『살피건대, 헌법은 가장 상위에 있는 법규범이므로 모든 법률은 헌법에 부합하는 범위 내에서 합법성을 취득한다. 그러나 합법성이 바로 정당성을 의미하는 것은 아니므로 합법성이 있다 하여 반드시 정당성이 있는 규범이라고 말할 수는 없다. 헌법의 배후 또는 상위에는 정의와 선 그리고 평화의 원리를 내용으로 하는 보편적인 법의 원칙이 존재하고 이를 자연법이라고 부른다면 이러한 자연법에 부합하는 내용의 헌법과 법률만이 정당성을 갖게 된다. 자연법은 만고불변의 것이지만 그에 대한 인식은 인간 이성의 개화정도에 따라 차이가 있게 된다. 그리하여 어떤 국가의 헌법 내지 기본적 법질서가 자연법에 어긋나는 부당한 것이라는 인식이 그 사회에 팽배하여 마침내 그 불일치를 힘에 의하여 극복하려는 급격한 투쟁이 전개될 때 이것을 혁명이라고 부른다.』

그리고 정당성을 가진 혁명의 특성에 대해서 규정하고 있다. 혁명은 기존의 정치체계의 파괴와 새로운 기초에 바탕을 둔 신제도의 수립이 본질적인 요소이며 정당한 혁명에 의한 행위는 범죄가 될 수 없다는 것이다.

『혁명은 현존하는 정치제도의 급격한 파괴와 새로운 기초에 바탕을 둔 신제도의 수립을 그 본질적 요소로 한다. 즉 현제도가 다른 제도로 급격하게 그리고 강제적으로 대치된다. 그 변화과정에서 발생하는 인명의 희생과 폭력은 광범위하고 국가전체에 영향을 미친다. 그러므로 혁명이 성공하면 기존의 헌법과 이에 근거한 법률은 원칙적으로 폐지되어 효력을 상실하고 단지 혁명정부의 이념과 시책에 모순되지 않는 범위의 법규범만이 효력을 유지한다. 혁명정부의 합법성에 대한 도전은 허용되지 않으며 혁명행위를 반란이나 내란의 범죄로 인정하는 데 적용될 기존의 법률은 이미 효력을 상실하여 혁명행위는 더 이상 범죄가 아니고 따라서 이를 처벌할 수는 없게 된다.』

반면 쿠데타가 혁명과 다른 점과 그 특성을 밝히고 있다. 우선 쿠데타는 사회전반의 변혁이 아니라 힘으로 집권세력만이 교체되는 데 그친다고 설명하고 있다.

『이에 대하여 쿠데타는 그 정부형태에 따라 권력이 1인에게서 다른 1인에게로, 또는 어느 집단에서 다른 집단으로 이전되는 것으로서 이로 인한 변화가 정부 자체에 국한되고 전체 국민에 대한 영향은 최소한도로 제한된다는 특징이 있다. 쿠데타는 그로 인한 변화가 사회 전체에 대한 것이 아니라 중앙정부의 지도자가 교체되는 것에 그친다. 따라서 쿠데타는 혁명에 수반되는 광범위한 변화를 대개 초래하지 않으며 보통은 기존의 정부조직과 사법제도 그리고 사회제도가 정상적으로 유지된다. 쿠데타는 법이 정한 권력승계의 절차를 지키는 것처럼 가장하는 수도 있지만 실제로는 힘으로 강압하여 권력을 인수하는 것이다. 국가기관의 조직과 구성원은 대체로 유지되고 정부권력의 핵심구성원만이 교체된다.

그러므로 쿠데타가 성공하여도 기존의 헌법과 이에 기초한 법률은 효력을 상실하는 일이 없고 따라서 이와 같이 계속 효력을 유지하는 기존의 법질서를 근거로 하여 쿠데타정권의 불법성과 쿠데타행위의 범죄성을 추궁하는 문제제기가 빈번히 일어난다.』

위의 쿠데타의 특성에 따르면 실패한 쿠데타는 당연히 기존의 법질서에 의해 처단될 것이다. 그렇다면 이 사건과 같이 장기간 성공한 쿠데타는 처벌할 수 없는지에 대해서 판단하고 있다. 우선 쿠데타 정권의 성격을 규정하고 있는데 쿠데타가 성공한 후에는 다른 국가경영세력이 없는 틈을 타서 합법성의 탈을 쓰고 국가를 운영하지만 그 정권유지를 위해 인권을 무시하고 국민을 탄압한 경우에는 불법성이 사라지지 않는다고 규정한다. 그리고 쿠데타 행위 자체가 그 당시의 범죄행위인 것은 변함이 없다고 설명한다.

『성공한 쿠데타정권은 법률적으로는 세 가지의 얼굴을 갖는다.

첫째는 합법성의 측면이다. 쿠데타가 일단 성공하면 이때 국가 전체를 경영할 다른 대체세력이 얼마 동안은 없는 것이 보통이므로 쿠데타정권은, '국민의 안전과 복지가 최고의 법이다.'(Salus populi suprema lex)라고 하는 국가긴급성의 이론(the theory of state necessity)을 부당하게 차용하거나, '실효성(efficacy)이 있는 것이 법이다.'라고 하는 근본규범(grundnorm)이론을 확대적용하거나, 혹은 사실상의 정부(de facto government)라고 하여, 많은 경우 그 합법성을 인정받는다.

둘째는 불법성의 측면이다. 앞에서 본 것처럼 성공한 쿠데타정권이 합법성을 인정받는 실질적 이유는, 그 형식적인 이론구성은 여하간에, 쿠데타정권이 그 탄생의 범죄성에 불구하고 그 탄생 이후에는 기존의 헌법과 법률을 존중하고 이에 근거하여 권력을 행사하기 때문이다. 선량한 정부(good government)가, 또는 합법적인 구정권이, 질서를 유지하고 국민의 안전과 복지를 위하여 행하였으리라고 가정할 수 있는 그러한 조치를 쿠데타정권이 취하는 경우에는 최소한 그 범위 내에서 쿠데타정권의 조치에 대하여 합법성을 부여하지 않을 수 없는 것이다. 그러나 쿠데타세력을 강화할 목적으로 국민의 정당한 권리행사를 억압하고 그 권리를 침해하는 행위를 자행하는 것은 기존의 헌법과 법률을 준수하는 것이 아니다. 형식적으로 헌법이 개정된 경우에도 그 개정 전후의 동일성이 유지되는 한 문제는 마찬가지다. 그러므로 이러한 행위들에 대하여는 합법성이 부여될 수 없고 그 행위들의 불법성 낙인은 피할 수 없으며 그 범위 내에서는 정권 자체의 불법성을 면할 수 없게 된다.

셋째는 쿠데타 자체의 범죄성의 측면이다. 쿠데타정권의 합법성과 쿠데타행위 자체의 범죄성의 문제는 구별하여야 한다. 쿠데타정권이 전면적이든 부분적이든 합법성을 부여받는다고 하여 쿠데타정권을 탄생시킨 반란 또는 내란의 범죄 행위적 본질이 소멸되는 것은 아니기 때문이다. 기존의 헌법과 법률은 쿠데타가 비록 성공하여도 그 효력을 잃는 일이 없고 따라서 기존의 법률에 의하여 쿠데타가 반란이나 내란에 해당하여 범죄가 된다면 이 점은 쿠데타정권이 합법성을 부여받는다고 하여 달라지는 것이 아니다. 쿠데타정권에 대한 합법성의 부여는 쿠데타 이후의 장래에 대하여 행하여지는 것 뿐이지 그 이전으로 소급하여 이루어지는 것은 원칙적으로 아니기 때문이다.』

따라서 성공한 쿠데타라고 하더라도 혁명이 아닌 이상은 범죄로 처벌이 가능하다고 판단하고 있다. 보통 성공한 쿠데타가 처벌되지 않는 것은 이론의 문제가 아니라 실천의 문제일 뿐이라고 판단하고 있다. 즉, 성공한 쿠데타는 처벌하지 않는다는 법리는 존재할 수 없다는 것이고 이 판결에서 그 처벌을 실천할 수 있다는 것이다.

『그렇다면 성공한 쿠데타의 경우에도 쿠데타행위 자체는 범죄로서 마땅히 처벌되어야 할 것이다. 그럼에도 불구하고 대부분의 쿠데타가 처벌되지 않는 것은 법을 집행하는 사람의 힘이 부족하기 때문이다. 원래 법을 집행하는 것은 사람이다. 법을 집행하는 사람의 힘이 집행대상자의 힘을 제압할 정도로 우세하여야 법은 집행되는 것이고 이와 반대로 집행대상자의 힘이 법집행기관의 힘과 대등하거나 오히려 우세한 경우에는 법의 집행은 불가능하다. 그렇다면 성공한 쿠데타의 처벌문제는 법의 효력이나 법의 이론의 문제가 아니라 법의 집행의 문제인 것이고 바꾸어 말하면, 이론의 문제가 아니라 실천의 문제인 것이다.

이 사건에서 보면, 뒤의 범죄 사실란에서 인정하는 바와 같은 피고인들의 군사반란과 내란행위는 이 사건 기록에 나타난 그 당시의 사회상황, 그 전개의 전후과정, 피고인들이 표명한 주장, 그리고 그 결과를 종합하여 평가할 때에 이를 혁명이라고 할 수는 없고 대신 하나의 군사 쿠데타라고 할 것이다. 그리고 그 발생 당시의 형법과 군형법에 의하면 이것이 내란과 반란의 범죄를 구성하는 것도 뒤의 범죄사실 인정에서 보는 바와 같이 분명하며 위 형법과 군형법의 해당 조항이 그 뒤에 효력을 상실한 바 없음 또한 명백하다. 이러한 경우에 쿠데타를 처벌하는 것은 법의 효력이나 이론의 문제가 아니라 법의 집행과 실천의 문제라는 것 또한 이미 위에서 밝힌 바이다. 그렇다면 피고인들이 일으킨 반란과 내란이, 성공한 쿠데타에 해당하여 처벌될 수 없다는 법리는 존재하지 않는 것이고 따라서 이와 다른 피고인들의 주장은 이유 없다.』

이 판결에 대한 상고심에서도 대법원의 결론(다수의견)은 이 판결의 이유 설시에는 적절하지 아니한 점이 없는 것은 아니나, 이 사건 군사반란과 내란행위가 처벌의 대상이 되는 것으로 본 원심의 결론은 정당[1]하다고 인정하고 있다. 그러나 대법관의 의견이 일치되는 것은 아니어서 이 사건은 고도의 정치적 의사결정의 문제이지 사법심사의 대상이 아니라는 소수의견[2]도 있었다.

정리하면 이 판결은 혁명과 쿠데타를 정당성을 기준으로 구

1) "우리나라는 제헌헌법의 제정을 통하여 국민주권주의, 자유민주주의, 국민의 기본권보장, 법치주의 등을 국가의 근본이념 및 기본원리로 하는 헌법질서를 수립한 이래 여러 차례에 걸친 헌법개정이 있었으나, 지금까지 한결같이 위 헌법질서를 그대로 유지하여 오고 있는 터이므로, 군사반란과 내란을 통하여 폭력으로 헌법에 의하여 설치된 국가기관의 권능행사를 사실상 불가능하게 하고 정권을 장악한 후 국민투표를 거쳐 헌법을 개정하고 개정된 헌법에 따라 국가를 통치하여 왔다고 하더라도 그 군사반란과 내란을 통하여 새로운 법질서를 수립한 것이라고 할 수는 없으며, 우리나라의 헌법질서 아래에서는 헌법에 정한 민주적 절차에 의하지 아니하고 폭력에 의하여 헌법기관의 권능행사를 불가능하게 하거나 정권을 장악하는 행위는 어떠한 경우에도 용인될 수 없다. 따라서 그 군사반란과 내란행위는 처벌의 대상이 된다."- 대법원 1997.4.17. 선고 96도3376 전원합의체 판결 다수의견

2) "그러므로 이 사건 군사반란 및 내란행위가 비록 형식적으로는 범죄를 구성한다고 할지라도 그 책임 문제는 국가사회의 평화와 정의의 실현을 위하여 움직이는 국민의 정치적 통합과정을 통하여 해결되어야 하는 고도의 정치문제로서, 이에 대하여는 이미 이를 수용하는 방향으로 여러 번에 걸친 국민의 정치적 판단과 결정이 형성되어 온 마당에 이제 와서 법원이 새삼 사법심사의 일환으로 그 죄책 여부를 가리기에는 적합하지 아니한 문제라 할 것이므로, 법원으로서는 이에 대한 재판권을 행사할 수 없다고 보아야 할 것이다.
그럼에도 불구하고 이 사건 군사반란 및 내란행위에 관련된 피고인들에 대한 각 해당 공소사실에 대하여 실체관계에 나아가 유죄 또는 무죄의 판단을 한 원심판결은 잘못이라고 할 것이므로, 원심판결 중 이 부분을 파기하고, 이에 대하여는 재판권이 없음을 이유로 공소기각의 판결을 선고하여야 할 것이다." - 대법원 1997.4.17. 선고 96도3376 전원합의체 판결 소수의견

별하여 그 개념을 비교하면서 혁명에 이르지 못한 쿠데타는 언제나 처벌할 수 있다는 논리를 펴고 있다. 이는 형사법적 법리라기보다는 정치학, 역사학, 법철학 등이 동원된 결론이다. 실제 국내에서는 이에 대한 자료가 없어서 이 논리를 개발하기 위해 영미법계 국가의 쿠데타 관련 재판과 논문들을 연구했다고 한다. 우리가 주목할 점은 성공한 쿠데타를 처벌할 수 있는가를 그 쿠데타의 성공 실패의 문제로 보지 않고 명백히 처벌할 수 없다는 것을 인정할 수밖에 없는 혁명의 개념을 정의하면서 쿠데타와 구분했다는 것이다. 만약 성공한 쿠데타가 성공하면 혁명이라는 사고로는 이 문제를 해결하기 어려웠을 것이다. 물론 혁명이 집권세력에 의해 처벌받은 경우는 있더라도 역사는 혁명으로 기록하기 때문에 혁명과 쿠데타는 구분되는 것이 옳다고 생각한다.

또 한 가지 생각할 부분은 혁명과 쿠데타를 구분하는 기준으로 정당성을 든 것이다. 물론 정당성이라는 개념은 확정적이지 못해서 대법원의 소수의견과 같은 반대의견이 있을 수도 있다. 하지만 정당성을 기준으로 쿠데타의 사법적 처벌가능성을 열어둔 것은 옳았다고 생각한다. 왜냐하면 혁명으로 시작해서 집권과정 또는 집권 중에 정당성을 잃는 경우도 있을 것이고 반대로 쿠데타로 시작하였으나 집권 중 국민의 지지를 얻어 정당성을 얻는 경우도 있을 것이기 때문에 쿠데타 집권세력은 그것이 혁명의 정당성을 얻을 수 있도록 국민을 무시할 수 없을 것이기 때문이다. 이에 대한 반대의견으로 정권을 놓치지 않기 위해 국민을 더욱 탄압할 수도 있을 것이라는 주장도 가능하지만 그것이 영원하지 못하다는 것은 역사적으로 자명한 일이기에 동의하기 어렵다.

재판장은 성공한 쿠데타를 처벌할 수 있는가에 대한 질문을 어떤 사고의 방식으로 해결했는지 살펴보자. 우선 생각을 쿠데타에 국한시키기보다 상위단계인 집권의 형태로 확장해서 평화적 집권과 무력에 의한 집권으로 나누고 또 무력에 의한 집권을 혁명과 쿠데타로 그리고 쿠데타도 성공한 쿠데타와 실패한 쿠데타로 나누어서 각각에 대해 판단했을 것이다. 이 중 평화적 집권은 당연히 처벌의 대상이 아니고 혁명도 처벌의 대상은 아니다. 그러나 쿠데타는 그 자체만으로도 처벌의 대상이 되는데 실패한 쿠데타는 당연히 처벌될 것이나 성공한 쿠데타는 처벌을 집행할 힘이 없기 때문에 처벌을 안했을 뿐이라는 결론을 내리고 있다.

비슷한 사고의 방식으로 한 때 유명했던 선덕여왕이라는 TV 드라마에서 극중 미실은 부하의 실수에 대해 사람은 실수할 수 있으니 용서해달라는 부탁을 "사람은 능력이 모자랄 수 있습니다. 사람은 부주의 할 수도 있습니다. 사람은 실수할 수도 있습니다. 하지만 내 사람은 그럴 수 없어!"라는 소위 명대사로 거부하였다. 이 대사 역시 사람을 내(부하인) 사람과 그렇지 않은 사람으로 구분하여 이 판결과 유사하게 서로 다른 기준으로 판단한 사례라고 볼 수 있다. 반대의 판단대상을 일반화시키는 사고도 가능하다. 예를 들어 필자는 독일의 철학자 호르크하이머[3]가 인간에 의한 인간지배를 설명하면서 인간을 자연에 포함시켜서 인간이 자연(인간을 포함한)을 지배하게 됨으로써 그 과정에서 타인을 지배하게 되었다고 설명하는 것을 읽고 감탄한 적이 있다. 언뜻 상당히 어려운 이야기 같지만 이런 예는 실

3) 독일의 철학자로 프랑크푸르트대학의 사회철학 교수가 되고(1930) '사회 연구소'의 소장이 되었으나 나치의 박해를 받아 망명하였다(1933). 미국에서 연구 활동을 계속하다가 전후 프랑크푸르트대학으로 다시 돌아와 여기에서 활약하였다. 이론 내부의 정합성(整合性)과, 기술적인 유효성에만 관심을 갖는 '전통적인 이론'을 비판하고 '비판적인 이론'(Kritische Theorie)을 주장하였다. 프랑크푸르트학파의 지도자로서 유명하다.

생활에서도 얼마든지 볼 수 있다. 어린아이가 실수의 행동을 했을 때 훈계하는 말로 "사람이 그러면 안 된다"는 말 등이다. 어린아이도 사람의 범주이므로 사람으로 일반화시킬 수 있고 사람에게 그런 행동은 용납되지 않는다고 판단하여 한 말이다. 어려운 문제의 판단을 위해 이 판결처럼 구체화의 방식을 통해 비교대상과의 차이를 밝히거나 반대로 일반화의 방식을 통해 생각의 범위를 확장하거나 축소해 보는 훈련은 중요할 것이다.

결론적으로 이 판결의 성공한 쿠데타의 가벌성을 판단한 논리로 피고인들의 형법상 범죄를 논할 수 있게 되었다. 그렇다면 다음의 문제는 어떤 형법 조항으로 죄를 물어야 하는가라는 것인데 이 판결에서는 특히 형법상 내란죄[4]와 내란목적의 살인죄[5]를 적용하는 부분이 문제가 되었다.

## 마. 내란죄의 적용 – 정교한 적용(죄형법정주의)

선거법상 자수 문제를 다루면서 전술한 바 있지만 형법적용에 있어서 가장 중요한 원칙이 죄형법정주의이다. 즉, 법원은 자의적으로 범죄와 형벌을 결정할 수 있는 것이 아니고 형법의 조문에 규정된 대로만 판단을 할 수 있다. 이 사건에서 피고인들을 처벌할 수 있는 형법 조문은 내란죄 또는 내란목적 살인

4) 형법 제87조【내란】 국토를 참절하거나 국헌을 문란할 목적으로 폭동한 자는 다음의 구별에 의하여 처단한다.
1. 수괴는 사형, 무기징역 또는 무기금고에 처한다.
2. 모의에 참여하거나 지휘하거나 기타 중요한 임무에 종사한 자는 사형, 무기 또는 5년 이상의 징역이나 금고에 처한다. 살상, 파괴 또는 약탈의 행위를 실행한 자도 같다.
3. 부화수행하거나 단순히 폭동에만 관여한 자는 5년 이하의 징역 또는 금고에 처한다.

5) 제88조【내란목적의 살인】 국토를 참절하거나 국헌을 문란할 목적으로 사람을 살해한 자는 사형, 무기징역 또는 무기금고에 처한다.

죄인데 내란죄는 형법 제87조에 의해 국토를 참절하거나 국헌을 문란할 목적으로 폭동을 일으킨 것을 말하고 내란목적 살인죄는 제88조에 따라 국토를 참절하거나 국헌을 문란할 목적으로 사람을 살해한 것을 의미한다. 따라서 폭동의 과정 중에 사람을 죽인 것은 내란죄이지 내란목적 살인죄는 아니다. 그런데 이 법조문들에서 문제가 되는 것이 "국헌을 문란할 목적"이다. 그런데 형법은 제91조[6]에서 국헌문란을 헌법 또는 법률에 정한 절차에 의하지 아니하고 헌법 또는 법률의 기능을 소멸시키는 것 또는 헌법에 의하여 설치된 국가기관을 강압에 의하여 전복 또는 그 권능행사를 불가능하게 하는 것으로 정의하고 있다.

이 사건에서 피고인들은 국헌문란의 목적이 없었다는 주장을 하고 있으며, 특히 5·18 광주 민주화 항쟁을 진압한 것은 시민들의 시위가 헌법에 의하여 설치된 국가기관이 아니고 계엄법에 의해 진압했으므로 내란죄나 내란목적 살인죄가 성립하지 않는다는 것이다. 언뜻 생각하면 말도 안되는 주장 같지만 법관으로서는 광주시민의 정당한 시위단체가 헌법에 의해 설치된 국가기관이 아닐 경우에 내란목적으로 처벌하기는 어렵다. 만약 이를 적용할 수 없다면 물론 다른 죄만으로도 충분히 사형이나 무기징역을 선고할 수 있지만 선량한 광주시민을 학살하도록 지시한 행위에 대한 법적인 판단이 미흡할 수 있었던 것이다. 따라서 재판장은 국헌문란을 적용하는 데 있어서 피고인들이 빠져나갈 수 없는 치밀한 논리를 펼치고 있다. 그리고 이 판결의 상고심인 대법원에서는 이 판결의 첫 번째 결

6) 제91조【국헌문란의 정의】 본장에서 국헌을 문란할 목적이라 함은 다음 각호의 1에 해당함을 말한다.
1. 헌법 또는 법률에 정한 절차에 의하지 아니하고 헌법 또는 법률의 기능을 소멸시키는 것.
2. 헌법에 의하여 설치된 국가기관을 강압에 의하여 전복 또는 그 권능행사를 불가능하게 하는 것.

론이 아닌 보충적 결론을 채택하여 국헌문란을 적용하고 있다. 우리나라 최고법관들의 논리적용을 엿볼 수 있는 부분이며 우리가 이 판결에서 유념하여 살펴야 할 부분이다.

우선 이 판결에서는 우선 광주 시민들이 왜 봉기했는지에 대해서 정의하고 있다.

『범죄 사실란에서 인정하는 바와 같이 피고인들이 비상계엄을 전국으로 확대하고, 국회를 봉쇄하며, 정치활동을 금지하고, 주요 정치인들을 구속한 행위에 대하여 이를 강력히 항의하고 그 시정을 요구하는 광주시민들의 시위를, 피고인들이 공수부대병력을 동원하여 난폭한 방법으로 분쇄한 행위도 국헌문란에 해당한다. 그 이유는 다음과 같다.』

그리고 형법 제91조의 각 항이 한정적이 아닌 예시적 규정이라고 판단한다. 법을 규정하면서 예시적 조항이 인정될 수밖에 없는 이유는 이 판결에서 들고 있듯이 우리의 언어로 모든 행동을 규정한다는 것은 불가능하기 때문이다. 그러나 대법원은 이 부분을 인정하지 않고 있다. 어떤 판단이 맞는지는 여러분이 판단해 보기 바란다.

『형법 제91조가 국헌문란을 정의하면서 헌법 또는 법률에 정한 절차에 의하지 아니하고 헌법 또는 법률의 기능을 소멸시키는 것과 헌법에 의하여 설치된 국가기관을 강압에 의하여 전복 또는 그 권능행사를 불가능하게 하는 것의 두가지를 들고 있는 것은 국헌문란의 대표적인 행태를 예시하여 그 해석의 기준을 제시하고 있는 것으로 이해하여야 할 것이다. 국헌문란과 같은 추상적 개념에 해당하는 사례를 구체적으로 한정하여 열거하는 것은 원래 불가능하고 부적절하기 때문이다. 그러므로 위 규정에 직접 해당하지 아니하는 경우에도 위의 두 가지 경우에 못지 않는 중요한 국헌침해행위가 있다면 이것 역시 형법상의 국헌문란으로 다스려야 할 것이다. 형법이, 헌법에 의하여 설치된 국가기관을 강압으로 전복하는 것을 내란으로 단죄함을 특히 예시하고 있는 까닭은, 헌법에 의하여 설치된 국가기관은 법을 집행하는 것 이외에 헌법을 수호하는 보다 중요한 소임을 가진 기관이므로 특히 그 보호의 필요성이 크기 때문이다. 그렇다면 헌법에 의하여 설치된 국가기관, 즉 헌법기관 보다 더 중요한 헌법 수호의 임무를 가진 기관이나 집단이 있다면 이러한 집단이나 기관도 당연히 내란죄의 보호대상이 되어야 할 것이다. 이렇게 볼 때에 민주주의 국가의 국민이야말로 주권자의 입장에 서서 헌법을 제정하고 헌법을 수호하는 가장 중요한 소임을 갖는 것이므로 이러한 국민이 개인으로서의 지위를 넘어 집단이나 집단유사의 결집을 이루어 헌법을 수호하는 역할을 일정한 시점에서 담당할 경우에는 이러한 국민의 결집을 적어도 그 기간 중에는 헌법기관에 준하여 보호하여야 할 것이다. 따라서 이러한 국민의 결집을 강압으로 분쇄한다면 그것은 헌법기관을 강압으로 분쇄한 것과 마찬가지로 국헌문란에 해당한다고 보지 않으면 안된다.』

따라서, 피고인들이 먼저 국회나 국회의원은 헌법상의 기관이기 때문에 이들을 탄압하는 국헌문란 행위를 먼저 하였고 주권자인 국민이 이에 항의하여 헌법 수호를 위해서 결집을 한 것이라면 이는 보호되어야 하며 따라서 이 결집을 무력으로 탄압한 것은 국헌문란에 해당한다는 것이다.

『이 사건에서 보면 피고인들이 국회를 봉쇄하고 정치활동을 금지하며 주요 정치인들을 구속하고 비상계엄을 부당하게 전국으로 확대한 행위는 위에서 본 바와 같이 국헌을 문란케 한 행위이므로 광주시민들이 이를 항의하는 대규모의 시위에 나온 것은 주권자인 국민이 헌법수호를 위하여 결집을 이룬 것이라고 할 것이고 이를 피고인들이 병력을 동원하여 난폭하게 제지한 것은 강압에 의하여 그 권한행사를 사실상 불가능하게 한 것이어서 국헌문란에 해당한다.』

이 판결은 여기서 판단을 그치지 않고 보충적으로 광주시민의 시위를 난폭하게 제압하는 행위가 헌법기관인 대통령 등에게 강압적인 행위이므로 국헌문란이 된다는 판단까지 하고 있다. 광주시민의 결사가 헌법기관에 준하는 보호를 받아야 하는 조직임에도 이를 탄압함으로써 헌법기관인 대통령 등을 협박하여 그 기능을 마비시켰으므로 국헌문란에 해당한다는 것이다. 피고인들로서는 빠져나가기 힘든 가히 멋진 논리의 전개가 아닐 수 없다.

『설혹 그렇지 않다고 하여도 원래 국헌문란의 죄에 있어서 강압의 대상과 폭동의 대상은 분리될 수 있는 것인데 이 사건에서 보면 피고인들이 국헌문란행위를 항의하는 광주시민의 시위를 난폭하게 제압함으로써 헌법기관인 대통령과 국무위원들을 강압, 외포케 하는 효과를 충분히 거두었다고 인정되므로 이러한 측면에서도 피고인들의 시위진압행위는 국헌문란행위에 해당한다.』

대법원에서도 피고인들은 시위진압에 대해서는 국헌문란에 해당하지 않는다고 주장하였고, 대법원도 시민의 시위가 헌법상 국가기관에 해당할 수는 없다는 점은 인정했으나, 위의 두 번째 보충적인 논리를 채택하여 국헌문란을 인정하고 있다.

대법원의 1997.4.17. 선고 96도3376판결을 보면 국민을 헌법의 수호자로서 인정하고 있기는 하지만 죄형법정주의 원칙을 들어 시위단체의 국가기관성은 부정하고 있다. 또한 형법상 국헌문란을 예시조항으로 파악한 것도 부정하고 있다. 대법원의 입장도 수긍할 부분이 있는 것은 이 사건에서 국민의 시위를 헌법기관에 준하는 것으로 쉽게 인정할 경우 모든 정치적 시위는 주관적으로는 헌법을 수호하는 목적이라고 주장할 것이므로 이에 대한 정당한 국가의 시위진압이 내란죄의 대상이 될 가능성 또한 고려해야 했을 것이다. 대법원의 판례는 각급 법원이 법을 해석하는 기준이 되기 때문이다.

『생각건대, 헌법상 아무런 명문의 규정이 없음에도 불구하고, 국민이 헌법의 수호자로서의 지위를 가진다는 것만으로 헌법수호를 목적으로 집단을 이룬 시위국민들을 가리켜 형법 제91조 제2호에서 규정하고 있는 '헌법에 의하여 설치된 국가기관'에 해당하는 것이라고 말하기는 어렵다 할 것이다. 그리고 원심이 형법 제91조가 국헌문란의 대표적인 행태를 예시하고 있다고 본 것도 수긍하기 어렵다 할 것이다. 따라서, 위 법률 조항에 관한 법리를 오해하여 헌법수호를 위하여 시위하는 국민의 결집을 헌법기관으로 본 원심의 조처는 결국 유추해석에 해당하여 죄형법정주의의 원칙을 위반한 것이어서 허용될 수 없다고 할 것이다(대법원 1997.4.17. 선고 96도3376).』

다만, 광주시민의 시위를 형법상 정당행위[7]로 인정하고 이

7) 제20조【정당행위】 법령에 의한 행위 또는 업무로 인한 행위 기타 사회상규에 위배되지 아니하는 행위는 벌하지 아니한다.

판결의 보충적 주장인 헌법기관인 대통령 및 국무위원들에 대한 강압을 인정하여 국헌문란을 인정하고 있다.

『5 · 18 내란 행위자들이 1980. 5. 17. 24:00를 기하여 비상계엄을 전국으로 확대하는 등 헌법기관인 대통령, 국무위원들에 대하여 강압을 가하고 있는 상태에서, 이에 항의하기 위하여 일어난 광주시민들의 시위는 국헌을 문란하게 하는 내란행위가 아니라 헌정질서를 수호하기 위한 정당한 행위였음에도 불구하고 이를 난폭하게 진압함으로써, 대통령과 국무위원들에 대하여 보다 강한 위협을 가하여 그들을 외포하게 하였다면, 그 시위진압행위는 내란행위자들이 헌법기관인 대통령과 국무위원들을 강압하여 그 권능행사를 불가능하게 한 것으로 보아야 하므로 국헌문란에 해당한다(대법원 1997.4.17. 선고 96도3376).』

대법원의 판결이 이 판결의 주장을 채택하면서 시위의 정당성의 개념을 보충하여 인정한 부분을 보면 우선 피고인들이 대통령과 국무위원을 강압하고 있는 상태에서 이에 항의하여 일어난 시위는 형법 제20조 상의 사회상규에 해당하는 정당행위이므로 강압(벌)할 수 없다고 본다. 다음으로 이를 난폭한 방법으로 진압함으로써 헌법기관인 대통령 등의 권능행사를 불가능하게 하였으므로 국헌문란에 해당한다고 판단하고 있다.

이 대법원 판결은 국민의 시위가 헌법기관(국회, 대통령, 국무위원 등)을 위한 것일 때에만 그 폭력적 진압이 내란에 해당할 수 있다는 결론이다. 이와 대비하여 원 판결은 국민의 시위결사체가 헌법기관에 준하는 정도로 그 정당성이 인정될 때에는 그에 대한 폭력적 진압은 내란죄에 해당한다는 것이므로 대법원의 판결보다 정당한 시위에 대한 보호가 강하다. 각 판결의 장·단점이 존재하는 것이고 어떠한 판결이 옳은가 하는 것은 대답하기 어려운 문제이다. 하지만 우리가 이 판결에서 배워야 하는 점은 빈틈없는 논리의 전개이다. 만약 원 판결이 아무리 치밀하게 시위대가 준 헌법기관적 성격을 가지고 있다는 주장을 펼쳤어도 보충적 의견을 내지 않았다면 대법원에서 그 주장은 깨어졌을 것이다. 물론 대법원이 다른 이유를 들어 피고인들을 유죄로 인정하였다 하더라도 고등법원 재판장의 판단이 대법원에서 인정되지 못하는 것은 재판장으로서는 가슴 아픈 일일 것이다. 어떤 판단에 있어서 자신의 주장이 아무리 정밀하고 옳다고 하더라도 그것은 주관적일 뿐 객관적으로 모든 사람이 인정할 수는 없는 경우가 많다. 어떤 판단에 있어서 가급적 모든 경우의 수를 고려하여 각 경우에 대해 논리적으로 대응하는 태도는 이 판결에서 우리가 배울 점이라고 생각한다.

### 바. 비자금 사건 - 닭이 먼저인가? 달걀이 먼저인가?

"닭이 먼저인가? 달걀이 먼저인가?"는 흥미 있는 해묵은 논쟁거리이다. 1970년대에는 미국의 연구팀이 달걀이 먼저라는 연구결과를 내놓았고 2010년에는 영국의 연구팀이 닭이 먼저라는 연구결과를 내놓았다. 이 사건에서도 피고인들은 자신들이 뇌물이 아닌 통치자금을 받았고 기업가들이 앞다투어 아무런 대가없이 돈을 기부하였으므로 뇌물죄 등이 성립하지 않는다고 지속적으로 주장하였다. 이 주장에 대해 이 판결과 관련된 서울고법 1996.12.16. 선고 96노1893 판결의 양형이유에서 재판장은 다음과 같은 논리를 들어 피고인들의 주장을 일축하고 있다.

우선 통치자금의 필요성에 대해서는 인정하고 있으나 그 액수와 방식 그리고 투명성을 통치자금을 인정할 수 있는 조건으로 파악하고 있다.

『나라를 다스리는 데 돈이 들고 정치를 하는 데에 돈이 드는 것은 어쩔 수 없는 일이다. 그러한 돈의 흐름 자체는 막을 수도 없고 또 막아서도 안될 것이다. 문제는 그 흐름의 통로와 분량을 적절한 경로와 수준으로 유지하는 것이다. 민주주의 국가에서는 그 흐름과 양을 국민에게 공개하는 방법에 의하여 이 문제를 해결하고자 한다.

결국 국가의 행정과 정치에 소용되는 돈의 흐름과 양을 공개하여 법률로 통제하여야 한다는 것은, 민주주의를 최선의 정치 형태로 발견한 인간의 이성이 명하는 바이고 그렇게 되는 것은 인류의 이상이다. 왕조시대와 달리 많은 민주주의 국가에서 국가의 예산을 공개하고 있는 것은 이러한 이상의 실현을 위한 것이다. 또한 정권의 획득과 유지를 위하여 사용하는 돈을 의미하는 소위 정치자금까지를 일부의 문명국가에서 공개하는 것은 이러한 이상의 실현을 위한 또 다른 일보의 전진을 의미한다.

우리나라에서도 국가행정의 예산이 법으로 공개되고 감사를 받는 것은 더 설명이 필요 없는 것이고 정치자금의 경우에도 정치자금에관한법률과 기부금품모집금지법 그리고 공직선거및선거부정방지법 등에서 그에 관한 공개와 통제를 규정하고 있다.』

그리고 위와 같은 요건을 충족시키지 못한 자금의 흐름을 지하의 미로에 비유하여 누구에게 불법 비자금의 책임이 있는지를 규명하고 있다. 우선 제도적으로 불법비자금의 통로를 만든 자가 책임이 있다고 한다.

『문제는 이러한 법들이 규정하고 있는 정상적인 흐름을 벗어난 돈의 흐름이다. 비유하자면 지상의 수로를 따라 흘러야 할 물이 지하의 미로로 흐르는 경우인 것이다. 바로 정치자금으로 또는 그러한 명목으로 주고 받는 뇌물이 이에 해당한다. 지상의 수로로 흘러야 할 물이 지하의 미로로 흐르게 한 책임은 누가 져야 하는가. 지상의 수로를 막거나 좁혀 놓고 대신 지하의 미로로 물길을 열어 놓은 사람, 그리고 지하의 미로의 폭을 넓혀 놓은 사람이 져야 할 것이다. 어차피 물은 흘러야 하는데 지상의 수로는 막혀 있고 대신 지하의 미로가 열려있다면 물은 지하로 흐를 수밖에 없는 것이다. 물이 흐르는 통로와 양을 결정할 수 있는 위치에 있는 사람, 그러면서 지상의 수로는 좁혀 놓고 대신 지하의 미로를 넓혀 놓은 사람, 그 사람이 책임을 질 수 밖에 없는 것이다.』

또한 그 통로로 돈을 쏟아 부은 기업가들의 책임도 없지 않다고 판단한다. 하지만 일차적 책임과 이차적 책임을 구분하여 일차적 책임을 져야 하는 권력자의 책임을 더 엄중히 묻고 있다.

『지하의 통로가 열려 있다 하여 그 곳으로 돈을 쏟아부은 기업가들에게도 책임이 없는 것은 물론 아니다. 그들은 그렇게 함으로써 자기들의 안전 내지 이익의 극대화를 동시에 도모한 점을 부인할 수 없기 때문이다. 그러나 기업의 이익과 안전을 최우선으로 생각하는 기업가들에게, 열려 있는 지하의 통로를 외면하고, 그 대신 지상의 수로가 개통되고 확장되도록 노력하고 그렇게 될 때까지 기다리라고 요구하는 것은 무리한 일이다. 법이 지배하는 것이 아니라 권력의 의지가 지배하는 정치 후진국에서, 권력이 개설한 지하의 별도 통로를 이익추구에 민감한 사람들이 외면하기는 어려운 일이므로 그들이 현실적으로 가질 수 있는 선택의 폭과 기회는 좁고 적을 수밖에 없다.

기업의 존재를 인정하고 기업의 영리추구를 보장하며 국부의 생산을 기업에게 요구하는 사회에서, 기업 및 기업가의 이익과 안전을 우선시하는 기업가들의 사고를 일차적인 비난의 대상으로 삼는 것은 공평하지 못하다. 그들의 책임은 일차적인 것이 되어서는 안될 것이다. 일차적인 책임은 그들로 하여금 그러한 방식으로 돈을 바치지 않을 수 없도록 한 권력, 그리고 이를 거들은 추종자들이 져야 할 것이다.』

정리하면 둘 다 책임이 있지만 권력자의 책임이 더 중하고 기업가의 책임은 그보다는 경하다고 판단한 것이다. 즉, 닭과 달걀의 문제로 보면 구조를 만든 자가 먼저이고 그 구조를 이용한 사람은 나중이라는 논리이다. 그리고 전자의 죄가 더 중하고 후자는 선택의 폭과 기회가 적었다면 그 죄가 그보다는 가볍다는 것이다. 이런 결과로 전직 두 대통령은 수천 억의 추징금을 선고받았고 이 책을 쓴 지금까지도 추징금을 다 내지 못하고 있다. 이에 비하여 뇌물을 제공한 기업인들에 대해서는 어느 정도의 감경이 고려되었다.

이 판결에서는 수뢰죄(뇌물을 받은 죄)[8]의 직무와 관련한 대가성 또한 문제가 되었는데 피고인들은 대통령이 직무와 대가

8) 형법 제129조【수뢰, 사전수뢰】 ① 공무원 또는 중재인이 그 직무에 관하여 뇌물을 수수, 요구 또는 약속한 때에는 5년 이하의 징역 또는 10년 이하의 자격정지에 처한다.

관계 없이 순수한 정치자금을 받은 것이므로 뇌물이 아니라고 주장했다. 이에 대한 판단을 살펴보자.

우선, 대통령의 직무권한을 나열하고 있다. 이 부분은 검사가 공소장에 범죄사실로 기재한 부분이지만 이보다 더 요약적으로 대통령의 권한을 보기는 어려울 것 같아서 소개한다.

『피고인 전두환은 1980.9.1.부터 1988.2.24.까지 대한민국의 제11대, 제12대 대통령으로 재직한 자인바, 국정의 최고책임자로서 헌법을 준수하고 국가를 보위하며 국민의 생명과 재산을 보호하고 국민의 자유와 복지의 증진에 노력하여야 할 직책의 수행을 위하여 법률에서 위임받은 사항과 법률의 집행에 필요한 사항에 관하여 대통령령을 발할 수 있고(헌법 제75조), 재정·경제상의 긴급처분·명령을 발할 수 있고(헌법 제76조 제1항), 정부의 수반으로서(헌법 제66조 제4항) 국무총리 및 행정각부의 장을 비롯한 공무원 등에 대한 임면권을 가지고(헌법 제86조 제1항, 제94조 등), 모든 중앙행정기관의 장을 지휘, 감독하여(정부조직법 제10조 제1항) 정부의 중요정책을 수립, 추진하고, 국무총리와 중앙행정기관의 장의 명령이나 처분을 중지 또는 취소할 수 있는(정부조직법 제10조 제2항) 등 모든 행정업무를 총괄하는 직무를 수행하는 한편, 국민경제의 성장과 안정을 위하여 도시, 주택, 군사시설, 도로, 항만 기타 사회 간접시설 등 대형건설 사업 및 국토개발에 관한 정책, 공기업의 설립, 산업구조조정, 기업집중 규제, 대외무역 등 기업활동에 관한 정책, 부동산 투기억제, 물가 및 임금 조정, 고용 및 사회복지, 소비자 보호 등 국민생활에 관한 정책, 통화, 금융, 조세에 관한 정책 등 각종 재정·경제 정책의 수립 및 시행을 최종결재함과 아울러 이와 관련하여 소관 행정각부의 장들에게 위임된 사업자 선정, 신규사업의 인·허가, 금융지원, 세무조사 등 구체적 사항에 대하여 직접적으로 또는 간접적으로 권한을 행사함으로써 건설, 철강, 기계, 자동차, 금융, 정보통신, 석유화학, 조선, 전기, 전자, 섬유, 교통, 식품, 유통, 위락, 체육시설 등 각종 사업을 영위하는 기업체들의 활동에 있어 직무권한상 또는 직무와 관련하여 사실상 영향력을 행사할 수 있는 지위에 있음을 이용하여』

수뢰죄의 인정 근거로 대통령의 위와 같은 방대한 직무권한을 가지고 있었으므로 직무관련성이 인정되고 기업인들이 알고 있었으므로 대가관계(객관적으로)가 성립한다고 판단하고 있다.

『살피건대, 첫째, 원심이 적법하게 조사·채택한 증거에 의하면, 기업체의 활동에 대하여 법령상 직접적 또는 간접적으로 방대한 영향력을 행사할 수 있는 대통령의 직무권한을 기업인들이 의식한 상태에서 원심 판시와 같은 피고인 전두환, 노태우의 직무에 관하여 이 사건 각 금원이 수수된 사실을 인정할 수 있으므로 이 사건 금원의 수수와 대통령의 직무와의 관련성 및 대가관계를 부인하는 주장은 이유 없다.』

또한 법에 따른 모금이 아닌 이상 실제 정치자금으로 사용되었다고 하더라도 뇌물이 되지 않기 위해서는 오직 당해 정치가의 인격, 식견, 이념, 주장에 신뢰와 지지를 보내는 사람이 자기의 정치적 이념, 주장의 실현을 그에게 위탁하는 의도에서 자금을 주고 전혀 직무와의 대가관계는 없는 것이어야 한다고 설명한다.

『둘째, 이 사건에서 수수된 금원은 ① 정치자금에관한법률이 정한 일정한 절차에 따라 모금, 관리된 것이 아니고 ② 대통령의 직무에 관하여 수수된 것인 한, 비록 처음부터 정치활동을 위한 경비로 예정되어 있었고 실제로 그러한 경비로 사용되었다고 하더라도, 모두 뇌물에 해당한다고 할 것이다. 환언하면, 이 사건에 있어서와 같이 정치자금에관한법률이 정한 절차에 따르지 아니한 금원이 정치자금 내지 통치자금으로서 뇌물이 되지 않기 위하여는, 오직 당해 정치가의 인격, 식견, 이념, 주장에 신뢰와 지지를 보내는 사람이 자기의 정치적 이념, 주장의 실현을 그에게 위탁하는 의도에서 자금을 주고 전혀 직무와의 대가관계는 없는 것이어야 한다.』

그런데 이 사건의 경우에는 대통령의 막강한 직무권한을 의식하고 차별화된 이익을 받으려는 의도로 주었으므로 뇌물에 해당한다는 판단이다. 또한 거의 모든 기업인들이 다 제공했으므로 뇌물이 특별한 이익을 준 것이 아니라는 주장에 대해서는 적어도 불이익을 당하지 않으려는 의도로 제공한 것도 뇌물로 판단하고 있다. 그리고 뇌물로 볼 수밖에 없는 정황을 몇 가지 들고 있다. 뇌물성을 띠는 증거가 쉽게 이야기하면 기업이 몰래 마련한 큰 액수를 몰래 받아서 비밀스럽게 관리하고 계속 보관했다는 것이다. 즉, 받은 것을 남에게 들킬까봐 전전긍긍한다는 것은 객관적으로 뇌물로 보인다는 논리이다.

『그런데 원심이 적법하게 조사·채택한 증거에 의하면, 기업인들이 금원을 공여함에 있어서 명시적으로 표시하지 않는 경우에도 실제에 있어서는 앞에서 본 바와 같이 기업활동에 관하여 직접적 간접적으로 영향력을 행사할 수 있는 대통령의 막강한 직무권한을 의식한 상태에서 대통령의 직무와 관련하여 다른 경쟁 기업과의 차별화된 이익을 기대하거나 적어도 불이익을 받지 않으려고 이 사건 각 금원을 제공하였고 피고인 전두환, 노태우도 대통령으로서 기업인들의 위와 같은 실질적인 금원 제공의 취지를 인식하고 있었던 것으로 보여지는데다가, 이 사건 각 수수금액이 매우 다액인 점, 그 금원 수수의 방식이 비공식 단독면담을 하는 자리에서 이루어진 것인 점, 피고인 전두환, 노태우가 받은 금원의 관리방법이 은밀한 것이었고, 공여한 기업인들 역시 대개의 경우 금원 조성방법이 변칙적이었고 속칭 돈세탁을 한 점, 피고인 전두환, 노태우가 대통령 퇴임 후에까지도 엄청나게 많은 금원을 계속 보유하고 있었던 점 등의 모든 사정을 종합하여 보면, 이 사건 각 금원은 순수한 정치자금으로 수수된 것이라고는 도저히 볼 수 없고 대통령의 직무와의 대가관계가 있다고 할 것이므로 뇌물이라고 할 것이다. 설령 이 사건 각 금원 중 순수한 정치헌금의 성격도 일부 포함되어 있는 경우가 있었다고 하더라도 대통령의 직무와의 대가관계도 동시에 인정되고 양자가 불가분적으로 결합하여 있는 이상 전체적으로 보아 순수한 정치헌금이라고 할 수 없고 그 전체를 뇌물이라고 할 수 밖에 없는 것이다.

그리고 돈을 준 기업인에 우리나라 유수의 기업인이 전부 망라되어 있고 기업인들의 능력에 맞는 금액을 받았다고 하더라도, 이로 인하여 직무와 관련된 뇌물성이 없어지는 것이 아니고, 피고인 전두환, 노태우가 직무와 관련하여 기업인들로부터 받은 자금을 그 후에 정치활동에 소요되는 자금으로 사용하든 다른 곳에 사용하든 간에 이는 일단 수뢰죄가 성립한 후의 사후용도에 불과하므로 수뢰죄의 성립에 영향을 미치는 것이 아니다. 따라서 위 주장은 이유 없다.』

그리고 대통령으로서가 아니고 공무원의 신분이 아닌 당시 집권당의 총재로서 받았기 때문에 공무원만이 수뢰죄의 주체가 될 수 있으므로 수뢰죄가 아니라는 주장에 대해서는 다음과 같이 인정할 수 없다고 판단하고 있다.

『피고인 전두환은, 그가 대통령이라는 공무원의 신분과는 별개로 집권당의 총재라고 하는 정당인 내지 정치인으로서 정당을 운영하고 선거지원을 하기 위하여 필요한 정치자금을 마련한다는 의도만으로 대통령의 직무와는 관련도 없고 대가관계도 없이 수수하였으므로 뇌물이 아니라는 취지의 주장도 하지만, 원심이 적법하게 조사·채택한 증거에 의하면 피고인 전두환의 이 사건 금원의 수수는 그의 대통령으로서의 직무와 관련하여 이루어진 것이고 단순히 정당의 총재로서 수수한 것이 아닌 사실을 인정할 수 있으므로 위 주장도 이유 없다.』

### 사. 양형 – 사형과 무기징역 사이

위에서 본 바대로 피고인들에게 12·2에 대한 반란죄,[9] 5·18에 대한 내란죄 그리고 집권기간 동안의 수뢰죄 등이 인정되었다. 이제 남은 문제는 양형을 어떻게 하는가 하는 점이다. 이 죄들이 형법상 무기징역 또는 사형으로 규정되어 있기 때문에 재판관은 이제 양형을 결정해야 하는 단계에 온 것이다. 이미

9) 군형법 제5조【반란】 작당하여 병기를 휴대하고 반란을 한 자는 다음의 구별에 의하여 처벌한다.
1. 수괴는 사형에 처한다
2. 모의에 참여하거나 지휘하거나 기타 중요한 임무에 종사한 자는 사형, 무기 또는 7년 이상의 징역이나 금고에 처한다. 살상, 파괴 또는 약탈의 행위를 한 자도 또한 같다.
3. 부화뇌동하거나 단순히 폭동에만 관여한 자는 7년 이하의 징역이나 금고에 처한다.

원심에서는 피고인 전두환에게는 사형이 피고인 노태우에게는 22년 6개월이라는 징역형이 선고되어 있었다.

그런데 우리는 피고인이었던 두 전직 대통령이 현재 모두 생존해 있고 교도소에 있지 않음을 알고 있다. 어찌된 일일까? 지금의 결과는 이 판결의 결론은 아니며, 당시 김영삼 대통령과 김대중 대통령 당선자가 합의하에 행사한 사면[10]의 결과이다. 지금 이 결과를 알고 있는 상황에서는 이 판결 당시의 고민이 의미 없는 일이었을 수도 있다. 하지만 이 판결 당시의 사회적 분위기는 사면이 고려되지 않았으며 법원 판결의 결정에 따라 피고인인 두 전직 대통령의 운명이 결정되는 것으로 여겨졌다. 따라서 국민의 모든 관심이 이 판결의 결과에 달려 있었다고 해도 과언은 아닌 상황이었고 재판장은 고도로 긴장한 가운데 결론을 낼 수밖에 없었다. 이 사건을 맡아 항소심이 진행되기 전에도 평상심을 잃지 않고 판결에 임하겠다고 언론에 밝힌 바 있으며, 그 기사의 인터뷰에서[11] "많은 사람들이 미워하거나 좋아할지라도 반드시 살펴보아야 한다"[12]는 논어의 한 구절을 인용하여 그 심경을 밝힌 바 있다.

### 1) 양형의 이유

이 판결은 우선 피고인의 죄에 대해 군 형법상 반란죄와 내란을 통한 대량살상 그리고 비자금을 조성하여 타락한 정치를 한 것으로 정리하고 있다. 실로 사형을 면하기 어려운 죄로 보인다.

10) "전-노 두 전직대통령 사면," 동아일보 1997. 12. 21.
11) "정치적 판단은 없을 것 - 전 노씨 항소심 맡은 권성 부장판사", 경향일보 1996. 9. 4.
12) 衆惡之 必察焉 衆好之 必察焉 - 논어

『피고인 전두환은 12·12 군사반란을 주도하여 하극상의 방법으로 군의 기강을 파괴하였고, 5·17 및 5·18 내란을 일으켜 힘으로 권력을 탈취하면서 많은 사람을 살상하고 군사통치의 종식을 기대하는 국민에게 큰 상처를 주었으며, 불법으로 조성한 막대한 자금으로 사람을 움직여 타락한 행태를 정치의 본령으로 만들었다. 그 죄가 크다고 하지 않을 수 없다.』

하지만 결론에서는 원심의 사형을 무기징역으로 감하는 판결을 내린다. 6·29선언을 수용하여 국민의 뜻에 항복했다는 점을 감안했으며, 권력의 상실이 죽음을 의미하는 정치문화에서 벗어나는 것이 필요하다고 본 것이다.

『그러나 대통령 재임 중 6·29선언을 수용하여 민주회복과 평화적 정권교체의 단서를 열은 것은 늦게나마 국민의 뜻에 순종한 것이다. 권력의 상실이 곧 죽음을 의미하는 정치문화로부터 탈피하여, 권력을 내놓아도 죽는 일은 없다는 원칙을 확립하는 일은, 쿠데타를 응징하는 것에 못지 않게 이 시대에 꼭 필요한 일이다. 자고로 항장은 불살이라 하였으니 공화를 위하여 감일등(원심의 사형에 비해)하지 않을 수 없다.』

그리고 피고인 노태우는 피고인 전두환과의 차이를 두어 징역 17년에 처하였다.

『피고인 노태우는 피고인 전두환의 참월하는 뜻을 시종 추수하여 영화를 나누고 그 업을 이었다. 그러나 수창한 자와 추수한 자 사이에 차이를 두지 않을 수 없으므로 피고인 전두환의 책임에서 다시 감일등(원심의 22년에 비해) 한다.』

재판장은 이 결론을 내리면서 사형을 지지하는 국민들의 심각한 항의에 직면할 것으로 예측했다. 하지만 모든 국민을 만족시킬 수는 없었지만 국민들은 대체로 이 판결을 수긍했고 마침내 대법원에서도 두 피고인에 대해서는 그 형이 그대로 확정되었다. 다음은 그 때의 심경을 인터뷰한 신문기사[13)]의 일부분이다.

(중략)권 전 재판관이 이 사건의 판결문에 인용한 '항장불살'이라는 표현은 두고두고 논란이 됐다. '역사 바로세우기'에 제동을 걸었다는 비난까지 받으며 감형을 결심한 까닭은 무엇일까?

"처벌은 당연히 해야 하지만, 피로써 피를 씻는 악순환을 계속 되풀이할 수는 없다는 것이 재판부의 판단이었습니다. 이미 광주에서 수없이 피를 흘렸는데 거기에 보태서 또 피를 흘려야 하겠느냐, 이건 어느 시점에서 악순환의 고리를 끊어야 하지 않겠느냐 하는 생각이 들었어요. 항장불살이란 표현은 국가적 관심이 쏠려 있는 사건인 만큼 감형 이유를 보다 설득력 있게 제시하려다 보니 인용하게 됐습니다."

그는 감형 판결을 내리면서도 거센 비판과 저항에 직면할 것이라고 예상했다. 그래서 판결 다음날 광주에서 인권 변호사로 활동 중이던 고 홍남순(2006년 작고) 변호사로부터 전화가 걸려왔을 때 긴장할 수밖에 없었다. 하지만 내용은 예상과 정 반대였다.

"권 판사, 굉장히 용기있는 판결이었어요. 이쪽에서도 다소 불만 있고, 사형을 원하는 사람이 여럿 있지만 그렇게 해서야 되겠습니까. 굉장히 어려운 판결 내려줬어요."

홍변호사의 이 전화는 권 전 재판관에게 큰 힘이 됐다. 판사실로 항의전화가 오지 않을까 크게 걱정했는데, 대 여섯 통에 불과했고 그 전화들도 의견이 반반씩 엇갈렸다. 하지만 판결 2년 만에 사면된 '피고인'의 모습을 보고 어떤 기분이 들었을까. 당시의 기분을 묻자 권 전 재판관의 입술에 금세 씁쓸한 기운이 감돌았다.

"그 사면뿐만이 아니고, 우리나라에서 정치인과 관련해 법원이 애써 해놓은 재판을 정치적인 이유 때문에 사면하는 경우가 얼마나 많았습니까. 안타까운 일입니다. 정치인들이 나름대로 이유가 있겠지만, 재판한 사람들 입장에서는 참…."(후략)

13) "38회 한국법률문화상 수상자 선정 권성 前헌법재판소 재판관", 서울신문 2007. 8. 2.

이 판결의 양형이유는 그 사안의 심각성에 비하여 매우 함축적으로 작성되어 있다. 재판장은 아마도 수많은 고민 끝에 결론을 내렸지만 그 이유는 말을 아껴서 밝히기로 결정한 것으로 보인다. 하지만 이 책의 목적이 판단을 연습하는 데 있으므로 우리는 이 판결에서 그 당시 재판장이 했을 만한 고민들을 추론해가면서 쟁점을 하나씩 정리해 보자.

### 2) 항장불살? – 과연 항복인가?

이 판결이 당시 여론을 진정시키는 데 큰 도움을 준 부분이 항복한 장수는 죽이지 않는다는 고사를 인용한 부분일 것이며, 반대로 가장 큰 비난을 받는 부분이기도 하다. 과연 두 전직 대통령이 항복한 것인가를 묻는다면, 그리고 사면 이후의 그들의 행동을 보면 항복이라는 의미가 반성을 포함한다고 해석하는 한에서는 항복한 것이라고 인정하기 어려울[14] 수도 있다. 하지만 우리가 고사성어를 사용하는 것은 사실적인 효과를 내기 위한 것이 아니고 교훈적이거나 전형적인 효과를 얻기 위한 것임을 생각한다면 항복을 조금 더 넓게 정의[15]할 수도 있을 것이다. 항복을 넓게 정의하여 사전적으로 해석한다면 힘에 의해 굴복한 상태를 의미한다.

이 판결 당시 재판장은 사면을 고려하는 판단을 할 수 없었고 판결문에서 밝혔듯이 6・29선언을 받아들여 국민의 뜻에 따라 대통령 직선제로 개헌을 하고 선거를 치른 것은 판결 당시에 항복으로 판단할 수 있다. 만약 이를 받아들이지 않고 또 한

---

14) 전두환 전 대통령은 최근의 한 인터뷰에서 자신이 집권한 데 대해 "전임 대통령이 급작스럽게 돌아가시고 내가 사건을 책임지고 조사하다 보니 대통령이 됐다" 고 회고했다 – 전두환 "대통령 두 번 하려고 했는데, 잘못하면…" 한겨레, 2012. 3. 15.
"추징금 미납' 전두환・노태우, 경호비용만 수십억원" 노컷뉴스, 2012. 1. 31.

15) 항복의 사전적 의미는 적이나 상대편의 힘에 눌리어 굴복함이다.

번 5·18 광주민주화 항쟁을 해결한 식으로 무력으로 강행했다면 수많은 국민이 죽고 다치는 사태가 발생한 후 그들이 여느 독재자들처럼 군중들에게 처형당했거나 아니면 다시 한 번 철권통치를 이어 갔을 것이다. 또 다른 군사 쿠데타의 위험성도 배제할 수 없었을 것이다. 이런 조치는 판결문의 표현대로 "늦게나마 국민의 뜻에 순종"했다고 봐야 할 것이다.

이 항복을 형법의 관점에서 판단해 보면 미수범[16]과 유사한[17] 논리로도 볼 수 있다. 우리 법은 범죄행위에 나아가 목적을 달성한 범죄에 비해 목적을 달성하지 못한 미수범에 대해 기본적으로는 기수범과 같은 형으로 다스리면서 법원의 판단에 의해 형을 감경할 수 있게 규정되어 있다. 그러나 미수범과 비슷하지만 중지범에게는 반드시 그 형을 감경 또는 면제해야 한다. 그런데 중지범은 형법 제26조에 규정되었듯이 "자의로" 행위를 중지하거나 결과의 발생을 방지해야 한다. 여기서 자의란 여러 가지로 해석되는데 주관적으로는 "할 수 있었음에도 하지 않은 경우",[18] 또는 "내면의 윤리적 동기"에 의한 경우, 그리고 객관적으로는 "내부적 요인"에 의한 경우 등으로 해석된다. 당시 국민의 저항이 거세어서 외부적 동기에 의한 것이므로 완전히 중지범이라고 보기는 어려워도 권력 유지를 위해 또 한 번 무력진압을 할 수 있었음에도 중지한 것은 인정해 줄 만한 일이라고 볼 수도 있다.

그러면 항장불살이라는 고사의 유래는 어떤지 살펴보자. 이

16) 제25조【미수범】 ① 범죄의 실행에 착수하여 행위를 종료하지 못하였거나 결과가 발생하지 아니한 때에는 미수범으로 처벌한다. ② 미수범의 형은 기수범보다 감경할 수 있다.
제26조【중지범】 범인이 자의로 실행에 착수한 행위를 중지하거나 그 행위로 인한 결과의 발생을 방지한 때에는 형을 감경 또는 면제한다.

17) 반란과 내란의 결과가 이미 발생하였기 때문에 형법상 미수로 보기는 어렵다. 그래서 양형 부분에서 항복이라는 말로 표현했다고 생각한다.

18) 프랑크의 공식

는 중국 춘추시대의 오왕(吳王) 부차(夫差)와 월왕(越王) 구천(句踐)의 복수전에서 와신(臥薪)[19]과 상담(嘗膽)[20]에 관련되어 나오는 이야기이다. 오나라 왕 부차는 아버지의 원수를 갚기 위해 와신하면서 월나라 왕 구천에 대한 복수를 다짐하며 힘을 길렀다. 부차는 드디어 구천으로부터 무조건 항복을 받아내며 월나라를 오나라의 속령으로 만들고, 구천을 신하로 삼아 일개 농사꾼으로 몰락시켜 그의 고향으로 돌려보냈다. 하지만 고향으로 돌아간 구천은 치욕을 복수하려고 쓰디 쓴 쓸개를 매일 맛보면서 비밀리에 군사를 양성했다. 그는 치욕을 씻으려고 12년간 그 같은 고생과 노력 끝에 오나라 수도에 쳐들어갔고 오랜 전쟁에서 부차의 군대를 격멸시키고 과거의 치욕을 복수했다. 그러나 구천도 항자불살(降者不殺) 이라는 인(仁)을 존중하여 관용을 베풀어 오왕 부차를 죽이지 않고 풀어주었다. 하지만 오왕 부차는 구천의 호의를 사양하고 자결했다. 이 이야기를 찬찬히 뜯어보면 항자불살이라는 행동의 의미는 승자에게는 아량이며 자신감이고 패자에게는 치욕이다. 이 사건으로 돌아가면 재판 당시 일국의 대통령이었던 자들이 피고인석에서 무기징역을 언도받을 때의 심정은 안도였을까 아니면 치욕이었을까? 이 판결에 안도했다면 그들이 시도했던 것은 이 판결의 결론대로 혁명이 아닌 쿠데타에 불과한 것이 아니었을까?

### 3) 재판에 대한 다양한 입장 – 관점의 대립

재판장이 회고에서 밝혔듯이 이 재판에 대한 국민들의 의견은 출신지역, 소속계층, 정치적 이해에 따라 다양하게 대립되어 있었다. 물론 법원이 반드시 국민의 여론에 부합하도록 법리를

19) 가시 많은 나무에 누워서 잠
20) 쓴 곰의 쓸개를 핥음

적용해야 하는 것은 아니지만 죄책의 결정에 비해서는 비교적 판단의 여지가 있는 양형의 결정에 있어서는 정치적이라기보다는 피해자인 국민들의 의견이 고려되는 것이 바람직할 것이다.

국민의 입장은 크게 두 가지로 나뉘며, 특히 당시 심각했던 지역감정에 따라 그 입장이 크게 달랐다. 그 하나는 역사의 청산을 위해 과감하게 피고인들을 사형에 처해야 한다는 주장이다. 이 주장은 해방 이후 우리 역사에서 진정한 단죄가 없었음을 들어 이들을 사형에 처함으로써 역사의 교훈으로 삼아야 한다는 것이며, 그것만이 광주에서 무고하게 희생된 사람들의 원한을 풀 수 있다는 것이다. 최대의 피해자인 광주의 희생자들을 생각한다면 실로 타당한 주장이 아닐 수 없다. 반대의 주장은 피고인들이 유죄인 것은 맞지만 민주화가 된 이상 사형을 할 필요까지는 없다는 주장이다. 사형을 한다면 오히려 과거의 청산이 아니라 지역감정의 골이 깊어져서 복수의 반복이 될 가능성이 있다는 무시할 수 없는 주장이다. 6·29선언으로 직선제가 이루어졌음에도 피고인 노태우가 대통령에 당선된 것을 보면 그들을 지지하는 세력이 국민의 1/3[21]을 넘었던 상황임을 미루어 당시 상당히 현실적인 입장이기도 하였다. 잘못하면 피로 피를 씻는 역사가 시작될 수도 있는 것이다.

국민의 눈과 귀가 쏠려 있는 이 재판에 대한 법원의 입장도 통일되어 있지는 않았음을 이 판결의 상고심인 대법원판결[22]의 전원합의체 소수의견에서도 알 수 있다. 즉, 이는 정치적 결정의 대상이므로 법적 판단이 필요하지 않다는 의견도 있었던 것이다. 이 판결 뒤 2년 후에 두 피고인에 대하여 정치적 사면이 결정된 것을 보면 이 소수의견에도 상당히 일리가 있었다고

21) 당시 노태우 당선자의 지지율는 36.6%였다.
22) 대법원 1997.4.17. 선고 96도3376

생각할 수 있다.

우리 형법은 사형, 무기징역, 유기징역 등을 선고할 수밖에 없고, 유기징역은 그 당시의 법으로는 최대 25년 이상을 선고할 수는 없었다.[23] 법관이 선택할 수 있는 폭이 이 범죄의 심각성에 비해서는 좁은 것이다. 최근 과테말라의 한 판결에서 주민학살에 가담한 전직 장군에게 총 6060년의 징역형을 선고했다는 해외 토픽이 있었다. 기사[24]에 따르면 재판부는 201명의 학살 희생자 1명당 30년씩 6030년에 반인륜적 범죄에 대한 죗값 30년을 추가해 모두 6060년을 선고했다고 한다. 사람이 형무소에서 6060년을 살 수도 없기에 무지징역에 준하는 형식적인 판결이지만 오히려 사형판결보다 더 큰 상징성을 지니고 법관으로서도 차라리 제한 없는 유기징역만을 선고할 수 있는 것이 더 판단의 여지가 높다고 생각한다. 이런 형량이라면 사면도 더 어려웠을 것이고 아무리 수감단계에서 감형을 해 준다고 하더라도 피고인의 생애에 풀려나는 일은 있기 어려웠을 것으로 생각된다. 다음 단계로 법학에서 매우 고전적인 논의이고 이 사건의 해결과 직접적 관련이 있다고 보기는 어렵지만 사형제 논의에 대해 다음 절에서 생각해 보자.

### 4) 사형제 논의 – 인권과 사회질서

우리 헌법은 법문에 명확한 규정은 없지만 인간의 존엄과 가치의 기본적 권리로서 생명권[25]을 보장하고 있으며 세계적으

---

23) 형법 제42조 【징역 또는 금고의 기간】 징역 또는 금고는 무기 또는 유기로 하고 유기는 1월 이상 15년 이하로 한다. 단, 유기징역 또는 유기금고에 대하여 형을 가중하는 때에는 25년까지로 한다(최근에는 최대 50년까지로 개정되었다).

24) "과테말라 내전 학살자…징역 6060년형 선고받아", 경향신문, 2012. 3. 13.

25) 헌법 제10조 모든 국민은 인간으로서의 존엄과 가치를 가지며, 행복을 추구할 권리를 가진다. 국가는 개인이 가지는 불가침의 기본적 인권을 확인하고 이를 보장할 의무를 진다.

로도 사형제가 폐지된 국가의 수가 적지 않다.[26] 전통적인 사형폐지 논쟁에서 폐지를 주장하는 논지는 사형이 생명권을 침해하고, 범죄억지력이 없으며, 오판의 경우 회복 불가능하며, 정치적으로 이용되는 경우가 있다는 점 등을 들고 있다. 반대로 사형제를 지지하는 주장은 중범죄자를 사형시키는 것이 국민의 정의관념에 맞으며, 이 제도가 범죄억지력을 가지고 있다는 논리를 펴고 있다. 헌법재판소에도 수차례 사형제가 헌법에 위반된다는 소송이 제기되었으나 현재까지는 모두 합헌의 결정이 나고 있다. 하지만 헌법재판소에서 2010년 2월 25일 선고한 결정[27]을 보면 헌법재판관 중 위헌이라는 의견도 9인 중 4인[28]이나 되기 때문에 조만간 우리나라도 사형제 폐지국이 될 가능성이 높다고 할 수 있다.

위 헌법재판소 결정의 다수의견인 합헌결정의 취지는 헌법은 절대적 기본권을 명문으로 인정하고 있지 않고, 헌법 제37조 제2항[29]에 국민의 모든 자유와 권리는 국가안전보장・질서유지 또는 공공복리를 위하여 필요한 경우에 한하여 법률로써 제한할 수 있도록 규정하고 있으므로 비록 생명이 절대적 가치를 지닌 것이라 하더라도 생명권의 제한이 정당화될 수 있는 예외적인 경우에 법률로서 제한하는 것은 헌법에 위반되지 않

26) 헌법재판소 2010.2.25. 2008헌가23의 자료에 따르면 전 세계적으로 보아 2008년 말 기준으로 사형이 존치하는 국가는 미국, 일본, 중국, 대만, 인도 등 105개국으로서 그 중 전쟁범죄를 제외한 일반범죄에 대하여 사형을 폐지한 국가는 10개국이고, 최근 10년 이상 사형집행을 하지 않은 국가는 36개국이다. 모든 범죄에 대한 사형을 폐지한 국가는 독일, 프랑스, 스웨덴, 필리핀 등 92개국이다.

27) 헌법재판소 2010. 2. 25. 2008헌가23 결정

28) 위헌결정을 위해서는 헌법재판관 9인 중 6인 이상의 위헌의견이 있어야 한다.

29) 헌법 제37조 ① 국민의 자유와 권리는 헌법에 열거되지 아니한 이유로 경시되지 아니한다.
② 국민의 모든 자유와 권리는 국가안전보장・질서유지 또는 공공복리를 위하여 필요한 경우에 한하여 법률로써 제한할 수 있으며, 제한하는 경우에도 자유와 권리의 본질적인 내용을 침해할 수 없다.

는다는 것이다. 그리고 사형은 일반국민에 대한 심리적 위하를 통하여 범죄의 발생을 예방하며 극악한 범죄에 대한 정당한 응보를 통하여 정의를 실현하고, 당해 범죄인의 재범 가능성을 영구히 차단함으로써 사회를 방어하려는 것으로 그 입법목적은 정당하고, 가장 무거운 형벌인 사형은 벌의 경고기능을 무시하고 극악한 범죄를 저지른 자에 대하여 그 중한 불법 정도와 책임에 상응하는 형벌을 부과하는 것으로서 입법목적의 달성을 위한 적합한 수단이라는 것이다.[30]

이 결정에서 반대의견 중 한 가지[31]를 살펴보면 다음과 같은데 범죄자를 사형시킨다고 하여 이미 이루어진 범죄행위가 원상회복되는 것도 아니고 단순한 보복에 불과하며, 사형제의 범죄 예방효과는 실증되지 않고 있으며, 무기징역이나 종신형으로도 그 범죄자가 다시 범죄를 저지르는 것을 막는 효과를 가질 수 있다는 논리를 펼치고 있다.

『그렇지만, 인간의 생명권은 지고(至高)의 가치를 가지는 것이므로 이를 제한하기 위한 사유도 역시 지고의 가치를 가지는 인간의 생명을 보호하거나 구원하기 위한 것이라야 한다. 범죄에 대한 형벌로서 범죄자를 사형시키는 것은 이미 이루어진 법익침해에 대한 응보에 불과하고, 살인자를 사형시킨다고 하여 피살자의 생명이 보호되거나 구원되지 아니한다. 이처럼 사형제도는 인간의 생명을 보호하거나 구원하기 위한 것이 아니므로, 지고의 가치를 가지는 인간의 생명을 박탈해야 할 만큼의 필요성을 갖추었

30) 헌법재판소의 결정이유에서는 입법목적의 정당성 및 수단의 적합 성외에 피해의 최소성과 법익의 균형성 여부를 더 심사한다.
31) 위 결정 재판관 조대현의 일부위헌의견 중 일부

다고 보기 어렵다. 중대범죄자를 사형시킴으로써 다른 사람의 중대범죄도 일반적으로 예방할 수 있다는 주장은 아직껏 실증되지 못했다. 그리고 중대범죄자를 사형시키면 그 범죄자가 다시 범죄할 수 없게 하는 효과를 거둘 수 있지만, 그러한 효과는 무기징역형이나 종신형에 의해서도 기대할 수 있는 것이므로, 중대범죄자의 재범을 막기 위하여 사형이 꼭 필요하다고 볼 수 없다. 결국 사형제도는 인간의 생명을 박탈하기에 필요한 헌법 제37조 제2항의 요건을 갖추지 못하였다고 할 것이다.

게다가 사형제도는 인간의 생명을 박탈하는 것이므로 생명권의 본질적인 내용을 침해하는 것이라고 보지 않을 수 없다. 따라서 사형제도는 헌법 제37조 제2항 후단[기본권의 본질적 내용 침해 금지]에 위반된다고 할 것이다.』

그리고 이 결정에서 눈에 띄는 것은 사형을 언도하는 법관이나 집행해야 하는 교도관의 관점에서 그들의 인권을 침해하지 않았는가 하는 논의도 다수의견과 소수의견에서 하고 있는데 살펴보자. 먼저 다수의견의 태도는 공익을 위해 어쩔 수 없이 받아들여야 할 의무라고 판단하고 있다.

『한편, 사형을 선고하는 법관이나 이를 집행하여야 하는 교도관 등은 인간의 생명을 박탈하는 사형을 선고하거나 집행하는 과정에서 인간으로서의 자책감을 가지게 될 여지가 있다고 할 것이나, 이는 사형제도가 본래 목적한 바가 아니고 사형의 적용 및 집행이라는 과정에서 필연적으로 발생하게 되는 부수적인 결과일 뿐이다. 물론 사형을 직접 집행하는 교도관의 자책감 등을 최소화할 수 있는 사형집행방법의 개발 등은 필요하다고 할 것이지만, 앞서 살펴본 바와 같이, 사형제도는 무고한 일반국민의 생명 보호 등 극히 중대한 공익을 보호하기 위한 것으로서 생명권 제한에 있어서의 헌법적 한계를 일탈하였다고 할 수 없는 이상, 이러한 공익을 보호하여야 할 공적 지위에 있는 법관 및 교도관 등은 다른 형벌의 적용, 집행과 마찬가지로 사형의 적용, 집행을 수인할 의무가 있다고 할 것이다. 따라서 법관 및 교도관 등이 인간적 자책감을 가질 수 있다는 이유만으로 사형제도가 법관 및 교도관 등을 공익 달성을 위한 도구로서만 취급하여 그들의 인간으로서의 존엄과 가치를 침해하는 위헌적인 형벌제도라고 할 수는 없다.』

반면 소수의견[32]에서는 법관이나 교도관들의 양심과는 무관하게 공익이라는 국가의 목적을 위한 수단으로 전락시키는 문제가 있다고 지적하고 있다. 가끔 지하철 기관사가 지하철 투신자살의 공포로 정신적 문제를 가지고 있다는 기사가 신문에 실리는 것과 비교할 때 사형선고와 집행에 관련된 공무원들의 정신적 고충도 상당할 것이라는 점에서 수긍이 가는 지적이라고 할 수 있다.

『나아가 사형제도는 법률에 따라 사형을 선고하여야 하는 법관, 이를 집행하여야 하는 교도관 등 직무상 사형제도의 운영에 관여하여야 하는 사람들로 하여금, 사회적·법적 평가가 용인되지 아니하는 상황에서 인간의 생명을 계획적으로 빼앗는 과정에 참여하게 함으로써, 그들 역시 인간으로서의 양심과 무관하게 단지 국가목적을 위한 수단으로만 전락시키고 있다는 점에서 그들이 인간으로서 가지는 존엄과 가치 또한 침해하는 제도이다.』

32) 위 결정 재판관 김희옥의 위헌의견 중 일부

### 5) 사형과 무기징역의 비교 – 찬성과 반대

이제 이 사건의 결론과 관계없이 여러분들이 지금까지 논의된 내용을 토대로 사형이 옳은 것인지 무기징역을 선고하는 것이 옳은 것인지 판단해 보자. 찬성과 반대의 판단을 할 때에는 편견을 없애기 위해서 먼저 한쪽의 입장에서만 생각을 하고 다음에는 다른 쪽의 입장에서만 생각을 한 후 그 둘을 비교하여 의사결정을 하는 것이 가장 기본적인 방식이다. 실제 판단이 어려운 사건의 경우에 헌법재판소나 법원에서도 연구관들이 양쪽으로 나눈 후에 각기 한쪽을 옹호하는 토론을 벌이고 재판장은 그 과정을 참조하여 판단을 한다고 한다.

먼저 사형을 찬성하는 입장에 서보자. 피고인들의 반란과 내란은 그 죄 하나만으로도 형법상 사형에 해당하는 중죄이다. 앞으로 이런 역사를 청산하기 위해서, 또한 피해자들에 대한 정당한 응보를 위해서 사형은 불가피하다. 그리고 이들을 사형에 처하지 않는다면 혹시 이들이 재범을 저지를 가능성도 있으며, 비슷한 쿠데타가 또 발생할 수도 있으므로 이번 기회에 형법이 허용하는 가장 엄정한 법 적용을 해야 하며, 이들을 살려두는 것은 국가의 필요없는 비용만 낭비하는 것이다.

다음으로, 무기징역을 옹호하는 입장에 서보자. 그들의 죄는 당연히 역사청산의 대상이다. 그러나 사형만이 역사청산이 가능한 것은 아니며 무기징역의 선고로도 사법적 역사청산은 가능하다. 또한 그들이 뒤늦게나마 6·29선언을 수용한 것은 형량 결정에 참작해 주어야 할 것이다. 재범의 가능성과 교훈 효과에 있어서도 오히려 무기징역에 처하여 평생 감옥에 두는 것이 더 효과적일 수도 있다. 또한 현실적인 문제인 지역감정의 문제를 해소하는 것이 중요하다. 잘못하면 피로 피를 씻는 역설적인 효과가 나타날 수도 있다.

위 두 가지 주장을 비교한 후에 여러분이 사형인지 무기징역[33]인지 결정을 내려 보도록 하자. 두 주장 모두 상당한 근거를 가졌으므로 당연히 답이 없는 어려운 문제이며 여러분의 가치관에 따른 판단을 하면 된다. 이 사건의 문제와는 약간 동떨어질 수 있지만 찬성과 반대에 대한 물음을 받을 경우 주의할 점은 어떤 태도를 취하더라도 그 반대의 입장을 고려하여 답을 해야 사려 깊은 고민을 통해서 결론을 도출한 것으로 인정받는다는 것이다. 한쪽의 입장으로만 답을 한다면 그것은 일방의 주장일 뿐이다.

## 아. 설득의 방식 - 수사의 기술

이 판결에서 마지막으로 눈여겨볼 대목을 양형이유 부분에 "항장불살(降將不殺)"이라는 고사성어를 사용한 부분이다. 판결문은 공적인 문서로서 사실 이런 한자 고사성어를 사용하는 것이 바람직하다고 볼 수는 없다. 재판장도 후일 후배 판사들과 로스쿨생들을 위한 강연에서 이 문제에 대한 입장을 다음과 같이 밝힌 바 있다.

"여론을 설득할 방도를 여러 가지로 생각한 끝에 양형의 이유를 설명함에 있어서 국민들의 가슴에 바로 와 닿을 수 있는 용어나 어휘들을 사용하는 것이 효과적이지 않을까 하는 생각을 하게 되었고, 그 결과로 찾아낸 것이 한자로 된 고사성어였습니다. 그런데 그 효과는 생각보다 훨씬 더 컸다고 보입니다.

33) 당시 형법에 의하면 사형에 해당하는 죄는 최대한 무기징역 또는 10년 이상의 징역 또는 금고까지 감형할 수 있다. 현행은 20년 이상으로 개정되었다.
제55조【법률상의 감경】 ① 법률상의 감경은 다음과 같다.
1. 사형을 감경할 때에는 무기 또는 10년 이상의 징역 또는 금고로 한다.

전두환 피고인에 대해 사형을 선고하지 않은 이유를 설명하면서 사용한 '항장불살'이라고 하는 그 한마디가 많은 사람들에게 크나큰 설득력을 발휘한 것으로 생각하고 있습니다.

하지만 판결문에 있어서 이와 같이 한문 고사성어를 사용하는 것이 일상적인 것이 될 수 없다고 하는 것은 재론할 필요가 없을 것입니다. 다만, 이 사건에 있어서는 여론을 설득하는 데 효과가 있을 것으로 생각되었기 때문에 부득이 예외적으로 그와 같이 한문을 사용하였던 점을 이해해 주시기 바랍니다."

당시 이 판결에서 가장 우려되는 부작용이 국론의 분열이었던 점을 생각하면 사형에 처하지 않은 이유를 민주화의 승자인 국민이 베푸는 아량으로 비유한 '항장불살'이라는 고사성어는 매우 효과적이었던 것으로 판단된다. 그리고 판결문은 잘 읽지 않고 결과만을 가지고 일어날 혼란을 막기 위해 누구나 쉽게 그 뜻을 음미해 볼 수 있는 고사성어의 채택은 이런 사건의 경우에는 적절했던 것으로 볼 수 있다.

그러나 재판장의 회고에서의 지적처럼 한자성어나 속담 등을 인용할 때에는 지나치게 남용되지 않도록 조심해야 한다. 판결문과 같은 공적인 문서에서는 더욱 그러하지만 기타의 설득용 글이나 발표에 있어서는 음식의 양념처럼 사용되어져야 한다. 양념은 음식의 맛을 내는 데 절대적이지만 지나친 양념은 잘 된 음식을 완전히 망칠 수도 있다는 점을 잊지 말아야 한다.

특히, 한자성어, 속담 등은 사실적·분석적 효과보다는 교훈적·전형적인 것을 함축적으로 나타내는 것이므로 독자가 직관적으로 빨리 받아들이지 못하면 실패한 설득이 될 수 있다. 가끔 글 속에서 일반인들이 이해하기 힘든 보편적이지 않은 한

자성어 등을 인용한 글들을 볼 수 있는데 이런 인용은 글쓴이의 박식함을 자랑하는 것일 뿐 독자의 이해나 설득에는 도움이 되지 않을 것이다. 그리고 한자성어 등을 끝부분에 사용할 때에는 대부분의 일반인이 이해할 수 있는 것으로 인용하면서 마무리를 하는 것이 좋고, 대부분의 사람들이 모르는 한자성어 등일 경우에는 앞부분에서 그 한자성어로 운을 떼면서 그 뜻을 설명하면서 글을 이끌어나가는 것이 좋다. 반대로 하면 전자는 현학적인 태도로 비춰지기 쉽고, 흔한 사자성어를 가지고 후자처럼 하면 독자를 무시하는 경우가 될 수도 있다. 그리고 요즘에는 사람들이 한시나 한자성어에 익숙하지 않기 때문에 속담, 우화 등 다양한 방식의 인용이 필요할 것이다. 마지막으로 주의할 점을 다시 적으면 이런 시도는 음식의 양념처럼 제한적으로 사용하는 것이 바람직하며, 괜히 어려운 사자성어를 인용하고 이어지는 글의 수준이 떨어질 경우 지적 수준을 의심받을 수도 있다는 점을 명심해야 한다.

■ Appendix ■

# 부 록

# 12・12 반란 및 5・17, 5・18 내란사건 재판에 대한 회고

이 연설은, 사법연수원이 1988년 시행한 전국 지방법원 부장판사연수회 및 2000년 시행한 형사실무법관 연수회에 저자가 강사로 초빙되어 행한 것을 그대로 옮긴 것이다. 또한 저자가 인하대학교 로스쿨 원장으로 재직 중이던 2009년도에 재학생들에게 했던 동일한 연설이기도 하다.

서울행정법원장 권 성

## 서 장

제가 1996년 하반기에 항소심 재판장을 담당하였던 5・17, 5・18 반란 및 내란사건과 비자금사건의 재판은 다음과 같이 여러 가지 면에서 특수성을 가지고 있었습니다.

첫째, 피고인들의 지위가 전직 대통령 또는 그 휘하의 전직 고관 내지 정계의 최고 실력자들이었다는 점, 피고인들의 수가 많았다는 점, 그리고 사안의 내용이 좀처럼 보기 어려운 반란 및 내란이었다는 점 등을 들 수 있습니다.

둘째, 법률 외적인 측면에서 보더라도 이 사건에 온 국민과 전 세계의 이목이 집중되어 있었기에 이 재판을 통하여 우리 사법부가 그 능력과 자세를 시험받게 되는 측면이 있었습니다.

셋째, 국민들이 출신지역, 소속계층, 정치적 이해 등에 따라 이 사건에 대하여 나름대로 각기 다른 의견을 가지고 있었기 때문에 담당 재판부로서는 이와 같은 다양한 국민의 여론을 어떻게 설득해서 사법부의 판단을 수긍하도록 하는가 하는 매우 색다른 부담을 안을 수밖에 없었습니다.

넷째, 이 사건의 재판은 사안의 희소성과 역사성으로 인하여 우리 후세는 물론 다른 나라에서까지 분석·평가받게 될 것이고, 분석의 틀도 형사법뿐만 아니라 정치학·역사학·법철학 등 다방면에 걸칠 수 있는 것이었습니다.

끝으로, 항소심에서의 구속기간 이내에 이 사건을 처리하지 않을 경우 상당한 정치적 파문이 일어 사회를 혼란과 불안 속에 빠지게 할 위험이 다분한 것으로 예상되었고, 이 점 또한 재판부에 부담으로 작용할 수밖에 없었습니다.

이러한 특별한 사건을 재판하면서 얻은 경험의 일부를 오늘 여러분들께 말씀드리게 되었습니다. 물론 이러한 특별한 사건의 재판을 다시 하게 되는 불행한 일은 없어야 합니다. 따라서 이 사건의 재판에서 얻은 경험을 후일 이 사건과 유사한 사건을 재판할 때에 활용하시도록 하기 위하여 저의 경험을 말씀드리는 것은 결코 아닙니다. 다만, 이 재판에서는 종래 관행적으로 행하여져 왔던 우리 형사소송절차의 여러 측면이 새롭게 조명을 받아 그 문제점이 노출되는 경우가 많았기 때문에 이러한 점들을 한번 다시 생각하여 보고 어떤 교훈을 얻는 데 도움이 되리라 믿고 이렇게 말씀을 드리게 된 것입니다.

이 사건의 처리에는 국가적으로 막대한 인력과 비용이 투입되었기 때문에 이 사건의 재판으로부터 형사소송절차와 관련된 측면에서라도 어떤 일반적인 교훈을 찾아내지 못한다면 막대한 인력과 비용의 투입이 최소한의 효용조차 다하지 못하는 것으로 될 것입니다.

# 제1장 전술과 교훈

## 제1절 주도권의 확보

이 사건의 재판에서는 무엇보다도 재판부가 재판절차상의 주도권을 확보하는 것이 필요했습니다. 일반사건의 경우에도 재판부가 주도권을 확보하는 것이 반드시 필요한 일이지만 이 사건에 있어서는 그 필요성이 특히 강조되어야 할 이유가 있었습니다.

우선 제1심 재판과정에서 변호인들과 검찰 간의 대립이 극심했었고 거기에 편승하여 언론의 보도 역시 매우 과열되어 있었기 때문에 어떻게 보면 국가 전체적으로 일종의 흥분상태가 조성되어 있었습니다. 이러한 여건하에서 통상의 방식대로 재판절차를 진행하게 되면 자칫 재판이 방향을 잃고 혼란에 빠질 우려가 있었기에 재판부가 확고하게 주도권을 행사하지 않으면 안되겠다고 판단하였습니다.

주도권을 확보하기 위해서는 변호인과 검찰보다도 재판부가 한발 앞서 나가야만 합니다. 이러한 뜻에서 우리 재판부는 여러 가지 기획을 하지 않을 수 없었습니다. 중요한 것만 몇 가지 소개하자면 다음과 같습니다.

첫째, 첫 기일을 시작하기 전에 변호인들과 검사를 소집하여 항소심의 향후 재판진행에 관해서 사전에 협의하는 과정을 거쳤습니다. 이러한 사전협의는 아마도 전례가 없는 일일 것입니다.

이 과정에서 쌍방의 소원하는 바와 불만으로 생각하는 바를 들어보고 이것을 조정하여 재판부의 방침을 통보하였는데, 이것이 항소심재판이 비교적 조용히 끝나게 되는 데에 결정적인 도움이 되었습니다.

1심에서 변호인들과 검찰이 절차진행에 관하여 사사건건 대립하며 시간을 낭비한 관계로 미처 조사하지 못한 증인이 상당수 있었습니다. 따라서 항소심에 이르러서는 변호인들과 검찰 쌍방이 모두 증거조사의 부족을 절감하고 있었습니다. 그리하여 쌍방에게 그들이 요청하는 증인을 모두 채택할 계획이니 스스로 알아서 꼭 필요한 증인만 신청하도록 권유하고 그 목록을 첫 기일 전에 제출시킨 뒤 재판부에서 일부를 조정하여 쌍방 모두 이의가 없는 내용의 증인명단을 만들었습니다. 그리고 그 명단대로 첫 기일에 증거신청을 하고 이를 재판부가 그대로 채택하기로 서로 양해를 하였습니다.

둘째, 1심 재판과정 중에 변호인측에서 이 재판이 사전에 밀실에서 짜여진 각본에 따라 진행된다고 재판부를 공격하는 일이 많았습니다. 항소심에서는 미리 재판일정표(첨부 1 및 2의 '증인신문일정표' 참조)를 작성한 후 이를 변호인들과 검찰 쌍방에 교부하고 언론에도 공개하였는데 이것 역시 변호인측의 법원에 대한 비난 구실을 제거하는 데 도움이 되었습니다.

셋째, 최후변론에 즈음하여 미리 중요한 법률상의 쟁점을 골라서 쌍방에게 제시하고 법정에서 변호인과 검찰이 쟁점별로 공개토론을 하는 방식으로 구술변론을 열기로 방침을 정하고 이를 그대로 시행하였습니다.

그 밖에 재판절차상의 주도권 확보를 위하여 마련하였던 방안이 몇 가지 더 있지만 무엇보다도 위에서 말씀드린 세 가지, 즉 사전협의·일정공개·구술토론 등 일련의 조치들은 변호인이나 검찰이 전혀 예상하지 못한 것들이었기 때문에 이러한 조치들을 통하여 재판부가 한발 앞서서 그들을 리드할 수 있었고 그 덕분에 절차의 진행을 확실하게 주도할 수 있었다고 생각합니다.

## 제2절 절차의 투명성

앞에서 말씀드린 일정공개와 공개 구술변론 등의 조치는 항소심재판절차의 투명성을 확보하는 효과도 있었습니다. 이렇게 함으로써 변호인들이나 일부 국민들이 재판 진행에 대하여 제기하던 공연한 트집, 즉 밀실에서 짜여진 각본에 따라 재판을 진행한다는 트집을 불식할 수 있었고, 그 결과 재판 진행에 대한 변호인의 협조를 유도함은 물론 일반 국민들이 법원에 대해서 가지고 있는 불신을 해소하는 효과도 있었다고 생각합니다.

## 제3절 확고한 자세의 견지

재판을 진행하다 보면 변호인 또는 검찰이 공연히 재판부에 대한 공격을 시도하는 경우가 종종 있습니다. 이러한 때에 재판부가 당황하지 않고 원칙에 따라 일정한 방향을 계속 유지함으로써 의연한 자세와 자신감을 드러내 보이는 것이야말로 절차의 안정과 재판에 대한 신뢰를 높이는 데 결정적인 중요성을 갖습니다.

예를 들면 이 사건 1심에서는 변호인과 검찰이 공연히 대립하여 기일을 공전시키는 바람에 부득이 야간재판을 해야 하는 상황이 빈번히 연출되었습니다.

그런데 야간재판을 하는 것은 여러 가지 측면에서 문제가 있습니다. 우선 피고인들은 물론 모든 관계자들이 매우 피곤하게 되어 다음 재판을 준비하는 데 지장을 받게 됩니다. 뿐만 아니라 많은 국민들과 다른 나라 사람들로 하여금, "무슨 이유로 이와 같이 중요한 사건의 재판을 밤에까지 해가면서 서두르는가, 혹시 사전에 어떤 정치적인 목적이 설정되어 이를 달성하기 위해서 재판을 강행하는 것은 아닌가" 하는 의심을 하게 만듭니다.

그래서 항소심에서는 무슨 일이 있어도 야간재판은 하지 않겠다는 확고한 방침을 세웠습니다. 그리고 최초의 사전협의단계에서 변호인과 검찰 쌍방에 "우리는 절대로 야간재판은 하지 않는다. 그 대신 일주일에 두 번씩 재판을 하겠다"고 통보했습니다. 이에 대하여 양측 모두 환영하며 동의의 뜻을 나타냈습니다.

이러한 양측의 동의를 토대로 재판부는 더 나아가 "야간재판을 하지 않기 위해서 절차가 진행되는 도중이라도 퇴근시간이 되면 즉시 진행을 중지하고 나머지 부분은 그 다음날 오전에 진행하겠으니 이 점을 명심하여 불필요한 신문이나 중복된 신문, 장황한 변론 등을 삼가 달라"고 주문하였습니다.

그 후 실제 재판 진행과정에서 오후재판이 퇴근시간 이후까지 계속되는 상황이 될 때에는 즉시 재판을 중지하고 다음날 아침 10시부터 속행할 것을 선언했습니다. 그러한 경우가 한두 번 있었습니다.

그로 인하여 변호인과 검찰이 서로 불필요한 신문, 중복된 신문 등을 약간 자제하는 부수적인 효과도 있었습니다만, 무엇보다도 이와 같이 재판부가 한 번 정한 원칙을 끝까지 견지함으로써 확고한 자세를 보여주었다는 데 의미가 있었다고 생각합니다.

### 제4절 절차의 융통성

형사공판절차는 1심은 물론이고 항소심의 경우에도 우선 피고인 신문을 먼저하고 그 다음에 증거조사에 들어가는 것이 통례로 되어 있습니다. 그러나 아시다시피 항소심에 있어서의 피고인 신문은 대부분의 경우 1심에서 이미 현출된 내용을 반복하는 것이어서 시간만 낭비될 뿐 큰 의미가 없는 경우가 많습니다.

이 사건의 경우에는 제1심 공판절차의 상당부분을 이미 피고인들에 대한 신문에 소비해 버린 상태였습니다. 따라서 항소심에서 다시 피고인 신문에 많은 시간을 할애하게 되면 그만큼 사실심에서 마지막으로 할 수 있는 증거조사의 시간이 줄어들 수밖에 없는 문제가 있었기 때문에 우리 재판부에서는 피고인 신문을 증거조사 뒤에 하기로 방침을 정하고 최초의 사전협의 단계에서 변호인과 검찰 쌍방에 이와 같은 방침을 통보하여 동의를 받았습니다.

지금 돌이켜보면 이러한 조치는 충실한 사실심리에 큰 도움이 되었습니다.

사건에 따라서는 선 피고인 신문, 후 증인신문이라는 통상의 도식에 구애되기보다는 융통성을 발휘하여 그 순서를 바꾸는 것이 오히려 실체심리에 도움이 되는 경우가 있다는 것을 참고해 주시기 바랍니다.

또 하나 언급할 것은 다소의 의혹이나 부정적 시각에도 불구하고 피해자들에게 법정에서 진술할 기회를 주었다는 것입니다. 사실 이 재판 이전에는 피해자에게 진술권이 주어진 실례가 거의 전무하였다고 알고 있습니다. 이 재판이 가지고 있던 민감한 성격을 고려할 때 피해자에게 진술을 허용하는 것은 상당한 모험이라고 생각할 수도 있었지만 우리 재판부에서는 시민들의 양식을 믿고 진술의 기회를 주었는데 증인으로 나온 광주시민의 대표들은 침착하고 정중한 태도를 보여주었고 이것은 결과적으로 재판의 신뢰를 높이는 데 도움이 되었다고 생각합니다.

### 제5절 신기술의 활용

이 사건의 기록을 보면 증거목록만 해도 거의 책 한 권이 넘는 분량이었습니다. 따라서 어느 참고인의 진술조서를 하나 찾아보려고 해도 책 한 권을 다 뒤져야만 하는 경우도 있을 수 있게 됩니다. 이러한 사정은 재판부뿐만 아니라 검찰이나 변호인의 경우에도 동일합니다. 그리하여 우리는 황모 부장판사님에게 부탁하여 사람의 이름만 입력하면 그에 대한 신문조서, 진술조서 및 증인신문조서의 소재(기록의 권수 및 면수)가 바로 화면에 나오도록 프로그램을 만들어 이용함으로써 시간을 많이 절약하였고 그 내용을 수십부 출력, 인쇄하여 검찰과 변호인들에게 제공하여 그들도 기록을 뒤지는 수고를 좀 덜 수 있도록 하였습니다. 이것은 검찰이나 변호인들이 간혹 갖게 되는 법원에 대한 적대적 의혹을 어느 정도 해소하는 데 도움도 되었다고 생각합니다.

# 제2장 문제점

## 제1절 합의부 구성원의 확대

합의부는 3인의 판사로 구성합니다. 그러나 이 사건의 경우에는 제한된 구속기간 내에 3인의 판사만으로 사건을 처리한다는 것이 물리적으로 불가능하였습니다.

우선 기록의 양만 보더라도 캐비닛으로 다섯 개 반이 되었습니다. 제한된 구속기간 내에 3인의 판사가 이와 같이 방대한 기록을 모두 면밀히 검토하고 법률상의 문제점까지 연구해서 판결을 한다고 하는 것은 무리한 일이 아닐 수 없습니다. 따라서 예외적으로 합의부를 3인을 넘는 인원으로, 예컨대 5인 또는 경우에 따라서 10인으로도 구성할 수 있어야 할 것입니다.

또한 하급심에도 재판연구관을 두어 재판장이 제시하는 문제점에 대해 연구・검토를 함으로써 재판을 돕도록 하여야 할 것입니다. 이 사건의 경우에 공판과 합의에는 물론 저와 두 사람의 배석판사만이 관여를 했습니다만, 수없이 많은 법률상의 문제점 모두를 우리 세 사람만의 힘으로 해결한다는 것은 너무도 어려운 일이었기 때문에 부득이 개인적으로 인연이 있는 판사 15분의 조력을 받았습니다. 이 분들이 제가 의뢰한 법률상의 문제점을 연구해서 논문 또는 리포트 형식으로 의견을 제시해주었던 것입니다. 이것을 양성화해서 복잡한 사건의 경우에는 정식으로 재판연구관을 배치하는 조치가 필요하다고 생각합니다.

## 제2절 법정소란행위의 강력한 제재

이 사건의 특수성으로 인하여 재판도중에 방청객들이 항의·야유 등의 소란을 벌일 것이 예상되었지만 예상과 달리 큰 소란은 없었습니다. 그러나 중간에 두세 차례 부녀자인 방청객들이 고함을 치는 등 법정의 분위기를 깨는 행위가 있었습니다. 그래서 경위 등을 시켜서 퇴장시키고 방청객에게 훈시를 하기도 하였지만 보다 강력한 제재를 하지는 못했습니다. 이 사건이 가지고 있는 민감한 폭발성 때문에 그와 같은 조치를 유보했습니다.

만일 우리 법원에 법정 내 소란행위자에 대하여 감치 등 강력한 제재를 가하는 관행이 오래 전부터 형성되어 있었더라면 그러한 관행의 힘을 빌려 이 사건에서도 엄격하게 소란행위를 제재할 수 있었을 것입니다. 그러나 유감스럽게도 그러한 관행이 형성되어 있지 않은 현실에서 이 사건과 같이 특수한 사건에 대하여 유독 강력한 제재를 가하게 되면 자칫 폭발적인 분노와 항의를 초래하여 오히려 재판 진행에 차질을 가져오지 않을까 우려했기 때문입니다. 보다 강력한 제재를 할 수 없었던 상황이 당시로서는 유감스럽기도 하였지만 지나고 보니 한 사람도 제재함이 없이 재판을 평온하게 끝낼 수 있었던 것이 한편 다행스럽게 생각되기도 합니다.

## 제3절 피고인에 대한 평상복 착용의 허용

아시다시피 당시까지만 해도 우리 형사재판에서는 피고인들이 평상복을 착용하지 못하고 구치소 당국이 지급하는 수의를 입고 재판을 받았습니다.

평소에는 여기에 문제가 있다는 생각을 하지 못했습니다. 그런데 피고인들이 똑같은 디자인으로 된 수의를 입고 법정에 나와서 재판을 받는 모습이 전 세계에 텔레비전으로 방송될 것을 생각하니, 아직 유죄로 확정되지도 아니한 미결수들이 평상복이 아닌 죄수복을 입고 재판을 받는 것을 보고 외국에서 우리나라를 사법후진국이라고 생각하지 않을까 걱정되었습니다.

우리 재판부에서는 이 점을 심각하게 받아들이고 우선 법률적인 문제점을 검토하기로 했습니다. 그 당시 재판연구관으로 있던 현재의 조모 부장판사에게 재판부가 직권으로 피고인에게 평상복을 입도록 하는 것이 가능한지 여부를 검토해달라고 부탁한 결과 그것이 얼마든지 가능하고 그러한 조치는 적법한 것이라는 결론에 이르렀습니다.

그리하여 피고인들에게 평상복을 입히기로 결심하고 세부실시계획까지 마련하였지만 이를 곧바로 시행하게 되면 피고인들에 대하여 격렬한 증오심을 가진 일부 국민들이 평상복을 입고 재판을 받는 피고인들의 모습을 보고 크게 분노해서 문제를 일으킬 소지가 있고, 그로 인하여 원활한 재판진행에 차질이 빚어질 가능성이 있다고 보았기 때문에, 먼저 여론을 검증해보고 여론을 설득하는 조치가 필요하다고 생각했습니다. 그래서 이 부분에 대한 법률 문제를 검토한 조 부장과 상의하여 이 점에 관한 논문을 쓰고 이를 법률신문에 게재하도록 한 후 여론의 향배를 지켜보았습니다.

당초 재판부에서는 항상 인권문제에 관심이 많다고 주장하는 언론이 이 문제를 인식하게 되면 크게 논점으로 들고 나오지 않을까 하는 기대를 가졌으나, 의외로 우리 언론은 이 문제를 완전히 무시해버리고 말았습니다. 또 법무부 당국도 강한 반대의사를 표명해 왔습니다.

마지막으로 법원 내부의 동조에 기대를 걸어보았으나 의외로 법원 내에서도 전혀 동조하는 움직임이 없었습니다. 그리하여 결국 우리 재판부에서도 보다 크게 생각할 때 이러한 문제 때문에 이 재판의 진행 자체가 지장을 받게 된다면 그것은 곤란하지 않은가 하는 결론에 도달한 나머지 평상복을 착용시키는 것을 포기하고 말았습니다.

그런데, 아시다시피 그 후 헌법재판소가 1999.5.27. 선고 97헌마137호, 98헌마5호(병합) 사건에서, 미결수용자가 수사 또는 재판을 받을 때에도 사복이 아닌 재소자용 의류를 입도록 강제하는 것은 무죄추정의 원칙에 반하고 인격권과 행복추구권, 공정한 재판을 받을 권리를 침해하는 것이라고 판시하였고, 또한 우리 재판부의 당초 방침에 대하여 위와 같이 강하게 반발하는 태도를 보였던 법무부 당국도 위 헌법소원 사건에 대한 심리가 진행중이던 1999. 3. 4. '미결수용자사복착용지침'을 만들어 미결수가 재판이나 조사 등을 위하여 외출할 때에는 사복을 착용할 수 있도록 허용하였습니다. 다소 때늦은 감은 있지만 바람직한 일이 아닐 수 없습니다.

## 제4절 증인의 불출석에 대한 제재의 강화

이 사건 재판을 진행하면서 겪었던 여러 가지 난점 중에서 가히 위기라고 부를만한 것은 증인의 불출석과 관련된 것들이었습니다.

첫 번째 위기는 국회의원인 모씨를 증인으로 소환하면서부터 시작되었습니다. 모 의원은 국회가 회기중이어서 바쁘다는 이유로 전화로 참여사무관에게 출석거부를 통보하고 재판장과의 통화를 요구하였습니다. 저는 통화를 사절하고 참여사무관에게 출석을 독려하도록 지시하였습니다. 그러나 그 증인은 계속 출석거부를 고집하였습니다.

만일 이 정도의 비중을 갖는 증인이 출석을 거부한다면 그리고 그와 같은 불출석에 대해서 아무런 제재를 가하지 못한다면 앞으로 많은 증인들이 그것을 본떠서 출석을 기피할 것임이 명약관화하였습니다.

재판부로서는 어떤 방법을 써서라도 이 증인을 반드시 출석시키지 않으면 안 되겠다는 일종의 위기의식을 느끼고 대처방안을 고심한 끝에, 오후에 그 증인을 신문하기로 예정된 기일의 오전 재판에 들어가서 다음과 같은 조치를 취하였습니다.

오전 10시 법정에 들어가자마자 "증인 모 의원이 불출석 의사를 전해 왔기 때문에 그 증인에 대한 신문을 연기하고 증인에 대한 구인을 명한다. 제2차의 증인신문기일은 ○월 ○일 ○시이다. 제2차 기일까지 구인집행이 되지 않을 경우에는 다시 ○월 ○일 ○시를 제3차 기일로 정하고 그 때까지 구인을 명한다." 이와 같은 방식으로 모두 네 차례의 차회 기일을 미리 지정하고 일괄하여 구인명령을 한 다음, "국회 회기중이기 때문에 구인에 대한 국회의 동의가 있어야 하는데, 만일 국회가 구인에 동의를 해주지 않는다면 그 때는 제6차 기일로 국회 회기가 끝난 뒤인 12월 ○일에 구인할 것을 명한다." 이렇게 구인명령을 했습니다.

그리고 법정에서 공개적으로 "체포동의요청서를 즉시 법무부에 제출하라"고 명령을 하고는 그 자리에서 미리 대기시켜 둔 총무과 직원에게 체포동의요청서를 교부하였습니다.

이와 같은 조치를 취한 이유는 두말할 것도 없이 만일 국회에서 체포동의를 해주지 않으면 국회 회기가 끝난 뒤에라도 반드시 구인해서 증언을 듣겠다는 법원의 강력한 의지를 천명하기 위한 것이었습니다.

그러자 언론사의 기자를 통하여 전말을 전해들은 모 의원은 당일 점심시간이 끝나기 전에 재판부에 예정대로 오후 2시에 법정에 출석하겠다는 의사를 전해왔습니다. 이러한 과정을 거쳐 모 의원을 예정대로 증인으로 신문할 수가 있었습니다.

이와 같은 사실이 그 다음날 일간지에 크게 보도됨으로써 모든 증인들이 "아 법원에 출석하지 않으면 구인되겠구나" 하는 것을 깨달았을 것으로 생각되는데, 그 탓인지 그 이후에는 모든 증인들이 예정된 기일에 어김없이 출석하여 재판 진행이 원활히 이루어질 수 있었습니다.

두 번째 위기는 최규하 전 대통령을 증인으로 소환하면서부터 시작되었습니다. 최규하 전 대통령은 제1심 재판에서도 증인으로 채택되어 소환을 받았지만 불출석했던 분입니다.

일반 국민이나 언론에서는 항소심에서도 최규하 씨를 증인으로 채택할 것인지 여부가 관심거리였던 모양입니다. 그러나 재판부로서는 첫 기일 시작 이전에 기록을 검토하는 과정에서 이미 이 분이 반드시 증인으로 필요하다는 판단을 한 상태였습니다.

물론 사안에 대한 증거자료는 이 증인이 아니더라도 간접적인 다른 자료가 충분히 있었습니다만, 역사적 소용돌이의 핵심에 있었던 이 분이 반드시 증인으로 나와야만 법원이 하는 사실인정에 신뢰를 더할 수 있을 것이라고 보았기 때문에, 재판부로서는 단순히 이 분을 증인으로 채택하는 데 그치지 않고 경우에 따라서는 구인을 해서라도 신문을 하기로 방침을 정했습니다.

여러분이 보시고 있는 자료 중 첨부 1과 2를 보아주십시오.

첨부 1과 첨부 2는 모두 '증인신문일정표'로 되어 있습니다만, 양자 간에 약간의 차이가 있습니다. 첨부 2는 변호인과 검찰에게 교부해주었던 일정표인데 여기에는 11월 4일까지의 증인신문기일만이 기재되어 있습니다. 첨부 1은 재판부가 가지고 있던 일정표인데 이 일정표에는 11월 4일 이후인 11월 7일, 11일, 14일도 증인신문기일로 예정되어 있습니다. 다만 공란으로 되어 있을 뿐입니다. 이는 최규하 전 대통령이 최초의 예정기일, 즉 10월 28일에 출석하지 않는다 하더라도 그 후 11월 7일, 11일, 14일 등 3개 기일 중에는 반드시 불러내서 신문하기 위하여 예비적으로 기일을 정해 두었던 것입니다.

그리고 최규하 증인에 대해서는 소환장을 보내면서 간곡하게 출석을 종용하는 안내문까지 동봉했습니다. 언론에서는 재판장이 사신을 보냈다고 보도를 했습니다만 이것은 사신이 아니라 소환장에 첨부된 출석 독려의 안내문이었습니다.

그러나 예상했던 대로 이 증인은 제1심에서와 마찬가지로 두 차례나 출석을 거부하는 서면을 보내왔습니다. 그래서 재판부에서는 이 증인을 구인하기로 하고 구인장 발부를 준비하고 있었는데 약간 뜻밖의 일이 생겼습니다.

한국일보 기자가 그 신문에 최규하 증인이 불출석할 경우에 생길 사태에 대한 해설기사를 쓰면서 만일 최규하 씨가 직무상의 비밀임을 신고하여 출석을 거부하면 법원이 대통령에게 증언의 허가를 신청하여야 하고 그 허가가 있어야만 증인으로 신문할 수 있다고 언급하였던 것입니다.

원래 공무원이나 공무원이었던 자가 그 증언 내용이 직무상 비밀임을 신고하면 그때는 증인자격이 상실되어 증인으로 소환할 수 없는 것이고 따라서 불출석한다 하더라도 구인을 할 수 없다는 것이 통설의 견해입니다.

그래서 재판부에서는 그동안 최규하 씨가 무슨 사유를 들어 불출석을 통보하는지 예의주시해 왔고, 두 차례에 걸친 불출석 통보서에는 직무상 비밀에 관한 사항이기 때문에 증언을 하지 못하겠다는 내용이 전혀 없었기 때문에 구인 준비를 하였던 것인데, 이와 같이 일간지에 해설기사가 실렸기 때문에 이제는 이 증인이 "아 이런 방법이 있구나" 하고 직무상 비밀임을 신고할 가능성이 생겨버렸습니다.

이에 재판부로서는 지금까지 이 증인을 출석시키기 위해서 기울여 왔던 노력이 모두 수포로 돌아갔다고 보고, 다만 이와 같이 법원의 명령에 불응하는 사람을 그대로 두어서는 아니 되겠다는 판단 아래 그에 대한 제재로써 과태료를 부과하는 결정을 하였습니다. 그런데 이와 같은 과태료 부과 결정을 받고서도 이 증인은 아무런 반응을 보이지 않았습니다.

재판부에서는 과태료를 부과하면서 마지막으로 한 번 더 기일을 정하고서 이 기일에는 집에 가서 신문을 해도 좋고 제3의 장소에서 신문해도 좋다는 취지를 부기해서 보냈습니다. 그런데 의외로 이 증인은 그 마지막 기일에의 출석을 거부함에 있어서도 직무상 비밀임을 내세우지 않았습니다. 그래서 재판부는 이 증인에게는 직무상 비밀임을 신고할 의사가 전혀 없는 것으로 판단하고 구인장을 발부하여 결국 구인을 하기에 이르렀던 것입니다. 비록 증인을 구인해서 법정에까지 데려 오기는 하였지만 이 증인이 끝까지 증언을 거부하는 바람에 이 사건에 관한 핵심적인 증언을 듣는 데는 실패하고 말았습니다.

이와 관련하여 반드시 짚고 넘어가야 할 문제는 현행법상 정당한 사유 없이 출석을 거부하거나 증언을 거부하는 증인에 대한 제재방법이 매우 미약하다는 것입니다. 불과 10만 원의 과태료만 가지고서는 실질적인 제재가 되지 않기 때문에 제재를 강화하는 방향으로 법을 개정할 필요가 있다고 생각합니다. 사실 그동안 법원으로부터 증인으로 소환받은 사람들은 소환에 불응하거나 증언을 거부할 경우에 굉장히 심한 불이익을 받게 되는 것으로 막연히 알고 있었는데, 이 사건을 통하여 그 제재가 대수롭지 않다는 것을 알게 되었을 것이고, 그 영향으로 상당수의 불성실한 증인들이 정당한 사유 없이 증언을 거부하는 사태가 속출하지 않을까 걱정되는 바입니다.

## 제5절 변호인에 대한 통제권의 확보

이 사건에서는 여러 명의 변호사들이 변호를 맡았습니다. 그 경력으로 보면 대법관을 지낸 분으로부터 판사 경력이 없는 사법연수원 출신의 변호사에 이르기까지 매우 다양하였습니다.

문제는 이러한 변호인들 중 상당수가 변론이나 증인신문을 함에 있어서 매우 낭비적이고 비효율적인 방식에 의존하고 있었다는 점입니다. 1심에서 충분히 논의된 사항, 다른 변호인들의 신문에서 이미 여러 번 현출된 사항 등에 대해서까지 똑같은 내용을 반복해서 신문한다든지, 쟁점과는 직접 관련이 없는 주변의 정치적 상황 등에 대해서 장황하게 신문을 함으로써 이 사건 재판의 성격을 의심스럽게 만든다든지 하는 경우가 종종 있었습니다.

더욱 걱정스러운 것은 일부 변호인들이 제1심 재판과정에서 재판 진행과 관련한 자신들의 요청이 일부 수용되지 아니하였다는 이유로 재판부에 대하여 심히 모욕적인 발언을 서슴지 않은 사례까지 있었다는 것입니다. 그러한 사실은 제1심 공판조서에 명백히 기록되어 있습니다.

현재로서는 법원에서 이러한 변호인들을 효과적으로 제재할 수 있는 수단이 없습니다. 법정모욕에 관하여는 검사의 소추가 있어야만 논할 수 있고, 변호사 징계에 관하여도 법원에 아무런 권한이 없기 때문입니다. 외국의 입법례를 보면 법원이 변호사에 대한 징계권한을 가지고 있는 경우도 있습니다. 변호인의 능력이나 자세에 관하여는 재판부 이상으로 소상히 잘 알 수 있는 기관이 없다는 점에 비추어 보면 이러한 입법은 매우 타당한 것이라고 생각합니다.

앞에서 말씀드린 것처럼 재판부에 대해서 심한 모욕적인 언사를 되풀이하는 변호인에 대해서까지 재판부가 수수방관할 수밖에 없다고 한다면 이것은 큰 문제가 아닐 수 없습니다. 물론 법정에서 퇴정을 시킨다든지 엄히 훈계를 한다든지 하는 방법이 있을 수 있지만 변호인이 그 정도의 조치를 당할 것을 충분히 각오하고 위와 같은 행위를 감행할 수도 있기 때문에 이는 효과적인 제재가 될 수 없습니다.

또 다른 문제는 변호인들의 증인신문 방법이 매우 전근대적이라는 점입니다. 위에서 말씀드린 바와 같이 이번 항소심재판에서는 기일을 개시하기 전에 이미 변호인과 검찰 쌍방을 불러서 절차진행에 관하여 그들의 요구를 들어보고 재판부의 방침을 통보하는 사전협의절차가 있었고 그 절차에서 증인신문방식에 관해서 한 가지 주의를 준 점이 있었습니다. "증인신문을 할 때 증인을 모욕하거나 위협하거나 유도하는 신문, 또 증인에게 의견을 묻는 신문은 제한을 하겠다. 그 이외의 경우에는 원칙적으로 간섭하지 않겠다. 다시 말해서 중복되게 신문을 하거나 쓸데 없는 신문을 하는 경우에도 법정의 분위기를 고려하여 간섭하지 않을 것이니 그 대신 증인을 모욕하고 위협하고 유도하는 신문은 하지 않도록 하라"고 요구했고, 변호인들은 모두 이 점을 준수하기로 약속을 한 바 있었습니다.

그럼에도 불구하고, 변호인들은 증인을 모욕하고 위협하는 신문을 수없이 되풀이했고 유도신문도 자주 하였습니다.

이것은 이 재판에서 처음 있는 일은 아니고 그동안 거의 모든 공판에서 되풀이되어 온 일이기 때문에 특히 이번 재판이라고 해서 그러한 과거의 습성을 버리기를 바라기는 어려운 일이었을 것입니다.

따라서 우리 재판의 선진화를 위해서는 앞으로 모든 재판에서 변호인들이 증인 신문을 함에 있어서 이와 같이 잘못된 방식을 되풀이하지 않도록 엄격히 지도하는 것이 절실히 필요하다고 생각합니다.

## 제6절 TV 공개의 필요성

이 사건처럼 국민들의 관심이 집중되고 국제적으로 주목을 받는 재판의 경우에는 재판과정을 TV로 중계하거나 녹화해서 국민들에게 알려줄 필요가 있다고 생각합니다. 왜냐하면 언론기관은 주관적인 관점에 따라서 재판 진행 상황을 왜곡하거나 잘못 보도할 가능성을 배제할 수 없는데, 이것은 이 재판의 비중에 비추어 볼 때 매우 위험한 일이 아닐 수 없기 때문입니다. 그러한 위험을 피하기 위해서는 차라리 TV를 통하여 절차 진행을 공개하는 편이 나을 것입니다.

그러나 우리나라의 경우에는 아직까지 그러한 예가 없었을 뿐만 아니라, 재판절차를 TV를 통하여 공개하게 되면 자칫 재판부가 지나치게 일반에 노출되어 불이익을 입거나 TV를 이용하여 연예인이나 정치인과 유사한 인기인이 되려고 한다는 비난을 받을 수도 있기 때문에 그렇게 하기도 어려운 것이 현실이었습니다.

그러한 이유로 우리 재판부도 당시 TV를 통하여 재판절차 일체를 공개하는 일은 하지 못했지만, 앞으로 국민들의 관심이 집중되는 사건을 재판할 때에는 그 과정을 과감하게 TV에 공개하는 것이 바람직할 것으로 생각됩니다. 그것이 반복되어 관행으로 정착되면 재판부가 TV를 이용해서 인기를 끌려고 한다는 오해는 불식되게 될 것입니다.

## 제7절 방청권 발부방식의 개선

이 재판은 많은 사람들이 방청을 원했기 때문에 부득이 방청권을 발부할 수밖에 없었고 따라서 방청권 배부를 어떻게 할 것인지가 문제되었습니다. 1심 재판에서는 통상의 방법에 따라 선착순으로 배부를 하였기 때문에 많은 사람들이 그 전날 밤부터 법정 앞에 줄을 서서 기다렸다가 개정시간 무렵에 방청권을 받아서 입장하였습니다.

우리 재판부에서는 그와 같은 방청객들의 불편과 혼란을 덜어줄 수 있는 방안을 여러 가지로 모색한 끝에, 방청을 원하는 사람들이 은행에 가서 신청을 하고 은행에서 그것을 모아 전산으로 추첨을 하여 통지를 해주는 시스템을 개발하면 어떨까 하는 생각을 하게 되었습니다. 그래서 은행의 전산팀과 이 문제를 협의한 결과 그 정도의 프로그램 개발은 아주 간단한 일이라는 얘기를 듣고 개발에 착수하려고 하였으나 다른 쪽의 반대로 무산되고 말았습니다. 앞으로 이러한 방법을 고려할 필요가 있다고 생각합니다.

## 제8절 전회 공판의 주요 사항의 고지 문제

형사소송법 제54조 제2항은 전회공판의 주요 사항을 조서에 의하여 고지하도록 규정하고 있는데 이 사건과 같은 대규모의 사건에 이를 그대로 적용하게 되면 막대한 인력과 시간 그리고 비용이 들어가게 되고 또 그렇게 일률적으로 시행할 필요도 없는 시대상황이 되었습니다. 그리하여 우리 재판부에서는 검찰과 변호인 쌍방의 동의하에 이 규정을 적용하지 아니하였습니다. 앞으로 법이나 대법원규칙에서 이 규정의 예외조항을 정면으로 정해 놓아야 하리라고 생각합니다.

## 제3장 에피소드

### 제1절 판결서 작성과정

판결서의 분량이 매우 많았습니다. 반란 및 내란사건은 294쪽, 비자금사건은 한 건은 51쪽, 다른 한 건은 19쪽, 도합 364쪽의 분량이었습니다. 뇌물죄의 범행부분을 도표로 했는데도 이렇게 많았습니다.

첨부 3을 보아주십시오. 방대한 분량의 판결서를 가능한한 일목요연하게 구성하기 위하여 세부 쟁점별로 소제목을 붙였고, 찾아보기 쉽도록 판결 이유의 첫머리에 별도로 목차를 만들었습니다. 이와 같이 소제목과 목차를 활용함으로써 판결서의 이해와 활용에 상당한 도움이 되었다고 생각합니다.

판결서의 분량이 워낙 많다 보니까 그것을 제본하는 데도 많은 어려움이 있었습니다. 이 정도의 분량을 제본하기 위해서는 전문적인 기술이 필요한데 법원에는 그러한 기술을 가진 사람이나 장비가 없었습니다. 게다가 당시 판결선고와 동시에 100

부 이상의 판결 사본을 각 언론기관, 유관기관, 상급법원 등에 배포하여야 할 것으로 예상되었는데, 일일이 구멍을 뚫어 끈으로 묶는 방법으로 그 많은 부수를 철하는 것도 쉬운 일이 아닐 뿐만 아니라 그렇게 하면 외관상으로도 상당히 보기가 좋지 않았습니다. 검찰이 법원에 제출하는 답변서나 변론요지서 등을 인쇄소에서 깨끗하게 책자로 제본하여 제출하고 있는 것과 지나치게 대비되는 일로 생각되었습니다.

그래서 재판부에서는 판결선고 전날 저녁식사를 마친 뒤부터 서초동 법원종합청사 20층에 설치되어 있는 법원행정처 전산실의 컴퓨터 교육장을 이용하여 그 곳에 프린터 20여 대를 설치하고 판결문을 출력한 후 인쇄업자를 불러 이를 제본시키기로 하였습니다.

실제 프린트작업은 판결초고의 디자인이 예정보다 다소 지연된 관계로 저녁 8시경부터 시작되었습니다. 목표는 100부였지만 작업 과정에서 여러 가지 기술적인 장애가 발생하여 밤 1시경까지 70부 정도를 프린트하고 출력작업을 종료했습니다. 비밀유지를 위해서 출력장소에는 재판부의 판사 세 사람, 그리고 재판장과 개인적으로 인연이 있는 판사들 7, 8명만이 들어가서 작업을 하였습니다.

제본은 한양당이라고 하는 인쇄소의 사장이 기술자 3명을 데리고 새벽 5시경에 재판장실에 와서 작업을 시작하여 아침 8시경까지 모두 마침으로써 아주 보기 좋은 형태의 판결문 사본이 완성되었습니다. 주문 내용의 비밀을 유지하기 위하여 부득이 인쇄소 사장과 그 종업원들을 모두 재판장실에 사실상 연금을 하고 아침식사를 대접한 후 판결선고가 끝난 11시경에 귀가하도록 조치했습니다.

판결문의 출력과 제본과정에서 혹시나 비밀이 유출되지 아니할까 걱정을 했었지만 아무런 문제가 없어서 매우 다행으로 생각하고 있습니다.

## 제2절 언론보도의 문제

판결 선고 후 일부 언론에서는 합의과정에 상당한 의견 대립이 있어 진통을 겪었던 것으로 보도를 한 일이 있었습니다. 그러나 이것은 잘못된 보도입니다. 배석판사 한 사람이 "무엇이 제일 힘들었는가?"하고 묻는 기자에게 "물론 주문을 내는 것이 제일 힘들었다"라고 대답하였는데, 그 대답은 여러 가지 어려운 사실인정문제와 법률문제에 관해서 결론을 내는 것이 그렇게 간단한 일이 아니었다는 의미였음에도, 그 기자가 마치 주문의 결정에 있어서 재판부 구성원 사이에 의견 대립이 있었던 것처럼 각색했기 때문에 그런 보도가 나간 것입니다.

물론 결론을 낸다고 하는 것이 그 어느 것 하나도 쉬운 것이 없었습니다. 최종 결론에 도달하기까지 함께 생각에 생각을 거듭하는 고통을 피할 수 없는 것은 당연한 것이지만 최종 결론 자체에 관하여 해결하기 어려운 고통이 있었던 것은 아니었다는 것, 특히 양형 문제의 중요한 부분에 관하여는 재판부 구성원 사이에 거의 의견 차이가 없었다는 것 정도는 여기서 밝혀도 괜찮을 것입니다.

또 하나, 판결이 선고된 뒤에 동아일보에 재판부가 이순자 씨의 회고록을 읽어보고 검토하였다는 보도가 나온 적이 있었습니다. 그러나 이것 역시 잘못된 보도입니다. 진상을 말씀드리면 다음과 같습니다.

결심을 한 뒤에 변호인 중의 한 분이 이순자 씨의 회고록 사본을 봉투에 밀봉한 채로 가져와서는 한 번 읽어보겠는가 하고 물어본 일이 있었습니다. 그러나 법정에서 제출되지 않은 자료를 볼 수는 없는 것이어서 정중하게 이를 사양하였습니다. 그 일이 어떤 경로를 통해서인지 잘못 전달되어 그와 같은 보도가 나가게 된 것으로 생각합니다.

### 제3절 법정의 중압감

이 재판의 피고인들은 모두 최고의 권력을 향유하던 사람들이었습니다. 그들이 계급장에 달고 있던 별의 숫자를 합하면 오십 몇 개가 된다는 등의 말이 나올 정도로 대단한 권력을 가졌던 사람들이었습니다.

또 이 재판에 관심을 가진 수없이 많은 사람들이 법정에 와서 지켜보았고, 언론의 보도에 의하면 그 가운데에는 전 현직 고위관료들과 수많은 저명인사들이 섞여 있었습니다.

그래서 그런지 법정의 분위기는 대단히 무거웠고 재판부조차도 중압감을 느낄 수밖에 없는 상황이었습니다. 예를 들면 첫 날 재판은 사진기자들에게 5분간 촬영을 허용하기로 약속하였는데 본인은 촬영시간이 10여분 지난 것으로 생각되어 기자들에게 그만 퇴정하도록 명령하였는데 뒤에 알고보니 실제 촬영시간이 1분밖에 지나지 않은 상태에서 퇴정을 시킨 것으로 밝혀졌습니다. 이러한 것 역시 너무 긴장된 탓으로 일어난 일이었습니다. 첫 날 재판은 인정신문과 쌍방이 신청한 증인을 채택하는 선에서 마쳤기 때문에 개정 후 1시간 반 정도만에 끝이 났습니다. 그런데도 불구하고 재판을 마치고 나오니까 마치 하루 종일 재판을 한 것과 같은 정도의 피로감이 엄습하였습니다.

## 제4절 선고 후의 여론

판결 선고 후 양형과 관련하여 상당한 정도의 찬반 양론이 일어나고 그 여파로 법원사무실에 많은 전화가 오리라고 예상했었습니다. 그러나 의외로 여론은 잠잠했고 사무실에 걸려온 전화도 몇 통 되지 아니하였습니다. 일주일 동안에 모두 9통의 전화가 걸려왔는데 그 중 3통은 찬성한다는 취지, 6통은 항의한다는 취지였습니다. 예상했던 것보다는 훨씬 적은 전화였습니다.

그 가운데 하나로, 이른바 재야운동권의 사표로 알려져 존경을 받는 분으로서 저와는 일면식도 없는 광주지역의 홍모 변호사가 판결 내용이 보도된 직후에 전화를 해서 참으로 용기 있는 판결을 했다는 취지의 말씀을 해주신 것이 있었습니다. 그 당시의 분위기로 보아 사형을 선고하지 않기가 매우 어려울 것이라고 생각했는데 어떻게 사형선고를 하지 않기로 결심을 했는지 참 장하다는 취지였습니다. 그 전화를 받고 나니까 "여론의 반응은 비교적 조용한 편이겠구나" 하는 판단이 섰고 실제로도 아까 말씀드린 것처럼 아주 조용한 편이어서 다행스럽게 생각했습니다.

## 제5절 앰뷸런스사건

최규하 씨를 증인으로 구인하면서 그 분이 나이가 높은 분이고 그동안 출석을 거부하면서 계속 건강문제를 들고 나왔기 때문에 혹시 법정에 나와서 증인으로 재정하는 동안에 건강상의 문제라도 일으킨다면 법원으로서는 매우 난처한 일이 아닐까 하는 걱정이 있었습니다.

그래서 교도소의 의무관을 출석시켜서 증인석 옆에 의자를 놓고 앉아 계속 최규하 씨의 용태를 관찰하도록 하였고, 강남성모병원의 앰뷸런스 한 대를 법정 밖에 대기시켜 놓아 만일의 사태에 대비를 하였습니다. 또 최규하 씨는 허리가 불편하여 의자에 오래 앉아 있을 수 없다는 점을 출석거부사유의 하나로 주장해온 바 있어서 그러한 불편을 해소시키기 위하여 증인의 의자를 소파로 교체하도록 하였습니다.

그러나 막상 그 증인을 면전에서 대하니 매우 건장한 분이었고 건강도 육안으로 보아서는 양호한 상태라고 생각되었습니다. 오랜 시간 법정에 있었던 것은 아니지만 처음에 염려했던 건강상의 문제가 전혀 발생하지 않아서 근심을 덜었습니다.

그런데 뜻밖에도 그 시간에 다른 민사법정에 나왔다가 돌아가던 허모라고 하는 연로한 변호사가 법정 밖 복도에서 쓰러져 의식을 잃는 사건이 발생했습니다. 그래서 마침 최규하 씨를 위해서 대기하고 있던 앰뷸런스에 실어 강남성모병원에 긴급후송을 했습니다. 그 변호사가 그 덕택으로 생명을 건졌다고 하면 좋았을 터인데, 유감스럽게도 병원에 가서도 의식을 회복하지 못하고 결국은 사망하고 말았다는 얘기를 들었습니다.

## 제4장 재판내용상의 난점

### 제1절 이론문제

수없이 많은 이론상의 문제가 있었습니다. 예를 들면 죄수, 뇌물죄에 있어서의 대가성, 살인죄의 미필적 고의, 내란목적 살인죄의 요건, 공소시효 문제 등입니다.

그 중에서도 가장 어려운 문제는 성공한 쿠데타를 처벌할 수 있는가 하는 것이었습니다. 적당히 회피하고 넘어가는 방법도 있었겠지만 앞에서 말씀드린 것처럼 이 재판은 두고두고 국내외적으로 분석과 비평의 대상이 될 수밖에 없는 것이니만큼 이 문제에 관하여도 적당히 회피해나가는 것보다는 정면으로 이론적인 대응을 하는 것이 마땅하겠다고 생각하고 그렇게 했습니다. 이 강의안의 뒤에 소개되어 있는 판결문의 요약 가운데 1면 내지 6면을 참고로 읽어 보시기 바랍니다. 나름대로는 독자적인 이론을 구성해 보려고 노력했습니다만 워낙 실력이 부족한 터라 만족할 만한 결과에 이르렀는지 하는 걱정이 남아 있습니다.

이 문제를 검토하는 과정에서 국내에는 이에 관한 자료가 없다는 것을 알게 되었을 때는 상당히 당황하지 않을 수 없었습니다. 다행히 권순일 판사 덕분에 미국의 법과대학 Law Journal에서 이에 관한 다수의 연구 논문을 읽게 되어 큰 도움이 되었습니다. 영미법계 국가에서는 이미 여러 차례 쿠데타와 관련한 재판이 있었다는 것을 새삼 발견했습니다. 물론 우리와 똑같은 경우는 없었지만 그 논문들이 제시하는 이론들은 매우 흥미 있는 것이었고 우리가 이 문제를 취급하는 데 있어서도 시사하는 바가 많았습니다.

다음으로는 형법상 내란죄의 개념을 어떻게 이해할 것인가 하는 것이 매우 어려운 문제였습니다. 우리가 상식적으로 생각하는 내란과 형법에 규정되어 있는 내란죄의 개념은 상당한 차이를 보이고 있습니다.

형법에서는 내란을 국헌문란의 죄로 파악을 하고 있는데 국헌문란에 관하여 정의하기를, (1) 헌법이나 법률에 정한 절차에 의하지 않고 헌법 또는 법률의 기능을 소멸시키는 것, (2) 헌법에 의하여 설치된 국가기관을 강압에 의하여 전복 또는 그 기능행사를 불가능하게 하는 것이라고 하고 있습니다. 그렇기 때문에 내란죄가 성립하려면 반드시 헌법 또는 법률의 기능을 소멸시키거나 헌법기관을 강압하는 것이 필요합니다.

그런데 과연 누구에게 어떤 행위를 해서 헌법이나 법률의 가능을 소멸시킨 것인지 또는 헌법기관을 강압한 것인지 이것을 추출해 내는 것이 결코 쉬운 일이 아니었습니다. 상식적으로 생각하는 내란과 형법상의 내란은 이처럼 상당한 거리가 있는데 많은 사람들이 이 점을 모르기 때문에 이 문제의 어려움을 잘 인식하지 못하고 있습니다. 우리 재판부에서는 나름대로 이론구성을 시도하여 견해를 밝혔고 그 내용은 판결문 요약의 10면 내지 13면에 소개되어 있습니다.

그 다음으로는 내란이 언제 끝난 것으로 볼 것인지 이것 역시 매우 어려운 문제라고 하겠습니다. 통설적인 견해는 폭동이 이루어지는 순간 내란은 종료되는 것으로 보고 있지만 이러한 견해는 내란사태의 실제와는 맞지 않는 것으로 보여집니다. 근대국가에 있어서의 대표적인 내란이라고 할 수 있는 미국의 남북전쟁만 하더라도 5년이라는 세월 동안 전쟁이 계속되었는데, 이것을 처음 전쟁이 발발했을 때 내란이 종료된 것이라고 보는 것은 무리라고 하지 않을 수 없습니다.

그래서 우리 재판부는 반대세력의 저항이 소멸되거나 내란세력이 투항하는 때를 내란의 종료시기라고 보았습니다만, 여러분이 다 아시는 바와 같이 이 점은 대법원에서 유지가 되지 않았습니다.

그 밖에도 어려운 법률상 쟁점이 한두 가지가 아니었지만, 여기에서 이 문제를 더 이상 언급하는 것은 적절한 일이 아닐 것이므로 이 부분에 관한 말씀은 여기서 줄이겠습니다.

## 제2절 증거문제

재판과정에서 방대한 증거자료에 대한 조사가 이루어졌지만, 한 가지 꼭 짚고 넘어갈 것은 문서로 된 증거가 대부분 산일되었다는 점입니다.

이 사건에서 문제가 되는 행위들은 대부분 정부기관이 개입하여 이루어진 것이므로 그 행위의 대부분은 문서로 기록될 성질의 것이었고, 따라서 그러한 문서들이 보존되어 있어 증거로 조사되었다면 사실관계의 인정이 훨씬 용이했을 것입니다. 그러나 그러한 문서들이 대부분 존재가 불명한 상태로 되어 있어서 매우 아쉬웠습니다.

## 제3절 양형

앞에서 말씀드린 바와 같이 재판부 구성원 사이에 형량에 관하여 의견일치를 쉽게 보았기 때문에 합의과정상의 어려움은 없었습니다.

그런데 이러한 재판부의 양형이 당시의 여론 특히 언론에 투영된 여론과는 상당한 차이가 있는 것으로 보여졌기 때문에 어떻게 국민들과 언론기관을 설득할 것인가 하는 문제로 고심하지 않을 수 없었습니다. 이는 가능하면 법원의 판단을 국민들이 쉽게 납득함으로써 재판의 신뢰에 대해서 문제를 제기하는 사태가 없기를 바라는 뜻에서였습니다.

여론을 설득할 방도를 여러 가지로 생각한 끝에 양형의 이유를 설명함에 있어서 국민들의 가슴에 바로 와 닿을 수 있는 용어나 어휘들을 사용하는 것이 효과적이지 않을까 하는 생각을 하게 되었고, 그 결과로 찾아낸 것이 '항장불살(降將不殺)' 기타 여러 가지 한자로 된 故事成語였습니다. 그런데 그 효과는 생각보다 훨씬 더 컸다고 보여집니다. 전대통령에 대해 사형을 선고하지 않는 이유를 설명하면서 사용한 '항장불살'이라고 하는 그 한마디가 많은 사람들에게 크나큰 설득력을 발휘한 것으로 생각하고 있습니다.

사실 우리 재판부에서는 이 사건 이전에 한 차례 한문을 사용하여 양형이유를 설명한 일이 있었고(첨부 5 참조) 당시 이러한 조치가 적대적이 될 수도 있는 여론을 설득하는 데 상당한 효과를 보았던 것이 참고가 되었습니다. 아무튼 이로 인하여 한문을 사용한 것이 상당한 주목을 끌었습니다만, 판결문을 작성함에 있어 이와 같이 한문을 쓰는 것이 일상적인 것이 될 수는 없다고 하는 것은 재론할 필요가 없을 것입니다. 다만, 이 사건에 있어서는 여론을 설득하는 데 효과가 있을 것으로 생각되었기 때문에 부득이 예외적으로 그와 같이 한문을 사용하였던 것이라는 점을 이해해 주시기 바랍니다.

이상으로 저의 말씀을 마치고자 합니다. 이 강의안 원고는 당초 제가 구술을 하고 속기사가 컴퓨터를 이용하여 속기 타자를 하는 방법으로 초고를 만든 다음 약간 다듬은 것입니다. 다소 두서없는 점이 있었다 하더라도 양해해 주시기 바라며, 제가 드린 말씀 가운데 조금이라도 형사재판 운영에 교훈이 될만한 것이 있었다면 큰 보람으로 여기겠습니다.

감사합니다.

2000. 3. 13.

## 證人訊問日程

〈첨부 1〉

| 기일 | | 증인 | 신청인 | 증언 내용 | 입증 취지 | N·C |
|---|---|---|---|---|---|---|
| 10/14 (월) | (오전) 10:00 | 양 (11공수여단 참모장) | 검사, 변호인 | 광주 현장 | (p) 특전사 상황실 운용 등<br>(c) ① 도청앞 발포및 철수경위<br>② 자위권발동승인경위 | 박, 최, 장, 박, 신 |
| | 11:00 | 안 (11공수여단 61대대장) | 변호인 | 광주 현장 | (c) ① 도청앞 발포 및 철수경위<br>② 실탄분배 및 발포경위<br>(c) 광주사태 전반에 관한 사실 | |
| | (오후) 14:00 | 권 (7공수여단 33대대장) | 변호인 | 광주 현장 | ① 7공수여단 광주투입동기및 경위<br>② 도청앞 발포및 철수경위<br>③ 자위권 발동지시 발게된 경위 | 박, 최, 장, 박, 신윤희 |
| | 15:00 | 이 (11공수여단 62대대장) | 변호인 | 광주 현장 | ① 11공수여단에 실탄분배하게된 과정과 목적<br>② 도청앞 발포및 철수경위<br>③ 자위권 발동지시 경위등 | 박, 최, 장, 박, 신윤희 |
| | 16:00 | 김 (전교사 교리 발전처장) | 변호인 | 광주 현장 | 5.18 당시 전교사의 작전지휘상황 | 박, 최, 장, 박, 신윤희 |
| 10/17 (목) | (오전) 10:00 | 이 (광주 피해자) | 검사 | 광주 현장 | 광주시위 피해상황등 | 박, 최, 장, 박, 신윤희 |
| | 11:00 | 김 광주시위 목격자) | 검사 | 광주 현장 | 광주시위 피해상황등 | 박, 최, 장, 박, 신윤희 |
| | (오후) 14:00 | 최 (보안사 기획처장) | 변호인 | 광주 현장 | ① 파견경위<br>② 5.18당시 광주보안부대 활동상황 | 박, 최, 장, 박, 신 |
| | 15:00 | 박 (31사단 작전참모) | 변호인 | 광주 현장 | 31사단 작전지휘상황 | 박, 최, 장, 박, 신 |
| | 16:00 | 김 (3공수 12대대 통신병) | 변호인 | 광주 현장 | ① 광주사건당시 계엄군의 지휘계통에 관한사항<br>② 광주상황과 계엄군의 작전내용 전반 | 박, 최, 장, 박, 신윤희 |
| 10/21 (월) | (오전) 10:00 | 나 (계엄사 참모장) | 검사, 변호인 | 광주관련 회의 | ① 80.5.21. 04:30 계엄사 대책회의 내용<br>② 자위권보유천명 담화경과 | 박, 최, 장, 박, 신 |
| | 11:00 | 박 (계엄사 보도처장) | 변호인 | 광주관련 회의 | ① 80.5.21. 04:30 계엄사 대책회의 내용<br>② 자위권보유천명 담화경과 | 박, 최, 장, 박, 신윤희 |
| | (오후) 14:00 | 백 (연합사 부사령관) | 변호인 | 광주관련 회의 | 80.5.21. 16:35 국방부장관실 회의내용 | 박, 최, 장, 박, 신 |
| | 15:00 | 김 (육본 군사연구실장) | 검사 | 광주관련 회의 | 80.5.23. 09:00 육본회의 경위 | 박, 최, 장, 박, 신윤희 |
| | 16:00 | 김 (육본 작전참모부장) | 변호인 겸 | 광주관련 회의 | 5.18당시 계엄사령부의 작전상황 | 박, 최, 장, 박, 신 |

| 기일 | | 증인 | 신청인 | 증언 내용 | 입증 취지 | N·C |
|---|---|---|---|---|---|---|
| 10/24 (목) | (오전)10:00 | 한 (보안사 정보1과장 ) | 검사 | 5.17 등 | 정치활동규제조치 등 | (N·C) 박,<br>(N·A) 최, 장, 박, 신 |
| | 11:00 | 이 후(대통령 인원수석비서관) | 변호인 겸 | 5.17 | 당시 시국상황전반에 관한 사실 | (N·C) 박,<br>(N·A) 최, 장, 박, 신 |
| | | 【 피고인 신문 】 | | | | |
| | (오후)14:00 | 성 (수경사 헌병단장) | 변호인 | 5.17 | 중앙청내 국무회의장 주변에 헌병을 배치한 이유 | (N·A) 박, 최, 장, 박, 신윤희 N·C 박 |
| | 14:30 | 구 (9사단 참모장) | 변호인 | 12.12 | 9사단 출동준비지시를 받은 시각 | (N·A) 이, 주, 정 N·C 박 |
| | 15:00 | 권 (보안사 정보처장) | 변호인 | 5.17 | 시국수습방안의 내용과 작성경위 | (N·A) 박, 최, 장, 박, 신 N·C 박 |
| 10/28 (월) | (오전)10:00 | 최규하(대통령) | 검사, 변호인 | 12.12<br>5.17 | ① 연행재가 경위 ② 시국수습방안 재가경위<br>③ 광주사태 보고 수리 경위 ④ 하야 경위 | |
| | 10:00 | 정 (보안사 보안처장) | 변호인 겸 | 12.12<br>5.17/5.18 | ① (12.12) 보안사내 상황실운영<br>② (5.17) 시국수습방안<br>③ (5.18) 자위권문안작성과 이희성에 전달경위 | |
| | (오후)14:00 | 장 (수경사령관) | 변호인 | 12.12 | 수경사 병력동원 및 방패작전 지휘체계 | 이, 주, 정 |
| | 16:00 | ~~윤 (육군참모차장)~~ | ~~변호인~~ 겸 | 12.12 | 육본측 병력동원 상황 | 이, 주, 정 |
| 10/31 (목) | (오전)10:00 | 하 (육본 작전참모부장) | 검사 | 12.12 | 20사단 운용상황 및 피해상황 | 이, 주, 정 |
| | 11:00 | 노 (20사단 참모장) | 검사 | 12.12 | 피고인 박준병의 반란, 20사단 지휘상황등 | 이, 주, 정 |
| | 11:30 | 변 (육본보안부대장) | 변호인 | 12.12 | 합수부측과 육본측의 상황인식에 관한 사실 | 이, 주, 정 |
| | (오후)14:00 | 고 (경호실 작전처장) | 변호인 | 12.12 | 총리공관 경비상황에 관한 사실 | 이, 주, 정 |
| | 14:30 | 정 (1군단 참모장) | 변호인 | 12.12 | 1군단 병력출동 준비여부(피고인 황영시) | 이, 주, 정 |
| | 15:30 | 이 (1공수 부여단장) | 변호인 | 12.12 | 1공수여단 출동시간에 관한 사실 | 이, 주, 정 |

| 기 일 | | 증 인 | 신 청 인 | 증인 내용 | 입 증 취 지 | N·C |
|---|---|---|---|---|---|---|
| 11/4 (월) | (오전)10:00 | 【 불출석 증인 】 | 검사, 변호인 | | | |
| | 10:00 | 차. (수경사 전차대대장) | 변호인 | 12.12 | 수경사 전차대대의 출동상황에 관한 사실 | |
| | | 【 피고인 신문 】 | | | | |
| | (오후)14:00 | 정 (육군참모총장) | 변호인 | 12.12 | 박대통령 시해당시의 행적/ 내란방조 | |
| | 16:00 | 김 (수경사 33경비단장) | 변호인 | 12.12 | ① 총장공관 출동 경위<br>② 출동당시 장세동과 논의한 내용 | |
| 11/7 (목) | | | | | | |
| 11/11 (월) | (오전) 10:00 | 【 불출석 증인 】 | | | | |
| | | 【 피고인 신문 】 | | | | |
| | | 변론/결심 | | | | |
| 또는 11/14 (목) | (오전) 10:00 | 【 불출석 증인 】 | | | | |
| | | 【 피고인 신문 】 | | | | |
| | | 변론/결심 | | | | |

〈첨부 2〉

# 證 人 訊 問 日 程

( N · C : No Call, N · A : No Appearance )

| 기 일 | | 증 인 | 신 청 인 | 증언 내용 | 입 증 취 지 | N · C |
|---|---|---|---|---|---|---|
| 10/14 (월) | (오전) 10:00 | 양 (11공수여단 참모장) | 검사, 변호인 | 광주 현장 | (p) 특전사 상황실 운용 등<br>(c) ① 도청앞 발포및 철수경위<br>② 자위권발동승인경위 | 박 , 최 , 장 , 박 , 신 |
| | 11:00 | 안 (11공수여단 61대대장) | 변호인 | 광주 현장 | (c) ① 도청앞 발포 및 철수경위<br>② 실탄분배 및 발포경위<br>(c) 광주사태 전반에 관한 사실 | 박 , 최 , 장 , 박 , 신 |
| | (오후) 14:00 | 권 (7공수여단 33대대장) | 변호인 | 광주 현장 | ① 7공수여단 광주투입동기및 경위<br>② 도청앞 발포및 철수경위<br>③ 자위권 발동지시 받게된 경위 | 박 , 최 , 장 , 박 , 신 |
| | 15:00 | 이 (11공수여단 62대대장) | 변호인 | 광주 현장 | ① 11공수여단에 실탄분배하게된 과정과 목적<br>② 도청앞 발포및 철수경위<br>③ 자위권 발동지시 경위등 | 박 , 최 , 장 , 박 , 신 |
| | 16:00 | 김 (전교사 교리 발전처장) | 변호인 | 광주 현장 | 5.18 당시 전교사의 작전지휘상황 | 박 , 최 , 장 , 박 , 신 |
| 10/17 (목) | (오전) 10:00 | 이 (광주 피해자) | 검사 | 광주 현장 | 광주시위 피해상황등 | 박 , 최 , 장 , 박 , 신윤희 |
| | 11:00 | 김 (광주시위 목격자) | 검사 | 광주 현장 | 광주시위 피해상황등 | 박 , 최 , 장 , 박 , 신윤희 |
| | (오후) 14:00 | 최 (보안사 기획처장) | 변호인 | 광주 현장 | ① 파견경위<br>② 5.18당시 광주보안부대 활동상황 | 박 , 최 , 장 , 박 , 신윤희 |
| | 15:00 | 박 (31사단 작전참모) | 변호인 | 광주 현장 | 31사단 작전지휘상황 | 박 , 최 , 장 , 박 , 신윤희 |
| | 16:00 | 김 (3공수 12대대 통신병) | 변호인 | 광주 현장 | ① 광주사건당시 계엄군의 지휘계통에 관한사항<br>② 광주상황과 계엄군의 작전내용 전반 | 박 , 최 , 장 , 박 , 신 |
| 10/21 (월) | (오전) 10:00 | 나 (계엄사 참모장) | 검사, 변호인 | 광주관련 회의 | ① 80.5.21. 04:30 계엄사 대책회의 내용<br>② 자위권보유천명 담화경과 | 박 , 최 , 장 , 박 , 신 |
| | 11:00 | 박 (계엄사 보도처장) | 변호인 | 광주관련 회의 | ① 80.5.21. 04:30 계엄사 대책회의 내용<br>② 자위권보유천명 담화경과 | 박 , 최 , 장 , 박 , 신 |
| | (오후) 14:00 | 백 (연합사 부사령관) | 변호인 | 광주관련 회의 | 80.5.21. 16:35 국방부장관실 회의내용 | 박 , 최 , 장 , 박 , 신 |
| | 15:00 | 김 (육본 군사연구실장) | 검사 | 광주관련 회의 | 80.5.23 09:00 육본회의 경위 | 박 , 최 , 장 , 박 , 신 |
| | 16:00 | 김 (육본 작전참모부장) | 검사, 변호인 | 광주관련 회의 | 5.18당시 계엄사령부의 작전상황 | 박 , 최 , 장 , 박 , 신 |

| 기 일 | | 증 인 | 신 청 인 | 증언 내용 | 입 증 취 지 | N · C |
|---|---|---|---|---|---|---|
| 10/24 (목) | (오전)10:00 | 한 (보안사 정보1과장) | 검사 | 5.17 등 | 정치활동규제조치 등 | (N·C) 박 ,<br>(N·A) 최 , 장 , 박 , 신 |
| | 11:00 | 이 (대통령 민원수석비서관) | 검사, 변호인 | 5.17 | 당시 시국상황전반에 관한 사실 | (N·C) 박<br>(N·A) 최 , 장 , 박 , 신 |
| | | 【 피고인 신문 】 | | | | |
| | (오후)14:00 | 성 (수경사 헌병단장) | 변호인 | 5.17 | 중앙청내 국무회의장 주변에 헌병을 배치한 이유 | (N·C) 박<br>(N·A) 최 , 장 , 박 , 신 |
| | 14:30 | 구 (9사단 참모장) | 변호인 | 12.12 | 9사단 출동준비지시를 받은 시각 | (N·C)<br>(N·A) 이 , 주 , 정 |
| | 15:00 | 권 (보안사 정보처장) | 변호인 | 5.17 | 시국수습방안의 내용과 작성경위 | (N·C) 박<br>(N·A) 최 , 장 , 박 , 신 |
| 10/28 (월) | (오전)10:00 | 최규하(대통령) | 검사, 변호인 | 12.12<br>5.17 | ① 연행재가 경위 ② 시국수습방안 재가경위<br>③ 광주사태 보고 수리 경위 ④ 하야 경위 | |
| | 10:00 | 정 (보안사 보안처장) | 검사, 변호인 | 12.12<br>5.17/5.18 | ① (12.12) 보안사내 상황실운영<br>② (5.17) 시국수습방안<br>③ (5.18) 자위권문안작성과 이희성에 전달경위 | |
| | (오후)14:00 | 장 (수경사령관) | 변호인 | 12.12 | 수경사 병력동원 및 방패작전 지휘체계 | 이 , 주 , 정 |
| | 16:00 | (육군참모차장) | 검사, 변호인 | 12.12 | 육본측 병력동원 상황 | 이 , 주 , 정 |
| 10/31 (목) | (오전)10:00 | 하 (육본 작전참모부장) | 검사 | 12.12 | 20사단 운용상황 및 피해상황 | 이 , 주 , 정 |
| | 11:00 | 노 (20사단 참모장) | 검사 | 12.12 | 피고인 박준병의 반란, 20사단 지휘상황등 | 이 , 주 , 정 |
| | 11:30 | 변 (육본보안부대장) | 변호인 | 12.12 | 합수부측과 육본측의 상황인식에 관한 사실 | 이 , 주 , 정 |
| | (오후)14:00 | 고 (경호실 작전처장) | 변호인 | 12.12 | 총리공관 경비상황에 관한 사실 | 이 , 주 , 정 |
| | 14:30 | 정 (1군단 참모장) | 변호인 | 12.12 | 1군단 병력출동 준비여부(피고인 황영시) | 이 , 주 , 정 |
| | 15:30 | 이 (1공수 부여단장) | 변호인 | 12.12 | 1공수여단 출동시간에 관한 사실 | 이 , 주 , 정 |

| 기 일 | | 증 인 | 신 청 인 | 증언 내용 | 입 증 취 지 | N·C |
|---|---|---|---|---|---|---|
| 11/4 (월) | (오전)10:00 | 【 불출석 증인 】 | 검사, 변호인 | | | |
| | 40:00 | 차 수경사 전차대대장) | 변호인 | 12.12 | 수경사 전차대대의 출동상황에 관한 사실 | |
| | | 【 피고인 신문 】 | | | | |
| | (오후)14:00 | 정 (육군참모총장) | 변호인 | 12.12 | 박대통령 시해당시의 행적/ 내란방조 | |
| | 16:00 | 김 (수경사 33경비단장) | 변호인 | 12.12 | ① 총장공관 출동 경위<br>② 출동당시 장세동과 논의한 내용 | |

※ 사실조회신청 (변호인)

1. 6공 비자금 :

① 대통령 비서실장 ② 대통령 경호실장 ③ 한국은행 총재 ④ 한국가스공사 사장 ④-2 서울특별시장
⑤ 한국수자원공사 사장 ⑥ 육군 제30사단장 ⑦ 한국전력공사 사장 ⑧ 재정경제원장관

2. 5.18 사건

① 육군참모총장(충정작전지침, 북한동향정보) ② 육군교육사령부 ③ 국방부장관

이유의 구성은 다음과 같다. 〈첨부 3〉

[순 서]

# 제1부 항소이유등에 대한 판단

## 제1장 12·12 군사반란 및 5·17 / 5·18 내란 사건에 관한 판단

### 1. (성공한 쿠데타의 처벌) 성공한 쿠데타를 처벌할 수 있는지 여부에 대하여

피고인들이 1979.12.12. 및 그 다음날에 한 일련의 행위와 1980.5.17. 이후에 한 일련의 행위가 가사 반란과 내란에 형식적으로 해당한다 하여도 이것은 실제로는 정당한 행위로서 소위 성공한 쿠데타에 해당하므로 처벌할 수 없다고 피고인들[1]은 주장한다.

살피건대, 헌법은 가장 상위에 있는 법규범이므로 모든 법률은 헌법에 부합하는 범위 내에서 합법성을 취득한다. 그러나 합법성이 바로 정당성을 의미하는 것은 아니므로 합법성이 있다 하여 반드시 정당성이 있는 규범이라고 말할 수는 없다. 헌법의 배후 또는 상위에는 정의와 선 그리고 평화의 원리를 내용으로 하는 보편적인 법의 원칙이 존재하고 이를 자연법이라고 부른다면 이러한 자연법에 부합하는 내용의 헌법과 법률만이 정당성을 갖게 된다. 자연법은 만고불변의 것이지만 그에 대한 인식은 인간 이성의 개화 정도에 따라 차이가 있게 된다. 그리하여 어떤 국가의 헌법 내지 기본적 법질서가 자연법에 어긋나는 부당한 것이라는 인식이 그 사회에 팽배하여 마침내 그

–생략– (뒤에 동일한 내용이 있으므로 생략함.)

1) 피고인 전두환, 노태우, 유××, 황○○, 차○○, 허○○, 허××, 이○○, 최○○, 장○○, 박××, 신○○, 정○○

〈첨부 4〉

서울고등법원 1996.7.25. 선고 96노1113 판결 【공직선거및선거부정방지법위반】

사　건　96노1113 공직선거및선거부정방지법위반
피 고 인　정△진, 종로구청장
항 소 인　피고인 및 검사
검　사　고 천 척
변 호 인　변호사 오 성 환
원심판결　서울지방법원 1996.5.2. 선고 95고합1205 판결
주 문　원심판결을 파기한다.
피고인에 대한 형의 선고를 유예한다.

## 〈이 유〉

### 1. 항소이유의 요지

#### 가. 피고인의 항소이유

(1) 사실오인 및 법리오해의 점

원심판시 제1항의 허위사실공표의 점에 관하여는, 피고인이 원심 판시와 같이 공소외 배◇환이 야당으로 출마하려고 하다가 부정축재 때문에 여당소속으로 출마하였다는 소문을 들었다는 것을 말한 것 뿐이고 그러한 소문이 있었던 것은 사실이므로 허위사실에 대한 인식이 없어 허위사실공표죄에 해당하지 아니한다.

원심판시 제2항의 허위사실공표의 점에 관하여는, 피고인이 원심 판시 제2차 합동연설회에서 해당 각 판시와 같이 연설한

사실은 있으나, 이는 위 배◇환의 보유재산이 공직생활만 해 온 사람으로서는 지나치게 많은 점, 위 배◇환은 연설을 할 때마다 원고를 사용하여 연설하는 점, 위 배◇환은 평소에 술을 몹시 좋아하여 과음하는 탓에 건강이 몹시 악화되어 있었고, 실제로 수전증이 있는 것을 많은 사람이 목격한 점 등의 객관적인 사정을 종합하여 피고인의 개인적인 의견이나 추상적인 판단을 적시한 것에 불과하므로 구체적인 사실을 적시하여 허위사실을 공표한 것으로 볼 수 없다.

(2) 양형부당의 점

가사 공소사실이 모두 유죄로 된다고 하더라도, 피고인이 이 사건 범행에 이르게 된 경위에 비추어 보면, 원심의 형은 너무 무겁다.

### 나. 검사의 항소이유

이 사건 범행내용은 피고인이 합동연설회에서 상대후보에 대하여 터무니없는 거짓말을 사실인 것처럼 공표하고 지나치게 심한 욕설을 하여 상대후보를 비방한 것으로서 그 죄질이 매우 좋지 않은 점에 비추어 원심의 형이 너무 가볍다.

## 2. 판단

### 가. 피고인의 사실오인 및 법리오해 주장에 대한 판단

원심이 적법하게 조사 채택한 증거들을 종합하면, 피고인은 지난 1995.6.27. 실시된 서울 종로구청장선거에 출마하여 당선된 자로서, 위 선거의 상대후보자인 배◇환이 당선되지 못하도록 하기 위하여, 위 배◇환이 야당공천으로 나오려다가 부정축재 때문에 여당으로 출마한 것이 아님에도 불구하고, 원심 판시 제1항 기재와 같이 제1차 합동연설회에서 야당으로 나오려다 부정축재 때문에 고발당할까봐 여당으로 나왔다는 취지의 연설을 한 사실, 또한 위 배◇환의 재산은 약 22억 7,400만 원이고, 알콜중독이나 수전증 증세가 없으며, 연설 원고를 안기부가 써 준 것이 아님에도 불구하고, 위 배◇환이 공시지가로 47억 원, 실제로는 23백억 원 재산을 형성하였다, 연설원고를 안기부가 써 준 것 같다, 알콜 중독자로서 건강이 나빠 걸어 다닐 수가 없다 수전증에 걸려 종이도 제대로 넘기지 못한다는 취지의 연설을 한 사실 등을 각 인정할 수 있다.

위 인정사실 등에 비추어 보건대, 첫째 피고인이 위 제1차 합동연설회에서 한 연설중 문제가 된 부분은, 위 배◇환이 스스로 야당으로 출마하려고 했었는지에 대하여 객관적인 근거없이 소문이나 일간신문의 추측기사만에 의거하여 다수의 유권자들이 모인 장소에서, 이를 발설한 것으로 보이므로 여기에는 허위사실공표의 범의가 있다고 할 것이고, 또한 소문으로 들었다는 것은 그러한 내용을 알게 된 경위에 대한 설명에 지나지 아니하므로 이로써 위 허위사실공표죄의 성립이 방해되는 것은 아니라고 할 것이고, 둘째 피고인이 위 제2차 합동연설회에서 한 위 연설 부분(허위사실공표의 점) 중, 위 배◇환의 재산이 47억 원 또는 23백억 원이 된다는 연설 부분과 연설원고를 안기부에서 써 주거나 수백만 원을 주고 사서 선거연설을 한다는 연설부분 등은 객관적으로 보아 구체적인 사실을 공표한 것이라고 보지 않을 수 없고, 그와 같이 공표하게 된 내면적인 계기가 어떠하든지 간에 이것을 단순히 개인적인 의견이나 추상적인 판단을 말한 것으로 볼 수는 없으며, 또한 위 배◇환이 알콜중독자로 걸음을 제대로 못걷는다는 연설 부분과 수전증에 걸려서 종이도 제대로 넘기지 못한다는 연설 부분도 소문으로 듣고 말했다는 것이므로 위에서 본 바와 같이 그에 관한 객관적인 자료나 근거없이 발설한 것인 이상 허위사실공표죄에 해당한다고 할 것이다. 따라서 피고인의 위 사실오인 및 법리오해 주장은 모두 이유 없다.

### 나. 각 양형부당 주장 부분

(1) 피고인이 2번에 걸친 합동연설회에서 여당후보인 배◇환에 대하여 허위사실을 공표한 부분, 특히 제2차 합동연설회에서의 비방내용은, 지나치게 저속하여 건전하고 품위있는 선거풍토를 확립하고자 하는 선거법의 취지에 크게 어긋나서 그 죄질이 나쁘다고 할 것이다.

(2) 그러나, 첫째 피고인이 위와 같이 제2차 합동연설회에서 특별히 위 배◇환에 대하여 심한 정도로 비방연설을 하게 된 경위를 일건 기록에 의하여 살펴보면 위 배◇환이 먼저 피고인을 비방하고 인신공격을 내용으로 한 모욕적인 발언을 한 것에 자극을 받은 피고인이 이에 맞대응하는 과정에서 문제의 발언을 하게 된 것임을 인정할 수 있다.

기록에 나타난 위 배◇환의 연설 내용을 살펴보면, 제1차 합동연설회에서 피고인보다 나중에 연설하면서, 피고인을 건달기 있는 정치인 으로, 피고인이 구청장이 되는 것을 허수아비를 세워 두는 것, 무면허운전사에게 23만 종로구민이 탄 버스를 맡기는 것, 갓 ○○학교에 입학한 ○○대학교수를 시키는 것 등으로 묘사하여 비방하였고, 제2차 합동연설회에서는 피고인보다 먼저 연설하면서 피고인을 폭력, 폭행 등 전과 4범의 전과자 며 한 집안의 가장으로서 행동에 큰 문제가 있고, 도덕성에 큰 문제가 있는 사람으로 묘사하여 비방하였으며, 이어서 피고인이 종로에서 구청장에 출마하는 것을 뉴욕 뒷골목의 암흑가 에 한탕주의로 출마하는 것으로, 또한 피고인을 건달기 있는 정치꾼으로 각 비방한 것을 알 수 있는바, 피고인은 이러한 위 배◇환의 비방연설에 자극을 받아 이에 대응하다가 흥분한 나머지 이 사건 범행에 이른 것으로 보인다.

둘째, 기록에 의하면 피고인이 과거 오랫동안 야당생활을 해 오면서 집 한 채 마련하지 못한 채 민주주의의 발전을 위하여 헌신하여 온 사실이 인정된다.

셋째, 기록과 변론의 내용을 종합하면 위와 같이 동일한 합동연설회에서 순서를 이어 선거연설을 한 후보자들 중 피고인만이 조사를 받고 기소되었고 그밖에도 피고인의 선거사무장과 많은 선거운동관계자들이 구속 기소되거나 조사를 받은 사실이 인정된다.

그러므로 이러한 사정 및 그밖에 기록과 변론에 나타난 모든 양형조건들을 종합 검토하여 보면 원심이 피고인에 대하여 당선무효에 해당하는 벌금 300만 원을 선고한 것은 그 형의 양정이 너무 가볍다기 보다는 너무 무거워서 부당하다고 인정된다.

### 3. 결 론

그렇다면 검사의 항소는 이유 없고, 피고인의 항소는 이유 있으므로 형사소송법 제364조 제6항에 의하여 이를 파기하고 변론을 거쳐 다시 다음과 같이 판결한다.

당원이 인정하는 피고인의 범죄사실과 그에 대한 증거의 요지는, 원심판결 범죄사실 제2항 제3행과 제4행 중 '연설 원고를 직접 작성하였고, 민주당 종로 지구당 당직자를 매수하여 피고인의 선거운동을 방해한 사실이 없음에도' 를, '연설원고를 직접 작성하였음에도' 로 바꾸고, 범죄사실란 제3면 제5행 '우리 민주당 종로 지구당의 핵심간부를 매수하여 내 선거운동을 방해하려고 한다' 라는 부분을 삭제하는 외에는, 원심판결의 각 해당란에 기재되어 있는 바와 같으므로 형사소송법 제369조에 의하여 이를 그대로 인용한다.

〈법령의 적용〉

1. 해당법조 및 형의 선택

각 공직선거및선거부정방지법 제250조 제2항(판시 허위사실 공표의 각 점, 각 벌금형 선택), 위 법 제251조(판시 후보자비방의 점, 벌금형 선택)

2. 경합범 가중

형법 제37조 전단, 제38조 제1항 제2호, 제50조(형 및 죄질이 가장 무거운 판시 제2항의 허위사실공표로 인한 공직선거및선거부정방지법위반죄에 정한 형에 가중)

3. 작량감경

형법 제53조, 제55조 제1항 제6호(특별한 전과가 없고, 이 사건 범행에 이르게 된 경위 참작)

4. 노역장 유치

형법 제70조, 제69조 제2항

5. 선고유예

피고인을 벌금 3,000,000원에 처하고, 벌금을 납입하지 아니하는 경우 금 20,000원을 1일로 환산한 기간 노역장에 유치할 것이다. 그러나,

(失言可惜) 피고인이 경쟁후보자의 도발에 흥분한 나머지 실언한 것으로 인정되는 점,

(前功贖罪) 더구나 피고인이 오랫 동안 가사(家事)를 불고(不顧)하고 민주주의의 발전에 행 동으로 헌신한 전력(前歷)이 인정되고 그 전력은 이 사건과 같이 언설(言說)만 으로 빚은 죄책에 대하여는 능히 이를 속죄케 할만하다고 평가되는 점,

(解疑宣法) 또한 경쟁후보자에 비하여 차별적인 처우를 받았다고 생각하는 피고인의 의념 (疑念)을 해소함이 마땅하다고 보이는 점 등을 참작하여 형법 제59조 제1항에 따라 형을

(宣告猶豫) 선고유예하기로 한다.

이상의 이유로 주문과 같이 판결한다.

1996. 7. 25.

재판장판사 권 성

판사 김재복

판사 이충상

〈첨부 5〉

# 반란 내란 비자금 사건 판결문 요약[2)]

## 서울고등법원

## 제1형사부

### 목차



2) 이 자료는 선고 시 재판장이 법정에서 직접 발표했던 자료이다. 원 판결문은 거의 400페이지에 달한다.

## 제1부 항소이유 등에 대한 판단

### 제1장 12 · 12 군사반란 및 5 · 17 / 5 · 18 내란 사건에 관한 판단

#### 1. (성공한 쿠데타의 처벌) 성공한 쿠데타를 처벌할 수 있는지 여부에 대하여

피고인들이 1979.12.12. 및 그 다음날에 한 일련의 행위와 1980.5.17. 이후에 한 일련의 행위가 가사 반란과 내란에 형식적으로 해당한다 하여도 이것은 실제로는 정당한 행위로서 소위 성공한 쿠데타에 해당하므로 처벌할 수 없다고 피고인들은 주장한다.

살피건대, 헌법은 가장 상위에 있는 법규범이므로 모든 법률은 헌법에 부합하는 범위 내에서 합법성을 취득한다. 그러나 합법성이 바로 정당성을 의미하는 것은 아니므로 합법성이 있다 하여 반드시 정당성이 있는 규범이라고 말할 수는 없다. 헌법의 배후 또는 상위에는 정의와 선 그리고 평화의 원리를 내용으로 하는 보편적인 법의 원칙이 존재하고 이를 자연법이라고 부른다면 이러한 자연법에 부합하는 내용의 헌법과 법률만이 정당성을 갖게 된다. 자연법은 만고불변의 것이지만 그에 대한 인식은 인간 이성의 개화정도에 따라 차이가 있게 된다. 그리하여 어떤 국가의 헌법 내지 기본적 법질서가 자연법에 어긋나는 부당한 것이라는 인식이 그 사회에 팽배하여 마침내 그 불일치를 힘에 의하여 극복하려는 급격한 투쟁이 전개될 때 이것을 혁명이라고 부른다.

혁명은 현존하는 정치제도의 급격한 파괴와 새로운 기초에 바탕을 둔 신제도의 수립을 그 본질적 요소로 한다. 즉 현제도가 다른 제도로 급격하게 그리고 강제적으로 대치된다. 그 변화과정에서 발생하는 인명의 희생과 폭력은 광범위하고 국가 전체에 영향을 미친다. 그러므로 혁명이 성공하면 기존의 헌법과 이에 근거한 법률은 원칙적으로 폐지되어 효력을 상실하고 단지 혁명정부의 이념과 시책에 모순되지 않는 범위의 법규범만이 효력을 유지한다. 혁명정부의 합법성에 대한 도전은 허용되지 않으며 혁명행위를 반란이나 내란의 범죄로 인정하는 데 적용될 기존의 법률은 이미 효력을 상실하여 혁명행위는 더 이상 범죄가 아니고 따라서 이를 처벌할 수는 없게 된다.

이에 대하여 쿠데타는 그 정부형태에 따라 권력이 1인에게서 다른 1인에게로, 또는 어느 집단에서 다른 집단으로 이전되는 것으로서 이로 인한 변화가 정부 자체에 국한되고 전체 국민에 대한 영향은 최소한도로 제한된다는 특징이 있다. 쿠데타는 그로 인한 변화가 사회 전체에 대한 것이 아니라 중앙정부의 지도자가 교체되는 것에 그친다. 따라서 쿠데타는 혁명에 수반되는 광범위한 변화를 대개 초래하지 않으며 보통은 기존의 정부조직과 사법제도 그리고 사회제도가 정상적으로 유지된다. 쿠데타는 법이 정한 권력승계의 절차를 지키는 것처럼 가장하는 수도 있지만 실제로는 힘으로 강압하여 권력을 인수하는 것이다. 국가기관의 조직과 구성원은 대체로 유지되고 정부권력의 핵심구성원만이 교체된다.

그러므로 쿠데타가 성공하여도 기존의 헌법과 이에 기초한 법률은 효력을 상실하는 일이 없고 따라서 이와 같이 계속 효력을 유지하는 기존의 법질서를 근거로 하여 쿠데타정권의 불법성과 쿠데타행위의 범죄성을 추궁하는 문제제기가 빈번히 일어난다.

성공한 쿠데타정권은 법률적으로는 세 가지의 얼굴을 갖는다.

첫째는 합법성의 측면이다. 쿠데타가 일단 성공하면 이때 국가 전체를 경영할 다른 대체세력이 얼마 동안은 없는 것이 보통이므로 쿠데타정권은, "국민의 안전과 복지가 최고의 법이다"(Salus populi suprema lex)라고 하는 국가긴급성의 이론(the theory of state necessity)을 부당하게 차용하거나, "실효성(efficacy)이 있는 것이 법이다"라고 하는 근본규범(grundnorm)이론을 확대적용하거나, 혹은 사실상의 정부(de facto government)라고 하여, 많은 경우 그 합법성을 인정받는다.

둘째는 불법성의 측면이다. 앞에서 본 것처럼 성공한 쿠데타정권이 합법성을 인정받는 실질적 이유는, 그 형식적인 이론구성은 여하간에, 쿠데타정권이 그 탄생의 범죄성에 불구하고 그 탄생 이후에는 기존의 헌법과 법률을 존중하고 이에 근거하여 권력을 행사하기 때문이다. 선량한 정부(good government)가, 또는 합법적인 구정권이, 질서를 유지하고 국민의 안전과 복지를 위하여 행하였으리라고 가정할 수 있는 그러한 조치를 쿠데타정권이 취하는 경우에는 최소한 그 범위 내에서 쿠데타정권의 조치에 대하여 합법성을 부여하지 않을 수 없는 것이다. 그러나 쿠데타세력을 강화할 목적으로 국민의 정당한 권리행사를 억압하고 그 권리를 침해하는 행위를 자행하는 것은 기존의 헌법과 법률을 준수하는 것이 아니다. 형식적으로 헌법이 개정된 경우에도 그 개정 전후의 동일성이 유지되는 한 문제는 마찬가지다. 그러므로 이러한 행위들에 대하여는 합법성이 부여될 수 없고 그 행위들의 불법성 낙인은 피할 수 없으며 그 범위 내에서는 정권 자체의 불법성을 면할 수 없게 된다.

셋째는 쿠데타 자체의 범죄성의 측면이다. 쿠데타정권의 합법성과 쿠데타행위 자체의 범죄성의 문제는 구별하여야 한다. 쿠데타정권이 전면적이든 부분적이든 합법성을 부여받는다고 하여 쿠데타정권을 탄생시킨 반란 또는 내란의 범죄행위적 본질이 소멸되는 것은 아니기 때문이다. 기존의 헌법과 법률은 쿠데타가 비록 성공하여도 그 효력을 잃는 일이 없고 따라서 기존의 법률에 의하여 쿠데타가 반란이나 내란에 해당하여 범죄가 된다면 이 점은 쿠데타정권이 합법성을 부여받는다고 하여 달라지는 것이 아니다. 쿠데타정권에 대한 합법성의 부여는 쿠데타 이후의 장래에 대하여 행하여지는 것 뿐이지 그 이전으로 소급하여 이루어지는 것은 원칙적으로 아니기 때문이다.

그렇다면 성공한 쿠데타의 경우에도 쿠데타행위 자체는 범죄로서 마땅히 처벌되어야 할 것이다. 그럼에도 불구하고 대부분의 쿠데타가 처벌되지 않는 것은 법을 집행하는 사람의 힘이 부족하기 때문이다. 원래 법을 집행하는 것은 사람이다. 법을 집행하는 사람의 힘이 집행대상자의 힘을 제압할 정도로 우세하여야 법은 집행되는 것이고 이와 반대로 집행대상자의 힘이 법집행기관의 힘과 대등하거나 오히려 우세한 경우에는 법의 집행은 불가능하다. 그렇다면 성공한 쿠데타의 처벌문제는 법의 효력이나 법의 이론의 문제가 아니라 법의 집행의 문제인 것이고 바꾸어 말하면, 이론의 문제가 아니라 실천의 문제인 것이다.

이 사건에서 보면, 뒤의 범죄 사실란에서 인정하는 바와 같은 피고인들의 군사반란과 내란행위는 이 사건 기록에 나타난 그 당시의 사회상황, 그 전개의 전후과정, 피고인들이 표명한 주장, 그리고 그 결과를 종합하여 평가할 때에 이를 혁명이라고 할 수는 없고 대신 하나의 군사 쿠데타라고 할 것이다. 그리고 그 발생 당시의 형법과 군형법에 의하면 이것이 내란과 반란의 범죄를 구성하는 것도 뒤의 범죄사실 인정에서 보는 바와 같이 분명하며 위 형법과 군형법의 해당 조항이 그 뒤에 효력을 상실한 바 없음 또한 명백하다. 이러한 경우에 쿠데타를 처벌하는 것은 법의 효력이나 이론의 문제가 아니라 법의 집행과 실천의 문제라는 것 또한 이미 위에서 밝힌 바이다. 그렇다면 피고인들이 일으킨 반란과 내란이, 성공한 쿠데타에 해당하여 처벌될 수 없다는 법리는 존재하지 않는 것이고 따라서 이와 다른 피고인들의 주장은 이유 없다.

### 2. (정××총장 체포의 불법성) 1979.12.12.에 당시의 육군참모총장 정××를 체포한 행위가 정당한 행위인지 여부에 대하여

(생략)

육군참모총장은 대통령의 군통수권행사에 있어서 핵심적 지위에 있고, 군의 통수체계상 중추적 인물이라고 할 수 있다. 그러므로 현직 육군참모총장이 체포되어 참모총장직을 수행할 수 없게 되면 대통령의 군통수권행사가 결정적이고 치명적인 손상을 필연적으로 입게 된다. 비유하자면 대통령의 손발이 잘리는 것과 같다. 그러므로 범죄수사를 위하여 현직 육군참모총장의 체포가 필요하다면 대통령이 육군참모총장을 먼저 그 직에서 해임하거나 그의 직무집행을 정지시키고 신임총장을 임명하거나 직무대행체재를 갖추어 군의 지휘통수체계에 지장이 없도록 한 뒤에 구속영장에 의하여 총장을 체포하여야 할 것이고{위 군인사법 제19조 제1항, 제4항 및 국군조직법(1973.10.10.

법률 제2624호) 제14조 제4항, 군법회의법(1973.2.17. 법률 제2539호) 제237조, 제242조, 제243조 각 참조}, 아주 긴급한 경우라면 적어도 대통령으로부터의 해임조치 통고와 동시에 긴급구속의 절차를 밟아 그 체포가 이루어져야 할 것이다. 따라서 대통령이 육군참모총장을 해임하는 등의 선행조치를 취한 바 없음에도 불구하고 합수본부장이 육군참모총장을 체포하는 것은 첫째로는 대통령의 군통수권을 침해하고 둘째로는 상관인 참모총장의 지휘통수권을 침해하는 것이다.

원래 군형법상 반란죄는 군인이 작당하여 병기를 휴대하고 군지휘계통이나 국가기관에 반항하는 경우에 성립하는 범죄이고, 군지휘계통에 대한 반란은 위로는 군의 최고통수권자인 대통령으로부터 최말단의 군인에 이르기까지 일사불란하게 연결되어 기능하여야 하는 군의 지휘통수계통에서 군의 일부가 이탈하여 지휘통수권에 반항하는 것을 그 본질로 한다.

그렇다면 앞에서 인정한 피고인들의 행위는 결국 군의 지휘통수권에 반항하는 하극상의 행위이므로, 작당하여 병기를 휴대하는 등의 다른 구성요건을 충족한다면, 반란에 해당한다. 원심이 그 판시에서 피고인들의 행위를 반란으로 인정하면서 대통령의 재가 없음을 지적한 것은 바로 이러한 의미라고 이해되고 따라서 이 점을 다투는 피고인들의 주장은 받아들이지 않는다.

(생략)

### 5. (수소이탈죄의 흡수) 지휘관계엄지역수소이탈죄 및 불법진퇴죄의 성립 여부에 대하여

(생략)

수소이탈의 죄가 가사 성립한다고 하여도 원래 지휘관의 수소이탈은 군사반란과의 관계에서 볼 때에, 반란의 진행과정에서 일반적으로 부수하여 일어나는, 특히 이 사건과 같은 대규모의 지속적 군사반란에서는 필연적으로 그 수반이 예상되는, 전형적 수반행위 또는 공벌적 수반행위라고 할 것이고 이 사건에서도 원심 판시의 위 수소이탈행위는 반란의 진행과정에서 그에 수반하여 일어난 행위임과 동시에 바로 반란 자체를 실행하는 전형적인 행위라고 인정되므로 위 수소이탈행위는 이 사건 반란죄와의 관계에서 별죄를 구성하지 않고 반란죄에 흡수된다고 봄이 상당하고 따라서 이와 달리 별죄의 성립을 인정한 원심의 조치는 따르기 어렵고 논지는 이유 있다.

### 6. (살인죄 등의 성립 여부) 살인죄, 살인미수죄, 상관살해미수죄 및 초병살해죄에 관하여

(생략)

반란이나 내란은, 다수인이 결집하여 폭동을 하는 과정에서 상황에 따라 벌어질 수 있는 살인, 약탈, 파괴, 방화, 폭행, 협박, 관공서에 대한 습격, 항명, 군용물의 탈취, 상관에 대한 폭행, 지휘관에 대한 항복의 강요, 공무집행의 방해 등 각종의 범죄를, 반란집단의 구성원들이 개별적으로 이를 인식한 여부에 관계없이, 이들을 모두 하나로 묶어 함께 처벌하는 데에 그 범죄의 특질이 있다. 그러므로 반란이나 내란의 수괴 또는 모의참여자가 반란의 와중에서 벌어진 살인이나 약탈, 파괴, 방화 등의 개별적인 행위를 직접 지시하거나 용인한 일이 없다 하여도 그것이 반란을 구성하는 여러 행위의 하나로 인정되는 이상에는 반란 등의 수괴나 모의참여자는 그 살인 등의 개별행위에 대한 책임을 면할 수는 없다. 다만, 그 살인 등의 개별행위에 대하여 별도로 살인 등의 죄책을 지는 것은 아니고 그 살인 등의 행위가 반란의 와중에서 행하여져 반란의 한 구성요소를 이루고 있으므로 이를 반란에 흡수시켜 반란과 함께 처벌되는 것이라고 보아야 할 것이다.

그러나 반란이나 내란의 수괴 또는 모의참여자 등에 의하여, 특정인 또는 특정된 범위 내의 사람을 직접 대상으로 하여 그에 대한 살해가 명시적 또는 묵시적으로 지시되거나 용인된 경우에는, 이러한 살해행위는 반란이나 내란에 흡수될 수 없고 살인의 별죄를 구성한다고 할 것이다.

(생략)

그 중 위 ③의 경우는 제1공수여단이 국방부청사에 진입하는 과정에서 그곳을 경비하는 병력과의 사이에 교전이 벌어져 우발적으로 사망자가 생긴 것이고 피고인 노태우나 전두환이 당해 사망자에 대한 살해를 사전에 지시하거나 용인하였다고 볼 증거는 없다.

다음으로는 위의 ④의 경우에 대하여 살펴본다.

기록에 의하면 피고인 신○○가 수경사령부에 있는 하소곤 장군을 포함한 다수의 육본측 장성들의 체포를 시도한 시점에는 이미 육본측에 대한 합수부측의 승리가 결정되어 수경사에 있는 육본측 장성들이 저항을 포기한 상황이었고 이를 피고인 노태우나 전두환이 잘 알고 있었다고 인정된다. 따라서 피고인 전두환이나 노태우가 육본측 장성들의 체포를 지시하면서 필요하면 그들을 사살하여도 좋다고 지시하거나 그러한 사태의 발생을 용인할 만한 상황이 아니었다고 보이고 나아가 피고인 전두환이나 노태우가 그와 같은 지시를 하거나 용인한 것으로 볼 증거도 찾아 볼 수 없다.

(생략)

정YY에 대한 체포의 지시는 1979.12.12. 23:00경 보안사에서 피고인 전두환이 전화로 피고인 최○○에게 하였다는 것인바 그와 같은 지시의 현장에 피고인 노태우가 동석하여 이에 동의하거나 이를 용인한 것이라고 볼 증거는 물론 그 밖에 사전에 이와 같은 일을 피고인 전두환과 공모하였다고 볼 증거는 찾아볼 수 없다. 그렇다면 피고인 전두환의 지시로 피고인 박×× 등이 정YY를 체포하는 과정에서 정××에게 총격으로 상해를 가하고 이를 저지하는 김오랑 비서실장을 살해한 행위는 피고인 전두환에 대한 관계에서는 상관살해미수 및 살인의 별죄를 구성한다고 할 것이지만 한편 피고인 노태우에 대한 관계에서는 별죄를 구성할 수 없고 단지 반란행위의 일부를 구성한다고 할 것이다.

(생략)

### 8. (국헌문란의 목적) 1980.5.17. 이후 일련의 내란사건에 있어서 피고인들에게 국헌문란목적이 없었다는 주장에 대하여

(생략)

(1) 피고인들이 국회의사당을 병력으로 봉쇄하고 국회의원들의 출입을 금지하고 이어 상당기간 국회가 개회되지 못하였다면 이것은 헌법기관인 국회의 권능행사를 사실상 불가능하게 한 것에 해당한다. 형법 제91조에서 "권능행사를 불가능하게 한다."라고 하는 것은 그 기관을 제도적으로 영구히 폐지하는 경우만을 가리키는 것은 아니고 사실상 상당기간 기능을 제대로 할 수 없게 만드는 것을 포함한다고 해석한다. 왜냐하면 이와 같이 해석하지 않을 때에는 국회라는 제도를 영구히 폐지하거나 변경하는 혁명과 같은 사태만이 국헌문란에 해당하고 그 밖에 혁명이 아니면서 폭력적인 방법으로 국회나 다른 국가기관

을 마비시키거나 외포시켜 헌법상의 입법권행사나 기타의 권한행사를 상당기간 불가능하게 하는 중대한 범죄는 이를 국헌문란이 아니라고 해야 하는 부당한 결과를 빚기 때문이다.

(2) 뒤의 범죄 사실란의 판시와 같이 비상계엄을 전국으로 확대하여야 할 법률상의 요건이 구비되어 있지 않음에도 불구하고 피고인들이 국무회의장에 병력을 배치하는 방법으로 국무위원들을 강압하여 비상계엄의 전국확대를 의결하게 하고 이로써 국방부장관의 육군참모총장 겸 계엄사령관에 대한 지휘감독권을 배제하고 그 결과로 비상계엄하에서 국가행정을 조정하는 일과 같은 중요국정에 관한 국무총리의 통할권 그리고 국무회의의 심의권을 배제하여 국무총리와 국무위원들을 사임케 한 것은 헌법기관인 국무총리와 국무회의의 권한행사를 사실상 불가능하게 한 것이다. 이 경우에도 국무총리와 국무회의의 제도 자체를 영구히 폐지하거나 변경하는 것은 아니지만 헌법과 법률이 정한 절차에 의하지 아니하고 강압에 의하여 그 권한행사를 불가능하게 함으로써 국무총리와 내각의 교체를 불가피하게 만드는 것은 국가의 통치조직과 절차를 근본적으로 뒤흔드는 국헌문란이라고 해석하여야 할 것이다.

(3) 뒤의 범죄 사실란의 판시와 같이 피고인들이 국가보위비상대책위원회 및 그 산하의 상임위원회를 설치하여 그 곳에서 중요한 국정시책을 결정하고 이를 대통령과 내각에 통보하여 시행하도록 한 것은 행정에 관한 대통령과 국무회의의 권한을 강압에 의하여 침해함으로써 국헌을 문란한 것에 해당한다.

(4) 뒤의 범죄 사실란에서 인정하는 바와 같이 피고인들이 비상계엄을 전국으로 확대하고, 국회를 봉쇄하며, 정치활동을 금지하고, 주요 정치인들을 구속한 행위에 대하여 이를 강력히 항의하고 그 시정을 요구하는 광주시민들의 시위를, 피고인들이 공수부대병력을 동원하여 난폭한 방법으로 분쇄한 행위도 국헌문란에 해당한다. 그 이유는 다음과 같다.

형법 제91조가 국헌문란을 정의하면서 헌법 또는 법률에 정한 절차에 의하지 아니하고 헌법 또는 법률의 기능을 소멸시키는 것과 헌법에 의하여 설치된 국가기관을 강압에 의하여 전복 또는 그 권능행사를 불가능하게 하는 것의 두가지를 들고 있는 것은 국헌문란의 대표적인 행태를 예시하여 그 해석의 기준을 제시하고 있는 것으로 이해하여야 할 것이다. 국헌문란과 같은 추상적 개념에 해당하는 사례를 구체적으로 한정하여 열거하는 것은 원래 불가능하고 부적절하기 때문이다. 그러므로 위 규정에 직접 해당하지 아니하는 경우에도 위의 두가지 경우에 못지 않는 중요한 국헌침해행위가 있다면 이것 역시 형법상의 국헌문란으로 다스려야 할 것이다. 형법이, 헌법에 의하여 설치된 국가기관을 강압으로 전복하는 것을 내란으로 단죄함을 특히 예시하고 있는 까닭은, 헌법에 의하여 설치된 국가기관은 법을 집행하는 것 이외에 헌법을 수호하는 보다 중요한 소임을 가진 기관이므로 특히 그 보호의 필요성이 크기 때문이다. 그렇다면 헌법에 의하여 설치된 국가기관, 즉 헌법기관 보다 더 중요한 헌법 수호의 임무를 가진 기관이나 집단이 있다면 이러한 집단이나 기관도 당연히 내란죄의 보호대상이 되어야 할 것이다. 이렇게 볼 때에 민주주의 국가의 국민이야말로 주권자의 입장에 서서 헌법을 제정하고 헌법을 수호하는 가장 중요한 소임을 갖는 것이므로 이러한 국민이 개인으로서의 지위를 넘어 집단이나 집단유사의 결집을 이루어 헌법을 수호하는 역할을 일정한 시점에서 담당할 경우에는 이러한 국민의 결집을 적어도 그 기간 중에는 헌법기관에 준하여 보호하여야 할 것이다. 따라서 이러한 국민의 결집을 강압으로 분쇄한다면 그것은 헌법기관을 강압으로 분쇄한 것과 마찬가지로 국헌문란에 해당한다고 보지 않으면 안 된다.

이 사건에서 보면 피고인들이 국회를 봉쇄하고 정치활동을 금지하며 주요 정치인들을 구속하고 비상계엄을 부당하게 전국으로 확대한 행위는 위에서 본 바와 같이 국헌을 문란케 한 행위이므로 광주시민들이 이를 항의하는 대규모의 시위에 나온 것은 주권자인 국민이 헌법수호를 위하여 결집을 이룬 것이라고 할 것이고 이를 피고인들이 병력을 동원하여 난폭하게 제지한 것은 강압에 의하여 그 권한행사를 사실상 불가능하게 한 것이어서 국헌문란에 해당한다.

(생략)

그렇다면 피고인들은 사전에 모의하고 준비하여 병력을 동원하고 그 결과 국헌문란의 사태를 야기한 것이므로 피고인들은 1980.5.17. 이후의 이 사건 범행 당시에 국헌문란의 목적을 가지고 있었다고 인정된다. 이와 다른 피고인들의 주장은 이유 없다.

### 9. (비상계엄확대의 폭동성) 1980.5.17.에 있었던 비상계엄확대선포의 법적 성격 및 폭동성에 대하여

(생략)

비상계엄의 선포는 필연적으로 국민의 기본권을 제약하게 되므로 계엄선포 그 사실 자체만으로도 국민에게 기본권이 제약될 수 있다는 위협을 주는 측면이 있을 뿐만 아니라 비상계엄의 선포에 이어 주요 보안목표와 요소에 계엄군이 배치되고 각종 포고령 등에 의하여 국민의 기본권을 제약하는 실제적 조치가 뒤따르며 모든 행정사무와 사법사무가 계엄군의 관장하에 들어가 국가기관의 권한이 정지되거나 제한되는 경우가 발생하기 때문에 국무위원과 국회의원 그리고 모든 국가기관의 구성원이 계엄군의 위력에 의하여 불가피하게 외포되는 상황이 조성된다. 그러므로 비상계엄의 선포는 그 후속조치와 불가분적으로 이어져 총체적으로 헌법기관을 강압할 수 있는 수단이 되므로 이것은 폭동으로서의 협박행위가 될 수 있고 이러한 의미에서 폭동성을 갖는다고 말할 수 있다.

비상계엄의 이러한 폭동성은 비상계엄이 전국으로 확대될 경우에는 더욱 증대된다. 민간인인 국방부장관은 계엄실시와 관련하여 계엄사령관에 대하여 원래 지휘감독권이 있는데 전국적인 비상계엄하에서는 이러한 지휘감독권이 배제되어 버리므로 군부를 대표하는 계엄사령관의 권한이 더욱 강화됨은 물론 국방부장관이 계엄업무로부터 배제됨으로 말미암아 자연히 계엄업무와 일반국정을 조정 통할하는 국무총리의 권한 그리고 이에 대한 국무회의의 심의권마저도 배제됨으로써 헌법기관인 국무총리와 국무위원들이 받는 강압의 효과, 그리고 그에 부수하여 다른 국가기관의 구성원이 받는 강압의 정도가 더욱 증대되기 때문이다.

(생략)

10. (시위진압의 폭동성) 1980.5.18. 이후에 광주에서 있었던 일련의 시위진압행위가 내란죄에 해당하는지 여부에 대하여

(생략)

원래 민주주의 국가의 국민은 주권자로서 또 헌법제정권력으로서 헌법을 제정하고 헌법을 수호하는 가장 중요한 소임을 갖는 것이므로 이러한 국민이 개인으로서의 지위를 넘어 집단이나 집단유사의 결집을 이루어 헌법을 수호하는 역할을 일정한 시점에서 담당할 경우에는 이러한 국민의 결집을 헌법기관에 준하여 보호하여야 할 것이다. 따라서 이러한 국민의 결집을 강압으로 분쇄한다면 그것은 헌법기관을 강압으로 분쇄한 것과 마찬가지로 국헌문란에 해당한다고 보지 않으면 안 된다.

이 사건에서 보면 피고인들이 국회를 봉쇄하고 정치활동을 금지하며 주요 정치인들을 구속하고 비상계엄을 부당하게 전국으로 확대한 행위는 이미 앞에서 본 바와 같이 국헌을 문란케 한 행위이고 위의 시위상황에 의하면 광주시민들은 위와 같은 피고인들의 국헌문란행위를 항의하기 위하여 대규모의 시위에 나온 것이므로 이것은 주권자이며 헌법제정권력인 국민이 헌법수호를 위하여 결집을 이룬 것이라고 할 것이고 피고인들이 국헌문란의 목적이 없는 계엄군을 동원하여 위에서 본 것처럼 난폭하게 이를 제지한 것은 강압에 의하여 그 권한행사를 사실상 불가능하게 한 것이어서 국헌문란의 폭동에 해당한다.

(생략)

다만, 광주교도소의 방어와 관련하여서는 폭동을 인정할 수 없다.

3공수여단 11대대병력이 1980.5.21. 17:00경부터 광주교도소에 도착한 이후 같은 달 23.까지 교도소 방어임무를 수행하던 중 무장시위대로부터 도합 5차례의 공격을 받은 사실, 5.22.00:40경에는 무장한 시위대가 차량 6대에 분승하여 광주교도소로 접근하여 계엄군과 교전한 일이 있고, 같은 날 09:00경 다시 무장시위대가 2.5t 군용트럭에 엘엠지(LMG) 기관총을 탑재한 상태에서 광주교도소 정문 방향으로 접근하면서 총격을 가하였고 시위대가 타고 있는 다른 차량 수대가 그 뒤를 따라오다가 계엄군의 사격을 받고 차량을 버려둔 채 도주하였고, 이러한 교전과정에서 앞에서 본 피해자들이 사망한 사실, 당시 광주교도소는 간첩을 포함한 재소자 약 2,700명이 수용된 주요 국가보안목표이었던 사실 등을 또한 인정할 수 있다.

그런데 첫째로 다수의 재소자들을 수용하고 있는 광주교도소에 무장한 시위대들이 접근하여 그 곳을 방어하는 계엄군을 공격하는 행위는 비록 그들이 헌법을 수호하기 위하여 결집한 헌법제정권력의 일부라고 하여도 이는 헌법수호운동의 한계와 방어목적의 한계를 벗어난 불법한 공격행위임을 면할 수 없다. 둘째로 피고인들이 쿠데타에 의하여 군의 지휘권과 정권을 불법으로 장악하였다 하더라도 위와 같은 불법한 공격을 감행하는 무장시위대로부터 교도소와 같은 국가의 중요보안시설을 방어하기 위하여 계엄군으로 하여금 총격전을 벌여 시위대를 저지케 한 행위는, 선량한 정부 또는 합법적인 정부가 당연히 취하였으리라고 생각되는 그러한 조치를 수행한 것이므로 그 범위 내에서는 합법성이 인정되어 정당하다고 할 것이다. 따라서 이 경우에 계엄군의 방어행위는 정당한 행위로서 폭동에 해당하지 않는다고 할 것이고 이와 달리 이 부분마저도 폭동이 되는 것으로 인정한 원심의 조치는 그대로 따르기 어렵다. 논지는 이 부분에 관한 한 이유 있다.

(생략)

### 13. (내란목적살인) 내란목적살인죄에 대하여

(생략)

형법 제88조의 내란목적살인죄는 국헌을 문란할 목적으로 사람을 살해함으로써 성립하는 범죄이다. 다시 말하면 국헌문란목적을 달성하기 위한 직접적인 수단으로 사람을 살해한 경우에 내란목적살인죄가 성립한다고 할 것이다.

국헌문란의 목적을 달성함에 있어 내란죄가 '폭동'을 그 수단으로 함에 비하여 내란목적살인죄는 '살인'을 그 수단으로 하는 점에서 두 죄는 엄격히 구별된다. 그러므로 내란의 과정중에 폭동에 수반하여 발생한 살상행위는 형법 제87조 제2호 후단에 의하여 내란모의참여죄 등과 같은 죄로 처벌하여야 하고 이를 내란목적살인죄로 처벌할 수는 없다. 그러므로 내란의 실행과정에서 폭동행위에 수반하여 개별적으로 발생한 살인행위는 내란행위의 한 구성요소를 이루는 것이므로 이를 내란행위에 흡수시켜 내란과 함께 처벌하는 것이라고 할 것이다.

(생략)

가. 광주교도소의 방어 부분과 피고인 전두환, 이××, 주○○의 내란목적살인죄

별지 (2) 피해자 및 피해상황일람표 기재 사망자 중, 순번 제2항 기재와 같이 1980.5.22. 04:40경 및 같은 날 09:00경 광주교도소를 공격하다가 그 곳을 방어하던 계엄군의 총격으로 사망한 피해자 서○○, 이○○, 이○○ 등 3명에 대한 계엄군의 총격행위는 국헌문란을 목적으로 한 폭동행위로 볼 수 없어서 이 부분은 내란죄로 의율할 수 없음은 앞에서 이미 본 바와 같다. 마찬가지로 내란목적살인죄도 국헌을 문란할 목적으로 사람을 살인한 경우에 성립하는 범죄이므로 이 경우와 같이 사람을 살해한 사실이 인정된다 하더라도 국헌문란의 목적을 인정할 수 없는 경우에는 형법 제250조의 살인죄의 책임을 묻는 것은 별

론으로 하고 내란목적살인죄로 의율할 수는 없다. 그러므로 원심이 이 부분 행위들에 대하여 내란목적살인죄에 해당한다고 판시한 것은 이를 그대로 따를 수 없다. 이 부분에 관한 한 우선 피고인 전두환, 이××, 주○○의 주장은 이유 있다.

### 나. 광주재진입작전의 부분과 피고인 전두환, 이××, 주○○의 내란목적살인죄

(생략)

상무충정작전을 실시하여 전남도청 등을 다시 장악하려면 위에서 본 바와 같이 무장을 하고 있는 시위대를 제압하여야 하고 그 과정에서 이에 저항하는 시위대와의 교전이 불가피하여 필연적으로 사상자가 생기게 되므로, 피고인들이 이러한 사정을 알면서 재진입작전의 실시를 강행하기로 하고 이를 명령한 데에는 그와 같은 살상행위를 지시 내지 용인하는 의사가 있었음이 분명하다. 또한 재진입작전명령은 위에서 본 바와 같은 시위대의 무장상태 그리고 그 작전의 목표에 비추어 볼 때에 이 계획은 시위대에 대한 사격을 전제하지 않고는 수행할 수 없는 성질의 것이므로 그 실시명령에는 그 작전의 범위 내에서는 사람을 살해하여도 좋다는 발포명령이 들어 있음이 분명하다. 그리고 그 당시 피고인들이 처하여 있는 상황은 뒤의 범죄 사실란에서 인정하는 바와 같이 광주시위를 조속히 제압하여 시위가 다른 곳으로 확산되는 것을 막지 않으면 내란의 목적을 달성할 수 없는, 바꾸어 말하면 집권에 성공할 수 없는, 중요한 상황에 있었다고 인정되므로 광주재진입작전을 실시하는 데에 저항 내지 장애가 되는 범위의 사람들을 살상하는 것은 내란의 목적을 달성하기 위하여 직접 필요한 수단이었던 사실을 인정할 수 있다.

그렇다면 광주재진입작전을 실시하면서 사람들을 살해한 부분에 대하여는 피고인 전두환, 이××, 주○○이 내란의 목적을 달성하기 위하여 이를 지시하거나 용인한 것이므로 이에 대하여 내란목적 살인의 책임을 져야 할 것이다.

### 다. 기타 부분에 대한 발포명령과 피고인 전두환, 이××, 주○○의 내란목적살인죄

(생략)

(1) 피고인 이××과 주○○의 이 법정에서의 진술과 기록에 의하면 피고인 전두환이, 자기가 지휘하는 보안사의 막료들을 통하여 그리고 12·12 군사반란 이후 피고인과 함께 내란집단을 구성한 것으로 인정되는 피고인 황○○를 통하여, 배후에서 자위권보유천명의 담화문을 발표하도록 지시, 관여한 것으로 인정되고 이에 배치되는 취지의 증인 정도영의 일부 진술 및 진술기재와 피고인 전두환, 황○○의 각 진술은 이를 믿지 아니한다. 그러나 여기에서 더 나아가 위와 같은 담화문의 발표에 이어 그 날 20:30 이후 육본으로부터 2군사령부를 거쳐 광주에 있는 계엄군에게 이첩, 하달된 자위권의 발동지시를 내용으로 하는 전통을 발령함에 있어서 그리고 그 다음날인 5.22. 12:00 자위권발동지시라는 제목으로 계엄훈령 제11호를 다시 하달함에 있어서 피고인 전두환이 어떤 방법으로 어떻게 관여한 것인지에 대하여는 공소장에 아무런 기재가 없고 이를 인정할 증거도 전혀 나와 있지 않다.

(2) 다음에는 자위권의 발동지시에 피고인 전두환, 이××, 주○○이 관여한 것이 사실이라 하여도 과연 자위권의 발동지시를 사실상의 발포명령이라고 볼 수 있는지에 대

하여 살펴본다.

(가) 이 사건에서 검찰이 문제삼은 자위권의 발동과 발포명령은 공소장(서울지방법원 96고합38호 사건의 공소장 제39면 제13행부터 제40면 제5행까지 및 같은 법원 96고합76호 사건의 공소장 제35면 제1행부터 제8행까지)에서 다음과 같이 제시된다.

"피고인 전두환, 같은 황○○, 같은 이××, 같은 주○○, 같은 정○○은, 광주에서의 시위와 시민들의 무장 상황을 보고받고 피고인들의 시국수습방안에 따라 정국을 장악하기 위해서는 강경진압이 불가피하다고 판단하여, 광주에서 피고인들의 퇴진과 민주화를 요구하며 저항하는 시위대를 무장 폭도로 규정하고 그 정을 모르는 계엄군으로 하여금 광주 외곽을 봉쇄하고 자위권 발동이라는 명목으로 발포를 하게 하여 사상자가 발생하더라도 조속히 진압하기로 공모하고,"

이것은 자위권발동지시를 실질적으로는 발포명령이라고 보고 이 발포명령에 의하여 계엄군이 시위대에게 발포하여 사망자가 생긴 것으로 인정한 다음 피고인이 발포명령을 한 것으로 보아 이를 내란목적살인으로 기소하였음이 분명하다. 원심도 이러한 검찰의 논리를 대체로 수긍하고 있다.

(나) 공소장의 위 제시 부분을 분석하여 보면 다음과 같다. 자위권발동의 요건을 갖추지 못한 경우에도 강경진압의 한 방법으로 발포를 하라. 그렇게 하라고 하는 이유는 그렇게 하여야만 시위를 조속히 진압할 수 있다. 그렇게 하면 시위를 조속히 진압할 수 있는 이

유는 그렇게 하여야만 우선 시위대를 붕괴시킬 수 있고 시위에 참가한 시민이나 그렇지 않은 다른 시민들이 극도의 공포심을 느껴 더 이상 시위에 가담하지 않을 것이다. 결국 시민들에게 극도의 공포심을 일으키는 것이 목적이므로 필요하다면 '계엄군을 향하여 공격을 감행하는 무장시위대'에 속하지 않는 사람들에게까지 발포하는 것도 용인한다.

(다) 이렇게 분석하여 보면 "시민들에게 큰 공포심을 일으키는 것이 목적이므로 필요하다면 무장시위대가 아닌 사람들에게까지 발포하는 것도 용인한다"라고 하는 것은 불특정 다수인에 대한 살인을 용인하는 것이고 더 나아가 불특정 다수인에 대한 살인의 의사가 있다는 것이 되므로 결국 자위권발동지시를 한 사람은 살인을 용인한 것이고 더 나아가 살인의 의사를 가진 것이라고까지 볼 수 있게 된다.

(라) 그러나 앞에서 본 자위권보유천명의 담화문이나 계엄훈령 제11호의 내용 자체에는 위에서 분석하여 들어난 바와 같은 "무장시위대가 아닌 사람들에게 까지 발포하여도 좋다"라고 볼 만한 것이 전혀 없다. 우선 자위권보유천명의 담화문의 내용을 보면 "광주시민들의 이성회복과 질서유지를 당부하고 지난 5·18에 발생한 광주지역의 난폭한 시위가 치안질서를 매우 어렵게 하고 있으며, 계엄군은 폭력으로 국내치안을 어지럽히는 행위에 대하여는 부득이 자위를 위해 필요한 조치를 취할 수 있는 권한을 보유하고 있음을 경고합니다."로 되어 있고 계엄훈령 제11호의 내용도 자위권을 "국가의 안전과 국민의 생명

및 재산을 보호함에 있어 급박 부당한 위해를 제거하기 위하여 부득이 실력을 행사하여 방위하는 권리"라고 정의하고, 자위권발동대상을 "무기, 폭발물, 화염병, 흉기를 소지하고 건물이나 무기를 탈취, 점거, 파괴, 방화하고자 하는 자"에 한정하고, 자위권 발동시기는, ① 군부대, 경찰관서, 공공기관 및 국가보안목표 등을 보호함에 있어 폭도들이 무기 또는 위험물을 사용 침투해 옴으로써 무기를 사용하지 아니하면 진압방법이 없을 경우와, ② 국민 또는 출동병력의 신체와 생명을 보호함에 있어 그 정황이 급박할 경우 등으로 정하고, 자위권 발동 방법으로 "경고를 발하고 3회 이상의 정지를 명할 것, 가능한 한 위협발사를 하여 해산시킬 것, 정황이 급박하더라도 생명에 지장이 없는 신체부위를 사격할 것(하퇴부), 선량한 주민에게 피해가 없도록 유의할 것" 등으로 되어 있어 이들의 취지를 "무장시위대가 아닌 사람들에게까지 발포하여도 좋다."고 한 것으로 볼 수는 도저히 없으며 이들을 그러한 취지로 해석하여야 할 다른 자료가 있는 것도 아니다.

또 5.21. 20:30 이후 육본으로부터 2군사령부를 거쳐 광주에 있는 계엄군에게 이첩, 하달된 자위권의 발동지시를 내용으로 하는 전통은 그 내용이 구체적으로 어떤 것인지를 확인할 아무런 물적 자료가 남아 있지 않고 그 내용을 구체적으로 언급하는 다른 자료도 없어 그 전통 속에 "무장시위대가 아닌 사람들에게까지 발포하여도 좋다"라고 하는 취지가 있었다고 인정할 수도 없다. 결국 시위진압의 효과를 조속히 올리기 위하여 "무장시위대가 아닌 사람들에게까지 발포하여도 좋다"라고 하는 발포명령이 피고인들의 지시에 의하여 육군본부로부터 광주의 계엄군에게 하달되었다고 인정할 증거는 전혀 찾아 볼 수 없다.

(마) 그러므로 별지 (2) 피해자 및 피해상황일람표의 1, 3, 4, 5, 6, 7, 8 각 항의 경우는, 계엄군이 피고인들 기타의 상급자로부터 하달된 포괄적인 발포명령을 집행하여 총격행위에 나아감으로써 일어난 것이라고 볼 수는 없다.

(3) 더구나 피고인 전두환, 이××, 주○○이 위에 나온 개개의 피해자에 대한 구체적인 살인행위를 용인하면서 이를 국헌문란목적달성을 위한 직접적인 수단으로 삼았다고 볼만한 증거는 없을 뿐만 아니라 위에서 일어난 살인행위들은, 그 전후의 경위에 비추어 볼 때에, 폭동행위로 인정된 일련의 시위진압행위와 분리된 상황에서 그와 무관하게 실행된 것으로 볼 수도 없다. 결국 이러한 사실관계에 비추어 보면, 위의 살해행위 등은 이 사건 내란을 실행하는 폭동의 와중에서 폭동행위에 수반하여 발생한 것으로서 피고인 전두환 등이 국헌문란의 목적이 없는 계엄군을 도구로 이용하여 실행한 내란행위의 하나를 구성하므로, 뒤의 범죄 사실에서 인정하는 바와 같이 내란의 수괴로 인정되는 피고인 전두환 및 내란모의에 참여한 피고인 이××, 주○○에게, 이러한 살해행위 등에 대한 개별적 인식이나 용인 여부에 관계없이, 그에 대한 책임을 내란죄에 흡수시켜 함께 책임을 지워야 할 것이다. 그렇다면 원심이 위 일련의 살인행위에 대하여 내란죄와 별도로 내란목적살인죄가 성립한다고 보고 피고인 전두환, 이××,

주○○을 내란목적살인죄의 공동정범, 교사범 및 간접정범으로 인정한 것은 이를 그대로 따르기 어렵다. 이것을 다투는 논지는 이유 있다.

### 14. (내란의 종료시기) 내란죄의 종료시기에 대하여

(생략)

셋째, 현재의 정부로 대표되는 기존의 권력집단과 그로부터 국가권력의 불법적 승계를 기도하는 내란집단과의 사이에 폭력을 동원하여 벌이는 투쟁이 바로 내란이라고 할 것인바 군주국가나 독재국가에서는 기존의 권력집단이 굴복하여 내란집단으로의 권력이동이 완료되는 순간 내란은 종료된다. 그러나 우리나라와 같이 주권이 국민에게 있고 그것이 헌법의 움직일 수 없는 기본원리로 되어 있으며 권력의 이동 내지 승계의 절차가 헌법에 명시되어 있는 민주주의 국가에서는 기존의 권력집단의 굴복만으로 내란은 종료하지 않는다. 내란에 의한 권력의 이동은 헌법에 명시된 권력승계의 절차를 실질적으로 침해하는 것이고 주권자이며 헌법제정권력인 국민이 이를 용납하지 아니하여 내란집단에 저항하는 때에는 그 저항을 완전히 제압하거나 또는 반대로 내란집단이 국민의 저항에 굴복하기까지는 결코 내란은 종료된 것이 아니라고 할 것이다.

내란집단에 대한 국민들의 저항을 무력 등의 폭력을 사용하여 진압하는 행위는 헌법을 수호하기 위하여 결집한 헌법제정권력에 대한 강압에 해당하여 국헌문란의 폭동이 된다는 점은 이미 앞에서 수차 언급한 바이다.

이 사건에서 보면 1980.5.18. 이후에 일어난 광주시민의 일련의 대규모시위 같은 것이 바로 이러한 국민의 저항에 해당하고 기록에 의하면 이러한 국민의 저항과 이에 대한 피고인들의 폭동적인 진압은 제5공화국정권이 1987.6.29. 이른바 6·29선언으로 국민들의 저항에 굴복하여 대통령직선제 요구를 받아들일 때까지 간단 없이 반복, 계속된 사실이 인정된다. 중요한 대규모의 저항과 진압만을 예로 들어도 1983.5.18.경부터 같은 해 6.9.까지 있었던 김영삼 전 신민당총재의 단식사건과 그에 관련한 시위사태, 1984년 전반기의 해직교수의 복직 등 자율화 이후의 전국대학생들의 민주화요구 시위, 1984년 후반기의 민정당 당사 및 민한당 당사 점거농성사건과 관련된 민주화요구 시위, 1986.2.28. 대학교수들의 민주화요구 시국선언과 서명운동, 1986.2.경부터 시작된 야권의 개헌서명운동, 1986.3. 서울대연합시위사건, 1986.5.의 전국중등교육자협의회의 '교육민주화선언'과 이를 지지하는 각종단체들의 민주화선언, 1987.1.경의 박종철고문치사사건과 이에 관련한 추모시위사건, 1987.6.경 있었던 학생들의 분신자살 등 민주화시위 및 이한열군 사망을 전후한 이른바 '6월항쟁' 등 같은 것들이 있다. 그렇다면 1980.5.17. 비상계엄의 전국확대로 시작된 이 사건의 국헌문란의 폭동은 1987.6.29.의 소위 6·29 선언시에 비로소 종료되었다고 할 것이고 그 기간 중의 모든 폭동적인 시위진압은, 이 사건의 범죄사실란에서 폭동으로 인정한 것들을 포함하여, 포괄하여 하나의 내란죄를 구성한다고 할 것이다. 피고인들의 범의가 단일하고 피해법익이 동일하며 시간적으로 연속되어 있다고 볼 수 있기 때문이다.

(생략)

### 15. (시위진압과 군사반란) 1980.5.17. 이후의 일련의 병력동원이 군사반란이 되는지 여부에 대하여

(생략)

#### 가. 국무회의장을 병력으로 포위한 일

평소 중앙청 내부에 병력을 배치한 사실이 없었고 위 국무회의가 개최될 당시에도 특별히 중앙청내부에까지 무장한 헌병 등을 배치할 경호·경비상 필요가 없었으며 대통령이나 대통령 경호실장 또는 국무총리로부터 그러한 요청을 받은 사실이 없었고 국방부장관이나 육군참모총장의 승인이 있었던 것도 아닌 사실이 인정된다. 원래 국무회의장에 병력을 배치한다는 것은 통상은 있을 수 없는 행위이므로 대통령이 지휘계통에 따라 특별히 그리고 사전에 이를 명령하지 아니한 이상 이것은 대통령의 군통수권에 도전하는 행위이고 이로써 군의 통수계통에서 이탈하여 국무위원들을 협박한 것이므로 반란에 해당한다.

(생략)

#### 나. 국회의사당의 봉쇄

(생략)

앞에서 나온 증거들을 종합하면, 비상계엄이 전국으로 확대되는 것을 계기로 같은 해 5.18. 01:45경부터 주요 보안목표로 지정되어 있는 국회의사당에 무장한 제33사단 병력이 계엄군으로 배치되어 이를 점거하였을 뿐만 아니라 보안목표에 대한 경비수준을 넘어 국회의원들의 국회의사당 출입자체를 통제하고, 5.20.경에는 국회의사당으로 들어가려는 일부 국회의원들에 대하여 계엄군들이 소총 등으로 밀어내는 방법으로 이를 저지한 사실을 인정할 수 있다. 원래 비상계엄하에서도 국회의원들이 국회에서 통상의 의정활동을 하는 것은 금지할 수 없는 것이고 의사당 건물의 안팎에서 특히 위험한 상황이 전개될 우려가 있어 의원들의 신변의 안전을 보호하기 위하여 필요한 경우가 아니면 대통령도 의원의 국회출입을 금지하는 권한이 없다고 할 것이다. 이 사건에서 보면 당시에 이와 같은 위험한 상황이 있었다고 볼 증거가 없고 더구나 대통령이 사전에 의원들의 출입을 금지하라는 명령을 육군참모총장 등의 지휘계통을 따라 내린 바 있다고 볼 증거도 없다. 그렇다면 이러한 행위는 계엄실시중에 통상적으로 행하는 주요 기관에 대한 경비차원을 넘어서 국회나 국회의원들의 직무를 폭력으로 방해한 것이므로 역시 반란에 해당한다.

(생략)

다. 그 밖의 군사행동

(생략)

그러나 그 밖에 원심에서 반란행위로 판시한 위 ① (학생, 정치인, 재야인사 등 체포), ③ (주요 보안목표에 계엄군배치), ④ (김영삼 신민당 총재 가택연금), ⑥ (광주시위의 진압과 광주재진입작전 등)의 각 행위는 당시 대통령으로부터 육군참모총장에 또는 대통령으로부터 국방부장관을 거쳐 육군참모총장에 이르는 군의 지휘통수계통을 따라 사전에 결재과정을 거쳐 작성된 명령에 의하여 혹은 사전 사후에 구두로 보고하여 승인을 받은 조치에 의하여 이루어진 것이고 군의 최고통수권자인 최규하 대통령이 이러한 명령이나 조치에 대하여 사후에라도 이를 금지하거나 취소하거나 제한하는 별도의 지시를 한 바 있음을 인정할 아무런 증거가 없다. 그렇다면 이러한 일련의 행위는 최규하 대통령의 군통수권 또는 국방부장관이나 육군참모총장 등의 지휘권에 반항하는 행위였다고 볼 수는 없다. 따라서 이러한 부분을 모두 반란으로 인정한 원심판시는 따르기 어렵고 이 부분에 대한 피고인들의 주장은 이유 있다.

(생략)

다만, 1980.5.17. 저녁 피고인 노태우가 전두환과 공모하여 원심 판시와 같이 비상계엄전국확대문제를 논의하기 위한 임시국무회의장에 소총 등으로 무장한 수경사의 병력을 배치한 사실에 대하여는, 검사가 제출한 증거들을 종합하여도 피고인 이XX이 피고인 전두환·노태우 또는 다른 피고인과 이를 공모하거나 위 병력배치에 관여하였음을 인정할 만한 증거가 없다.

피고인 주○○의 경우에도 국무회의장에 대한 병력배치와 국회의사당의 봉쇄에 이은 국회의원들의 출입통제 또는 등원저지에 대하여 이를 모의하거나 그 행위에 관여하였음을 인정하기에 부족하고, 달리 피고인 주○○이 그와 같은 반란에 가담한 사실을 인정할 증거가 없다.

## 16. (공소시효의 완성 여부 등) 그 밖에 공소시효의 완성 등으로 실체적 재판에 들어갈 필요가 없다는 주장에 대하여

(생략)

(1) 12·12 군사반란사건에 대하여

먼저 피고인 전두환, 노태우에 관하여 본다.

원심이 적법하게 판단한 바와 같이 피고인 전두환이 대통령으로 재직하는 기간인 7년 5월 24일간과 피고인 노태우가 대통령으로 재직한 기간인 5년간은 같은 피고인들에 대한 내란 및 외환의 죄를 제외한 나머지 죄의 공소시효의 진행이 당연히 정지된다고 할 것이다(헌법재판소

1995.1.20. 선고 94헌마246 결정).

그런데 피고인 전두환, 노태우에 대하여 공소가 제기된 반란수괴죄 및 반란중요임무종사죄, 불법진퇴죄, 지휘관계엄지역수소이탈죄, 상관살해죄, 상관살해미수죄, 초병살해죄 등은 각 그 법정형이 형사소송법 제249조 제1항 제1호 소정의 사형에 해당하는 범죄로서, 같은 조문에 의하여 공소시효의 기간이 15년이고, 또한 위에서 살핀 바와 같이 피고인 전두환에 대하여는 7년 5월 24일간, 피고인 노태우에 대하여는 5년간 공소시효가 정지되므로, 결국 1979.12.13.에 범행을 종료한 이 사건 공소사실에 대하여 피고인 전두환의 경우는 2001년이 지난 후에, 피고인 노태우의 경우는 1999.12.12.이 지난 후에 각기 공소시효가 완성된다.

따라서 이 사건 공소는 위 공소시효가 완성되기 이전인 1995.12.21.과 1996.2.28.에 각기 공소제기되었음이 기록상 명백하므로 이에 반하는 위 주장은 이유 없다.

다음으로 피고인 유○○, 황○○, 차○○, 박○○, 최○○, 장○○, 허○○, 허××, 이○○, 박××, 신○○에 대하여 본다.

원심이 적법하게 판단한 바와 같이 위 피고인들에 대하여 공소가 제기된 반란중요임무종사죄는 형사소송법 제245조 제1항 제1호 소정의 사형에 해당하는 범죄로서 같은 조문에 의하여 공소시효의 기간이 15년인데, 5·18민주화운동등에관한특별법 제2조와 헌정질서파괴범죄의공소시효등에관한특례법 제2조에 따라 이 사건 반란중요임무종사죄의 공소시효는 1993. 2. 25.부터 진행된다고 할 것이므로, 그때로부터 15년이 경과된 2008. 2. 24. 공소시효가 완성된다 할 것이다.

따라서 이 사건 공소는 1996.2.28.에 제기되었음이 기록상 명백하고 이는 공소시효가 완성되기 전이므로 위 주장은 이유 없다.

(2) 5 · 17 및 5 · 18 내란사건에 대하여

(가) 먼저 피고인들의 내란죄에 대하여 본다.

이 사건 내란죄는 1987.6.29.의 이른바 6 · 29선언으로 위 범죄실행행위로서의 폭동행위가 종료되었다고 함은 앞에서 본 바와 같으므로 1987.6.29.부터 그 공소시효가 진행된다고 할 것이다. 한편 내란죄는 그 법정형이 형사소송법 제249조 제1항 제1호 소정의 사형에 해당하는 범죄로서 같은 조문에 의하여 공소시효의 기간이 15년이고, 따라서 이 사건 내란죄에 있어서는 공소시효가 개시된 때로부터 15년이 경과한 후인 2002.6.29.이 경과함으로써 공소시효가 완성된다고 할 것이다.

그러므로 피고인들에 대한 1996.1.23.과 1996.2.7.의 각 공소는 공소시효의 완성전임이 분명하다.

한편 가사 원심 판시와 같이 내란의 폭동행위 종료시점을 1981.1.24.의 비상계엄 해제시점으로 본다고 하더라도 그로부터 15년이 경과한 후인 1996.1.24.에 공소시효가 완성되므로 첫째, 피고인 전두환, 노태우, 유○○, 황○○, 이○○, 이××, 주○○, 차○○에 대하여는 1996.1.23.에 공소가 제기되었으니 공소시효가 완성되기 전에 기소된 것임이 분명하고, 둘째, 피고인 허○○, 허××, 정○○에 대하여는 위 공소시효 만료일인 1996.1.24.이 경과한 1996.2.7.에 이 사건 내란죄로 기소되기는 하였으나, 공범인 피고인 전두환에 등에 대하여 공소시효가 완성되기 전인 1996.1.23.에 내란죄로 공소가 제기됨으로써 형사소송법 제253조 제2항에 의하여 피고인 허××, 허○○, 정○○에 대한 내란죄의 공소시효도 그 진행이 정지되어 있었으므로 결국 공소시효가 완성되기 전에 내란죄로 기소되었다 할 것이다.

따라서 피고인들에 대한 이 사건 공소 중 내란죄 부분은 모두 공소시효가 완성되기 전에 기소된 것이 명백하므로 이와 달리 공소시효완성을 이유로 면소의 판결을 하여야 한다는 주장은 이유 없다.

(나) 다음으로 피고인 전두환의 반란수괴죄, 불법진퇴죄, 같은 노태우의 반란중요임무종사죄, 불법진퇴죄에 대하여 본다.

원심이 적법하게 판단한 바와 같이 피고인 전두환, 노태우에 대한 위 각 죄는 그 법정형이 형사소송법 제249조 제1항 제1호 소정의 사형에 해당하는 범죄로서 공소시효의 기간이 15년이고, 또한 위 피고인들에 대한 반란죄는 그 행위가 종료된 1980.5.27.부터 공소시효가 진행되고, 위 피고인들에 대한 각 불법진퇴죄는 1980.5.18. 및 같은 달 20일부터 각 공소시효가 진행된다.

한편 피고인 전두환에 대하여는 대통령 재직기간인 7년 5월 24일 동안, 피고인 노태우에 대하여는 대통령 재직기간인 5년 동안 위 피고인들의 위 죄에 대한 각 공소시효의 진행이 정지됨은 앞에서 본 바와 같으므로, 위 각 죄에 대하여 피고인 전두환의 경우는 2002년이 지난 후에, 피고인 노태우의 경우는 2000년이 지난 후에 공소시효가 완성된다.

결국 피고인들에 대한 위 각 죄는 공소시효가 완성되기 전인 1996.1.23.에 공소제기되었음이 기록상 명백하므로, 공소시효가 완성된 후에 공소가 제기되었음을 이유로 면소판결을 하여야 한다는 위 주장은 이유 없다.

(다) 끝으로 피고인 전두환, 황○○, 이××, 주○○, 정○○의 내란목적살인죄와 피고인 유○○, 황○○, 차○○, 허○○, 허××, 이○○, 이××, 주○○, 정○○의 각 반란죄에 대하여 본다.

원심이 적법하게 판단한 바와 같이 피고인들의 위 각 죄는 이른바 5·18특별법 제2조에 의하여 1993.2.25.부터 그 공소시효가 진행되어 그때로부터 15년이 지나야 공소시효가 완성된다 할 것인바, 이 사건 공소는 1996.1.23. 및 같은 해 2.7.에 제기되었음이 기록상 명백하므로 공소시효가 완성되기 전에 공소제기되었음이 명백하다.

따라서 피고인들에 대한 위 각 죄의 공소시효가 완성되었음을 내세우는 위 주장은 이유 없다.

라. (5·18 특별법의 위헌 여부)

(1) 피고인들은 또 항소이유의 하나로 이른바 5·18특별법은 공소시효가 완성된 후에 제정된 것으로 특정사건에 대하여 공소시효를 연장한 것이므로 소급입법이고 처분적 법률이므로 위헌이다라고 주장하므로 살피건대, 헌법재판

소 1996.2.16. 선고 96헌가2, 96헌마7, 13 결정에서 5·18특별법 제2조(공소시효정지)가 헌법에 위반되지 아니한다는 취지를 밝힌 바 있으므로 피고인들의 주장은 이유 없다.

(2) 피고인들은 아울러 5·18특별법이 헌법에 위반되지 아니한다고 결정한 헌법재판소 결정은 관여할 수 없는 재판관이 결정에 관여하여 당연무효라고 주장하므로 살피건대, 헌법재판소의 결정에 대하여는 상소나 재심 기타의 방법으로 불복할 수 없는 것이므로 비록 그 결정에 하자가 있다 하더라도 그 하자의 내용이 위헌제청이 없는데 위헌결정을 한 경우라거나 재판관이 아닌 자가 한 결정 등과 같이 그 하자가 외관상으로도 극히 중대하고 명백한 경우라면 모르되 그렇지 않은 이상 당연무효라고 볼 수는 없는 것이다. 피고인들의 주장은 이유 없다.

## 제2장 수뢰사건

### 1. 피고인 노태우가 최☆☆으로부터 수뢰하였다는 점에 대하여

(생략)

피고인 노태우와 최☆☆간의 인척관계, 돈을 주고 받은 일시, 장소, 경위, 돈을 주고 받은 전후의 상황, 그리고 위 금 30억 원의 제공 취지가 선경그룹이 우대받거나 최소한 불이익이 없도록 선처하여 달라는 것임을 적극적으로 인정할 수 있는 증거는 없는 점 등을 종합하면, 단지 공여된 금액이 30억 원으로서 많고 공여자가 재벌그룹의 경영자라는 것 자체만에 의하여 피고인 노태우가 대통령의 직무의 대가로 위 금원을 뇌물로서 수수하였다고 단정하기는 어렵다고 할 것이고, 달리 이를 인정할 증거가 없다.

(생략)

### 2. 피고인 노태우가 배○○로부터 수뢰했다는 점에 관하여

(생략)

계좌추적결과 자체만으로는 주식회사 한양의 돈이 배○○에 의하여 피고인 노태우의 구좌에 들어왔다고 단정하기 어렵다.

그리고 배○○이나 주식회사 ○○의 임직원에 대해서는 전혀 조사가 이루어져 있지 않다. 그러므로 위 공소사실은 범죄의 증명이 없는 경우에 해당하여 무죄이다.

(생략)

### 5. 대통령이 직무와 대가관계 없이 순수한 정치자금을 받은 것이므로 뇌물이 아니라는 주장에 대하여

(생략)

이 사건에서 수수된 금원은 ① 정치자금에관한법률이 정한 일정한 절차에 따라 모금, 관리된 것이 아니고 ② 대통령의 직무에 관하여 수수된 것인 한, 비록 처음부터 정치활동을 위한 경비로 예정되어 있었고 실제로 그러한 경비로 사용되었다고 하더라도, 모두 뇌물에 해당한다고 할 것이다.

(생략)

## 제3장 검사의 항소에 대한 판단

### 1. 피고인 박○○에 대한 검사의 항소이유에 관하여

(생략)

검사의 항소이유에 대한 판단에 앞서, 직권으로 살피건대, 당심에서 피고인 박○○에 대한 공소사실이 변경되어 당심의 심판대상이 원심과 다르게 되었으므로 원심판결 중 피고인 박○○에 대한 부분은 그대로 유지될 수 없게 되었다.

변경된 공소사실릐 요지는 "피고인 박○○은 공동피고인 노태우, 유○○, 황○○, 차○○, 최○○, 장○○ 등과 12.12. 18:00경부터 19:00경까지 사이에 위 제30경비단장실에 집결하여 지휘부를 결성하고, 같은 날 20:40분경 육군 정식지휘계통에서 자신에 대한 체포명령을 내린과 동시에 소준열 육군종합행정학교장을 토하여 제20사단을 장악하려는 움직임을 보이자, 10여분 간격으로 위 노충현을 비롯하여 제20사단의 인사참모, 정보참모, 군수참모, 비서실장, 제61연대장, 제62연대장 등에게 수회 전화를 걸어 부대장악을 철저히 하고 자신의 육성지시 없이는 병력출동을 하지 말라고 지시하여 육군 정식지휘계통의 제20사단 부대 장악을 저지·방해함으로써, 피고인 박○○은 중요임무종사자로서, 작당하여 병기를 휴대하고 반란한 것이다." 라고 함에 있다.

(생략)

이러한 사실관계에 의하면 육군 정식지휘계통이 제20사단을 적극적으로 장악하여 그 동원을 해보려고 시도해 본 일이 없고 다만 합수부측을 위하여 제20사단이 동원되는 것을 저지하려고 하였음에 불과한 점, 피고인 박○○이 적어도 불암산의 제62연대는 언제라도 합수부측을 위하여 동원할 수 있었음에도 불구하고 피고인 전두환의 병력동원 요청에 전혀 응하지 아니한 점, 제 20사단을 출동시키지 아니한 피고인 박○○의 지시는 결과적으로 보아도 육본의 지시와 일치했던 점, 피고인 박○○이 30경비단에 남아 있으면서도 합수부측을 위하여 뚜렷하게 기여한 바가 없었고 다른 피고인들과 일치된 행동을 한 것이 아닌 점 등이 들어나고 이러한 점에 비추어 볼 때, 피고인 박○○이 12.12. 저녁에 제30경비단의 모임에 참석하고 부대에 복귀하지 아니한 채 참모들에게 부대를 잘 장악하고 자신의 육성지시 없이는 부대출동을 하지 말라고 지시하였다고 하여, 이를 가지고 바로 피고인 박○○이 제30경비단에서 반란 지휘부에 참여하고 반란의 범의를 가지고 육군 정식지휘계통의 제20사단 부대장악을 저지・방해함으로써 반란에 가담했다고 보기는 어렵다.

(생략)

그러므로 피고인 박○○에 대한 공소사실은 범죄의 증명이 없는 때에 해당하여 무죄이다.

### 2. 원심판결 중 피고인 황○○, 정○○의 내란목적살인의 점에 대한 무죄부분에 대하여

(생략)

① 먼저 광주재진입작전에 피고인 황○○가 관여한 사실이 있는지를 검토한다.

위와 같은 사실관계에 비추어 피고인 황○○는 앞에서 본 바와 같이 1980.5.27. 실시된 광주재진입작전에 관하여 그 실행방법과 시기를 결정하는 중요한 회의에 참석하여 함께 논의하고 결정하였으며 광주 현지에 가서 소준열 전교사령관에게 재진입작전지침을 직접 전달한 점에 비추어 광주재진입작전에 실질적으로 관여하였다고 할 것이고, 가사 원심판시처럼 위 광주재진입작전의 실시시기가 최종 결정된 위 5. 25. 육군회관 오찬모임에는 피고인 황○○가 참석하지 않은 것이 사실이라고 하더라도 증인 김재명이나 김리균의 당심 진술에 의하면, 위 5.23.의 육본진압작전회의와 5.25.의 오찬회의는 별개의 것이 아니라 동일선상에 있는 것으로 보아야 하고 5.25.에 작성된 광주재진입작전지침은 5.23.에 수립된 육본의 기본방침에 기초하여 작성된 것이므로 어느모로 보나 광주재진입작전에 있어서 피고인 황○○가 피고인 전두환, 이××, 주○○과 함께 작전계획을 수립하여 실시하는 데에 관여하였다고 보이고 그 과정에서 그 작전의 수행을 위하여는 이에 저항하는 시위대에 총격을 가하여 살해하여도 좋다는 묵시적인 살해의 모의가 이루어 진 것이라고 할 것이다.

② 광주재진입작전에 피고인 정○○이 관여하였는지에 대하여 본다.

(생략)

위 인정된 사실관계에 의하면, 이미 피고인들의 항소이유에 대한 판단에서 살펴본 바와 같이 피고인 정○○은 이른바 12 · 12 군사반란으로 군의 지휘권을 장악한 신군부세력에 합세하여 국헌문란의 목적을 공유하면서 시국수습방안을 모의하고 자신들의 목적달성을 위해서는 계엄군을 동원하여 무력으로 시민들의 저항을 강력하게 진압할 필요성을 인정하고 있었던 점, 위 5.23. 10:45경 있었던 육본진압작전회의에서 피고인 이XX, 황○○ 등과 함께 광주재진입작전을 논의하고 그 실행방법과 실시시기를 논의함에 있어 전남도청을 근거지로 저항하는 시민과 학생들을 무력으로 진압하기로 모의가 이루어 진 점, 피고인 정○○이 광주재진입작전을 지휘한 것은 아니지만 모체부대장으로서 공수여단에 대한 행정, 군수지원 등의 지원을 하였고, 소준열 전교사령관에게 공수여단의 특성이나 부대훈련

상황을 알려 주거나 재진입작전에 필요한 가발, 수류탄과 항공사진 등의 장비를 준비하여 예하부대원을 격려하는 등 광주재진입작전의 성공을 위해 측면에서 지원한 점 등에 비추어 피고인정○○이 광주재진입작전의 수립과 실행에 관여하였다고 보는 것이 옳다고 판단된다.

(다) (생략)

이와 같이 피고인 황○○와 정○○이 광주 재진입작전에 관여, 가담한 사실이 인정되고 이 부분이 내란목적살인죄에 해당함은 앞에서(제1부 제1장 13번) 피고인 전두환 등의 내란목적살인죄에 대한 항소이유에 관하여 판단한 바와 동일하므로 이 부분에 관한 검사의 항소는 이유 있다.

그러나 그 나머지 부분에 대하여는 내란목적살인죄가 성립할 수 없음은 앞에서(제1부 제1장 13번) 피고인 전두환 등의 내란목적살인죄에 대한 항소이유에 관하여 판단한 바와 동일하므로 이 부분에 관한 검사의 항소는 이유 없다.

**제4장 피고인들 및 검사의 양형부당 주장에 대한 판단**

(생략)

먼저 피고인 최○○, 장○○의 양형부당 주장과 검사의 피고인 최○○, 장○○에 대한 양형부당주장에 대하여 함께 본다.

뒤에서 보는 바와 같이 이 사건 범행의 죄질이 무겁고, 범행내용이 중대하나, 피고인들의 이 사건 범행의 가담 정도, 범행에 이르게 된 경위, 범행 이후의 정황 등 기록과 변론에 나타난 제반사정에 비추어 피고인 최○○에 대하여 징역 8년, 피고인 장○○에 대하여 징역 7년을 선고한 원심의 형은 너무 무거워서 부당하다고 인정된다. 이 부분 피고인 최○○, 장○○의 주장은 이유 있고 검사의 주장은 이유 없다.

(생략)

### 제5장 수뢰사건에 대한 직권판단

1. 피고인 전두환이 안○○, 성○○과 원심 범죄사실란 제3.의 나.항의 각죄의 공동정범으로 기소되었으나, 국가안전기획부장인 안○○이 1987.10.경 청와대 집무실에서 대통령인 피고인 전두환에게 제13대 대통령선거 자금을 대기업에서만 받고 있는데 30대 그룹 이하의 건실한 중견기업들에게도 참여의 기회를 주는 것이 좋을 것 같다는 의견이 있다고 보고하여 피고인 전두환이 직접 성○○에게 중견기업으로부터 대선자금을 모금하도록 지시하였다거나 피고인 전두환과 안○○과의 사이에 공동의사(共同意思) 주체의 소행이라고 볼 수 있을 정도로 서로가 일체가 되어 위 모금행위에 관하여 구체적 방법 등을 모의하였다거나 그 후 성○○의 모금의 실행행위를 피고인 전두환이 점검하거나 독려하는 등으로 구성요건의 실행을 지배하였다고 인정할 증거는 없다. 그러므로 범죄의 증명이 없는 경우에 해당하여 무죄이다.

### 제6장 결 론

그러므로 피고인 전두환, 노태우, 유○○, 황○○, 차○○, 최○○, 장○○, 허○○, 허××, 이○○, 박××, 신○○, 이××, 주○○, 정○○의 항소와 검사의 황○○, 정○○에 대한 항소는 위에서 본 범위 내에서 모두 이유 있으므로 형사소송법 제364조 제6항에 의하여 같은 피고인들에 대한 원심판결 전부를, 피고인 박○○에 대하여는 위 직권파기사유가 있으므로 같은 조

제2항에 의하여 원심판결을 모두 파기하고, 변론를 거쳐 다시 다음과 같이 판결한다.

## 제2부 범죄사실

### 1. 군사반란(피고인 1, 2, 3, 4, 5, 7, 8, 9, 10, 11, 12, 13에 대하여)

(1) 정×× 육군참모총장의 체포(생략)

(2) 대통령에 대한 강압(생략)

(3) 구출병력의 동원(생략)

(4) 병력동원의 준비(생략)

(5) 육군본부와 국방부의 점령(생략)

(6) 특전사령관의 체포(생략)

(7) 효창운동장의 점거(생략)

(8) 수경사령관의 체포(생략)

(9) 중앙청의 점령(생략)

(10) 고려대학교의 점령(생략)

(11) 사전계획(생략)

(12)지휘부의 설치와 운영

### 2. 내란(피고인 1, 2, 3, 4, 5, 9, 10, 11, 14, 15, 16에 대하여)

(1) 예비검속 (생략)

(2) 무력에 의한 국무회의장 포위, 차단(생략)

(3) 비상계엄의 전국확대(생략)

(4) 주요 시설에 대한 계엄군의 배치(생략)

(5) 국회의사당의 폐쇄(생략)

(6) 저항시민에 대한 강압(생략)

(7) 무장시위대의 진압(생략)

(8) 공직자 숙정, 언론인 해직, 정계요인에 대하 구속 등, 최규하 대통령의 사임, 언론 통폐합, 대법원 판사의 사직(생략)

## 제3부 증거의 요지 (생략)

## 제4부 법령의 적용 (생략)

## 제5부 양형이유와 결론

### 제1장 양형이유

#### 1. 피고인 전두환에 대하여

피고인 전두환은 12 · 12 군사반란을 주도하여 하극상의 방법으로 군의 기강을 파괴하였고, 5 · 17 및 5 · 18 내란을 일으켜 힘으로 권력을 탈취하면서 많은 사람을 살상하고 군사통치의 종식을 기대하는 국민에게 큰 상처를 주었으며, 불법으로 조성한 막대한 자금으로 사람을 움직여 타락한 행태를 정치의 본령으로 만들었다. 그 죄가 크다고 하지 않을 수 없다.

그러나 대통령 재임중 6 · 29선언을 수용하여 민주회복과 평화적 정권교체의 단서를 열은 것은 늦게나마 국민의 뜻에 순종한 것이다. 권력의 상실이 곧 죽음을 의미하는 정치문화로부터 탈피하여, 권력을 내놓아도 죽는 일은 없다는 원칙을 확립하는 일은, 쿠테타를 응징하는 것에 못지 않게 이 시대에 꼭 필요한 일이다. 자고로 항장은 불살이라 하였으니 공화를 위하여 감일등하지 않을 수 없다.

### 2. 피고인 노태우에 대하여

피고인 노태우는 피고인 전두환의 참월하는 뜻을 시종 추수하여 영화를 나누고 그 업을 이었다. 그러나 수창한 자와 추수한 자 사이에 차이를 두지 않을 수 없으므로 피고인 전두환의 책임에서 다시 감일등한다.

### 3. 피고인 유○○, 황○○, 차○○에 대하여

피고인 유○○, 황○○, 차○○은 피고인 전두환의 상관이면서 그 당여가 되어 그 위세를 돕고 불궤의 뜻을 이루게 하였다. 피고인 노태우 보다 원래는 나을 것이 없다. 다만, 나누어 받은 권세와 이어 받은 업이 피고인 노태우에 미치지 못하므로 그보다는 책임을 줄이지 않을 수 없고 그 나이가 이미 높음을 고려하지 않을 수 없다.

특히 피고인 차○○의 경우에는 반란과 내란에 가공한 정도가 피고인들 중 가장 가볍고, 망동하다 덫에 걸린 민망함이 없지 않다. 법이 허용하는 가장 가벼운 선까지 형을 내리기로 한다.

### 4. 피고인 최○○, 장○○에 대하여

두 사람은 막중한 공직의 책임을 사당의 은고보다 아래에 두었으니 딱한 일이다. 후인을 경계하기 위하여 책임을 묻지 않을 수 없다. 피고인 장○○은 이 사건이 일찍 처리되었다면 한 번에 끝낼 수도 있었던 영어의 고통을 세차례 거듭하는 딱한 점이 있다. 가능한 한도까지 형을 내리기로 한다.

### 5. 피고인 허○○, 허××, 이○○에 대하여

피고인 허○○, 허××, 이○○은 자시하여 피고인 전두환의 우익이 되고 함께 그 뜻을 성취하였으며 아직도 앙연한 뜻이 은연중 배어나니 이치로 말하면 피고인 전두환 보다 책임이 가벼울 것이 없다. 다만, 피고인 전두환 보다 가벼운 죄로 기소되었고 세 사람 사이에도 그 행적에 차등이 있으므로 차이를 두기로 한다.

### 6. 피고인 이××, 주○○, 정○○에 대하여

육군참모총장 겸 계엄사령관인 피고인 이××과 국방부장관인 피고인 주○○은 헌법을 유린하는 내란세력으로부터 정부를 보위하고 국민의 생명을 지켜야 하는 막중한 책임을 다하지 못하고 오히려 내란세력에 추종하였으므로 그 책임이 무겁다. 다만, 힘에 밀려 내란세력에 끌려간 형적이 없지 않다. 그러나 다른 사람의 힘에 밀려 그 소임을 다하지 못하였다고 변명하는 것은 하료(하료)의 일이고, 피고인들과 같이 지위가 높고 책임이 막중한 경우에는 이러한 변명이 용납되지 않는다. 유죄로 인정되면 집행유예가 불가능하므로 딱하지만 어쩔 수 없는 일이다.

피고인 정○○은 12·12사건에는 가담하지 않았지만 그 이후에는 더욱 적극적으로 피고인 전두환을 추수하였으므로 책임이 결코 가볍지 않다.

### 7. 피고인 신○○, 박××에 대하여

피고인 박××는 적과의 전투가 아닌 상황에서 상명하복을 기계처럼 실천하였으니 민망한 일이다. 법이 허용하는 데까지 형을 내리기로 한다. 피고인 신○○는 승세를 좇아 상관을 포박한 것이므로 비록 외양은 피고인 박××와 유사하지만 내용은 다른 점이 없지 않다. 그러나 두 사람의 상명하복을 내세울 수 있는 점은 기본적으로 동일하므로 같은 형을 과하기로 한다.

### 제2장 결론

이에 피고인들에 대하여 다음과 같이 주문을 선고한다.

1. 피고인 전두환을 무기징역에 처하고, 금 2천 2백 5억 원(금 220,500,000,000원)을 추징하며, 피고인 전두환에 대한 이 사건 공소사실 중 안무혁, 성용욱과 공모하여 각 수뢰하였다는 점에 대하여 무죄를 선고한다.
2. 피고인 노태우를 징역 17년에 처하고, 원심판결 선고 전의 구금일수 중 280일을 위 형에 산입하며, 금 2천 6백 2십 8억 9천 6백만 원(금 262,896,000,000원)을 추징하고, 피고인 노태우에 대한 이 사건 공소사실 중 최종현, 배종열로부터 각 수뢰하였다는 점에 대하여 무죄를 선고한다.
3. 피고인 유○○을 징역 6년에 처하고, 원심판결 선고 전의 구금일수 중 180일을 위 형에 산입한다.
4. 피고인 황○○를 징역 8년에 처하고, 원심판결 선고 전의 구금일수 중 180일을 위 형에 산입한다.
5. 피고인 차○○을 징역 3년 6월에 처한다.
6. 피고인 박○○은 무죄.
7. 피고인 최○○을 징역 5년에 처하고, 원심판결 선고 전의 구금일수 중 175일을 위 형에 산입한다.
8. 피고인 장○○을 징역 3년 6월에 처하고, 원심판결 선고

전의 구금일수 중 175일을 위 형에 산입한다.

9. 피고인 허○○을 징역 8년에 처하고, 원심판결 선고 전의 구금일수 중 205일을 위 형에 산입한다.
10. 피고인 허××를 징역 6년에 처하고, 원심판결 선고 전의 구금일수 중 205일을 위 형에 산입한다.
11. 피고인 이○○을 징역 8년에 처하고, 원심판결 선고 전의 구금일수 중 180일을 위 형에 산입한다.
12. 피고인 박××를 징역 3년 6월에 처한다.
13. 피고인 신○○를 징역 3년 6월에 처한다.
14. 피고인 이××을 징역 7년에 처한다.
15. 피고인 주○○을 징역 7년에 처한다.
16. 피고인 정○○을 징역 7년에 처하고, 원심판결 선고 전의 구금일수 중 205일을 위 형에 산입한다.

## 제6부 주문에서 선고하지 않은 무죄 부분(생략)

## 제7부 비자금 사건의 양형이유

나라를 다스리는 데 돈이 들고 정치를 하는 데에 돈이 드는 것은 어쩔 수 없는 일이다. 그러한 돈의 흐름 자체는 막을 수도 없고 또 막아서도 안될 것이다. 문제는 그 흐름의 통로와 분량을 적절한 경로와 수준으로 유지하는 것이다. 민주주의 국가에서는 그 흐름과 양을 국민에게 공개하는 방법에 의하여 이 문제를 해결하고자 한다.

결국 국가의 행정과 정치에 소용되는 돈의 흐름과 양을 공개하여 법률로 통제하여야 한다는 것은, 민주주의를 최선의 정치

형태로 발견한 인간의 이성이 명하는 바이고 그렇게 되는 것은 인류의 이상이다. 왕조시대와 달리 많은 민주주의 국가에서 국가의 예산을 공개하고 있는 것은 이러한 이상의 실현을 위한 것이다. 또한 정권의 획득과 유지를 위하여 사용하는 돈을 의미하는 소위 정치자금까지를 일부의 문명국가에서 공개하는 것은 이러한 이상의 실현을 위한 또 다른 일보의 전진을 의미한다.

우리나라에서도 국가행정의 예산이 법으로 공개되고 감사를 받는 것은 더 설명이 필요 없는 것이고 정치자금의 경우에도 정치자금에관한법률과 기부금품모집금지법 그리고 공직선거및선거부정방지법 등에서 그에 관한 공개와 통제를 규정하고 있다.

문제는 이러한 법들이 규정하고 있는 정상적인 흐름을 벗어난 돈의 흐름이다. 비유하자면 지상의 수로를 따라 흘러야 할 물이 지하의 미로로 흐르는 경우인 것이다. 바로 정치자금으로 또는 그러한 명목으로 주고 받는 뇌물이 이에 해당한다. 지상의 수로로 흘러야 할 물이 지하의 미로로 흐르게 한 책임은 누가 져야 하는가. 지상의 수로를 막거나 좁혀 놓고 대신 지하의 미로로 물길을 열어 놓은 사람, 그리고 지하의 미로의 폭을 넓혀 놓은 사람이 져야 할 것이다. 어차피 물은 흘러야 하는데 지상의 수로는 막혀 있고 대신 지하의 미로가 열려 있다면 물은 지하로 흐를 수밖에 없는 것이다. 물이 흐르는 통로와 양을 결정할 수 있는 위치에 있는 사람, 그러면서 지상의 수로는 좁혀 놓고 대신 지하의 미로를 넓혀 놓은 사람, 그 사람이 책임을 질 수 밖에 없는 것이다.

지하의 통로가 열려 있다 하여 그 곳으로 돈을 쏟아부은 기업가들에게도 책임이 없는 것은 물론 아니다. 그들은 그렇게 함으로써 자기들의 안전 내지 이익의 극대화를 동시에 도모한 점을 부인할 수 없기 때문이다. 그러나 기업의 이익과 안전을 최우선으로 생각하는 기업가들에게, 열려 있는 지하의 통로를 외면하고, 그 대신 지상의 수로가 개통되고 확장되도록 노력하고 그렇게 될 때까지 기다리라고 요구하는 것은 무리한 일이다. 법이 지배하는 것이 아니라 권력의 의지가 지배하는 정치 후진국에서, 권력이 개설한 지하의 별도 통로를 이익추구에 민감한 사람들이 외면하기는 어려운 일이므로 그들이 현실적으로 가질 수 있는 선택의 폭과 기회는 좁고 적을 수밖에 없다.

기업의 존재를 인정하고 기업의 영리추구를 보장하며 국부의 생산을 기업에게 요구하는 사회에서, 기업 및 기업가의 이익과 안전을 우선시하는 기업가들의 사고를 일차적인 비난의 대상으로 삼는 것은 공평하지 못하다. 그들의 책임은 일차적인 것이 되어서는 안될 것이다. 일차적인 책임은 그들로 하여금 그러한 방식으로 돈을 바치지 않을 수 없도록 한 권력, 그리고 이를 거들은 추종자들이져야 할 것이다.

판사 권 성(재판장)

김재복

이충상

# 찾아보기

결단의 순간을 위한 권성 전 헌법재판관의 판결읽기

2013년 3월 10일 1판 1쇄 인쇄
2013년 3월 15일 1판 1쇄 발행

저　자 / 권　성 · 신정현
발행인 / 이수영
발행처 / 도서출판 청람
서울시 마포구 독막로 288(대흥동, 세양상가 109호)
TEL : 02)3272-2601~2
FAX : 02)3272-2603
E-mail : crbooks@hanmail.net
http://www.crbooks.co.kr
등록 2000.8.26 제6-0509호

ISBN 978-89-5972-306-5 93360　　[정가 24,000원]